管理学科一流专业建设系列教材

国家级一流本科专业建设点（会计学）建设教

兼并、收购与重组

徐维东　高　欣　朱丹宇　编著

ZHEJIANG UNIVERSITY PRESS
浙江大学出版社
·杭州·

图书在版编目（CIP）数据

兼并、收购与重组/徐维东，高欣，朱丹宇编著.—杭州：
浙江大学出版社，2023.4（2024.12重印）
ISBN 978-7-308-23617-1

Ⅰ. ①兼… Ⅱ. ①徐… ②高… ③朱… Ⅲ. ①企业合并－
研究－中国 Ⅳ. ①F279.21

中国国家版本馆CIP数据核字（2023）第056118号

兼并、收购与重组
JIANBING SHOUGOU YU CHONGZU
徐维东　高　欣　朱丹宇　编著

策划编辑	曾　熙
责任编辑	曾　熙
责任校对	郑成业
封面设计	周　灵
出版发行	浙江大学出版社
	（杭州市天目山路148号　邮政编码　310007）
	（网址：http://www.zjupress.com）
排　　版	杭州林智广告有限公司
印　　刷	浙江临安曙光印务有限公司
开　　本	787mm×1092mm　1/16
印　　张	21.25
字　　数	515千
版 印 次	2023年4月第1版　2024年12月第2次印刷
书　　号	ISBN 978-7-308-23617-1
定　　价	75.00元

序

党的二十大报告在构建高水平社会主义市场经济体制、推动高质量发展方面，对资本市场的发展提出了新的使命和要求。纵观全球，并购重组都是实现资源优化配置的重要途径，也是加速产业升级的重要手段，在经济结构转型和新旧动能转换中具有重要的作用。

人们在 19 世纪末至 20 世纪初的这 100 多年里，见证了全球的五次并购浪潮。这些并购浪潮的特征明显，形式多样，驱动因素各异，深刻地改变了全球的经济面貌，并发展出横向并购、纵向并购、混合并购、杠杆并购和敌意收购等多种并购形式。以美国为主的资本主义国家在一次次的并购浪潮中，逐渐完成产业结构布局、产业链整合、行业结构调整，形成国家垄断资本，并重塑了全球市场的竞争格局。

兼并、收购和公司重组是为了刺激增长、获得竞争优势、增加市场份额或影响供应链而合并公司或资产的行为，也几乎是所有企业发展壮大过程中必不可少的途径。并购重组的魔力在于实现"1+1 > 2"的经济效益，具体体现为更高的收入、更低的费用和更合理的资本成本。一方面，通过并购形成的规模效应，有助于企业减少潜在竞争、改变供需格局并增强企业的议价能力；另一方面，并购重组加速了资源整合的进程，资本实力雄厚的企业能够通过并购在研发、销售、生产等方面有优势的目标公司，形成优势互补，从而快速占领市场。

1990—1991 年，沪深两地的证券交易所相继成立并挂牌经营，中国资本市场诞生了。此后，伴随着中国资本市场的快速发展，中国企业在全球的第六次并购浪潮中大放异彩。在短暂衰退后，并购浪潮于 2004 年再度兴起。经济全球化的进一步发展加剧了企业对稀缺生产资源的争夺，大宗商品的价格在全球范围内不断上涨，企业开始表现出强烈的跨境并购的需求，由此催生了全球的第六次并购浪潮。近年来，全球并购市场活跃，年并购交易额保持在数千亿美元的规模。与此同时，随着中国经济的崛起与发展，中国的并购活动正以每年 70% 左右的速度高速增长，成为全球并购市场的亮点。越来越多的中国企业走出国门、走向世界，通过并购重组的方式在全世界范围内优化资产配置、抢占国际市场。

并购是一项极其复杂的系统性工程，如果进行得当能够为企业带来巨大的收益，但同时也伴随着极大的风险。企业必须充分认识并愿意承担并购重组相关的风险，谨慎地进行决策，以充分受益于并购重组。并购的完成并不等同于并购的成功，并购后的整合十分关键，这对企业并购重组提出了更高的要求。并购的失败通常可以归咎于较差的战略契合度、欠缺计划的整合和对目标企业过于乐观的预期。并购重组作为公司金融和公司战略领域的一个重要组成部分，对公司的成长及社会经济的发展意义重大。基于此，本书对并购的法律、流程、估值等内容做系统的梳理与论述，以期读者能从中获益。

本书兼具实用性与趣味性，适用于商学院高年级本科生、研究生和 MBA（Master of Business Administration，工商管理硕士）学生。在绪论部分，本书首先对兼并、收购与重组所涉及的基本概念及并购的历史进行了梳理。接下来，围绕兼并、收购与重组的法律，流程与中介，战略，估值，支付和融资安排，收购策略，反收购策略，整合，重组，破产重整、和解与清算，会计与税务处理等对并购重组交易展开系统的论述与剖析。相信读者朋友通过阅读和学习本书，能够对资本市场中的并购重组有更全面、更深刻的认知。本书有两大显著特点：第一，在理论知识的基础上，本书穿插了翔实的案例分析与讨论。这些案例的使用不仅使得原本枯燥晦涩的概念生动形象，有助于加深读者对并购重组概念的理解，同时还有助于培养读者理论联系实际的学习思维，对今后在实务界的应用大有裨益。第二，本书深入浅出地回顾并介绍了并购重组领域的代表性研究。这些研究立足并购重组实践，从宏观或微观层面对并购重组交易进行了分析，对市场参与者和政策制定者有积极的借鉴意义。

本书的顺利完成要感谢浙江大学管理学院财务与会计学系的凌春华老师，左颖、黄文萱、罗紫珺三位博士研究生，以及丁佳庆、林诗音、王佳琪和王晏舟四位硕士研究生。他们参与了本书的编写与修改，对本书的形成有重大贡献。同时，还要感谢 2020 级全体 MPAcc（Master of Professional Accounting，会计硕士专业学位）的同学们，他们为本书案例的编写提供了帮助。

本书是笔者及团队成员综合现有的并购重组交易实践、论文和著作编纂而成的，不妥及错误之处在所难免。恳请各位读者朋友在阅读的过程中不吝赐教，对本书内容的不妥及错误之处给予批评和指正！

编者
2023 年 2 月

目 录

CONTENTS

第一章

绪　论

一、并购重组的基本概念

　　并购重组是上市公司进行业务规模调整和经营范围扩张的重要形式，但实际上，并购重组只是实务中的俗称，法律中并没有关于"并购重组"这一概念的规定。法律中有明文规定的是"兼并"和"收购"这两个概念，这是并购的两种基本形式。兼并是一家公司购买另一家公司，最终形成一个实体的行为，而收购则主要出现控制权的转移。两种并购方式在形式、行为和目的上有所区别。广义上讲，重组是上市公司机构、业务、管理体制或是资产负债的重新组合，实际上，所有的并购行为都会引起公司重组的发生。

（一）概念界定

1. 兼并

　　根据我国 1989 年出台的《关于企业兼并的暂行办法》，兼并被定义为"一个公司购买其他公司的产权，使其他公司失去法人资格或改变法人实体的一种行为"。《中华人民共和国公司法》（以下简称《公司法》）对于这个概念进行了进一步的细化，将兼并进一步分为吸收合并和新设合并两种形式，这与英美法系中对于兼并的定义较为相似。

　　（1）吸收合并

　　吸收合并是指公司与一个或一个以上的公司依法合并成为一个单一的公司，合并方存续并保留法人资格，被合并方解散并取消法人资格，是一种"A+B=A"的兼并类型（见图 1-1）。在吸收合并的过程中，合并

图 1-1　吸收合并示意

方保留原有的公司名称，向被合并方支付合并对价（现金、股份、非现金资产或其组合），同时接收被合并方全部资产和业务，承接被合并方的债权、债务。被合并方在解散注销时需要将取得的合并对价分配给股东，换回股东持有的股份，全部股份收回之后，被合并的公司即可注销，被合并方的法人地位从此不复存在。

　　（2）新设合并

　　新设合并是指两个或两个以上的公司依法合并成立一个新公司，参与合并的各个公司解散并注销，是一种"A+B=C"的兼并类型（见图 1-2）。在新设合并的过程中，新公司接管原来参与合并各方全部的资产，

图 1-2　新设合并示意

并承担其全部负债，将原有各个公司的业务重新整合，并需要向参与合并各方增发股份或支付现金，用以支付合并对价。参与合并各方将收到的合并对价分配给股东，换回股东持

有的股份，全部股份收回之后，即可注销，参与合并的各方从此作为一个整体继续经营。

案例 1-1

运满满和货车帮合并组建满帮集团

贵阳货车帮科技有限公司（以下简称货车帮）与江苏满运软件科技有限公司（以下简称运满满）曾是车货匹配领域市场份额分别居第一和第二的智能化物流科技企业。在双寡头垄断的市场格局下，两家物流平台不仅在价格、补贴、促销等领域竞争激烈，还衍生出了盗取货源信息、骚扰及辱骂用户等诸多非常规竞争手段。在双方持续高强度对抗的背景下，资源高消耗成为常态，市场投融资前景堪忧。投资人开始与双方企业创始人进行艰难的沟通和斡旋，最终于 2017 年 11 月 27 日促成了运满满和货车帮的战略合并。合并过程中双方共同出资成立了一家新的集团公司——满帮集团有限公司（以下简称满帮集团），在新集团中，原运满满一方约占四成股权，货车帮则占六成左右，由投资人王刚担任新公司董事长兼 CEO（chief executive officer，首席执行官），原运满满 CEO、原货车帮 CEO兼任集团联席总裁。新集团公司保留原有的运满满和货车帮品牌及 APP，二者继续独立运作，在业务上进行战略整合，这种整合形式当时被投资者称为"双屋顶结构整合"。在保

留运满满和货车帮的运营和技术团队的基础上，新成立的满帮集团组建了交易事业部、金融事业部、能源事业部、无人驾驶事业部等九大事业部门，将企业价值链向上下游延伸。运满满和货车帮的合并标志着两家企业"血拼"经营时代的结束，大大减少了不必要的资源浪费，企业规模扩大了，市场话语

案例详解

权得到了进一步加强。

关于本案例的详细资料，可扫描二维码了解。

2. 收购

收购通常发生在证券市场上，是一家公司通过现金、债权及股票等形式的对价购买另一家公司的股权或资产，以期取得该公司控制权的行为。根据收购标的差异，收购可以分为两类：一类是对上市公司的收购，主要通过协议收购、要约收购、委托书收购和举牌收购等方式实现；另一类是上市公司对第三方的收购，上市公司从产业整合的角度选择收购标的，可以通过资产收购或是股权收购的方式实现。从支付方式上看，以上两类收购都可

从合作到收购
相关案例

以采用现金、股份或二者相结合的方式来支付收购对价，收购方可以根据自身的财务状况选择最佳支付方式。

尽管收购强调控制权转移，但收购的结果是多样的：收购方可能取得被收购方的少部分股份，此时则为收购方参股被收购方；收购方若取得被收购方相对多数股份时，收购方即可控制被收购方；收购方取得被收购方全部股份时，被收购方成为收购方的全资企业，此时的收购与吸收合并相似，区别在于被收购方仍然可以保留自身的法人主体地位。通过收购资产可以取得对方经营业务的控制权，但通常无法取得对方公司的控制权。

（1）对上市公司的收购

对上市公司的收购往往以股权收购为主，以下是 6 种常见的股权收购方式。

①协议收购

协议收购是指收购方在证券交易场所之外，与被收购方就收购股票的条件、价格、期限等有关事项达成协议，实现收购目的。当收购方支付对价，被收购方转移股权时，协议收购完成。

②要约收购

要约收购是指收购方向被收购方发出购买该公司部分或全部股份的书面收购要约，依法写明并公开收购条件、收购价格、收购数量及要约期间等内容，以实现对被并购方的收购。我国的要约收购受法律约束，出于对被并购方中小股东权益的保护，收购公司在持有被收购方股份达到30%并想继续增持被收购方股份时，需要向被收购方的所有股东发出全面或部分收购要约，这一规定不约束免除发出要约的公司。

③委托书收购

委托书收购是指收购者以征集大量股东委托书的方式取得表决权，并在股东大会上集中行使表决权，影响股东大会决议，从而取得上市公司实际经营控制权的特殊收购方式，在此过程中，上市公司会发生控制权转移。委托书收购在形式上保障了中小股东参与上市公司重大决策的权利，但是同时也可能成为争夺公司经营权的工具，这一收购方式仍然需要制度的约束。

④举牌收购

举牌收购得名于《中华人民共和国证券法》（2009年修订，以下简称新《证券法》）的相关规定。新《证券法》第六十三条规定："通过证券交易所的证券交易，投资者持有或者通过协议、其他安排与他人共同持有一个上市公司已发行的有表决权股份达到百分之五时，应当在该事实发生之日起三日内，向国务院证券监督管理机构、证券交易所作出书面报告，通知该上市公司，并予公告，在上述期限内不得再行买卖该上市公司的股票，但国务院证券监督管理机构规定的情形除外。投资者持有或者通过协议、其他安排与他人共同持有一个上市公司已发行的有表决权股份达到百分之五后，其所持该上市公司已发行的有表决权股份比例每增加或者减少百分之一，应当在该事实发生的次日通知该上市公司，并予公告。"

企业在持股比例达到限制时，提交相关材料并公告持股比例的行为即为"举牌"，此类收购行为通常发生在二级市场，针对上市公司。

⑤定增收购

定增收购是指收购方以现金、股权或其他非货币性资产为对价购买上市公司向收购方定向增发的股票，从而实现收购的模式。这种方式往往适用于上市公司股权结构分散、收购方现金充足、目标公司现有股东不谋求控制权的情形。日产汽车对三菱集团的收购就是定增收购的典型案例。

⑥间接收购

间接收购是指收购方通过投资关系、协议或其他安排获得目标公司控股公司的控制权，从而实现对目标公司间接控制的收购方式。

（2）上市公司对第三方的收购

上市公司对第三方的收购主要有以下两种形式：第一种是资产收购，收购方直接购买被收购方的资产；第二种是股权收购，收购方购买被收购方的股权。

①资产收购

资产收购是指购买被收购方资产的行为。资产收购的目的通常是为了获取某一项或多项被收购方持有的对收购方有价值的资产。资产收购给予收购方较大的选择权，能够让收购方只接收目标企业的优质资产，而不需要购入对收购方无价值的资产，同时也不需要承担目标企业的全部负债。资产收购的交易对价被直接支付给目标公司。

②股权收购

股权收购是指购买被收购方股权的行为。股权收购的目的通常是为了取得对被收购方的控制权，不以控制为目的的股权转让只能算是企业的投资行为。股权收购的交易对价被直接支付给目标公司股东。

③资产收购和股权收购对比

资产收购和股权收购在诸多方面差异较大，表1-1中列出了本书认为最有代表性的差异。

表1-1　资产收购和股权收购的对比

对比内容	资产收购	股权收购
主体	收购方和目标公司	收购方和目标公司股东
标的	目标公司的部分或全部资产	目标公司的部分或全部股权
负债	目标公司的原有债务仍由目标公司承担	收购方承担目标公司的原有债务
税收	资产转让变更登记涉及的审批环节可能更多，税费可能更高	股权收购更完整、更灵活、更容易进行税务筹划
第三方	对该资产享有某种权利的人（担保人、专利权人、租赁权人等）往往会影响收购。该类财产的转让必须得到相关权利人同意，或者收购方必须履行对相关权利人的义务	股权收购可能会受制于目标公司的其他股东

3. 重组

公司重组的概念在现实应用中往往存在词义不明的问题，许多改变企业资产结构、负债结构和运营模式的行为都被笼统地涵盖于重组的范畴中。本书认为，公司重组可以分为3种类型：扩张型重组、收缩型重组和其他重组行为。

（1）扩张型重组

扩张型重组通常与企业经营规模和资产规模的增加相关联，企业在资金充裕时往往会选择规模扩张，以提高资金利用效率。这一形式的重组主要通过企业兼并和收购来实现。

（2）收缩型重组

收缩型重组通常与企业经营规模和资产规模的减小相关联，企业往往通过收缩型重组优化资源配置，提高生产资源使用效率。这一形式的重组可以进一步细分为两个类型：第一类是资产重组，包括剥离和出售；第二类是权益重组，主要包括股份回购、公司缩股、公司分立、自愿清算等形式。

（3）其他重组行为

在其他重组行为中，我们囊括那些不影响企业所有权总量、不一定需要在报表中披露，但可以导致企业控制权发生不同程度变化的重组行为，一般包括资产置换、企业法律形式变更、债务重组、股权托管与公司托管、表决权信托与委托书收购等类型。

4. 兼并与收购的区别与联系

（1）形式

兼并往往是并购公司全盘接受目标公司的所有资产和负债，兼并完成后，目标公司的法人地位丧失，从法律上讲不复存在。收购通常不会改变目标公司的法律地位，主要是为取得目标公司的控制权，并不改变对方法人的主体地位。

（2）行为

兼并和收购均是企业之间的行为，通常与企业战略紧密相关。两者差异在于，兼并是并购方与被并购方在友善协商之后达成的双方满意的结果，因此兼并往往是善意的。但很多时候，对上市公司的收购是由收购方单方面提出的意愿，被收购方的话语权不强，相对处于劣势地位，同时也并不一定愿意被收购，此时若收购方强行推进收购进程，则会出现敌意收购。

（3）目的

上市公司可以通过兼并和收购获取目标企业的股权或是资产所有权。但差异在于，兼并的目的相对更明确，即获得目标企业全部的股权，实现完全控制，同时被兼并的主体不一定是上市公司。收购的目的通常是获取被收购方的控制权。在现行的《上市公司收购管理办法》中，收购主要指对上市公司的收购。

（二）并购重组的几种主要方式

一般而言，公司并购重组主要有4种主要方式：整体上市、借壳上市、产业并购与吸收合并。在资本市场上，公司通过并购重组方式实现资产证券化目标的案例屡见不鲜。

1. 整体上市

整体上市一般适用于集团公司，即集团中存在部分资产已经上市，而后集团公司将其全部或是更高比例的资产也上市。这一形式的上市往往发生于集团公司内资产质量存在良莠不齐的情况，由于受到监管机构与相关法律约束，集团公司可能难以达到上市所需的硬性会计指标，于是就会选择将集团公司拆分，把部分优质资产放在股份有限公司中，实现优先上市，而剩余的盈利能力不强、与主营业务没有紧密关联的资产则留在集团公司中，待时机成熟时将剩余资产尽数收购，实现整体上市。温氏食品集团股份有限公司（以下简称温氏集团）合并肇庆大华农生物药品有限公司（以下简称大华农）就是整体上市的典型案例。

▶ **案例 1-2**

温氏集团换股合并大华农实现整体上市

温氏集团是温氏家族控股的一家现代农牧企业集团，开创了"公司＋农户"的温氏经营模式，致力于实现产业链的利益最大化。大华农是境内兽药行业第一家上市公司，通过持续的技术创新成长为拥有自主出口权的动物保健品高新技术企业。温氏集团是大华农的控股股东和实际控制人，为了实现集团利益的最大化，温氏集团和大华农于2015年4月28日公告了双方换股吸收合并的相关事宜。具体而言，温氏集团通过向大华农全体股东定向发行股票的方式收购其持有的所有大华农股份，换股完成后，大华农的法人主体资格

案例详解

注销、股票终止上市，同时，温氏集团作为一个整体在深圳证券交易所（以下简称深交所）上市，上市公司的简称改为温氏股份（股票代码：300498.SZ）。本次吸收合并方案用发行股份进行合并对价支付，这一举措极大地降低了进行并购所需的资金成本，同时避免了中小股东以低价出让股票的情况，保护了中小股东的利益。从收购之后的市场表现来看，温氏股份的股票自收购公告之后就连续涨停，15 日内连拉 15 个涨停板，这表明市场对温氏集团吸收合并大华农的交易普遍持看好态度，对两家企业合并后产生的整合效应和规模效应充满了期待。

关于本案例的详细资料，可扫描二维码了解。

2. 借壳上市

A 股市场是许多企业梦寐以求的融资场所，但在我国 A 股市场实施证券发行核准制的情况下（截至 2022 年 6 月，除了创业板和科创板外，A 股上市仍然采用核准制），企业实现正常 IPO 上市受诸多因素影响，有企业会选择借壳上市以实现快速登陆资本市场。借壳上市通过直接入主上市企业实现公开上市，相对于 IPO 来说可预期性强、时间较短。

借壳上市是借壳方将自有资产置入壳公司（上市公司），取得上市公司股权并实现资产证券化，同时获得上市公司的控制权的方式。和借壳上市相对应的一种情形是，企业股东将企业资产注入上市公司，换取上市公司的股权以实现证券化，但是此时企业股东获得的仅是上市公司的少数股权，因此俗称"卖身"上市。在这里我们需要区分借壳上市和"卖身"上市两种方式的差异。在案例 1-3 和案例 1-4 中我们对"卖身"上市和借壳上市提供了简单的案例说明。[①]

案例 1-3

甲拥有一个企业 A 100% 的股权，A 去年实现净利润 5000 万元。B 是一个上市公司，总股本 1 亿股，每股市价 20 元，则市值为 20 亿元。乙是 B 的控股股东，持有 7000 万股，持股比例为 70%。B 计划向甲收购 A 的全部股权。经谈判，A 的全部股权估值按照去年净利润的 10 倍，定价为 5 亿元。如果 B 以现金收购 A 的全部股权，收购后 A 成为 B 的全资子公司，甲获得 5 亿元现金。这就是一个单纯的上市公司的现金收购行为，不属于我们要考虑的情况。但如果 B 以新发行股份的方式收购 A 的全部股权，即按照市价 20 元新发行股份 2500 万股，以此作为对价来收购 A 的全部股权，则构成了 A 的"卖身"上市。交易后，A 成为 B 的全资子公司，B 的总股本由 1 亿股变成 1.25 亿股，乙仍然持有 7000 万股，持股比例由 70% 下降为 56%，但仍然是控股股东。甲获得 B 的 2500 万股股权，持股比例为 20%，获得少数股权权益。在这个案例里，甲将所拥有的企业以获得股份对价的方式出售给上市公司，实现了资产的"卖身"上市。而上市公司 B 则是以换股收购的方式获得了企业 A，是一个上市公司以股份支付对价的收购行为。该案例示意如图 1-3 所示。

[①] 图 1-1 和图 1-2 的两个案例来自：沈春晖．一本书看透 IPO：A 股 IPO 全流程深度剖析 [M]．北京：机械工业出版社，2020．

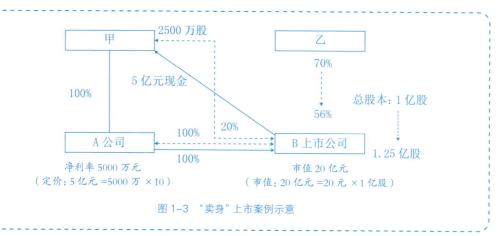

图 1-3 "卖身"上市案例示意

案例 1-4

　　将案例 1-3 改造一下。上市公司 B 的情况不变，总股本 1 亿股，每股市价 20 元，则市值为 20 亿元。乙是 B 的控股股东，持有 7000 万股，持股比例为 70%。甲拥有一个企业 A 100% 的股权也不变，但 A 去年实现的净利润是 2.5 亿元。B 仍然通过新发行股份的方式换股收购 A 的全部股权。A 的估值水平不变，仍然是 10 倍市盈率，交易价格则为 25 亿元。那么，B 需要新发行 1.25 亿股。交易后，A 同样成为 B 的全资子公司、B 的总股本由 1 亿股变成 2.25 亿股，乙仍然持有 7000 万股，持股比例由 70% 下降为 31%。而甲获得 1.25 亿股，持股比例为 56%，成为上市公司的新控股股东，A 公司实现了借壳上市。此案例示意如图 1-4 所示。

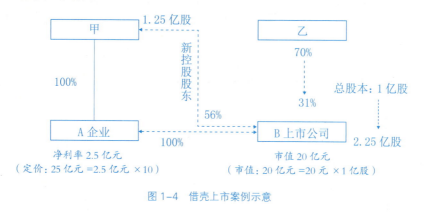

图 1-4 借壳上市案例示意

　　"卖身"上市与借壳上市的共同点在于都是通过一个已上市的公司实现了资产的证券化，区别在于交易后对上市公司的控制权不同，借壳上市后新股东能够获得上市公司的控制权，而"卖身"上市则不能。

　　在我国公司借壳上市的实践中，借壳上市过程可分解为：买壳（也称借壳）、清壳、注壳 3 个步骤。

　　买壳是指非上市公司通过收购获得上市公司的控制权。

　　清壳是上市公司将部分或全部资产出售，对上市公司这个壳进行清理。但清壳并不是必需的，上市公司原有的资产若仍有较高使用价值，这一步可以不进行。

注壳是上市公司向非上市公司收购其全部或部分资产，从而将非上市公司的资产置入上市公司，实现上市。

在实践中，有3种主流的借壳上市流程。第一种是非上市公司逐步完成买壳、清壳和注壳的过程，譬如陕西广电融媒体集团（以下简称陕西广电）借壳黄河机电股份有限公司（以下简称黄河机电）实现上市。陕西广电首先通过无偿划转受让国营黄河机器制造厂持有的黄河机电51%的股份，成为黄河机电的控股股东，此为借壳。陕西广电取得控制权后，将黄河机电的资产全部出售，资产评估价值为8187万元，此为清壳。最后黄河机电向陕西广电购买宝鸡市有线网络50%的资产，评估价值为3372.5万元，购买陕西电视台1—3套及陕西卫视4个频道的全面广告代理权，评估价值6000万元，此为注壳。最后黄河机电改名为陕西广电，至此陕西广电的借壳上市全部完成。

第二种是非上市公司先完成借壳，而后将清壳和注壳的过程并为一步，通过资产置换，差额部分通过发行股份购买完成。譬如当时的江西江中制药（集团）有限责任公司（以下简称江中集团）借壳江西纸业股份有限公司（以下简称江西纸业）实现上市的过程。江中集团首先以1371.04万元的价格购买南昌好又多百货商业有限公司持有的江西纸业28%的股份，成为控股股东，此为买壳。第二步，上市公司以其持有的造纸类资产与江中集团拟置入的资产实行等额置换，差额部分由江西纸业向江中集团发行14000万股股份，发行价格为3.91元/股，总额为54740万元，不足部分作为江西纸业的负债。这个过程即为清壳、注壳一步完成。最终江西纸业改名为中江地产，江中集团实现借壳上市。

第三种是买壳、清壳和注壳的过程合为一步，通过上市公司向借壳方发行股份购买资产一步完成借壳上市。这种方式适合实力强劲的非上市公司，北京奇虎科技有限公司（以下简称奇虎360）借壳苏州江南嘉捷电梯股份有限公司（以下简称江南嘉捷）的过程中就是一步到位，我们将在章末案例中进行详细讨论。

3. 产业并购

产业并购是并购方对与自身主营业务紧密相关的企业进行的并购，通常有两种类型：纵向产业并购和横向产业并购。纵向产业并购是企业对产业链上下游企业进行的并购，有利于降低交易成本。横向产业并购是企业并购从事同类商业活动的企业，有助于缓解行业内的竞争态势。产业并购往往是基于战略层面的考虑，希望并购后产生协同效应，提高合并后企业的整体绩效。

产业并购与我国产业结构升级调整的过程密切相关。我国长期存在重点产业低水平重复建设、过度竞争、规模不经济、上下游产业脱节和产业结构不合理等诸多问题，产业并购能够提高行业生产效率，接通产业断环，提高产业链的附加价值，是我国产业结构升级的重要举措。

4. 吸收合并

吸收合并的概念我们在之前已经做了较为详细的阐述，吸收合并常常也是企业实现产业整合和整体上市的重要方式。我国公司通过吸收合并实现整体上市的实践主要存在两种形式：一是子公司是上市公司，吸收合并母公司；二是母公司是上市公司，吸收合并子公司。这两类整体上市方式都是可取的。除此以外，不同公司之间也会出于业务和资源整合的考量，由一家优质公司吸收合并另一家相对处于劣势地位的公司，达成合并。

在国企改革浪潮中，考虑到资源整合、市场分割及规模经济等因素，在政府主导下许多国有企业之间会进行吸收合并。随着社会经济不断发展，近年来民营企业之间的吸收合并也愈发普遍，吸收合并已经成为如今企业进行资源整合的重要方式。涉及上市公司的吸收合并总结起来有以下几种形式：第一，上市公司换股吸收合并非上市公司；第二，非上市公司换股吸收合并上市公司；第三，上市公司之间的换股吸收合并；第四，上市公司控股股东间的换股吸收合并；第五，上市公司吸收合并控股股东。表1-2详细介绍5种形式的吸收合并，并总结出相关的典型案例及合并的特点。

表1-2 吸收合并的5种形式

形式	案例	特点
上市公司换股吸收合并非上市公司	1999年，当时的清华同方（即清华同方股份有限公司）换股合并鲁颖电子（即当时的山东鲁颖电子股份有限公司），开启换股合并先河	逐步演变成上市公司产业拓展及优质非上市公司借壳上市的途径之一
非上市公司换股吸收合并上市公司	2003年，TCL科技集团股份有限公司（以下简称TCL集团）通过发行新股换取已上市的TCL通讯（即TCL通讯科技控股有限公司）流通股	换股同时，完成上市公司注销和集团上市，但方案操作复杂，涉及较多法律问题
上市公司之间的换股吸收合并	2011年，盐湖钾肥（即青海盐湖钾肥股份有限公司）新增股份换股吸收合并盐湖集团（即青海盐湖工业集团股份有限公司），交易完成后，前者作为存续公司继续留在A股	交易完成后，失去一个上市公司主体
上市公司控股股东间的换股吸收合并	2017年，神华集团（即当时的神华集团有限责任公司）更名为国家能源投资集团并吸收合并国电集团（即中国国电集团公司）	控股股东（集团）层面的吸收合并，集团上市主体数量保持不变
上市公司吸收合并控股股东	2008年东软股份（即沈阳东软软件股份有限公司）吸收合并东软集团（即东软集团股份有限公司），实现东软集团整体上市	控股股东资产整体上市的途径之一

▶ 案例 1-5

宝钢集团有限公司与武汉钢铁（集团）公司实施联合重组

1. 交易背景

随着中国进入工业化后期发展阶段，中国钢铁行业已进入成熟发展阶段。钢铁行业产能严重过剩，市场供大于求的矛盾比较突出。倡导供给侧结构性改革、积极推进钢铁行业"去产能"、化解钢铁行业产能过剩工作是中共中央、国务院主动适应经济发展新常态、妥善应对重大风险挑战而做出的重大决策部署。但钢铁行业的集中度过于分散，严重影响化解过剩产能政策的落实效果，对行业供给侧结构性改革和平稳发展造成不利影响。由此，国家明确鼓励钢铁企业进行实质性联合重组，尤其要"支持优势钢铁企业强强联合，实施战略性重组"。

宝山钢铁股份有限公司（以下简称宝钢股份，股票代码：600019.SH）是全球领先的特大型钢铁联合企业，也是《财富》世界500强企业，于2000年12月在上海证券交易所（以下简称上交所）上市。本次吸收合并前，宝钢股份的控股股东为中国宝武集团钢铁有限公司（以下简称中国宝武集团）。中国宝武集团系国务院国资委监管的国有企业，持有宝钢股份70.05%的股份，宝钢股份的股权控制结构如图1-5所示。

图 1-5　合并前宝钢股份的控制结构

武汉钢铁股份有限公司（以下简称武钢股份，股票代码：600005.SH）是我国重要的优质板材生产基地，也是新中国成立后兴建的第一个特大型钢铁联合企业，1999 年 8 月在上交所上市。本次吸收合并前，武钢股份控股股东为武汉钢铁（集团）公司（以下简称武钢集团）。武钢集团系国务院国资委监管的全民所有制企业。武钢股份自上市以来实际控制人未发生变更。武钢集团持有武钢股份 52.76% 的股份，武钢股份产权及控制关系如图 1-6 所示。

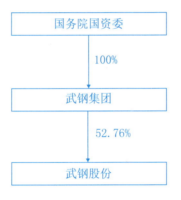

图 1-6　合并前武钢集团的控制结构

2. 交易方案

受行业景气度影响，2015 年武钢股份全年亏损高达 75 亿元，而宝钢股份业绩也大幅下滑，仅实现净利润 7.14 亿元，较 2014 年的 60.90 亿元同比下降约 88%。在此背景下，宝钢股份的控股股东原宝钢集团有限公司（以下简称宝钢集团）和武钢股份的控股股东武钢集团在国资委的同意下进行联合重组。原宝钢集团更名为"中国宝武钢铁集团有限公司"，武钢集团股权无偿划转至中国宝武集团。联合重组完成后，宝钢股份、武钢股份均为中国宝武集团控制的下属企业。

为了优化两家钢铁上市公司的资源配置，推动上市公司提质增效，建成代表中国钢铁工业最高技术和实力水平、拥有钢铁技术自主知识产权、适应国家供给侧结构性改革要求、最具竞争力的钢铁企业和最具投资价值的上市公司，宝钢股份和武钢股份拟实施换股吸收合并。

本次合并的具体方式为：宝钢股份向武钢股份全体换股股东发行 A 股股票，换股吸收合并武钢股份；宝钢股份为本次合并的合并方暨存续方，武钢股份为本次合并的被合并方暨非存续方；换股实施完成后，武钢股份办理注销登记手续；武钢股份设立全资子公司——武汉钢铁有限公司（以下简称武钢有限），武钢股份现有的全部资产、负债、业务、人员、合同、资质及其他一切权利与义务由武钢有限承接与承继；自交割日起，武钢有限 100% 股权由宝钢股份控制。

3. 交易架构与流程

（1）合并交易的流程

本次吸收合并中，换股对象为于换股实施股权登记日（2017 年 2 月 14 日）收市后登记在册的武钢股份全体股东，包括未申报、无权申报或无效申报行使现金选择权的武钢股份股东及武钢股份异议股东的现金选择权提供方。

宝钢股份本次换股吸收合并武钢股份的换股价格以宝钢股份审议本次换股吸收合并事项的董事会决议公告日前 20 个交易日的股票交易均价为市场参考价，并以不低于市场参考价的 90% 作为定价原则，换股价格确定为 4.60 元 / 股；武钢股份的换股价格以武钢股份审议本次换股吸收合并事项的董事会决议公告日前 20 个交易日的股票交易均价为市场参考价，并以不低于市场参考价的 90% 作为定价原则，换股价格确定为 2.58 元 / 股；由此确定武钢股份与宝钢股份的换股比例为 1∶0.56，即每 1 股武钢股份的股份可以换取 0.56 股宝钢股份的股份。

宝钢股份将赋予其异议股东现金选择权。申报行使该权利的宝钢股份异议股东可以在现金选择权申报期内，要求现金选择权提供方按照 4.60 元 / 股的价格受让其所持有的全部或部分宝钢股份 A 股股票。

武钢股份将赋予其异议股东现金选择权。申报行使该权利的武钢股份异议股东可以在现金选择权申报期内，要求现金选择权提供方按照 2.58 元 / 股的价格受让其所持有的全部或部分武钢股份 A 股股票。

（2）合并后的架构

宝钢股份和武钢股份已于 2017 年 1 月 25 日分别刊登公告，在现金选择权申报期内，并无宝钢股份异议股东、武钢股份异议股东申报行使现金选择权。

本次合并的换股实施股权登记日为 2017 年 2 月 14 日，换股实施股权登记日收市后武钢股份股东持有的武钢股份股票已按照 1∶0.56 的比例转换为宝钢股份股票，即每 1 股武钢股份股票换取 0.56 股宝钢股份股票。宝钢股份因本次合并新增发行 A 股 5652516701 股。此次新增股份的性质为无限售条件流通股，并于 2017 年 2 月 27 日上市流通。本次合并换股实施完毕后，宝钢股份的总股本为 22102656925 股。本次合并涉及的换股导致的宝钢股份变化情况如表 1-3 所示。

表 1-3　换股导致的宝钢股份变化

类别	变动前 / 股	变动数 / 股	变动后 / 股	所占比例 / %
有限售条件的流通股	25861400	0	25861400	0.12
无限售条件的流通股	16424278824	5652516701	22076795525	99.88
股份总额	16450140224	5652516701	22102656925	100.00

本次合并完成后，上市公司股份总数为 22102656925 股，股本结构如表 1-4 所示。

表 1-4　合并后上市公司的股本结构

股东	合并前宝钢股份		合并前武钢股份		合并后上市公司	
	持股数量 / 万股	持股比例 / %	持股数量 / 万股	持股比例 / %	持股数量 / 万股	持股比例 / %
中国宝武集团	1152338.58	70.05	—	—	1152338.58	52.14
武钢集团	—	—	532530.80	52.76	298217.25	13.49
宝钢股份其他股东	492675.44	29.95	—	—	492675.44	22.29
武钢股份其他股东	—	—	476847.18	47.24	267034.42	12.08
合计	1645014.02	100.00	1009377.98	100.00	2210265.69	100.00

由此，合并后宝钢股份的股权架构如图 1-7 所示。

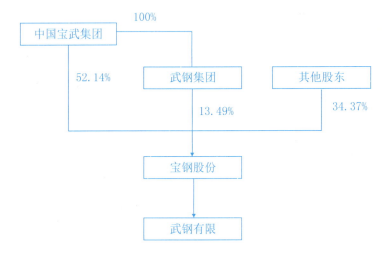

图 1-7　合并后宝钢股份的股权架构

本次合并完成后公司前十名股东持股情况如表 1-5 所示。

表 1-5　合并后公司前十大股东持股情况

序号	股东名称	持股数量 / 股	持股比例 / %	股份性质
1	中国宝武钢铁集团有限公司	11523385833	52.14	无限售流通股
2	武汉钢铁（集团）公司	2982172472	13.49	无限售流通股
3	中国石油天然气集团公司	800000000	3.62	无限售流通股
4	中国证券金融股份有限公司	633249556	2.87	无限售流通股
5	北京诚通金控投资有限公司	541926376	2.45	无限售流通股
6	国新投资有限公司	541926376	2.45	无限售流通股
7	中国远洋运输（集团）总公司	280000000	1.27	无限售流通股
8	中央汇金资产管理有限责任公司	194224180	0.88	无限售流通股
9	香港中央结算有限公司	162943656	0.74	无限售流通股
10	海通证券股份有限公司—中融国证钢铁行业指数分级证券投资基金	57634554	0.26	无限售流通股

4. 本次交易的协同效应

宝钢股份和武钢股份作为中国特大型钢铁联合企业，通过本次合并，实现了规模、品种、成本、技术、服务等全方位的持续提升，将建成代表中国钢铁工业最高技术和实力水平，拥有钢铁技术自主知识产权、拥有国际钢铁行业话语权和强大竞争力的一流上市公司。合并后上市公司通过对采购、销售、产品研发、技术创新、企业文化等方面的有效整合，能够充分发挥规模效应和协同效应，实现一体化运营，并进一步加强持续经营能力。

合并后上市公司将极大地提升中国钢铁工业的国际竞争力和影响力，进一步提高国际社会对中国钢铁工业技术水平和生产装备的认同感和接受度，为我国钢铁行业参与"一带一路"建设和国际产能合作、加快中国钢铁企业"走出去"的步伐提供重要支撑。

二、并购历史

（一）近代全球六次并购浪潮

从 19 世纪开始，世界范围内发生过六次大的并购浪潮。这六次并购浪潮的特征明显，形式多样，驱动因素各异，深刻改变了全球经济面貌，但不变的是企业追求资本与利润的垄断。

1. 第一次并购浪潮：1897—1907 年

第一次并购浪潮发生于 19 世纪末 20 世纪初，这被视为西方历史上最重要的一次并购浪潮，在此期间形成了数家对全球经济有着重要影响的垄断巨头，譬如杜邦公司、美国钢铁公司、美国烟草公司等。在第一次并购浪潮之后，现代工业体系渐趋成熟，垄断经营模式初露锋芒。

19 世纪下半叶，第二次工业革命使人类进入了电气时代，企业的原始资本累积已经不能满足社会化大生产的要求，集中资本发展先进设备，实现社会化大生产成为当时行业发展的必然趋势。同时，在石油等产能过剩的行业中，效率低下的小企业生存空间被不断挤压。当时美国资本市场已初具规模，费城、波士顿及纽约股票交易所为并购提供了重要途径，再加上银行等金融机构为并购提供了大量资本和业务咨询，企业并购成为诸多企业实现规模扩张的必然选择。

在第一次并购浪潮中，企业并购以横向为主。同一行业之内，优势企业并购劣势企业，大企业并购小企业，进而形成垄断企业。在此过程中，规模经济使得企业生产效率有所提升，并购协同效应使得新技术不断涌现，企业面临的行业竞争几近消失，垄断企业凭借自身的垄断地位获得了超额利润。同时，企业规模的扩张为生产专业化和规模化提供了条件，传统企业结构开始逐步向现代企业制度转型，企业开始将所有权和经营权分离，形成了新的职业阶层——职业经理人。

19 世纪后期到 1906 年，美国经济高速发展，大量海外投资涌入美国，其中一部分欧洲资本提供大量短期信贷资助创业，造成美国机构和个人普遍过度举债，并诞生了信托投资公司。但当时的信托投资公司缺乏监管，无限制地过度吸纳社会资金，投资于高风险行业和股市。到了 1906 年，纽约一半左右的银行贷款都被信托投资公司抵押投资，美国实际上已经出现了现金短缺的情况。1907 年初，有色金属铜的价格暴跌，进而传导至证券市场，引发金融危机。

1907 年美国股市暴跌，宣告此次并购浪潮结束。

2. 第二次并购浪潮：1916—1929 年

第二次并购浪潮伴随着第一次世界大战后世界经济由复苏到繁荣发展的过程。在此次并购浪潮中，同样形成了存续至今的著名企业，譬如 IBM 公司、通用汽车公司等。

20 世纪初，当第一次世界大战结束后，战胜方英国和法国在盘点自己的利益时，发现战争实际上劳民伤财，国家实力大不如前，而独占半块北美大陆的美国远离战火，借机发展海外贸易，实现了快速的财富积累。此时西方诸国为了重建战后经济，大力加强先进生产技术的发明和使用，汽车工业、化学工业、电力工业等借助战后经济重建的东风迅速崛起，行业竞争也更加激烈，而并购是企业提升行业地位的重要手段。

1914 年，美国国会颁布了《克莱顿法案》，对于同行业的合并即联营垄断进行了严格的限制，企业开始寻求产业链上下游的纵向并购。1982 年的诺贝尔经济学奖得主、芝加哥大学前教授乔治·施蒂格勒（George Stigler）将第一次和第二次并购浪潮区分为"为了垄断的并购"和"为了寡头的并购"。

第二次并购浪潮期间，在第一次世界大战后的全球经济复苏背景下，美国经济持续发展，这为需求旺盛的证券市场提供了大量的投资资本。良好的经济环境和宽松的收益要求使资本更加容易获得，这为 1929 年股票市场崩溃埋下了伏笔。到 1929 年，过热的股市已经与现实的经济状况完全脱节。

与第一次并购浪潮相似，1929 年美国股市暴跌标志着第二次并购浪潮的结束。

3. 第三次并购浪潮：1965—1969 年

与第二次并购浪潮类似，第三次并购浪潮也是在战后经济重建中产生的。伴随着第二次世界大战后资本主义经济从复苏到繁荣的过程，第三次并购浪潮兴起。

第二次世界大战后，西方国家在战后重建过程中进行了大规模固定资产投资，经济实力不断提升。随着第三次工业革命的兴起，大批新兴行业涌现，电子计算机、航空航天、新材料领域迅速发展，如果能够集中大量原材料、劳动力和资金等生产要素，必然能够提升技术水平和生产效率。因此，这些行业的企业有寻求并购的强烈动机。在制度方面，由于经历了前两次的并购浪潮，1950 年美国颁布了《塞勒—凯弗维尔法》弥补了《克莱顿法案》中只限制企业横向并购的漏洞，使得企业开始选择并购其他行业的企业作为规模扩张的重要形式。在技术方面，计算机技术的兴起使得企业能够以更科学的方式管理混合经营的业务，因此许多企业也愿意去尝试混合经营模式。在人才方面，MBA 教育的兴起和普及，给企业提供了大量管理人才，企业有足够的管理能力进行多元化经营。同时，股票牛市的持续对企业通过多元化并购提升市值给予了激励。

在此过程中，资金价格和利率的上升使得企业不再依赖银行融资，而是转向以股权融资的形式参与此次并购。当时用于并购估值的方法主要以市盈率法为主，市盈率相对高的公司更愿意采用股份支付的方式达成并购。

1966—1967 年，德国的战后经济危机拖累了全球经济，导致 1967 年美国政府财政赤字大幅走高，美元信用被削弱，各国政府和投机者们纷纷开始抛售美元转而囤积黄金，美国出现"黄金危机"；1968 年，美国深陷越战泥淖，肯尼迪总统和黑人民权领袖马丁·路德·金相继被暗杀，美国政局动荡，经济衰退。1969 年尼克松上台后仍未扭转通胀加剧和经济衰退的局势，而美联储仍实行紧缩的货币政策，此间美股又一次下挫。

1969 年，美国股市再次崩盘，引发严重的经济危机，第三次并购浪潮就此告终。

4. 第四次并购浪潮：1984—1989 年

第四次并购浪潮也是第一次私募股权投资浪潮，此次并购浪潮持续时间更长，形式更为多样，主要以"小吃大"、杠杆收购为主要特征。

第三次并购浪潮之中，大量企业试图通过混合并购实现企业多元化经营，获取更多利润，但是，由于企业管理经验的匮乏，经营者无法凝聚多个不同的经营业务，形成企业核心竞争力。在并购整合后期，混合并购的弊端开始显现，大量多元化企业的经营难以为继，它们希望剥离这些非核心业务，而这些被剥离的业务，就成为此次并购浪潮中的重要标的。

同时，在第三次并购浪潮后，由于整体经济形势低迷，许多优质企业也出现业绩下滑的情况，其发行的债券信用评级因此被不断下调，成为垃圾债券。德崇证券的迈克尔·米尔肯（以下简称米尔肯）发现了其中的商机，米尔肯建议当时拥有大量垃圾债券的"第一投资者基金"坚定持有此类债券，并进行多元化的组合配置。1974—1976 年"第一投资者基金"曾经连续三年成为全美业绩最好的基金。随后，德崇证券在米尔肯的主导下成立了一个低等级债券买卖部门，经该部门推荐的机构投资者在投资"垃圾债"方面的年收益率达到 50% 以上。

进一步，米尔肯将垃圾债券与杠杆收购结合，投资银行给并购方安排短期贷款作为过桥资金，并限定一段时间让其发行垃圾债券，用被并购方的资产和未来现金流作为还本付息的担保，成功之后将会带来巨额收益。这一模式迅速被市场广泛复制，在此模式下，敌意收购成为常态，杠杆收购模式给敌意收购提供了有利条件，企业的反收购措施也在此阶段有了创造性的发展。

1989 年，垃圾债券市场崩溃，经济环境骤然降温，第四次并购浪潮随之终结。

5. 第五次并购浪潮：1992—2000 年

20 世纪 90 年代，东欧剧变，苏联解体，冷战结束，世界两极格局就此终结，全球经济开始趋于自由化，贸易壁垒也被打破，全球经济不断回暖。同时，互联网信息技术在全球范围内得到了广泛使用，信息交换成本降低，客观上推动了全球经济一体化，企业为了更有效地利用生产资料，也会选择在全球范围内配置新资源，跨境并购成为大势所趋。

在政策方面，英、美、法、德等西方国家不再过分严格地限制企业并购，转而采取一系列鼓励境外并购的政策，刺激了企业跨境并购。而发展中国家也在 1997 年东南亚金融危机之后，意识到了境外资产配置的重要性，开始积极进行境外扩张。

这次并购浪潮以战略并购为主，过去的敌意收购由于其风险转移行为的商业道德问题受到社会各界的广泛谴责。在第五次并购浪潮中参与并购的企业大多是规模较大、市场地位较高的龙头企业，在"强强联合"中企业实现了技术成果共享和市场份额的合并，企业竞争力不断增强，1999 年美国在线和时代华纳的合并就是典型的"强强联合"。

与前四次并购浪潮类似，当经济下滑并于 2000 年进入短暂的衰退期时，第五次并购浪潮宣告结束。

6. 第六次并购浪潮：2004—2007 年

经济全球化的进一步发展使得企业对于稀缺生产资源的争夺日趋激烈，大宗商品价格在全球范围内不断上涨，企业开始表现出强烈的跨境并购的需求。在短短 4 年时间里，跨境并购超过了绿地投资，成为跨国（地区）公司对外直接投资的主要方式。

美国"9·11"事件爆发后，经济低迷，美国联邦储备体系长期实行低利率政策，以推动经济发展。同时，低利率政策也为融资提供了便利，私募股权基金利用这些成本低廉的股权和债务资本购买公司或者公司的一部分股份，等待市场高涨时卖出。获得收益，这为私募股权基金的投资人创造了很高的回报率，也使得私募股权基金在这一时期通过资本积累发展迅猛，但是 2007 年的次贷危机切断了私募股权基金成本低廉的资金来源，此次并购浪潮也因此结束。

（二）中国并购发展历史

相比于声势浩大的全球并购浪潮，中国的并购史则显得相对短暂，但却反映了国有经济发展的重要变化，整个并购历程与国企改革密切相关。1990—1991 年，沪深两地的交易所相继成立并挂牌经营，中国资本市场诞生。这一划时代事件给中国企业并购带来了新的机遇。此后，伴随着中国资本市场的快速发展，中国企业在世界第六次并购浪潮中大放异彩。事实上，中国企业的并购历史可以划分为 5 个阶段。

1. 第一阶段：萌芽期（1978—1989 年）

1978 年改革开放之后，中国经济快速发展，国企改革也就此拉开序幕。1978 年 12 月，党的十一届三中全会提出要调整国家与企业之间的利益关系，确立了以扩大企业自主权为主要形式的国企改革模式，其核心为"放权让利"。在此背景下，企业的权力被最大限度下放至管理层手中。但由于放权之后的管理不善及计划经济遗留的问题，许多企业出现了不同程度的亏损。根据《中国工业统计年鉴》数据，1982 年我国国有工业企业亏损比例达到 85.3%，亏损金额达到 55.8 亿元，但与此同时，也有一些成绩突出的优势企业亟待发展，其资金、场地和生产资料都处于相对缺乏的状态。出于以优带劣、以强带弱的考虑，许多地方政府积极鼓励优势企业并购当时业绩较差的企业，河北省保定市迈出了中国企业并购的第一步。1984 年 7 月，保定纺织机械厂和保定市锅炉厂以承担全部债权债务的方式分别兼并了保定市针织器材厂和保定市鼓风机厂，成为改革开放后我国企业并购的第一案。此后不久，在保定市政府的鼓励和引导下，当地完成了 9 家优势企业对 10 家劣势企业的并购。随后，在武汉、南京、上海、北京等全国各大城市都发生了企业并购，大幅减少了亏损企业的数量，提高了生产效率，节约了生产资源。

1988 年 3 月，第七届全国人民代表大会第一次会议提出，要把"鼓励企业承包企业，企业租赁企业"和"实行企业产权有条件的转让"作为深化国有企业改革的重要举措。在利好政策的支持下，1988 年 5 月，中国第一家企业兼并市场成立于湖北省武汉市，在不到一年的时间里，保定、南京、福州、成都、深圳等地均有企业兼并市场成立，产权市场的快速发展为并购的多样化提供了有利条件。

1989 年 2 月 19 日，国家体改委、国家计委、财政部、国家国有资产管理局联合发布了《关于企业兼并的暂行办法》，首次针对企业并购进行了明确的制度性规定，对企业兼并的概念、主体、形式、程序及资产作价等进行了较为详细的规定，中国企业的并购由此开始逐渐趋于制度化、规范化。

2. 第二阶段：起步期（1990—1998 年）

1990 年 12 月 19 日，上海证券交易所挂牌运营，1991 年 7 月 3 日，深圳证券交易所正式开业，中国资本市场正式成立，这给中国企业并购提供了新的途径。1993 年 9 月，深圳宝安企业（集团）股份有限公司通过二级市场大量购入上海延中实业股份有限公司（以下简称延中实业），成为其第一大股东，这是我国第一起通过股票市场完成的收购，为后续企业通过二级市场举牌收购开了先例。股票市场举牌收购自 1993 年起，逐步成为中国企业达成并购的重要途径。紧接着，深圳万科企业股份有限公司（以下简称万科）举牌入主上海申华实业股份有限公司，深圳天极光电技术实业股份有限公司试图控股上海飞乐音响股份有限公司。到 1994 年底，珠海经济特区恒通置业股份有限公司（以下简称恒通置业）协议收购上海棱光实业股份有限公司（以下简称上海棱光）。这一交易是恒通置业以 4.3 元 / 股的价格买入 1200 万股上海棱光实业的国家股的方式达成，也是中国历史上首次以协议收购国家股的形式完成的并购。从此，资本市场逐渐在企业并购中发挥愈加重要的作用。这一时期的并购整体来看规模相对较小，但相对频繁，其并购动机集中于买壳或保壳获取融资渠道，而国有企业在其中参与较多。随着建立市场经济体制的整体目标的推进和对西方产权理论的创新应用，这一阶段的国有企业改革开始推进从产权制度、治理结构到管理制度全方位的制度创新。以新建立的资本市场为依托，综合运用经济和行政手段，大中小型国有企业分别开启了跨经济形式、跨境、跨行业的并购和重组。

除了股票市场，全国各地的产权交易市场也是这一时期企业并购的重要场所。从改革开放之初到 1994 年，全国有 20 余家产权交易市场相继成立，企业可以在此进行基于资产产权的交易。譬如 1994 年 2 月 28 日，四川产权交易中心将乐山无线电厂的国有资产划分为 915 个单位挂牌交易。

在 1997 年前后，上市公司的并购重组开始趋于野蛮发展。由于缺乏制度约束，并购过程中股价操纵甚至掏空上市公司的行为屡见不鲜，财务报表式重组让许多公司成功粉饰了业绩，许多并购重组没能推动上市公司的持续发展，反而让其一蹶不振。根据上交所主办的《第八届公司治理论坛——控制权市场与公司治理》研讨会公开的数据显示，上交所 1998 年发生并购重组的 ST（special treatment，指境内上市公司被特别处理的股票）[1]、PT（particular transfer，指停止任何交易、价格清零等待退市的股票）[2] 类公司在重组前一年（1997 年）的净资产收益率平均为 −38%，但到重组当年（1998 年）就达到 9%，1999 年达到 14%，随后逐年下跌，两年内跌至 −17%。此时的证券市场和并购市场都急需强有力的制度约束。

3. 第三阶段：规范发展期（1999—2006 年）

1999 年 7 月，《中华人民共和国证券法》正式颁布实施，2002 年，中国证券监督管理委员会（以下简称证监会）颁布《上市公司收购管理办法》《关于向外商转让上市公司国有股和法人股有关问题的通知》，中国证券市场步入规范发展的阶段，控制权市场也渐趋制度化。2005 年，针对股票市场上长期存在无法流通的国家股、法人股的问题，证监会发布《上市公司股权分置改革管理办法》，消除了流通股与非流通股之间的制度差异，解

---

[1] ST 股是指境内上市公司经营连续两年亏损，被进行退市风险警示的股票。
[2] 依据《公司法》和《证券法》规定，上市公司出现连续 3 年亏损等情况，其股票将暂停上市。上交所、深交所从 1999 年 7 月 9 日起，对这类暂停上市的股票实施特别转让服务，并在其简称前冠以 PT，称之为 PT 股票。

决了长期以来股票估值不合理、市场流通性不强的问题，这一规定标志着我国进入"全流通"时代。2006年1月，新修订的《证券法》允许收购人自主选择全面要约或是部分要约，一改之前"收购人持股比例超过30%须履行强制性全面要约义务"的规定，要约收购的可操作性增强，在实践中的应用大幅增加。

2002年起，沪深A股上市公司股权交易量快速增加，交易规模快速增长。2003年，国有资产监督管理委员会成立，国有企业所有者与管理者职能分离。政府角色从管理企业为主转向管理资本为主，着力落实企业法人财产权和经营自主权，改革进入深水区，真正触及对国有资产管理的监督与激励的关键环节。在具体运行中，股份制改革的形式更加多样化，允许国有资产出售、引进战略投资者、管理层收购（management buy-outs，MBO）等，国有企业改革为并购市场增加了新的活力。

4. 第四阶段：高速发展期（2007—2016年）

2007年，中国股市迎来了大发展，股权分置改革后，市场环境大幅改善，改革开放近30年，居民的财富不断积累，社保、保险资金及境外机构投资者（qualified foreign institutional investor，QFII）进入股票市场，上海证券综合指数（以下简称上证指数）从2007年初的2728点一路飙升，到2007年10月16日已经达到6124点的高位，深证证券交易所成分股价指数（以下简称深圳成指）也在2007年10月10日达到19600点，而2007年初这个数字仅仅是6730点。市场持续过热，国家出台一系列调控政策都没能压降市场热度，直至受2008年美国次贷危机与境内通货膨胀等多重影响，A股股市高位下跌。此时，不少优质企业的估值偏低，这使得资本伺机而动。2009—2012年，举牌收购还处于相对平稳的阶段，直至2014年，国务院出台《国务院关于进一步优化企业兼并重组市场环境的意见》，直接取消了上市公司除借壳上市和发行股份购买资产以外的重大资产购买、出售和置换行为的行政审批，由此，二级市场并购重组的数量大幅增加，规模也不断提升。

到2015年6月12日，上证指数涨至5178点，再创新高。次日，证监会发布《关于加强证券公司信息系统外部接入管理的通知》，该通知禁止证券公司为场外配资活动提供便利。随后的两个月中，上证指数应声下跌，到2015年8月6日跌至2850点，跌幅将近50%。在股市大跳水之际，中国保险监督管理委员会（以下简称保监会，2018年以后改组为中国银行保险监督管理委员会）于2015年7月8日发布《中国保监会关于提高保险资金投资蓝筹股票监管比例有关事项的通知》，其中放宽了保险资金投资蓝筹股的监管限制，将投资单一蓝筹股票的比例上限由上季末总资产的5%提升至10%；此外，权益类资产配置达到30%比例上限的，可继续增持蓝筹股，增持后权益类资产比例不超过上季末总资产的40%。这直接导致多家险资频繁举牌上市公司，"宝万之争"（详见第八章案例思考）就是这一阶段保险资金参与二级市场并购的典型案例。

5. 第五阶段：要约收购上升期（2017年至今）

在宽松的政策环境下，保险资金大肆入主上市公司，这一过程中的敌意收购并不被公众认可，而保险资金自身也可能存在期限错配的风险，长此以往将损害实体经济的发展。2017年1月24日，保监会颁布《中国保监会关于进一步加强保险资金股票投资监管有关事项的通知》，将投资单一蓝筹股票的比例上限重新调回至上季末总资产的5%，权益类资产配置的比例上限也调回至30%，成功遏制了保险资金激进的举牌行为。此后，2017年5月证监会的减持新规严格限制了大股东的减持通道，仅留交易所集中竞价交易买入的股票不受限制。

在一系列的政策影响下，二级市场举牌后退出的难度加大，举牌收购的方式逐渐淡出市场，取而代之的是要约收购。要约收购是投资者直接公开竞价的购买行为，消除了二级市场逐步增持的价格不确定性，并且在要约收购前期，仅需要留出价款金额的 20% 作为履约金，余下部分可以做多种融资安排，相对成本更低。

（三）中国的跨境并购

中国企业的跨境并购实际上与境内并购同步进行，1984 年中银集团和华润（集团）有限公司（以下简称华润集团）联合收购香港康力投资有限公司，拉开了中国企业跨境并购的序幕。彼时改革开放刚刚开始，市场经济体制初露头角，"引进来"与"走出去"战略的实施，为企业带来了重要的发展机遇。从 1984—2000 年，中国企业跨境并购的数量有所增加，但是当时企业资金不足、目的地受限，因此中国企业主导的跨境并购往往规模不大，次数也相对较少。联合国贸易发展会议公布的《世界投资报告》显示，2000 年中国企业跨境并购额仅占世界跨境并购总额的 0.04%。

2001 年是中国面临的重要转折点，这一年中国成功加入世界贸易组织（World Trade Organization，WTO），中国企业与国际（地区间）市场的联系逐渐紧密，当年中国企业就进行了多次大规模跨境并购，最广为人知的当属 2001 年 7 月上海建工集团股份有限公司以 2 亿港元收购香港建设（控股）有限公司，以及 2001 年 9 月华立集团股份有限公司以 1.8 亿美元收购皇家飞利浦公司在美 CDMA（code division multiple access，码多分址，一种通信技术）事业部。从此，中国企业的跨境并购正式起步，此后的并购规模不断增加，并购次数也不断上升。2004 年，联想集团有限公司（以下简称联想集团）以 17.5 亿美元收购 IBM 的 PC（personal computer，个人计算机）业务，轰动一时。这场并购在今天来看也是极为成功的，IBM 公司的 PC 业务为联想集团打开了美国市场，在此后的 8 年中，联想集团的 PC 业务规模不断增加，2012 年联想成为世界第一大 PC 制造商。2001—2007 年间，中国企业抓住了加入 WTO 之后带来的机遇，也面临着国际化过程中相伴而生的挑战，许多跨境并购案例也成为中国企业到今天仍然需要引以为戒的教训。譬如 2003 年 TCL 集团对法国汤姆逊彩电业务的并购，错失了发展数字电视技术的良机。这一时期中国企业的跨境并购喜忧参半，但中国企业在此期间积累了大量资本和技术经验，为之后的跨境并购打下了坚实的基础。

2008 年全球金融危机爆发，美国次贷危机使得美国大批企业走向破产，欧洲的欧债危机使得欧元区经济持续低迷，这使得中国企业有了低价收购优质企业的可能。同时，中国经济持续向好，高速发展的经济对能源、技术和市场的需求与日俱增，2008 年以后中国企业的跨境并购进入了快速增长阶段。

2014 年起，以大连万达集团股份有限公司（以下简称万达）、海航集团有限公司（以下简称海航集团）、上海复星高科技（集团）有限公司（以下简称复星集团）、安邦保险集团股份有限公司（以下简称安邦保险）为主的境内大型民企走上大规模境外扩张之路，收购的资产多以酒店、地产、影院、俱乐部及度假村为主。其中安邦保险斥资 20 亿美元收购纽约地标华尔道夫酒店、万达以 35 亿美元收购好莱坞传奇影业，以及海航集团豪掷 400 亿美元收购了德意志银行股份公司（以下简称德意志银行）和希尔顿酒店集团公司（以下简称希尔顿酒店）等公司的股份。据汤森路透数据显示，中资跨境并购的交易规模从

2013 年的 633 亿美元暴涨至 2016 年的 2210 亿美元，中国企业的海外并购规模达到 20 世纪以来的峰值，一年内并购次数达到 920 次。

此后，在政策、经济等因素的影响下，中国企业的跨境并购步伐开始慢了下来，2020年受新冠疫情影响，部分中国企业财务压力也增加较快，根据安永会计师事务所发布的《2020 年全年中国海外投资概览》的数据，全年中企宣布的境外并购项目金额锐减，仅 464 亿美元，境外投资退出项目金额较 2019 年上涨 124%，达 493.3 亿美元。在 2020年中国企业的跨境并购中，按交易数量来看，前三大行业为 TMT（technology, media, telecom，即科技、媒体、通信）、金融服务业及先进制造与运输业，共占总量的 52.1%；其中，仅金融服务业（增长 12.7%）和 TMT（增长 0.7%）的并购数量有所增长，其他行业的并购数量均有下降。交易金额方面，所有行业都大幅下降。

未来，跨境并购交易受到多重限制，国际局势的动荡使得在美国和欧洲等主要发达市场进行大规模交易变得非常困难，但"一带一路"给中国企业的跨境并购带来了新的机遇，跨境并购将出现新的增长点。

案例思考 奇虎 360 借壳江南嘉捷

1. 交易双方基本情况

（1）被借壳方江南嘉捷概况

苏州江南嘉捷电梯股份有限公司（股票代码：601313.SH）成立于 1992 年，其前身是苏州江南自动扶梯厂。江南嘉捷是一家拥有高科技电梯、自动扶梯和自动人行道技术的上市公司，于 2007 年 8 月完成股份制改革，并于 2012 年 1 月在上海证券交易所挂牌上市。

江南嘉捷所从事的主营业务为电梯产品的研发、生产、销售及相关产品的安装维修，2014 年至借壳交易前夕的 2017 年上半年，受到技术更新换代与制造业转型的影响，江南嘉捷的经营业绩呈大幅下滑趋势。具体来看，借壳前江南嘉捷的营业收入逐年递减，盈利能力也持续下滑，净利润 4 年间减少了约 71%。停牌前江南嘉捷的总市值仅为 34.91 亿元，初步来看是一个可以考虑的借壳对象。

江南嘉捷重组前合并利润表如表 1-6 所示。

表 1-6　江南嘉捷合并利润表摘要

科目	2014	2015	2016	2017
营业收入 / 万元	273392	266127	241725	218452
营业成本 / 万元	195523	185050	165596	153748
利润额 / 万元	28844	27892	19188	7933
净利润 / 万元	24282	23441	16948	5970
归母扣非净利润 / 万元	22240	21449	14181	5970
净利率 /%	8.88	8.81	7.01	3.23
资产负债率 /%	46.09	41.61	37.70	38.03
净资产收益率 /%	16.53	14.87	9.80	4.05

（2）借壳方三六零概况

北京奇虎科技有限公司由周鸿祎于 2005 年创立，是境内领先的互联网和手机安全产品及服务供应商，主营业务及产品包括互联网安全产品研发、互联网广告与智能硬件等。根据其官网的介绍，奇虎 360 致力于通过安全业务及相关产品来集聚客户，为客户提供互联网广告及服务、互联网增值产品和智能硬件产品，上述服务所产生的盈利又为安全业务及相关产品提供资金支持，以此形成业务流的闭环，如图 1-8 所示。

奇虎 360 在美上市的主体是 2005 年注册于开曼群岛的 Qihoo 360 Technology Co. Ltd（以下简称 Qihoo 360），于 2011 年 3 月在纽约证券交易所挂牌上市，上市初期其市值高达 39 亿美元，该 IPO（initial public offering，首次公开募股）也被认为是当时中国企业赴美 IPO 的成功案例之一。

2014 年，Qihoo 360 在基本面持续向好的态势下，于当年第一季度末达到 124 美元 / 股的历史最高股价，总市值折合人民币约 1500 亿元。但从当年下半年开始，Qihoo 360 的股价似乎就偏离了业绩表现，一路下跌至 44.56 美元 / 股的冰点。直至 2016 年 7 月，Qihoo 360 以 51.33 美元 / 股（即 77 美元 /ADS[①]）的价格完成私有化退市，以谋求境内 A 股市场的价值重估。奇虎 360 业务模式如图 1-8 所示。

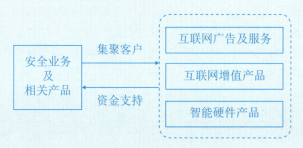

图 1-8 奇虎 360 业务模式

2. 交易背景及方案设计

（1）中概股回归浪潮下的明珠

2014 年 7 月至 2015 年 6 月，A 股市场出现了罕见的大牛市，上证指数从 2015 年 6 月 30 日的 2048 点上涨至 2015 年 6 月 15 日的最高点 5178 点。而彼时，在美国上市的中概股公司却"跌跌不休"，A 股火热的行情让境外上市的中国企业心动不已，希望能够通过回归 A 股获得估值的提升。

2014 年，上海证券交易所宣布拟推出战略新兴板。2015 年，中国人民银行发布的《中国金融稳定报告》指出："继续壮大主板、中小板市场，积极推动证券交易所市场内部分层"，并在上海证券交易所推出战略新兴板，全面推进创业板改革，提高服务实体经济能力。政策面的支持，叠加市场行情的上涨，战略新兴企业情绪高涨，据统计，仅 2015 年就有多达 36 家在美上市的中概股公司收到了私有化要约。

然而，奇虎 360 回归 A 股并不只是为了享受高估值，而更在于取得"本土上市公司"这一身份。近年来，国家高度重视网络信息安全，《2006—2020 年国家信息化发展战略》《网络安全法》《国家网络空间安全战略》《国家信息化领导小组关于加强信息安全保障工作的意见》等一系列政策法规的出台，网络信息安全被提升到国家战略的高度。而奇虎 360

① ADS，即 American depositary share，美国存托股份。

作为我国最大的网络信息安全服务商，是国家网络安全战略中的重要成员，并且与军队、机关在网络安全防护方面有非常多的深入合作，被视为网络安全的"国家队"。因此，奇虎360成为一个在本土上市的A股上市公司，无论是对于自身开拓业务、开拓政企资源、参与国家网络安全顶层设计，还是对我国网络信息安全行业的发展都具有重要的意义。

（2）奇虎360的私有化方案

2015年6月17日，以周鸿祎为首的买方团向Qihoo 360的董事会正式提交了初步非约束性私有化要约，由周鸿祎、中信证券、金砖丝路、华兴资本、红杉中国联合组成的买方团，报价77美元/ADS，拟通过搭建的私有化交易主体以吸收合并的方式收购Qihoo 360，报价较公告前一交易日收盘价66美元/ADS溢价16.67%，按私有化价格计算Qihoo 360估值作价约99.7亿美元，对应15年静态市盈率32.46倍。

根据私有化要约提案，周鸿祎牵头搭建了4层持股公司作为实施私有化的交易主体，从上至下分别是天津奇信志成科技有限公司（以下简称奇信志成）、天津奇信通达科技有限公司（以下简称奇信通达）、True Thrive Investment Ltd.（以下简称True Thrive）、New Summit Ltd.（以下简称New Summit）。奇信通达为注册于境内的公司制私有化主体，第一大股东为奇信志成，周鸿祎为奇信志成的控股股东，持股17.38%。周鸿祎通过控制奇信志成、天津众信股权投资合伙企业（以下简称天津众信），合计持有奇信通达67.68%的股份，为奇信通达的控股股东。

境外注册成立的True Thrive为奇信通达全资子公司，New Summit为True Thrive的全资子公司，形成了奇信通达全资控股True Thrive，True Thrive又全资控股New Summit的股权关系。之后New Summit通过吸收合并的方式，收购了Qihoo 360。美国东部时间2016年7月15日，Qihoo 360宣布私有化交易完成，正式完成从纽约证券交易所的退出。私有化交易的主框架如图1-9所示。

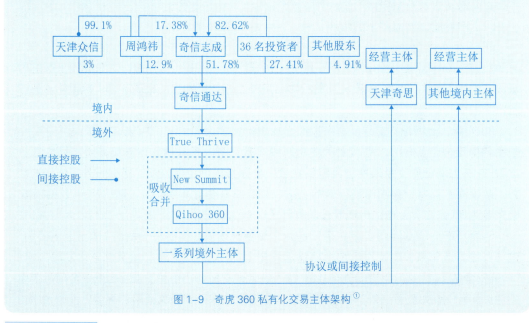

图1-9 奇虎360私有化交易主体架构①

① 注：其他股东指齐向东、天津聚信和天津天信；天津众信的普通合伙人为天津众信股权投资管理有限公司，其控股股东为周鸿祎，持有该公司99.1%的股权。

（3）业务分拆

在奇虎360私有化完成后，私有化主体奇信通达也进行了框架调整，主要的境内经营主体天津奇思科技有限公司（以下简称天津奇思）被转让给奇信通达，成为奇信通达的全资子公司。之后天津奇思反向吸收合并奇信通达，天津奇思更名"三六零科技"，也就是借壳上市的交易主体，合并后原齐信通达的股东直接持有天津奇思的股份，且天津奇思与奇信通达的股权结构完全一致。而在这期间，三六零科技的内部架构也进行了调整，如图1-10所示。

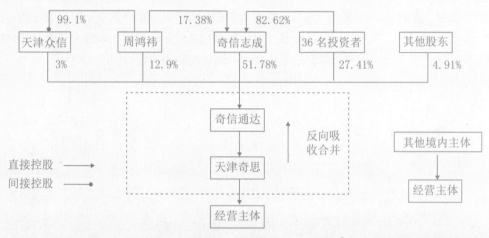

图1-10 天津奇思反向吸收合并奇信通达①

根据重组报告书披露的业务经营范围，借壳上市的主体三六零科技与纳斯达克上市的Qihoo 360在业务范围上有所区别，具体来看，周鸿祎保留了奇虎科技、奇虎360科技、奇虎测腾等涉足互联网安全技术、网络安全产品的公司，而奇信健控、奇信富控、奇信智控等非互联网安全业务公司则被剔除在上市公司体系之外。

此外，三六零科技的企业安全业务主要通过北京奇安信科技有限公司（以下简称奇安信）运行。2016年，360创始人之一齐向东对奇安信增资，提高了持股比例，三六零科技放弃对奇安信增资，失去了对奇安信的控制。根据周鸿祎、并购基金、齐向东、奇安信的协议约定："周鸿祎及其控制企业主要针对消费类个人用户提供安全软硬件与服务业务；齐向东及其控制企业主要针对企业类客户提供安全软硬件与安全服务的业务。针对与政府、军队、事业单位相关的非销售性安全业务，双方将以360品牌名义共同合作。"因此，奇虎360的企业安全业务并未置于上市实体中，而是由齐向东控制的奇安信承接运行。也因此借壳上市的三六零科技与美股上市的Qihoo 360相比，体量更小，财务报表数据显示，在美国上市的奇虎360在2015年的营业收入为人民币117.18亿元，净利润19.93亿元，而借壳上市主体三六零科技在2015年的营业收入为人民币93.57亿元，净利润9.43亿元。

值得一提的是，三六零科技与奇安信最终还是走向了"分手"。2019年5月，三六零

---

① 注：其他股东指齐向东、天津聚信和天津天信；天津众信的普通合伙人为天津众信股权投资管理有限公司，其控股股东为周鸿祎，持有该公司99.1%的股权。

科技清仓转让其所持有的奇安信的全部股权，占其总股权的 22.59%，交易金额 37 亿元，奇安信也交回"360 企业安全"的品牌，自立门户。2020 年 7 月，奇安信登陆科创板，宣称自己是中国政企网络安全市场的"隐形冠军"，上市首日股价大涨 137%，总市值高达 904 亿元。

（4）借壳方案

2017 年 6 月 12 日，江南嘉捷（601313.SH）公告因重大事项停牌，2017 年 11 月 3 日公告《重大资产出售、置换及发行股份购买资产暨关联交易报告书（草案）》。根据草案披露的交易主要内容，本次交易方案包括重大资产出售、重大资产置换及发行股份购买资产，三者互为条件，共同构成本次交易不可分割的组成部分，任何一项因未获得监管机构批准而无法付诸实施，则另一项交易不予实施。具体的交易方案如图 1-11 所示。

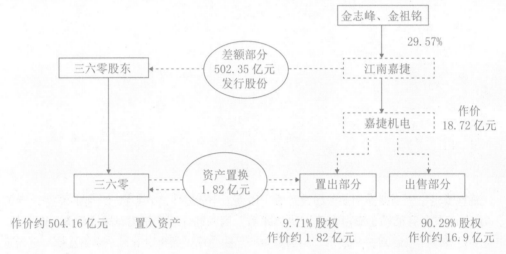

图 1-11　三六零科技借壳上市交易方案

①重大资产出售

江南嘉捷将截至 2017 年 3 月 31 日拥有的，除全资子公司嘉捷机电 100% 股权之外的全部资产、负债、业务、人员、合同、资质及其他一切权利与义务划转至嘉捷机电。在划转重组的基础上，江南嘉捷分别将嘉捷机电 90.29% 的股权以现金方式转让给金志峰、金祖铭或其指定的第三方，交易作价为 169000 万元。

②重大资产置换

江南嘉捷将嘉捷机电 9.71% 股权转让给三六零科技全体股东，与其拥有的三六零科技 100% 股权的等值部分进行置换。本次交易中拟出售资产 9.71% 股权的最终作价为 18179.75 万元，拟置入资产最终作价为 5041642.33 万元。

③发行股份购买资产

通过重大资产置换与拟置入资产的价款等值部分抵消后，拟置入资产与拟置换资产之间的差额部分为 5023462.58 万元，由江南嘉捷向 360 全体股东发行股份购买。发行股份购买资产的股份发行价格确定为定价基准日前 20 个交易日股票交易均价的 90%，即 7.89 元 / 股。据此计算，江南嘉捷向三六零科技全体股东发行股份的数量为 6366872724 股，原股本为 397182443 股。

交易完成后，上市公司股权结构如图 1-12 所示。奇信志成持有上市公司总股本的 48.74%，为上市公司控股股东。周鸿祎直接持有上市公司 12.14% 的股份，通过奇信志成间接控制上市公司 48.74% 的股份，通过天津众信间接控制上市公司 2.82% 的股份，合计控制上市公司 63.70% 的股份，为上市公司实际控制人。本次交易中，上市公司实际控制人由金志峰、金祖铭变更为周鸿祎，而交易中置入资产的资产总额与交易金额孰高值为 5041642.33 万元，占上市公司 2016 年末资产总额 281771 万元的比例为 1789.27%，超过 100%，按照《上市公司重大资产重组管理办法》第十三条的规定，构成重组上市。

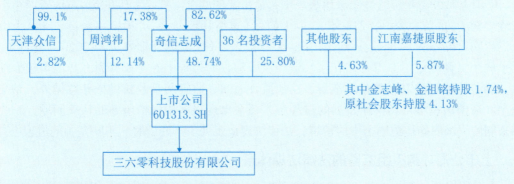

图 1-12 交易完成后的股权结构

4. 360 的后续再融资

回归 A 股后，三六零科技的市值得到了大幅增长，但相比于新股发行，借壳上市并未给三六零科技的发展带来资金的支持。由于三六零科技在借壳上市的过程中仅仅获得了上市公司的壳资源，当时法律并不允许企业在借壳上市的过程中进行配套融资，所以上市后三六零科技没能在上市过程中获得资金。2018 年 5 月 16 日，在三六零科技股价不断下跌之际，三六零科技发布了一份定向增发预案公告，宣布拟非公开发行股票不超过 13 亿股，募集资金 1079000 万元，主要用于 360 网络空间安全研发中心项目、360 新一代人工智能创新研发中心项目、360 大数据中心等 9 个建设项目。根据此前公布的 2018 年第一季报财务报告，三六零科技一季度末持有货币资金 1065500 万元，资产负债率 19.61%，同时 2017 年经营活动产生的现金流量净额达到 414300 万元。

📝 **讨论题：**

1. 论述构成一个"好壳"的要素有哪些？

2. 试估计 360 借壳成本。

3. 相比于美股市场，A 股市场的优势在哪里？ A 股市场为什么可以吸引大批中概股回归？

Chapter 2

第二章

中国并购法律

　　中国上市公司并购监管的法律法规中，最重要的两个文件是《上市公司重大资产重组管理办法》[证监会令〔第214号〕，以下简称《重组管理办法》（2023年修订）]和《上市公司收购管理办法》[证监会令〔第166号〕，以下简称《收购管理办法》（2020年修订）]。以上两个文件规定了上市公司在重大资产重组和收购过程中的主要行为。其内容较为细致，涵盖并购与重组管理办法本身、其他监管通知、监管问答及窗口指导意见等，条文繁杂。在中国资本市场不断发展的过程中，还会出现很多中国情境下的特殊问题，一些舶来制度很难明确地适用于中国情境，法律法规也正处于不断解释、不断完善的过程中。

一、上市公司并购重组监管的法律法规体系

　　在我国当前的资本市场上，对于并购重组的监管体系已较为完善，共分为基本法律、部门规章及交易所制定的业务规则这3个层面，由宏观到具体，规范和限制了上市公司并购重组的全流程。

　　在基本法律层面，主要有《中华人民共和国证券法》和《中华人民共和国公司法》两部上位法，并以此为限进一步制定了部门规章与交易所层面的业务规则。

　　在部门规章层面，最重要的两部规章是中国证监会的《上市公司重大资产重组管理办法》和《上市公司收购管理办法》，与之相配套的文件有《公开发行证券的公司信息披露内容与格式准则第26号——上市公司重大资产重组申请文件》（2022年修订）及《公开发行证券的公司信息披露内容与格式准则第16号——上市公司收购报告书》（2014年修订）。

　　同时，《上市公司并购重组财务顾问业务管理办法》（证监会令〔第54号〕）对上市公司并购重组中证券公司、证券投资咨询机构及其他财务顾问的业务活动进行了规范。《关于规范上市公司重大资产重组的若干问题的规定》（证监会公告〔2016〕17号）对诸如同业竞争和关联交易等若干问题作出了明确的规定。《关于进一步做好上市公司重大资产重组信息披露监管工作的通知》（上市部函〔2008〕076号）则对相关的信息披露监管工作作出要求。除了前述这些规定外，证监会还针对并购重组颁布了诸多的适用意见、指引和监管问答。例如，《〈上市公司重大资产重组管理办法〉第十四条、第四十四条的适用意见——证券期货法律适用意见第12号》（证监会公告〔2023〕37号）、《关于IPO被否企业作为标的资产参与上市公司重组交易的相关问题与解答》（2018年10月19日）等。

　　上市公司重大资产重组法规体系如图2-1所示。

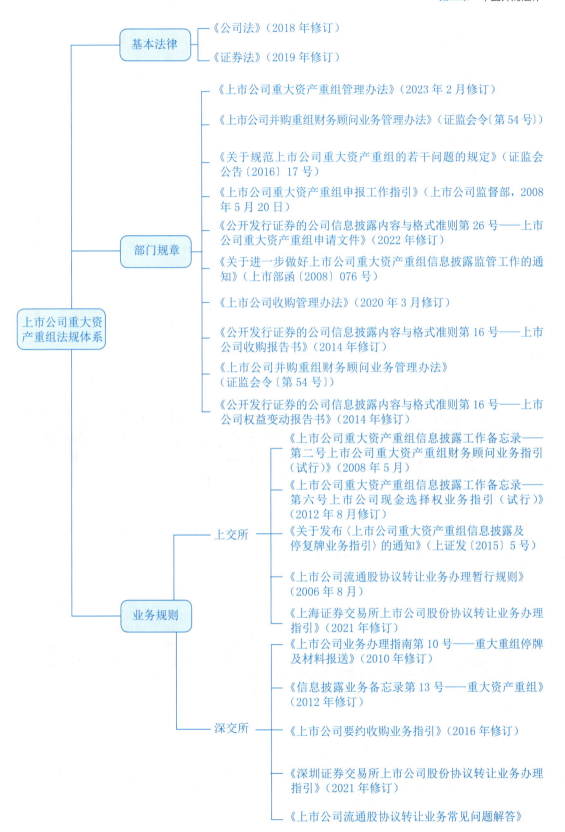

图 2-1　上市公司重大资产重组监管体系

在交易所层面，上交所和深交所分别针对上市公司并购重组业务制定了相关的信息披露工作备忘录及业务办理指南等指引性文件。譬如，上交所颁布的《上市公司重大资产重组信息披露工作备忘录——第二号上市公司重大资产重组财务顾问业务指引（试行）》（2008年5月）、《上市公司重大资产重组信息披露工作备忘录——第六号上市公司现金选择权业务指引（试行）》（2012年8月修订）、《关于发布〈上市公司重大资产重组信息披露及停复牌业务指引〉的通知》（上证发〔2015〕5号）、《上市公司流通股协议转让业务办理暂行规则》（2006年8月）及《上海证券交易所上市公司股份协议转让业务办理指引》（2021年修订）等规定。深交所出台了《上市公司业务办理指南第10号——重大重组停牌及材料报送》（2010年修订）、《信息披露业务备忘录第13号——重大资产重组》（2012年修订）、《上市公司要约收购业务指引》（2016年修订）、《深圳证券交易所上市公司股份协议转让业务办理指引》（2021年修订）及《上市公司流通股协议转让业务办理指引》等规定。

除了上述的这些法规、规章和规范性文件之外，上市公司并购重组交易行为的监管还可能涉及《上市公司证券发行注册管理办法》（证监会令第206号，2023年修订）、《上市公司非公开发行股票实施细则》（证监会公告〔2020〕11号）等。

二、重大资产重组

（一）重大资产重组监管的演变历程

我国重大资产重组相关法律的制定基本上与资本市场的发展同步。20世纪90年代，在资本市场建立之初，一切都还处于探索阶段，并购重组的概念在当时尚未有明确的界定。在缺乏有效监管的资本市场上，上市公司自主进行的资产重组存在诸多弊病，因此在1998年，证监会首次对上市公司的重组行为进行了制度约束，其完整的演变框架如图2-2所示。

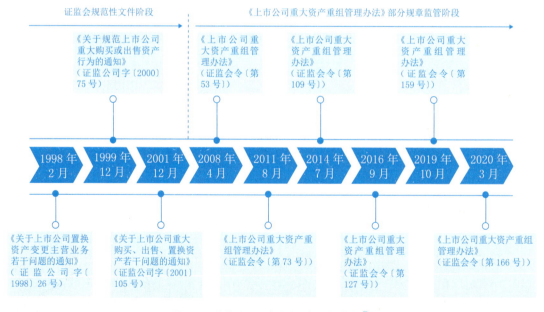

图2-2　上市公司重大资产重组监管演变①

---

① 雷霆. 图解并购重组：法律实务操作要点与难点 [M]. 北京：法律出版社，2019.

上市公司重大资产重组的监管演变主要有以下几个重要时间节点。

1998年2月25日，证监会出台了第一份有关上市公司重组业务的监管文件，即中国证监会《关于上市公司置换资产变更主营业务若干问题的通知》（证监上字〔1998〕26号，以下简称26号文，已废止）。26号文首次明确：上市公司通过置换资产变更主营业务，导致上市公司上市主体资格发生变化的，必须报证监会按新股发行程序重新审批，但并未对何为导致上市公司主体资格发生变化的资产置换行为进行界定。

1999年12月31日，证监会发布了《关于规范上市公司重大购买或出售资产行为的通知》（证监公司字〔2000〕75号，以下简称75号文）。75号文首次定义了"上市公司重大购买或出售资产"的行为，提出了"资产总额、资产净额和利润三项指标的50%"界定标准。同时，对于资产量化指标达到70%及以上的出售或者购买行为，该文要求上市公司聘请主承销商按照首次公开发行股票的要求进行辅导。值得注意的是，该文也同时放松了对于此类行为的监管要求，不再设置事前审批，上市公司只需要在6个月后就规范运作情况向证监会及派出机构报告即可。

2001年12月9日，证监会公布了《关于上市公司重大购买、出售、置换资产若干问题的通知》（证监公司字〔2001〕105号，以下简称105号文）。105号文旨在解决75号文中过于市场化的指导意见导致的上市公司重组的乱象，重新要求上市公司对重大资产重组行为履行审批程序，并要求70%以上及其他规定条件的"整体"重组行为须报发审委[①]审批。105号文是证监会对于上市公司重组业务的初步监管框架，为后来的重大资产重组管理办法的制定奠定基础。由于中国资本市场刚刚起步，26号文、75号文与105号文均是监管层面的初步探索，在之后的7年时间里，证监会对于上市公司重组业务的监管方式采用较为灵活的规范性文件。

2008年4月16日，证监会发布了《上市公司重大资产重组管理办法》（证监会令〔第53号〕），于2008年5月18日起正式施行。其后，该办法经历了《上市公司重大资产重组管理办法》（证监会令〔第73号〕，2011年8月修订）、《上市公司重大资产重组管理办法》（证监会令〔第109号〕，2014年7月修订）、《上市公司重大资产重组管理办法》（证监会令〔第127号〕，2016年9月修订）、《上市公司重大资产重组管理办法》（证监会令〔第127号〕，2019年10月修订）几次重大的修订，2020年3月与其他行业规章进行了同步修改（《关于修改部分证券期货规章的决定》，证监会令〔第166号〕）。2023年2月17日，《上市公司重大资产重组管理办法》（证监会令〔第214号〕）为最近一次的修订。

2011年《重组管理办法》的修订，在很大程度上堵住了过去市场操作中存在的重大监管漏洞，保护了中小投资者的合法权益，其内容新增了借壳上市（规定中称为"重组上市"）、发行股份购买资产及配套融资的相关规定。

2014年《重组管理办法》的修订，秉持着简政放权、将决策权更多地还给市场的理念，对于监管尺度进行了一定程度的限缩。本次修订主要包含以下内容：①只有借壳上市、发行股份购买资产和配套融资由证监会审核，其余均下放至交易所层面进行信息披露监管；②明确借壳上市标准参照IPO发行条件核准；③业绩承诺只针对大股东、实际控制人及其关联方强制要求；④完善股份发行的定价机制；⑤取消对于发行股份购买资产设

---

① 现在的并购重组委当时尚未组建，并购重组委是根据2007年9月16日公布的《关于在发行审核委员会中设立上市公司并购重组审核委员会的决定》成立的。

置的 5% 规模下限；⑥创业板公司不得借壳上市。同时，取消原本需要向证监会及派出机构进行报告的事项。

2016 年重组办法的修订则集中针对借壳上市的监管要求进行了细化。具体包括：①借壳上市不得进行配套融资；②明确借壳上市中"累计首次原则"的期限为 60 个月；③在借壳界定指标方面，将原有的资产指标扩展至总资产、净资产、股份、营收、净利润等 5 个资产规模指标及一个主营业务根本变化要求；④原实际控制人、控股股东及其控制的关联方、此次交易过程受让股份的交易对象需要将其所持有的股份锁定 36 个月，非关联方需要锁定 24 个月。此外，2016 年的修订增加了重大资产重组认定中对于控制权变更的要求，主要从股本比例、董事会构成和管理层控制 3 个维度对于控制权变更作出规定。《重组管理办法》（2016 年修订）第十三条第四款明确了"上市公司控制权"系按照《收购管理办法》第八十四条的规定进行认定。

2019 年的修订，重点解决了之前重组办法操作复杂度较高、一些交易难以实施的问题，为重组上市提供了极大的便利。主要进行了以下修订：①取消重组上市认定标准中的"净利润"指标；②进一步缩短"累计首次原则"计算期间，从 60 个月缩减至 36 个月；③推进创业板重组上市改革，允许符合国家战略的高新技术产业和战略性新兴产业相关资产在创业板重组上市；④恢复重组上市配套融资，多渠道支持上市公司通过置入资产改善现金流、发挥协同效应；⑤加强重组业绩承诺监管，加大问责力度。

2020 年的修订相对以往没有较大的变动，主要变化包括以下两点：①存托凭证纳入新《证券法》适用范围后，新增上市公司可以向特定对象发行存托凭证用于购买资产或者与其他公司合并，为该类公司的后续并购预留制度空间；②第六十一条将另行规定的范围从"科创板"扩展至"证券交易所相关板块"，为后期进一步推进注册制环境下的并购重组打下基础。

2023 年的修订主要体现在以下几个方面：第一，原第三十七条规定的"持续督导期限届满后，仍存在尚未完结的重大事项的，独立财务顾问应当继续履行持续督导职责"中，"重大事项"的内涵及独立财务顾问继续履职的边界不够明确。修订后明确仍存在尚未完结的"督导"事项的，独立财务顾问应当就"相关事项"继续履行持续督导职责。第二，考虑到上市公司应审慎实施重组，压实证券服务机构责任，将上市公司实现利润未达盈利预测报告预测金额的情形纳入第五十七条的追责范围。第三，强化重组监管对上市公司"持续经营能力"而非"持续盈利能力"的判断，对相关表述做了修改。

至此，中国资本市场对于上市公司重大资产重组及借壳上市监管的框架基本完备。

（二）重大资产重组的定义、原则和标准

1. 重大资产重组的定义与内涵

《重组管理办法》（2023 年修订）第二条第一款规定："本办法适用于上市公司及其控股或者控制的公司在日常经营活动之外购买、出售资产或者通过其他方式进行资产交易达到规定的标准，导致上市公司的主营业务、资产、收入发生重大变化的资产交易行为（以下简称重大资产重组）。"下面对这一办法涵盖的要点进行解读。

（1）适用主体

《重组管理办法》（2023 年修订）适用于上市公司及其控股或控制的子公司。

（2）适用情形

①非日常经营

上市公司及其控股或控制的子公司非日常经营活动进行的资产购买、出售或其他方式的资产交易属于重大资产重组，日常经营相关的资产交易（如上市公司购买生产经营相关的生产线、机器设备，房地产公司购买土地）不属于重大资产重组规制的范畴。

②资产交易

上市公司及其控股或控制的子公司购买、出售或通过其他方式进行的资产交易，满足50%的标准方构成重大资产重组。

③主营业务、资产、收入的重大变化

如果资产总额、营业收入或资产净额的变化比例达到50%以上（资产净额的变化需满足5000万元的标准），则视为重大变化。但是这一50%的标准需要与借壳上市采用的100%资产标准区分开，借壳上市采用100%的资产标准是基于大规模的资产置换，《重组管理办法》（2023年修订）中称之为"根本变化"。

（3）适用资产交易方式

购买、出售资产或者通过其他方式进行的资产交易均属于重大资产重组规制的范畴，其他方式具体如下。

①与他人新设企业、对已设立的企业增资或者减资。

②受托经营、租赁其他企业资产或者将经营性资产委托他人经营、租赁。

③接受附义务的资产赠与或者对外捐赠资产。

④中国证监会根据审慎监管原则认定的其他情形。

（4）适用标准

除50%的资产、收入的变化标准外，《重组管理办法》（2023年修订）中第十二、十三、十四条中对其他标准有非常详尽的规定。

（5）资产范围

《重组管理办法》（2023年修订）中涵盖的资产包括股权资产与非股权资产，属于广义的资产重组。

（6）募集资金

《重组管理办法》（2023年修订）第四十四条规定："上市公司发行股份购买资产的，可以同时募集部分配套资金，其定价方式按照相关规定办理。"关于募集资金的用途，《上市公司监管法律法规常见问题与解答修订汇编》中有明确的限制："募集配套资金可用于支付本次并购交易中的现金对价；支付本次并购交易税费、人员安置费用等并购整合费用；标的资产在建项目建设等。"并且，募集配套资金用于补充公司流动资金的比例不应超过交易作价的25%；或者不超过募集配套资金总额的50%，构成借壳上市的，不超过30%。

2. 重大资产重组的原则

上市公司实施重大资产重组，应当符合《重组管理办法》（2023年修订）第十一条的相关要求："（一）符合国家产业政策和有关环境保护、土地管理、反垄断、外商投资、对外投资等法律和行政法规的规定；（二）不会导致上市公司不符合股票上市条件；（三）重大资产重组所涉及的资产定价公允，不存在损害上市公司和股东合法权益的情形；（四）

重大资产重组所涉及的资产权属清晰，资产过户或者转移不存在法律障碍，相关债权债务处理合法；（五）有利于上市公司增强持续经营能力，不存在可能导致上市公司重组后主要资产为现金或者无具体经营业务的情形；（六）有利于上市公司在业务、资产、财务、人员、机构等方面与实际控制人及其关联人保持独立，符合中国证监会关于上市公司独立性的相关规定；（七）有利于上市公司形成或者保持健全有效的法人治理结构。"

3. 重大资产重组的判定标准

《重组管理办法》（2023 年修订）中主要规定了两类重大资产重组行为，第一类是重组上市（也称借壳上市）和发行股份购买资产，此类重大资产重组需要证监会核准许可；第二类是非重组上市且不涉及发行股份的其他重大资产重组，不需要证监会核准许可，两类重组行为的判定标准各不相同。

（1）许可类重大资产重组：重组上市（借壳上市）

上市公司自控制权发生变更之日起 36 个月内，向收购人及其关联人购买资产，导致上市公司发生《重组管理办法》（2023 年修订）第十三条规定的"根本变化"之一的，构成重组上市（借壳上市）。

①控制权发生变更

《重组管理办法》（2023 年修订）第十三条明确了"上市公司控制权"系按照《收购管理办法》第八十四条的规定进行认定，即"有下列情形之一的，为拥有上市公司控制权：（一）投资者为上市公司持股 50% 以上的控股股东；（二）投资者可以实际支配上市公司股份表决权超过 30%；（三）投资者通过实际支配上市公司股份表决权能够决定公司董事会半数以上成员选任；（四）投资者依其可实际支配的上市公司股份表决权足以对公司股东大会的决议产生重大影响；（五）中国证监会认定的其他情形"。

②资产与主营业务的变化

在上市公司控制权变更后 36 个月内，资产总额、营业收入、资产净额、发行股份数量其中任何一个指标变化超过 100%，即视为重组上市（借壳上市）。

如果前面 4 个指标均未达到 100% 的变化比例，但是上市公司向收购人及其关联人购买资产后"主营业务发生根本变化"时，也视为重组上市（借壳上市）。

除此以外，"中国证监会认定的可能导致上市公司发生根本变化的其他情形"也可酌情纳入重组上市（借壳上市）的范畴。

③累计首次原则与预期合并原则

累计首次原则：上市公司控制权发生变更之日起 36 个月内（含上市公司控制权发生变更的同时），向收购人及其关联人购买的资产所对应的资产总额、资产净额或营业收入，占上市公司控制权发生变更的前一个会计年度经审计的合并财务会计报告的相应指标的比例累计首次达到 100% 以上的，或者所对应的发行股份的数量，占上市公司首次向收购人及其关联人购买资产的董事会决议前一个交易日的股份比例累计首次达到 100% 以上的，合并视为一次重大资产重组，应当按规定申报核准；前述 36 个月内分次购买资产的，每次所购买资产对应的资产总额、资产净额、营业收入及发行股份数量，以该购买事项首次公告日的前一个会计年度经审计的相应指标为准。

预期合并原则：上市公司按累计首次原则申报重大资产重组方案时，如存在同业竞争或非正常关联交易等问题，则对于收购人及其关联人为解决此等问题所制订的承诺方案，涉及未来向上市公司注入资产的，也将合并计算。

④等同 IPO 标准

《重组管理办法》（2023 年修订）第十三条规定："上市公司购买的资产对应的经营实体应当是股份有限公司或者有限责任公司，且符合《首次公开发行股票并上市管理办法》规定的其他发行条件、相关板块定位，以及证券交易所规定的具体条件。"实际上，这一要求将借壳上市与 IPO 的基本要求进行了统一。

⑤合规性

《重组管理办法》（2023 年修订）第十三条中严格限制了上市公司控股股东、实际控制人的个人合规性及借壳上市的合规性。

（2）许可类重大资产重组：发行股份购买资产

发行股份购买资产的相关制度在之前的几次修订中经历了较大幅度的调整，《重组管理办法》（2008 年修订）允许上市公司在规定的条件下发行股份购买资产。2011 年修订《重组管理办法》主要对于第三方发行制度及配套募资作出了规定。2014 年的修订秉持简政放权的原则，删除了上市公司发行股份购买资产的限制条件，也不再对第三方发行及配套募资的条件进行限制。《重组管理办法》（2016 年修订）中，明确将借壳上市排除于配套融资之外。在此我们主要介绍《重组管理办法》（2023 年修订）中对于发行股份购买资产的相关规定。

首先，要求提升上市公司质量、增强持续盈利能力。上市公司应当充分说明并披露本次交易，这有利于提高上市公司资产质量、改善财务状况和增强持续盈利能力，有利于上市公司减少关联交易、避免同业竞争、增强独立性。

其次，要求财务会计报告无保留意见。上市公司最近一年及一期财务会计报告需注册会计师出具无保留意见审计报告。被出具保留意见、否定意见或者无法表示意见的审计报告的，须经注册会计师专项核查确认，该保留意见、否定意见或者无法表示意见所涉及事项的重大影响已经消除或者将通过本次交易予以消除。

再次，董事、高管不存在立案侦查或立案调查的情形。上市公司及其现任董事、高级管理人员不存在因涉嫌犯罪正被司法机关立案侦查或涉嫌违法违规正被中国证监会立案调查的情形，但是，涉嫌犯罪或违法违规的行为已经终止满 3 年，交易方案有助于消除该行为可能造成的不良后果，且不影响对相关行为人追究责任的除外。

最后，资产权属清晰、转移无障碍。充分说明并披露上市公司发行股份所购买的资产为权属清晰的经营性资产，并能在约定期限内办理完毕权属转移手续。

除此以外，也需满足证监会规定的其他条件。上市公司为促进行业的整合、转型升级，在其控制权不发生变更的情况下，可以向控股股东、实际控制人或者其控制的关联人之外的特定对象发行股份购买资产。所购买资产与现有主营业务没有显著协同效应的，应当充分说明并披露本次交易后的经营发展战略和业务管理模式，以及业务转型升级可能面临的风险和应对措施。

特定对象以现金或者资产认购上市公司发行的股份后，上市公司用同一次发行所募集的资金向该特定对象购买资产的，视同上市公司发行股份购买资产。

（3）非许可类重大资产重组

非许可类重大资产重组适用 50% 的比例要求，具体来讲，《重组管理办法》（2023 年修订）中第十二条要求："（一）购买、出售的资产总额占上市公司最近一个会计年度经审计的合并财务会计报告期末资产总额的比例达到百分之五十以上；（二）购买、出售的资产在最近一个会计年度所产生的营业收入占上市公司同期经审计的合并财务会计报告营业收入的比例达到百分之五十以上，且超过五千万元人民币；（三）购买、出售的资产净额占上市公司最近一个会计年度经审计的合并财务会计报告期末净资产额的比例达到百分之五十以上，且超过五千万元人民币。"关于资产净额的 5000 万元绝对数指标，意在避免 ST、PT 公司的资产交易轻易触发重大资产重组的标准。

要判断是否符合非许可类重大资产重组的要求，需要就前述比例进行计算，根据《重组管理办法》（2023 年修订）第十二条的判定标准与第十四条的补充说明，具体计算规则如表 2-1 所示。

表 2-1 非许可类重大资产重组要求的计算规则

判断标准		股权资产		非股权资产
		未取得／未丧失控制权	取得／丧失控制权	
资产总额	购买	max^{①}（被投资企业资产总额×股权比例，成交金额）	max（被投资企业资产总额，成交金额）	max（资产账面值，成交金额）
	出售	被投资企业资产总额×股权比例	被投资企业资产总额	资产账面值
营业收入	购买	被投资企业营业收入×股权比例	被投资企业营业收入	无
	出售	被投资企业营业收入×股权比例	被投资企业营业收入	无
资产净额	购买	max（被投资企业资产净额×股权比例，成交金额）	max（被投资企业资产净额，成交金额）	max（资产与负债的账面价值之差，成交金额）
	出售	被投资企业资产净额×股权比例	被投资企业资产净额	资产与负债的账面价值之差

注：①max 是指以括号内二者中的较高者为准。

以上规则适用于大部分重大资产重组的计算，但是也有例外情况，针对例外情况需要根据相关规定另行计算。第一，根据第十四条第一款第二项规定，非股权资产不涉及负债的，不适用第十二条第一款第三项规定的资产净额标准。第二，第十四条第一款第三项规定，上市公司同时购买、出售资产的，应当分别计算购买、出售资产的相关比例，并以二者中比例较高者为准。第三，第十四条第一款第四项规定，上市公司在 12 个月内连续对同一或者相关资产进行购买、出售的，以其累计数分别计算相应数额。已按照本办法的规定报经证监会核准的资产交易行为，无须纳入累计计算的范围。证监会对本办法第十三条第一款规定的重大资产重组（借壳上市）的累计期限和范围另有规定的，从其规定。

除上述规则外，《重组管理办法》（2023 年修订）规定了"12 个月累计计算"的时间限制。即如果在 12 个月内，上市公司连续对同一或者相关资产进行购买、出售的，以其累计数分别计算相应数额。已按照本办法的规定编制并披露重大资产重组报告书的资产交易行为，无须纳入累计计算的范围。中国证监会对本办法第十三条第一款规定的重大资产重组的累计期限和范围另有规定的，从其规定。同时，在计算相应指标时，上市公司自股东大会作出决议之日起，12个月内再次对此作出决议进行购买的，需要进行累计计算。计算时采用的分母为第一次交易时最近一个会计年度上市公司经审计的合并财务会计报告期末数值，并且对于期末净资产额而言，该分母必须是归属于母公司（上市公司）的所有者权益（净资产额）而不包含少数股东权益。

最后，《重组管理办法》（2023年修订）对同时存在购买和出售资产的情形作出规定，即如果取得或丧失控制权的，应当总体上采用被投资企业的资产总额、营业收入及净资产额为计算口径，其原理在于如果取得或丧失控股（制）权的，将整体控制或丧失控制被投资企业的全部资产总额、营业收入及净资产额，所以并不需要乘以相应的股权比例。如果未取得/未丧失被投资企业控股（制）权的，就必须采用被投资企业的资产总额、营业收入及净资产额乘以相应的股权比例的计算方法。同时，如果还属于上市公司出售资产的话，并不采用孰高的原则，因为此时对于上市公司而言，如果成交金额高于资产的账面价值，上市公司获得了溢价；如果成交金额低于资产的账面价值，采取的是资产的账面价值，对于上市公司也没有损失。

三、上市公司收购管理办法

（一）上市公司收购监管的演变历程

2002年9月，《上市公司收购管理办法》（证监会令〔第10号〕）出台，首次对上市公司收购行为进行了规范，当时股权分置改革尚未启动，非流通股仍然是市场主流，此时对上市公司收购行为进行规范是极为有效的。2004年，我国开始进行股权分置改革，原先针对非流通股进行的收购限制逐渐失去效用，2006年7月，证监会对《上市公司收购管理办法》进行了新一轮的修订（证监会令〔第35号〕），确立了总则、权益披露、要约收购、协议收购、间接收购及要约豁免等六大制度框架，这也是我们今天看到的《上市公司收购管理办法》的基本框架。

2008年8月，证监会对《上市公司收购管理办法》第六十二条进行了修订（证监会令〔第56号〕），将收购审批时间由5日改为10日，并明确了自由增持下的公告义务。

2012年3月，证件会对《上市公司收购管理办法》第六十二、六十三条进行新一轮修订（证监会令〔第77号〕），将第六十二条中定增触发要约收购义务的情形中原本就是控股股东的行为进行了自动豁免审核，同时在第六十三条中补充说明了豁免情形。

2014年10月，证监会大幅修订《上市公司收购管理办法》（证监会令〔第108号〕）中要约收购制度，将原本需要报告审批的义务改为公告义务，同时增加了第六十三条中自动豁免的情形。

2020年3月，证监会在《关于修改部分证券期货规章的决定》中对于《上市公司收购管理办法》（证监会令〔第166号〕）进行了新一轮修改。主要是考虑到2019年12月28日修订的《中华人民共和国证券法》中，对第四章"上市公司的收购"进行了完善，因此《上市公司收购管理办法》也需要进行配套调整。本次修改主要完善了对持股5%以上股东持股变动的监管要求，细化对持股变动信息的披露要求，明确对免除要约收购义务的监管安排，强化事中、事后监管机制。

上市公司收购监管法规体系如图2-3所示。

图 2-3　上市公司收购监管法规体系 [①]

（二）收购的定义与特点

1. 收购的内涵

根据《收购管理办法》（2020 年修订）第五条规定："收购人可以通过取得股份的方式成为一个上市公司的控股股东，可以通过投资关系、协议、其他安排的途径成为一个上市公司的实际控制人，也可以同时采取上述方式和途径取得上市公司控制权。"实际上，针对收购并没有明确的法律定义，在实践和部门规章中通常将公司取得或巩固另一家公司控制权的行为称为收购。

2. 收购的特点

（1）以控制权为目的

上市公司的收购主要在于获得或是巩固对目标公司的控制权，使收购人在目标公司获得支配地位。当投资者没有控制上市公司时，其收购行为就是为了获得对上市公司的控制，此类投资者收购上市公司通常不是为了短期投机，他们意在获得达到支配所必要的股数，以实现自身商业版图的扩张。当投资者在其控股公司的支配地位遭到挑战时，也会以收购来实现其控制权的巩固。投资者通常会以两种方式实现控制，第一种是投资者自己持有上市公司股份，第二种是投资者通过协议或是其他安排与他人共同持有上市公司的股份，两种方式均可达到收购目的。收购关系着收购方、被收购方公司及股东的切身利益，因此需要相应的规章来约束一些损害股东利益的行为。

（2）以股份为主要标的

上市公司收购是以上市公司的股票为主要收购标的，并不针对上市公司的资产。结合上市公司收购的目的来看，主要是为了取得或巩固对目标公司的控制权，而控制权主要体现在对上市公司重大决策的话语权，要想表达意见，就需要在上市公司的股东大会行使表决权，行使表决权的前提是拥有上市公司相当比例的股份，在同股同权的条件下，持股比例越高表决权越大。因此，实现上市公司收购的方式应当是股份收购，只购入上市公司资产但并不持有其股份，就无法行使表决权，也就不能实现收购。

[①]　雷霆. 图解并购重组：法律实务操作要点与难点 [M]. 北京：法律出版社，2019.

（三）要约收购

要约收购是《收购管理办法》（2020年修订）中规定的第一类收购方式。要约收购中，投资者自愿选择以要约方式收购上市公司股份的，可以向被收购公司所有股东发出收购其所持有的全部股份的要约（以下简称全面要约），也可以向被收购公司所有股东发出收购其所持有的部分股份的要约（以下简称部分要约），而后被收购方决定是否接受要约。当收购期限届满，若被收购方决定接受要约，收购方即可以购入股票实现控股。

要注意，在发出要约时，不论是全面要约还是部分要约，投资者都要向所有股东发出要约，不能仅仅针对某一部分股东发出。实务中，私有化退市、控制权巩固或是控制权争夺过程中发起要约收购是较为常见的收购方式。

1. 要约收购的核心要素

（1）预定收购股份比例限制

在全面要约中，投资者预定收购剩余的全部股份，部分要约中，投资者预定收购的股份比例不得低于被收购上市公司已发行股份的5%。

（2）要约价格

对同一种类股票的要约价格，不得低于要约收购提示性公告日前6个月内收购人取得该种股票所支付的最高价格。

要约价格低于提示性公告日前30个交易日该种股票的每日加权平均价格的算术平均值的，收购人聘请的财务顾问应当就该种股票前6个月的交易情况进行分析，说明是否存在股价被操纵、收购人是否有未披露的一致行动人、收购人前6个月取得公司股份是否存在其他支付安排、要约价格的合理性等。

（3）要约收购期限

收购要约约定的收购期限不得少于30日，并不得超过60日；但是出现竞争要约的除外。

（4）对价支付方式

①现金支付

收购人可以采用现金、证券或两者的结合等合法方式支付收购价款。

②证券支付

收购人以证券支付收购价款的，应当提供该证券的发行人最近3年经审计的财务会计报告、证券估值报告，并配合被收购公司聘请的独立财务顾问的尽职调查（也称尽调）工作。

收购人以在证券交易所上市的债券支付收购价款的，该债券的可上市交易时间应当不少于一个月。

收购人以在证券交易所上市交易的证券支付收购价款的，将用于支付的全部证券交由证券登记结算机构保管，但上市公司发行新股的除外。

收购人以未在证券交易所上市交易的证券支付收购价款的，必须同时提供现金方式供被收购公司的股东选择，并详细披露相关证券的保管、送达被收购公司股东的方式和程序安排。

（5）资金来源

要约收购中可以是收购人的自有资金，也可以是其对外筹措的资金或者其股东／合伙人认缴的注册资本或提供的股东贷款，或者通过其子公司或其他关联方对外筹措（包括关联方无息或低息贷款等），但收购人的收购资金不得来源于被收购的上市公司及其关联方。

（6）履约保证

以现金支付收购价款的，将不少于收购价款总额的20%作为履约保证金存入证券登记结算机构指定的银行。

收购人以在证券交易所上市交易的证券支付收购价款的，将用于支付的全部证券交由证券登记结算机构保管，但上市公司发行新股的除外，银行对要约收购所需价款出具保函。

财务顾问出具承担连带保证责任的书面承诺，明确如要约期满收购人不支付收购价款，则由财务顾问进行支付。

（7）预受要约

在要约收购期限届满3个交易日前，同意接受收购要约的股东（以下简称预受股东）可以委托证券公司办理撤回预受要约的手续，证券登记结算机构根据预受要约股东的撤回申请解除对预受要约股票的临时保管。在要约收购期限届满前3个交易日内，预受股东不得撤回其对要约的接受。

（8）要约结果

收购期限届满，发出部分要约的收购人应当按照收购要约约定的条件购买被收购公司股东预受的股份。

预受要约股份的数量超过预定收购数量时，收购人应当按照同等比例收购预受要约的股份。

以终止被收购公司上市地位为目的的，收购人应当按照收购要约约定的条件购买被收购公司股东预受的全部股份。

未取得中国证监会豁免而发出全面要约的收购人应当购买被收购公司股东预受的全部股份。

（9）先决条件

要约收购是否有先决条件并无法定要求，但通常表现为预受要约的股票达到上市公司已发行股份总数的某个百分比，要约才生效。

2. 要约收购的时间线梳理

在监管制度的不断改进下，要约收购的整个流程通常2个月的左右的时间即可完成。当然也有一些企业在要约收购过程中，存在前置审批的要求，或是交易本身相对复杂，时间也相应延长。要约收购的时间线大致如图2-4所示。

我们将披露要约报告书摘要日命名为R日，披露要约报告书之日（也称公告日）命名为T日，要约开始日通常为公告日后的次一交易日，截止日命名为N日，D指自然日。

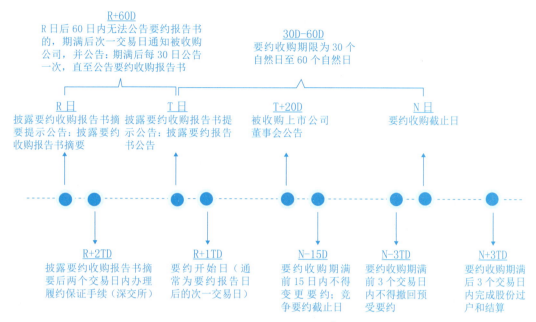

图 2-4 要约收购的时间线①

《收购管理办法》（2020 年修订）第四十条规定："收购要约期限届满前 15 日内，收购人不得变更收购要约；但是出现竞争要约的除外。出现竞争要约时，发出初始要约的收购人变更收购要约距初始要约收购期限届满不足 15 日的，应当延长收购期限，延长后的要约期应当不少于 15 日，不得超过最后一个竞争要约的期满日，并按规定追加履约保证金。发出竞争要约的收购人最迟不得晚于初始要约收购期限届满前 15 日发出要约收购的提示性公告，并应当根据本办法第二十八条和第二十九条的规定履行报告、公告义务。"

因此，竞争要约应在初始要约期满前 15 个自然日（N-15）前发布提示性公告。如果出现竞争性要约并且初始要约在距初始要约收购期限届满不足 15 个自然日进行变更时，要约期限应当延长，延长后的要约期应当不少于 15 个自然日，但不得超过最后一个竞争要约的期满日。

根据《收购管理办法》（2020 年修订）第四十二条规定："同意接受收购要约的股东（以下简称预受股东），应当委托证券公司办理预受要约的相关手续。收购人应当委托证券公司向证券登记结算机构申请办理预受要约股票的临时保管。证券登记结算机构临时保管的预受要约的股票，在要约收购期间不得转让。前款所称预受，是指被收购公司股东同意接受要约的初步意思表示，在要约收购期限内不可撤回之前不构成承诺。在要约收购期限届满 3 个交易日前，预受股东可以委托证券公司办理撤回预受要约的手续，证券登记结算机构根据预受要约股东的撤回申请解除对预受要约股票的临时保管。在要约收购期限届满前 3 个交易日内，预受股东不得撤回其对要约的接受。在要约收购期限内，收购人应当每日在证券交易所网站上公告已预受收购要约的股份数量。出现竞争要约时，接受初始要约的预受股东撤回全部或者部分预受的股份，并将撤回的股份售予竞争要约人的，应当委托证券公司办理撤回预受初始要约的手续和预受竞争要约的相关手续。"

① 雷霆．图解并购重组：法律实务操作要点与难点 [M]．北京：法律出版社．2019.

3. 免除发出要约

要约收购存在两种免除情形，分别是免于以要约收购方式增持股份和免于发出要约，在 2014 年修订的《收购管理办法》中这两类情形被统称为"要约豁免"，因新《证券法》取消了要约豁免审批，因此 2020 年修订的《收购管理办法》中不再使用要约豁免一词，下面我们介绍这两种例外情形。

（1）免于以要约方式增持股份

《收购管理办法》（2020 年修订）第六十二条中规定了收购人免于以要约方式增持股份的三种情形。

一是同一控制下进行的转股行为：收购人与出让人能够证明本次股份转让是在同一实际控制人控制的不同主体之间进行，未导致上市公司的实际控制人发生变化。

二是财务困难中的重组行为：上市公司面临严重财务困难，收购人提出的挽救公司的重组方案取得该公司股东大会批准，且收购人承诺 3 年内不转让其在该公司中所拥有的权益。

三是中国证监会为适应证券市场发展变化和保护投资者合法权益的需要而认定的其他情形。

值得注意的是，2020 年《收购管理办法》的修订中删除了原办法中"收购人报送的豁免申请文件符合规定，并且已经按照本办法的规定履行报告、公告义务的，中国证监会予以受理；不符合规定或者未履行报告、公告义务的，中国证监会不予受理。中国证监会在受理豁免申请后 20 个工作日内，就收购人所申请的具体事项作出是否予以豁免的决定；取得豁免的，收购人可以完成本次增持行为。"这一修改实际上是为了与新《证券法》同步，新《证券法》取消了要约豁免审批，因此《收购管理办法》也同步调整向中国证监会申请要约豁免的相关表述。

（2）免于发出要约

《收购管理办法》（2020 年修订）第六十三条规定了免于发出要约的情形，此类情形须区别于第六十二条中规定的免于以要约方式增持股份，第六十二条中的情形适用于投资者主动增持，主观上有收购意愿，客观上有收购能力，而第六十三条中免于发出要约适用于收购方被动持股比例超过 30% 的情形，譬如上市公司注销股份、继承股份等情况，此类情形不属于真正意义上的收购，因为投资者没有主观上的收购意愿，下面我们详细介绍免于发出要约的 10 种情形。

①国有资产无偿划转、变更、合并。经政府或者国有资产管理部门批准进行国有资产无偿划转、变更、合并，导致投资者在一个上市公司中拥有权益的股份占该公司已发行股份的比例超过 30%。

②回购股份超过 30%。因上市公司按照股东大会批准的确定价格回购股份而减少股本，导致投资者在该公司中拥有权益的股份超过该公司已发行股份的 30%。

③增持新股超过 30%。经上市公司股东大会非关联股东批准，投资者取得上市公司向其发行的新股，导致其在该公司拥有权益的股份超过该公司已发行股份的 30%，投资者承诺 3 年内不转让本次向其发行的新股，且公司股东大会同意投资者免于发出要约。

④"爬行增持"。在一个上市公司中拥有权益的股份达到或者超过该公司已发行股份的 30% 的，自上述事实发生之日起一年后，每 12 个月内增持不超过该公司已发行的 2% 的股份。

⑤超过 50% 继续增持。在一个上市公司中拥有权益的股份达到或者超过该公司已发行股份的 50% 的，继续增加其在该公司拥有的权益不影响该公司的上市地位。

⑥金融机构承销、贷款持股超 30%。证券公司、银行等金融机构在其经营范围内依法从事承销、贷款等业务导致其持有一个上市公司已发行股份超过 30%，没有实际控制该公司的行为或者意图，并且提出在合理期限内向非关联方转让相关股份的解决方案。

⑦继承持股超 30%。因继承导致在一个上市公司中拥有权益的股份超过该公司已发行股份的 30%。

⑧回购股份超 30%。因履行约定购回式证券交易协议购回上市公司股份导致投资者在一个上市公司中拥有权益的股份超过该公司已发行股份的 30%，并且能够证明标的股份的表决权在协议期间未发生转移。

⑨优先股表决权回复。因所持优先股表决权依法恢复导致投资者在一个上市公司中拥有权益的股份超过公司已发行股份的 30%。

⑩其他情形。中国证监会为适应证券市场发展变化和保护投资者合法权益的需要而认定的其他情形。

针对第六十三条，2020 年的修订主要体现出两点重要的改变。第一，删除了原有的"投资者可以向中国证监会提出免于发出要约的申请，中国证监会自收到符合规定的申请文件之日起 10 个工作日内未提出异议的，相关投资者可以向证券交易所和证券登记结算机构申请办理股份转让和过户登记手续；中国证监会不同意其申请的，相关投资者应当按照本办法第六十一条的规定办理"。主要是因为新《证券法》取消了要约豁免审批，因此同步调整向中国证监会申请要约豁免的相关表述。第二，删除了"相关投资者按照前款第（二）项、第（三）项规定采用集中竞价方式增持股份，每累计增持股份比例达到该公司已发行股份的 1% 的，应当在事实发生之日通知上市公司，由上市公司在次一交易日发布相关股东增持公司股份的进展公告。"主要是考虑到《收购管理办法》（2020 年修订）第十三条已经增加 5% 以上股东增加或者减少 1% 时的通知和公告义务，此处删除 30% 以上股东和 50% 以上股东出现相应变动情形时的通知和公告义务。

（四）协议收购

《收购管理办法》（2020 年修订）中专章规定了协议收购相关制度。实际上，协议收购最初是为了服务国有企业改革中的并购重组行为，但到今天已经成为 A 股市场上主流的收购方式。

1. 协议收购的构成要素

（1）交易主体

收购方与上市公司的控股股东 / 大股东是协议收购中常见的交易主体，由于收购过程中涉及的利益相关方相对较少，因此协议收购的成本相对较低，达成交易的效率也相对较高。

（2）目标公司

在协议收购中，目标公司的股权分布一般相对集中，此类公司在收购后相对容易掌握其控制权和经营权。

（3）交易对象

协议收购往往有特定的交易对象，一般是目标公司的大股东。因此协议收购的过程中只要协议购入大股东手中的股份，当收购的股份足以让收购方掌握公司控制权时，收购达成。

（4）交易程序

协议收购的交易程序相对简单，交易双方达成协议、履行公告、报告程序后即可办理股份过户手续。相比于要约收购，协议收购的流程简单，耗时较少。

（5）反收购

协议收购很难受到反收购措施的影响。在协议收购过程中，收购方与目标公司大股东以友好协商的态度达成股份收购协议，协议中会对上市公司的业务、人员和资产做出妥善安排，收购方、目标公司大股东与公司管理层都会参与到商谈过程中，因此最终的结果往往是多方共同意愿的反映，收购方进入就不会遭到公司内部的抵制。

（6）交易场所

协议收购是在交易所外发生的，其价格取决于收购方与目标公司大股东双方的意愿，因此价格弹性较大。

2. 协议收购的法律后果

根据《收购管理办法》（2020 年修订）第四十七条的规定，协议收购的法律后果主要可以分为以下 3 种情况。

收购人通过协议方式在一个上市公司中拥有权益的股份达到或者超过该公司已发行股份的 5%，但未超过 30% 的，按照《收购管理办法》（2020 年修订）第二章"权益披露"的规定办理。

收购人拟通过协议方式收购一个上市公司的股份超过 30% 的，超过 30% 的部分，应当改以要约方式进行；但符合《收购管理办法》（2020 年修订）第六章"免除发出要约"规定情形的，收购人可以免于发出要约。符合"免除发出要约"规定情形的，收购人可以履行其收购协议；不符合"免除发出要约"规定情形的，在履行其收购协议前，应当发出全面要约。

（五）间接收购

《收购管理办法》（2020 年修订）第五章"间接收购"规定了中国资本市场上间接收购的相关制度。间接收购是指投资者虽不是上市公司的股东，但通过投资关系取得对上市公司股东的控制权的收购方式。具体来说，收购人通过取得上市公司控股股东股权以达到间接控制上市公司的目的。

1. 间接收购的核心特点

（1）收购人收购前后都非目标上市公司股东

间接收购过程中，收购人一直没有直接成为目标公司的大股东，也没有意愿成为目标公司的大股东，而是通过合理安排投资关系成为目标公司控股股东的控股股东。与之相反，在直接收购中，收购人可以直接收购目标公司的股份，成为目标公司的大股东。

（2）收购人间接行使控制权

收购人并不会直接进行股东大会投票以行使自身的控制权，而是通过上市公司的控股股东间接行使自己的提案权、表决权等权利。而直接收购中，收购人可以在收购完成之后直接行使自身的控制权。

（3）间接收购的隐蔽性

间接收购的过程是极为隐蔽的，目标上市公司的股东名单、股权结构在收购前后并不会发生变化，仅仅是公司上层的更替。间接收购中上市公司的控股股东往往是非上市公司，信息不透明度较高，所以间接收购的过程往往非常隐蔽。

2.间接收购的披露义务

间接收购作为一种特殊类型的上市公司协议收购，在披露方面有一些特别要求：上市公司实际控制人及受其支配的股东的配合披露义务、上市公司的监督义务、上市公司董事会的监督义务。

（1）实际控制人及受其支配的股东的配合披露义务

《收购管理办法》（2020年修订）第五十八条规定："上市公司实际控制人及受其支配的股东，负有配合上市公司真实、准确、完整披露有关实际控制人发生变化的信息的义务；实际控制人及受其支配的股东拒不履行上述配合义务，导致上市公司无法履行法定信息披露义务而承担民事、行政责任的，上市公司有权对其提起诉讼。实际控制人、控股股东指使上市公司及其有关人员不依法履行信息披露义务的，中国证监会依法进行查处。"

这条规定针对的主体是上市公司实际控制人及受其支配的股东，由于他们是最了解自身股权变更、投资关系变更、协议安排变更的主体，因此他们负有向上市公司通知并配合上市公司向公众披露的义务。

（2）上市公司的监督义务

《收购管理办法》（2020年修订）第五十九条规定："上市公司实际控制人及受其支配的股东未履行报告、公告义务的，上市公司应当自知悉之日起立即作出报告和公告。上市公司就实际控制人发生变化的情况予以公告后，实际控制人仍未披露的，上市公司董事会应当向实际控制人和受其支配的股东查询，必要时可以聘请财务顾问进行查询，并将查询情况向中国证监会、上市公司所在地的中国证监会派出机构（以下简称派出机构）和证券交易所报告；中国证监会依法对拒不履行报告、公告义务的实际控制人进行查处。上市公司知悉实际控制人发生较大变化而未能将有关实际控制人的变化情况及时予以报告和公告的，中国证监会责令改正，情节严重的，认定上市公司负有责任的董事为不适当人选。"

这条规定是针对上市公司的监督义务的规定，主要包括：知悉未履行后应当立即作出报告和公告；自身公告后，实际控制人仍未披露的，上市公司董事会应当向实际控制人和受其支配的股东查询，必要时可以聘请财务顾问进行查询，并将查询情况向中国证监会、派出机构和证券交易所报告。同时，还规定了不履行监督义务时的法律后果和责任。

（3）上市公司董事会的监督义务

《收购管理办法》（2020年修订）第六十条规定："上市公司实际控制人及受其支配的股东未履行报告、公告义务，拒不履行第五十八条规定的配合义务，或者实际控制人存在不得收购上市公司情形的，上市公司董事会应当拒绝接受受实际控制人支配的股东向董事会提交的提案或者临时议案，并向中国证监会、派出机构和证券交易所报告。中国证监会责令实际控制人改正，可以认定实际控制人通过受其支配的股东所提名的董事为不适当人选；改正前，受实际控制人支配的股东不得行使其持有股份的表决权。上市公司董事会未拒绝接受实际控制人及受其支配的股东所提出的提案的，中国证监会可以认定负有责任的董事为不适当人选。"

除第五十九条规定的上市公司董事会的查询及报告义务外，第六十条规定了上市公司董事会拒绝接受实际控制人支配的股东向董事会提交的提案或者临时议案，并向中国证监会、派出机构和证券交易所报告的义务。同时还规定不履行该义务时，中国证监会可以认定负有责任的董事为不适当人选。

四、反垄断法

（一）反垄断法立法渊源及机构改革

反垄断法最早起源于美国的反托拉斯法，法学界公认反垄断法的诞生以美国 1890 年颁布的《谢尔曼法》（Sherman Act）为标志，距今大约有 100 多年的历史。而我国的反垄断立法起步较晚。最早关于反垄断的规范性文件是 1980 年 7 月国务院发布的《关于推动经济联合的暂行规定》，提出要"打破地区封锁，部门分割"。正式的《中华人民共和国反垄断法》（以下简称《反垄断法》）则于 2007 年 8 月 30 日通过，自 2008 年 8 月 1 日起施行，共有 8 章 57 条，内容包括总则、垄断协议、滥用市场支配地位、经营者集中、滥用行政权力排除或限制竞争、对涉嫌垄断行为的调查、法律责任、附则等。2021 年 11 月 9 日，第十三届全国人民代表大会常务委员会第三十一次会议对《中华人民共和国反垄断法（修正草案）》进行了审议，《反垄断法》时隔 13 年后迎来大修。与旧法相比，修正法案法条由 57 条增至 70 条，将竞争政策基础地位、鼓励创新和公平竞争审查写入总则，明确规定平台经济领域经营者不得滥用数据、算法等进行排他性竞争的限制内容，改善数字经济时代制度供给不足的问题，并加大处罚力度。

与此同时，我国反垄断执法机构历经了三次变革。

2008 年 8 月 1 日《反垄断法》正式施行，国务院成立反垄断委员会，负责制定、发布反垄断指南，协调反垄断行政执法等工作。反垄断执法机构则呈现"三驾马车"的设置，即由商务部反垄断局、国家发改委价格监督检查和反垄断局、国家工商行政管理总局反垄断与反不正当竞争执法局 3 个机构行使反垄断职能，分别负责经营者集中反垄断执法，价格监督检查与反垄断执法，垄断协议、滥用市场支配地位、滥用行政权力排除限制竞争的反垄断执法（价格垄断协议除外），如图 2-5 所示。

图 2-5　2008 年反垄断执法机构设置

2018年国务院机构改革，反垄断执法"三合一"，统一归集于新设的国家市场监督管理总局。国家市场监督管理总局反垄断局成为专门负责反垄断执法的机构，同时承办国务院反垄断委员会日常工作。

2021年11月，国家反垄断局正式挂牌成立，中国拥有了独立的中央反垄断执法机构，标志着中国反垄断进入新阶段。下属机构"一变三"，即原下属于国家市场监督管理总局的反垄断局扩充为竞争政策协调司、反垄断执法一司和反垄断执法二司。其中，竞争政策协调司统筹推进竞争政策实施，负责反垄断综合协调工作；反垄断执法一司负责垄断协议、滥用市场支配地位，以及滥用知识产权排除、限制竞争等反垄断执法工作；反垄断执法二司负责依法对经营者集中行为进行反垄断审查（见图2-6）。

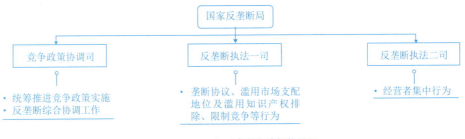

图2-6 2021年反垄断执法机构设置

（二）经营者集中相关

1. 并购引起经营者集中

企业通过并购重组优化资源配置、扩大市场规模、增强市场力量，有助于提高生产效率、实现规模效益和促进经济与技术进步。但与此同时，并购也可能引起经营者集中，增强其采取排除、限制竞争行为的能力，使其更有可能通过提高价格、降低质量、限制产销量、减少科技研发投资等方式损害消费者利益，破坏相关市场的有效竞争和相关行业的健康发展，对国民经济造成不利影响。

评估经营者集中时需考虑以下因素：参与集中的经营者在相关市场的市场份额及其对市场的控制力，相关市场的市场集中度，经营者集中对市场进入、技术进步的影响，经营者集中对消费者和其他相关经营者、对国民经济发展的影响等。

2. 市场集中度的计算指标

市场集中度体现相关市场内经营者的集中程度。我国借鉴美国、欧盟等反垄断司法辖区测度市场集中度的方法，采用赫芬达尔—赫希曼指数（Herfindahl Hirschman Index，HHI）和行业集中度指数来衡量市场集中度。

赫芬达尔—赫希曼指数，简称赫芬达尔指数，是一种测量市场集中度的综合指标。计算方法为相关市场中每个经营者市场份额的平方之和，公式如下

$$HHI = \sum_{i=1}^{n} s_i^2$$

其中，S_i为第i个公司的市场份额，n为这个行业中企业的总数。

◎ **知识拓展**

赫芬达尔指数计算

假设某行业有 4 家公司，每家都占有 25% 的市场份额。那么赫芬达尔指数为

$$HHI = \sum_{i=1}^{4} s_i^2 = 4 \times (25)^2 = 2500$$

如果这些规模相同的公司中有两家合并，则合并后的赫芬达尔指数为

$$HHI = \sum_{i=1}^{4} s_i^2 = 2 \times (25)^2 + (50)^2 = 3750$$

行业集中度指数（CRn），又称行业集中率。行业集中度指数等于相关市场中前 N 家最大的企业所占市场份额的总和。例如，CR4 是指行业内最大的 4 家企业占有相关市场份额，即

$$CRn = \sum_{i=1}^{n} s_i$$

其中，S_i 为第 i 个公司的市场份额，n 为这个行业中企业的总数。

市场集中度是评估经营者集中竞争影响时应考虑的重要因素之一。通常情况下，相关市场的集中度越高，集中产生排除、限制竞争效果的可能性越大。美国反垄断执法依据 HHI 指数将市场集中度分为 3 种类型：HHI 指数不足 1500 为低集中度，1500～2500 为中集中度，2500 以上为高集中度，并在此基础上考察并购导致 HHI 指数发生变化的情况，以此分析横向并购是否可能引起经营者集中的问题。但我国目前尚未对 HHI 指数进行量化规定。

3. 申报程序

依据《反垄断法》、《国务院关于经营者集中申报标准的规定》和《经营者集中申报办法》等相关法律法规，达到申报标准的经营者集中，经营者应当事先向国家市场监督管理总局申报，未申报的不得实施集中。

（1）申报标准

①参与集中的所有经营者上一会计年度在全球范围内的营业额合计超过人民币 100 亿元，并且其中至少两个经营者上一会计年度在中国境内的营业额均超过人民币 4 亿元。

②参与集中的所有经营者上一会计年度在中国境内的营业额合计超过人民币 20 亿元，并且其中至少两个经营者上一会计年度在中国境内的营业额均超过人民币 4 亿元。

（2）可以不申报的情况

此外，经营者集中有下列情形之一的，可以不向国务院反垄断执法机构申报。

①参与集中的一个经营者拥有其他每个经营者 50% 以上有表决权的股份或者资产的；

②参与集中的每个经营者 50% 以上有表决权的股份或者资产被同一个未参与集中的经营者拥有的。

（3）申报程序

下面主要介绍申报的具体程序，包括申报前的商谈程序、普通案件申报程序及简易程序。

①商谈程序

在反垄断局决定立案审查前，经营者可就已申报或拟申报的经营者集中，向反垄断局申请商谈。反垄断局将根据商谈申请方提供的信息，就其关心的问题提供指导意见。需要注意的是，商谈并不是经营者集中申报的必经程序，经营者可自行决定是否申请商谈。反垄断局收到商谈申请后，根据案件具体情况及拟商谈问题确定是否及如何安排商谈。

②普通案件申报程序

申报人应当在集中协议签署后、集中实施前向国家市场监督管理总局申报。以公开要约方式收购上市公司的，已公告的要约收购报告书可视同为已签署的集中协议。申报人向国务院反垄断执法机构申报集中，应当提交申报书、对相关市场竞争状况影响的说明、集中协议、经审计的上一年度财务报告及规定的其他文件资料。

国家市场监督管理总局决定实施进一步审查的，应当自决定之日起 90 日内审查完毕，作出是否禁止经营者集中的决定，并书面通知经营者。符合相关情形的，可以延长规定的审查期限，最长不得超过 60 日。

在审查过程中，国家市场监督管理总局可以根据审查需要，要求申报人在规定时限内补充提供相关文件、资料；还可以根据审查需要，征求有关政府部门、行业协会、经营者、消费者等单位或者个人的意见。参与集中的经营者可以通过信函、传真、电子邮件等方式向国家市场监督管理总局就有关申报事项进行书面陈述。

③简易程序

对于符合简易案件标准的经营者集中，申报人可以申请作为简易案件申报。相较于普通案件申报，简易案件大幅精简了申报所需披露的信息范围，其审查时限也较短。

（三）跨境并购中的反垄断问题

跨境并购与境内并购最大的差异在于跨境并购受两个以上国家（地区）的相关部门的管辖，适用两个以上法律规范体系，从而增加了交易的不确定性和交易成本[①]。跨国（地区）公司的大型跨境并购时常导致几个，甚至十几个国家同时启动反垄断审查。由于各国反垄断法律规制不尽相同，反垄断审查申报门槛、审查标准、审查程序、竞争政策、主管机关执法经验、监管尺度等方面存在差异，同一跨境并购案可能出现不同的审查结果，使得企业在并购交易中请求通过反垄断审查存有极大的不确定性。

案例思考 可口可乐收购汇源果汁

2008 年 9 月，可口可乐公司（以下简称可口可乐）宣布以总价约 179 亿港元（约人民币 150 亿元）收购北京汇源食品饮料有限公司旗下品牌"汇源果汁"的所有股份及其全部未行使的可转换债券。

由于可口可乐收购汇源果汁之后，可以完成对汇源果汁的控制，获取汇源果汁 100% 的股权，符合集中的判定标准；此外在交易前，可口可乐和汇源 2007 年在中国境内的营业额分别约人民币 90 亿元和 26 亿元，均超过人民币 4 亿元的申报要求，满足定量的要求；因此，该收购案必须接受商务部的审查。

① 王保树. 公司收购：法律与实践 [M]. 北京：社会科学文献出版社，2005：395.

2009 年 3 月 18 日，商务部发布了 2009 年第 22 号公告，宣布禁止可口可乐收购汇源果汁，并在公告中说明了商务部的审查过程及作出禁止集中审查决定的理由：①可口可乐在集中后有能力将其在碳酸饮料市场的支配地位传导到果汁饮料市场；②可口可乐在集中后将导致其在果汁饮料行业控制力增强，果汁饮料市场的进入壁垒将提高；③集中将挤压境内中小型果汁饮料企业的生存空间。

1. 市场传导效应

从年报数据来看，2008 年汇源纯果汁和中浓度果汁的市占比分别为 43.8% 和 42.4%，2009 年这两项指标分别上升至 45.4% 和 49.3%，在这两块市场具有绝对优势；同时，其在低浓度果汁饮料的市场占有率为 7.6%。与可口可乐合并后，其在低浓度果汁市场的占有率可以达到 17.3%。《反垄断法》规定，一个经营者在相关市场的市场份额达到 1/2 的，两个经营者在相关市场的市场份额合计达到 2/3 的，便可以推定经营者具有市场支配地位。可以看到两家公司合并后在中高浓度果汁市场已经达到其标准，虽然还无法在低浓度果汁市场被推定此身份，但联系到经营者的财力、技术背景、品牌优势和供销渠道等因素，考虑到可口可乐在果汁饮料相邻市场——碳酸饮料的龙头地位（在境内市场的市场占有率高达 60.6%），可以合理预判在中长期后，收购完成的可口可乐可以将碳酸饮料和果汁饮料这两种相邻市场的商品关联，通过搭售、捆绑销售或者附加排他性交易条件等方式传导，从而具备在低浓度果汁市场实现垄断的可能性。

2. 准入门槛壁垒

果汁饮料属于食品，消费者在决策时往往会选择以往有购买经历或品牌背书能力更强的商品，所以品牌往往是饮料市场准入的主要障碍。在可口可乐收购汇源后，其高投入的宣传费用会让汇源果汁和自身旗下的"果粒橙"等品牌在市场建立更强的影响力和知名度，牢牢抓住市场的潜在消费者，将果汁与可口可乐旗下的各种产品进行思维捆绑，以品牌效应的方式对市场进行围剿，提高市场中其他中小型果汁企业在市场上获取消费者的门槛。

3. 挤压生存空间

可口可乐收购汇源果汁后，对中小企业的挤压可能更多地体现为自身在销售渠道、推广宣传上的优势，利用价格战、渠道战等不合理的竞争方式，使得中小企业无法具备与其竞争的机会。尤其是当时境内大部分的果汁饮料生产企业在可口可乐对汇源果汁进行收购时都未形成规模效应，因此这些厂商大多以零售商为主要渠道，开辟新的销售渠道难度较大，而完成并购后的可口可乐和汇源果汁完全具备在销售渠道方面对其他果汁饮料生产企业进行围剿的能力，一旦销售渠道受堵，中小果汁饮料生产商的生存空间也就越发狭窄。此外，由于技术和原料采集成本上的先天优势，可口可乐在收购汇源果汁后完全有复制甚至更新市场上其他畅销的原创产品的能力，并以更低的制造成本将其输送至市场，进一步挤压中小饮料生产商的生存空间。

而自收购失败以后，汇源果汁也开始不断走下坡路，昔日果汁大王负债累累，并于 2021 年 7 月申请破产，其结局令人唏嘘。

📝 讨论题：

1. 商务部为什么否决了可口可乐收购汇源果汁？
2. 结合案例分析在跨境并购中企业可能面临的风险与挑战。

Chapter 3

并购流程与中介机构

　　企业并购从企业自我的战略评估与定位开始，到并购目标筛选与尽职调查，再到与出让方公司进行谈判议价、签约交割，最后以进行一系列的并购后整合为终点。这是一个复杂的交易过程，各个环节之间只有环环相扣、紧密联系，才能够最终获得成功。但是，企业进行并购活动并不只是按部就班地走流程，这也是一种需要一定创造力的头脑风暴。

一、并购流程

　　一般企业的并购流程分为 5 个阶段，分别是：自我战略评估、目标筛选、尽职调查、协商签约及并购后整合，如图 3-1 所示。

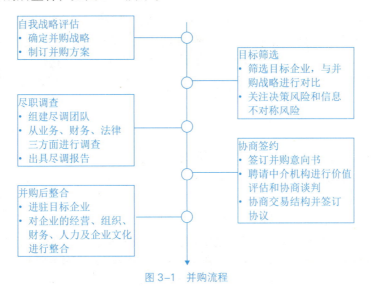

图 3-1　并购流程

（一）自我战略评估

　　并购战略是企业整体战略的重要组成部分，属于企业价值增长战略的一种。收购方在实施投资并购之前，一般需要根据其所在行业状况，自身资产、经营状况和发展战略，对自我进行战略评估。自我战略评估的本质在于根据企业战略资源的优势和劣势，制定或修改企业的发展战略，分析范围包括但不限于：能力或知识技术、有形资产、人力资源、组织资源、无形资产、重要的竞争能力、企业的市场地位、产业链等。

　　企业战略类型及实施方式如表 3-1 所示。

表 3-1　企业战略类型及实施方式

整体战略	战略细分	实施方式
稳定发展战略	企业以当前的产品或服务满足顾客要求	维持发展
扩张战略	一体化战略：横向一体化、纵向一体化 多元化战略：同心多元化、混合多元化	企业并购
放弃战略	调整、放弃弱势业务	减资、剥离、整体出售、破产清算

更明确地说，对于企业而言，在进行并购活动之前，首先要回答这样一个问题：为什么要进行并购？企业并购的动因主要有以下几个方面：第一，与新设企业、走内部价值增长的传统途径相比，并购能够迅速扩大企业规模，节省开拓市场、培养人才的时间；第二，形成生产、技术、资金、管理等方面的协同效应；第三，获取竞争对手的市场份额，迅速扩大市场占有率；第四，获取收益（并购低估值公司）或避税。根据自身情况和所处市场环境，企业可以选择是否通过并购及通过何种方式的并购来谋求发展。

在确定了进行并购的目的之后，企业投资发展部门应当开始为此设计潜在并购目标及相关标准、并购支付的形式、资金来源，做好其他的一些准备工作，形成自己的并购策略或并购方案。并购目标的标准主要从所属行业、企业规模、价格范围、盈利能力、成长能力等方面进行考量；并购形式包括资产收购和股权收购，企业可以选择通过现金、股票、债券等方式进行交易；资金来源方面，为实现并购，企业应当对权益资本、银行存款、未担保债券及是否出售资产等进行提前的规划。

以上并购方案的制订能在一定程度上能够帮助企业规避一定的并购战略风险。在此基础上企业还应当对整个并购流程中可能存在的风险进行识别，明确风险防范和控制的目标和范围。在实务中，除了应当注意并购实施前的决策风险，还需要关注的风险通常包括：并购实施过程中的信息不对称风险和财务资金风险、并购后整合过程中的"不协同"风险、国家政策走向的相关限制风险。

（二）目标筛选

在进行了自我战略评估、制定并购战略之后，企业初步勾画出拟并购的目标公司的轮廓，制定出对目标公司的预期标准，如所属的行业、规模大小、市场占有率、盈利能力等，下一步需要进行的并购行为就是目标筛选。并购目标的筛选原则是：符合公司总体战略、协同效应最大化、风险最小化、价值链的互补性、有利于整合的顺利开展。

收购与本企业战略相适应的企业，能够增强本企业的实力，提高整个系统的运作效率，最终增强竞争优势。反之，如果目标公司与本企业的发展战略不能很好地吻合，那么即使目标公司十分便宜，也应该慎重行事，因为对其收购后，不但不会通过企业间的协作、资源的共享获得竞争优势，反而会分散购买方的力量，降低其竞争能力，最终导致并购失败。

并不是所有的企业都是在做完自我战略评估之后进行目标筛选的。少数情况下，企业会因为出现了合适的并购目标而产生并购意愿，比如在合适的时机遇到了一家低价出售的企业，从而开始进入并购流程。

不过，大多数决定进行并购的企业，都需要解答"要并购谁？"这个问题。筛选目标公司有两种方式，一是企业自己按照行业、规模、财务指标等去进行筛选，二则是聘请机构（如投资银行）进行筛选。

在搜寻目标阶段，备选目标公司应该有一定的数量保障，以备后续考察和决策选择，因此不应采用太过严格的指标。一般来讲，可以选择行业、规模及所处地域等作为基础指标进行筛选。明确用于筛选的指标之后，就可以通过外部各方面获得相关的信息和数据。

对备选目标公司进行进一步筛选。首先，将其与企业的并购战略进行对比，看其是否与企业发展目标相吻合。然后，再对剩下的备选目标公司进行细节上的比较权衡，包括目标公司所占市场份额、面临的竞争、技术状况及其竞争者取得或模仿其技术的程度，服务的竞争优势，管理层、技术人员和其他关键人员的状况，并购者获得和保持目标公司业务的能力及可以接受的价格范围。

在筛选目标公司的过程中，主要应关注决策风险和信息不对称风险。

决策风险包括并购的目标行业选择不当和并购的时机选择不当。并购的目标行业选择不当的根本原因在于对外部环境和内部资源缺乏透彻的理解，主要体现在盲目进入所谓的朝阳行业，盲目进行多元化经营，导致并购失败；时机选择不当是指，同样一个公司，选择不同的时间点并购，成本可能相差很大，比如当目标公司是一个有潜质的公司时，并购的时间过早，目标公司的市场还处于培育期，这时候企业的投资往往更多的是起了一个培育市场的作用而不是带来切实的回报。

所谓信息不对称风险，指的是并购方在并购的过程中对目标公司的了解与目标公司的股东、管理层相比可能存在严重的信息不对称。在并购过程中，并购方掌握目标公司的信息较少，处于信息劣势地位，对目标公司资产价值和盈利能力的判断往往难以做到非常准确，从而使其难以以合理的价格得到目标公司。

（三）尽职调查

尽职调查是指由中介机构或并购企业对目标公司的情况进行全面的调查了解，是并购流程中最重要的程序之一。在目标筛选后，如果管理层认可了备选的目标公司，就可以开始与目标公司进行接触，在双方就并购事项达成共识之后，并购方就应当开始进入尽职调查阶段。在这个阶段，如需要，双方也可以选择签署相关的意向书和保密协定。

尽职调查最主要的作用就是使并购方尽可能地了解目标公司的全部情况。并购本身就是一项充满着风险的活动，在很多情况下，目标公司并非公众公司，其各个方面都可能存在一定的风险，尤其对目标公司提供的财务数据的真实性，在尽职调查进行之前必须持谨慎的怀疑态度。为减少信息不对称带来的风险，使并购活动能够健康有序地进行下去，并购方必须通过实施尽职调查来获取更多的信息。对于并购方而言，尽职调查能够帮助其确定并购业务是否恰当，为协商交易条件提供依据，为评估价值和确定交易价格提供依据，以及为制定并购后整合方案提供参考。

在实务中，并购方通常会要求目标公司的股东进行业绩对赌，原股东也会以并购后几年的业绩承诺作为估值基础的组成部分之一进行交易。在这样的情况下，目标公司的股东就会承诺高业绩，以推高交易价格。在2015—2017年，很多上市公司在自身股价较高时，以股份加上部分现金的方式收购了很多价格虚高的资产，从而导致这3年间上市公司因并购产生的商誉急速增加。2014年，商誉占上市公司净资产的比例为6.49%，到了2017年已经达到了20.31%。2018年开始，多数目标公司无法完成业绩承诺，导致并购的上市公司因为商誉大幅减值出现巨额亏损，从而出现之前价格虚高的并购接连爆雷的情况。因此，在企业并购的流程中，进行审慎的尽职调查是非常重要的。

  并购中的尽职调查可以由企业内部有关人员进行，也可以聘请外部人员进行帮助。并购方可以组建由企业内部管理人员及外部财务顾问、会计师、律师、行业顾问等组成的尽调队伍，对目标公司进行深入的调查和评估，全面了解目标公司的价值与风险。通常情况下，并购方的内部管理人员参与尽职调查是非常重要的。

  从尽职调查的内容上来看，主要可以分为业务、财务、法律3个方面。

1. 业务尽职调查

  并购方需要认识和了解将要合并或收购的企业，以评估其在行业价值链上的竞争格局和技术趋势。业务尽调主要针对目标公司所在的行业情况、发展趋势及其自身的技术、业务等情况，了解这家企业所处的行业是否有发展前景，了解企业所处的位置及其业务是否能够带来持续的盈利，了解企业业务的运营职能和结构流程是否存在难以接受的风险。

2. 财务尽职调查

  财务方面的尽职调查是尽调工作中相当核心的一环，这也会是下个阶段中并购估值的基础。财务尽职调查主要围绕资产负债表、利润表和现金流量表3张财务报表展开，将财务数据与企业实际的经营情况进行核查和分析，确保企业提供财务数据属实。与一般审计不同，财务尽职调查通常不采用函证、盘点等财务审计方法，而是通过审阅、分析及访谈，对目标公司的资产负债、内部控制及其他经营管理情况进行确认和核实，从而揭示企业存在的财务风险。财务尽职调查在预测企业前景中也能发挥重要的作用。

3. 法律尽职调查

  法律尽职调查从法律层面对目标公司是否符合并购的战略目的做出判断。对于目标公司的法律尽职调查主要包括公司成立、管理团队、业务资质审批、历史沿革、主要资产及日常运营中是否存在法律瑕疵。一般来说，通常只要不碰到红线，这部分的尽职调查就不会存在太大的障碍。

  最终，尽职调查将形成一份尽职调查报告，总结尽职调查的执行情况及工作过程中发现的问题，并对这些问题进行分析和处理。如果尽职调查中显示出的问题并不实质性地影响并购交易的推进，那么企业应当从战略、组织、资源层面进一步评估双方的匹配程度。如果问题性质相对严重，并购方管理层则需要应对措施进行充分的讨论，必要时可以选择放弃这次交易。

（四）协商签约

  在进行尽职调查之后，买卖双方进入协商阶段，对于交易标的进行合理的价值评估，并对交易结构进行设计。在实际操作中，到了协商议价这一阶段，并购方为锁住目标公司，使双方相互信任从而节约时间和成本，往往会选择与目标公司签订并购意向协议书。通常来讲，意向书并不具有法律效力，但可以表达双方的诚意。

  签订意向书后，并购方可以聘请中介机构对目标公司的财务报表进行审计，也可以利用以前注册会计师已出具的审计报告，在已有的基础上对目标公司的资产进行评估，确定目标公司在目前市场状况下可能的价值范围，确定并购价格定价的基本依据。在价值评估中，并购方还应当注意以下几个问题：第一，管理层过于自信，忽视向专业机构进行咨询的必要性；第二，并购方企业内部存在治理问题，不同部门对并购带来的协同效应估计差异大；第三，并购调查不够充分全面，导致未发现目标公司故意隐瞒的信息。

  影响成交价格的因素还包括目标公司的市场占有率、竞争力及并购交易完成后并购方增加的现金流、对原有股权回报率的影响等。一般来讲，最终的成交价格会由投资银行机构来帮助并购方与目标公司进行协商。

并购价款的支付方式主要有 3 种，分别为现金支付、股权支付和混合支付。与后两种支付方式相比，现金支付相对降低了被并购方的不确定性，但增加了税收的影响。股权支付指并购方增发新股，以新股交换目标公司股票，对并购方而言财务压力较小，但对于被并购方而言，股权支付的形式使得其实际收入取决于并购后企业的实际经营情况，有一定的风险。混合支付则是将现金支付与股权支付两种方式相结合，兼具两种方式的优点。

当交易双方在中介机构的协助下，就收购价格、支付方式、生效的条件和时间、双方的权利和义务、风险控制、违约责任等完全达成一致意见后，就可以进入签订并购转让协议的阶段。并购转让协议的内容主要包括：①收购方与出让方的名称；②转让标的；③拟转让资产或股权的数量；④收购价款；⑤价款支付方式与时间；⑥股权交割方式与时间；⑦双方的义务；⑧违约责任；⑨争议的解决对策。同时，协议中也会对收购完成后章程等有关事项的变更进行规定。

在双方通过正式谈判确定主要谈判原则和要点后，一般会由收购方的法律顾问或聘请的律师负责起草正式主合同文本，然后交易双方对主合同文本进行谈判与协商，达成一致后由各方审批同意。经批准后，双方签约，并将相关资料与信息交予相关机构和部门登记备案。

（五）并购后整合

并购交易前后企业股东及资产变化如图 3-2 所示。

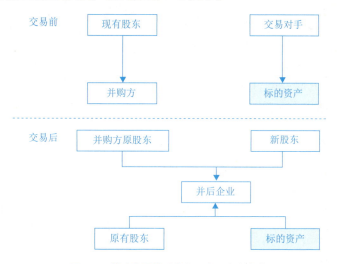

图 3-2　并购交易前后企业股东及资产变化

签署并购协议后，双方应当根据约定条款进行资产的交割，并履行相关法律手续。但交易的完成绝非表明并购活动就此结束，并购后整合（post-merger integration，PMI）是企业达成预先设定的并购目标的重要阶段。并购后整合指当并购方获得目标公司的资产所有权、股权或经营控制权之后，对相关资产、人员等要素进行系统的整理和安排，从而使交易双方能够互相融合，产生预期的并购效益，实现并购目标。

国内外多项研究表明，企业并购的失败率高达 50% ~ 80%，其中在并购后整合阶段失败的占到一半以上。因此，这个阶段是非常关键的，而这也恰恰是境内企业并购实务中最为薄弱的环节。

企业并购后进行整合主要基于以下两个原因：第一，在并购发生前，并购方与目标公司是两个独立的个体，其经营方式很可能存在巨大的差异。为发挥并购的资源整合等作用，使并购后的企业能够更加高效的运行，并购方必须将原目标公司的各项资产整合进自身的经营系统；第二，在我国的市场环境下，通常来讲，并购中的目标公司是劣势企业，其经营方式、管理模式及财务方面很可能存在一系列问题，因此需要在并购后对目标公司的资产进行改造重组，通过重整后的经营方式发挥出这些资产的收益潜能。

并购后的整合主要分为两个阶段。

第一阶段，进驻目标公司。并购方提议召开临时股东大会，根据目标公司股权变动情况，修订公司章程，明确收购方的控股地位，并对目标公司董事会、监事会进行改组，成立新的董事会、监事会，任命新的总经理等高管人员，为整合工作的全面开展奠定组织基础。

第二阶段，对企业的经营情况、组织制度、财务情况、人力资源及企业文化等各个方面进行整合。

1. 经营整合

衡量并购是否成功，关键要看该并购业务是否能够实现企业的战略意图。企业应当根据并购后的经营战略，对并购后的生产要素进行有机整合。根据企业的长远发展战略，对并购后企业的资产进行调整和处理，尽快转让不需要的资产和业务线，改造落后但仍可使用的资产和流水线，盘活资产存量，强化企业竞争优势，提升公司市场竞争力。

2. 组织整合

为尽快实现企业的稳定经营，并购后的企业要在组织机构和制度上进行必要的调整，包括对企业内部各职能部门职权和人员的调整和分配、各个部门横纵向之间的联系与沟通的调整等。在我国发生的企业并购案例中，被并购企业很大一部分都存在管理不善、制度落后的问题，此时并购方就需要将企业本身的管理制度应用到被并购的企业中去，从而提高企业整体的管理水平，实现并购后企业在组织上的协同。

3. 财务整合

财务整合是企业并购后整合的核心工作，这是适应企业扩张的需要，同时也是发挥企业并购所带来的财务协同作用的必要保障。对于并购后的企业而言，财务的一体化管理是必须的，因此并购方需要对原目标公司的财务制度、会计核算体系、业绩评估考核体系等进行整合，从而使并购后企业的投资、融资等财务活动能够有效进行，实现企业价值最大化。

4. 人力资源整合

高质量的人力资源政策对企业经营和内部控制都能起到很大的帮助作用。在企业并购后，首先要对被并购企业的人员进行必要的调整，着重关注管理层及关键人才的选派和调动工作；同时做好员工心理工作，有针对性地展开人力资源培训，通过物质、精神上的支持吸引并留住人才。

5. 企业文化整合

企业文化是长期影响企业的重要因素之一。规模、行业、地区等的差异，往往会导致企业在经营理念、价值观念等方面都存在明显的差异。在并购完成后，原并购双方之间可能会产生强烈的文化冲突，仅靠规章制度的改变难以在短期内解决问题，因此并购后企业要密切关注企业文化的融合，投入充足的资源，加强员工之间的交流和沟通，加强对企业文化的调整与再造，营造交易双方互相尊重和理解的氛围。

二、中介机构

企业并购是一项极为复杂的系统工程，绝非并购双方独立可以完成。中介机构是在企业并购过程中，为并购双方的其中一方提供相关服务并收取一定费用的第三方当事人。各大中介机构在企业并购的流程中贯穿始终，发挥着不可或缺的作用。在本节内容中，将主要介绍投资银行、律师事务所、会计师事务所及资产评估机构这4类主要的中介机构。

（一）投资银行

1. 主要业务活动

投资银行（investment banks）是与商业银行相对应的一类金融机构，是金融业适应现代经济发展而形成的。世界各国对这一类公司的划分和称呼不尽相同，美国的通俗称谓是投资银行，英国则称商人银行。以德国为代表的一些国家实行银行业与证券业混业经营，通常由银行设立公司从事证券业务经营。日本等一些国家和中国一样，将专营证券业务的金融机构称为证券公司（券商）。①

经过一个世纪左右的发展，现代投资银行作为资本市场上的主要金融中介，已经突破了传统的以证券发行、承销与交易经纪为主的业务框架，业务范围不断扩张。现代投资银行的主要业务包括以下几个方面。①证券发行与承销：这是投资银行最基础的业务活动，主要是在一级市场上以承销商的身份包销、代销或赞助推销发行人的股票、债券等有价证券；②证券交易经纪：指在二级市场中扮演着做市商、经纪商和交易商三重角色，创造一个流动性较强的二级市场，代表买方或卖方按照其要求进行交易，同时也会进行自营买卖证券的业务活动；③私募股权：证券公司作为承销商，将证券售给数量有限的机构投资者，以获得比公开发行更高的收益率；④企业并购：投资银行业务的重要组成部分，其往往以财务顾问的方式为并购双方提供包括但不限于目标搜索、尽职调查及价格谈判在内的服务；⑤风险投资：主要对新兴公司在创业期和拓展期进行资金融通，风险大、收益高；⑥项目融资：投资银行将项目融资相关各方紧密联系在一起，作为中介人进行项目评估、融资方案设计、有关法律文件的起草、信用评级、证券价格确定和承销等业务。

在我国，投资银行行业发展相当迅猛，即使是疫情期间也并未对券商的盈利产生较大的影响。截至2020年末，我国证券行业总资产为8.78万亿元，中信证券占了将近10%。华泰证券、国泰君安证券、招商证券和申万宏源证券位列第二至第五名。可以看到，第一名的中信证券和第二名的华泰证券之间差了将近一个中信建投证券的总资产。具体如表3-2所示。

表3-2　证券公司2020年度总资产排名

序号	证券公司	总资产/万元
1	中信证券	81025885
2	华泰证券	53774219
3	国泰君安证券	53435324
4	招商证券	46049010

① 中国证券业协会. 证券发行与承销 [M]. 北京：中国金融出版社，2012. 详见"投资银行业务概述"章节首页。

续表

序号	证券公司	总资产 / 万元
5	申万宏源证券	40828180
6	海通证券	40363809
7	广发证券	40260183
8	银河证券	38418553
9	中金公司	37014723
10	中信建投证券	34309623

数据来源：根据中国证券业协会（http://sac.net.cn）相关数据整理。

2. 投资银行在并购中的作用

在企业并购中，投资银行扮演的最主要角色就是财务顾问，投资银行可以运用自身对于大量产权信息的掌握和交易技巧、经验等，为并购双方策划有关事项。

当一家投资银行受聘为并购方的财务顾问后，它所要进行的工作主要是：①替并购方寻找合适的目标公司并加以分析；②提出具体的并购建议，包括并购策略、并购的价格与非价格条件、并购时间表和相关的财务安排等；③和目标公司的董事或大股东接洽并商议并购条款；④编制有关的并购公告，详述有关并购事宜，同时准备一份寄给目标公司股东的函件，说明并购的原因、条件和接纳收购程序等；⑤提出一个令人信服的、并购方有足够财力去完成的并购计划。

在并购价格的协商和并购合同的谈判中，投资银行往往发挥着核心的作用。大多数情况下，交易双方都会聘请投资银行作为各自的财务顾问和代理人，就并购条件进行谈判，以便最终确定公平合理的、双方都能够接受的并购价格、付款方式及并购后资产重组的模式等。

投资银行在作为并购方财务顾问的同时，往往还作为其融资顾问，负责资金的筹措。这在杠杆收购中表现得最为突出。

同时，为抵抗敌意并购，目标公司往往也会聘请投资银行为其制定反并购策略。作为目标公司的代理或财务顾问，投资银行的工作主要是：①如果是敌意的收购，和公司的董事会定出一套防范被收购的策略，如向公司的股东宣传公司的发展前景，争取大股东和继续支持公司的董事持有公司的股票等；②就收购方提出的收购建议，向公司的董事会和股东提供收购建议是否公平合理和应否接纳收购建议的意见；③编制有关的文件和公告，包括新闻公告，说明董事会对建议的初步反应和他们对股东的意见；④协助目标公司董事会准备一份对收购建议的详细分析和决定，寄给本公司的股东。[①]

中国证券业协会公布的 2020 年证券公司经营业绩排名如表 3-3 所示。

在境内证券公司的营业收入中，并购重组财务顾问业务收入的占比相对还比较低。其中，并购重组财务顾问业务收入最高的几家证券公司为：中金公司约 3.6 亿元、中信证券约 2.5 亿元、中信建投约 2.2 亿元、华泰证券约 1.9 亿元、国泰君安证券约 1.3 亿元。

表 3-3　证券公司 2020 年度并购重组财务顾问业务收入排名

序号	证券公司	业务收入 / 万元	占营业收入比重 / %
1	中金公司	35730	2.28
2	中信证券	25094	0.74

---

① 陈共，周升业，吴晓术 . 公司购并原理与案例 [M]. 北京：中国人民大学出版社，1996.

序号	证券公司	业务收入 / 万元	占营业收入比重 / %
3	中信建投	21939	1.09
4	华泰证券	18771	0.88
5	国泰君安证券	13447	0.56
6	招商证券	7984	0.42
7	海通证券	7064	0.39
8	平安证券	4763	0.52
9	东兴证券	4081	0.94
10	申万宏源证券	3818	0.22
11	民生证券	3211	1.04
12	中泰证券	3145	0.37
13	东吴证券	2878	0.61
14	长江证券	2831	0.39
15	国信证券	2639	0.16
16	东方证券	2595	0.21
17	银河证券	2251	0.15
18	中原证券	2004	1.21
19	国元证券	1962	0.52
20	中天国富证券	1920	1.95

（二）律师事务所

1. 主要业务活动

律师事务所同样是资本市场的重要参与者之一，他们的工作直接关系到投资者、公司和社会公众的利益。在企业并购的流程中，必然会涉及股东、债权人和其他利益相关者等各方面的利益关系，一不小心就可能导致诉讼。因此，并购双方需要聘请律师事务所在并购交易的全流程中提供一系列的服务。

作为企业聘请的专业顾问和专业性服务机构，律师事务所一般是以公司企业的常年法律顾问或单项特聘法律顾问的形式为企业并购提供法律服务的。律师事务所从一开始就要进入企业并购的流程中，参与并购方案的拟定，估计并购方案的法律风险，理顺并购交易中各主体之间的法律关系，使并购从一开始就沿着法制的轨道运行；在尽职调查阶段，并购方可以聘请律师事务所对目标公司进行法律方面的调查，明确目标公司存在的风险和法律问题，出具尽职调查报告；接下来，律师事务所参与起草《收购合同》或《兼并协议书》等法律文件，明确并购交易中的目标公司、交易价格与方式，做好对目标公司员工的安置，对富余人员工资、劳保费用的支付及并购完成日前后的税收缴纳等事项的处置和安排等。

在企业并购中，律师事务所同时也为政府及其他利益相关者提供服务，促进证券市场的良性运作。律师不是企业的代理人，它需要依法以独立主体的身份对企业并购的合法性做出独立的法律评价，依照法律规定的标准为企业股权转让、资产置换、收购兼并等活动进行核查、验证，经把关合格后上报政府进行审批，从而为政府审核企业并购的合法性提供忠实的法律依据。

在现行体制下，对于并购重组项目来说，律师的水平一般不会影响到项目的成败。但由于优秀的律师能够更加高效地分担投资银行的工作，投资银行往往比并购双方更加在意律师事务所的选择。

2. 律师事务所在并购中的作用

律师事务所主要
业务与排名

一般来讲，当上市公司发起并购行为时，律师事务所需要履行的程序如下。

第一，负责出具该次并购交易的法律意见书、股东大会法律意见书。

第二，协助上市公司拟定与本次并购相关的法律文件，包括但不限于：①与本次交易相关的董事会记录、董事会决议；②股东大会决议；③发行股份购买资产协议、盈利预测补偿协议（如需）；④董事会关于重组履行法定程序的完备性、合规性及提交法律文件的有效性的说明；⑤独立董事意见；⑥董事会关于一般风险提示公告；⑦交易对方关于同意本次重组的股东会决议；⑧关于股份锁定的承诺；⑨上市公司与交易对方、各中介机构的保密协议；⑩交易对方关于规范和减少关联交易的承诺函；⑪交易对方关于相互之间无关联关系与一致行动的声明（如需）；⑫上市公司实际控制人关于规范和减少与上市公司关联交易的承诺函；⑬交易对方关于避免同业竞争的承诺函；⑭交易对方关于合法拥有标的公司股权的声明；⑮根据尽职调查情况及监管部门要求，出具的相关各方声明及承诺文件。

第三，协调处理与本次并购相关的法律事务。

第四，证监会反馈意见的回复。

第五，其他监管部门要求的核查事项。

（三）会计师事务所

1. 主要业务活动

会计师事务所的基础业务为会计服务、审计服务和税务服务。①会计服务：会计咨询、会计服务业务，具体包括设计财务会计制度、担任会计顾问、提供相关咨询、代理记账、资产评估、培训会计人员等。②审计服务：审查企业会计报表，出具审计报告；验证企业资本，出具验资报告；办理企业合并、分立、清算事宜中的审计业务，出具有关报告；办理法律、行政法规规定的其他审计业务。③税务服务：提供税收相关咨询、代理纳税申报、国际税务服务等。

同时，会计师事务所还从事根据行业资质会衍生出的一系列非会计、审计、税务等服务。资深会计师事务所可为上市公司进行 IPO 融资；通过常年服务某些行业，还可进行行业性质的资产评估，例如房地产资产评估、无形资产评估等。

中国注册会计师协会根据会计师事务所规模、市场及客户选择事务所时高度关注的信息、执业质量三方面标准，对会计师事务所进行了评分和排名。根据 2021 年 7 月 14 日中国注册会计师协会发布的《2020 年度会计师事务所综合评价百家排名信息》，综合排名位于前四位的会计师事务所为国际四大会计师事务所（见表 3-4）。

表 3-4　境内会计师事务所 2020 年综合评价排名

会计师事务所名称	排名	得分	业务收入/万元	注册会计师数量	分所数量	信息技术人员数量
普华永道中天会计师事务所	1	975.40	611504.31	1390	23	155
安永华明会计师事务所	2	947.30	476008.91	1645	20	—
德勤华永会计师事务所	3	914.88	397858.75	1239	14	51
毕马威华振会计师事务所	4	891.18	341651.14	973	16	—
天健会计师事务所	5	888.80	305051.87	1846	14	49

会计师事务所名称	排名	得分	业务收入 /万元	注册会计师数量	分所数量	信息技术人员数量
立信会计师事务所	6	871.28	410592.00	2216	31	29
信永中和会计师事务所	7	849.10	237451.85	1739	23	114
大华会计师事务所	8	832.11	253674.43	1679	30	12
天职国际会计师事务所	9	821.75	222772.32	1254	24	25
容诚会计师事务所	10	815.20	187578.73	1018	15	26

2. 会计师事务所在并购中的作用

在并购活动中，会计师事务所有时也会担任财务顾问的角色，这一方面的业务与投资银行存在着一定的重叠。一般来讲，其工作重点还是落在财务方面的尽职调查、并购审计上。

在并购的准备阶段，会计师事务所与投资银行、律师事务所等中介机构通力合作，做好对目标公司的初步调查工作。注册会计师应当对目标公司的偿债能力、营运能力、盈利能力等进行分析，为初步收购方案的拟订提供依据。在并购过程中，签订收购意向书后，会计师事务所要对目标公司的会计报表进行审计，确定目标公司营业绩效、资产状况的真实性，并出具审计报告。根据审计的结果，在谈判中修正原先拟定的交易价格与交易方式。

同时，需要注意的是，上市公司在进行并购交易时需要向证监会提交一系列材料。对于会计师事务所而言，其需要负责出具上市公司年度审计报告及证监会审核期间每6个月的审计、上市公司最近一年及一期（后续需要更新至最新一期）的备考财务报告的审阅报告。当然，目标公司也需要聘请会计师事务所出具标的公司（包括子公司）最近两年一期的审计报告及证监会审核期间每6个月的审计报告。

（四）资产评估机构

1. 主要业务活动

资产评估机构所从事的业务主要包括以下几类。第一，无形资产评估：①商标权、品牌、商誉、企业家自身价值等价值评估；②专利权、专有技术、软件、著作权、新品种发明权、秘诀等价值评估；③特许经营权、土地使用权等价值评估；④专家网、销售网、客户名单、长期合同等价值评估。第二，企业价值评估：并购、重组、股权转让、破产清算等情况下的企业价值评估。第三，股权评估：流通股、非流通股及法人股等的价值评估。第四，服务于财务报告的评估：投资性房地产、无形资产、资产减值等。第五，单项资产评估：机器设备、建筑物、房地产、林产等各类实体资产的评估。

如表3-5所示，中国资产评估协会根据业务收入、资产评估师数量、人均收入、平均执业年限等指标，对境内的资产评估机构进行了综合性的评分和排序。

表 3-5　境内资产评估机构 2021 年综合评价排名

排名	资产评估机构
1	中联资产评估集团有限公司
2	北京中企华资产评估有限责任公司
3	北京天健兴业资产评估有限公司
4	银信资产评估有限公司

续表

排名	资产评估机构
5	深圳市鹏信资产评估土地房地产估价有限公司
6	上海东洲资产评估有限公司
7	北京北方亚事资产评估事务所（特殊普通合伙）
8	中和资产评估有限公司
9	中瑞世联资产评估集团有限公司
10	北京中同华资产评估集团有限公司

2. 资产评估机构在并购中的作用

2020 年并购重组
中介机构排名

在上市公司并购重组的过程中，资产评估机构负责出具标的公司资产评估报告（包括标的公司母公司及子公司）、评估说明，为交易的双方提供所需的参考意见。一般来说，对目标公司评估估值的结果往往会成为上市公司并购定价的基础和依据。

根据 2012 年中国资产评估协会《资产评估职业道德准则——独立性》，评估机构在执业的过程中不会受到被评估企业利害关系的影响，而且资产评估活动并不会服务于资产业务中的任何一方。资产评估能够有效降低信息交换的成本，提高企业的质量和效率，同时有利于促进利益的协调，减少了谈判的成本。

案例思考 华泰联合并购业务的发展

华泰联合证券有限公司（以下简称华泰联合）是华泰证券股份有限公司（以下简称华泰证券）在业内率先打造的专业投资银行子公司。

华泰联合的并购部在大投行体系下平行于股权融资部和债券部，3 个部门既各自独立，又拥有统一的风控体系，相互之间也会有业务间的融合。自 2008 年以来，其并购重组财务顾问业务一直保持行业领先地位，市场占有率不断提升。

1. 2004 年刘晓丹投身联合证券

2012 年升任华泰联合总裁、以出众的业务能力被行业熟知的"并购女皇"刘晓丹，于 2004 年带着自己的 7 人团队从因业务亏空宣布破产的汉唐证券有限责任公司投身联合证券（全称为联合证券有限责任公司，2006 年华泰证券入股掌控联合证券有限责任公司，2009 年更名为华泰联合证券有限责任公司）。当时的华泰联合总裁、现洪泰基金创始人盛希泰曾这样形容刘晓丹："刘晓丹是并购行业中院士级的人物，她的业务水准及操作能力可以代表并购行业的最高水平。"

刘晓丹在 2004 年联合证券并购部述职材料中提到，未来 5～10 年，并购部在公司的定位、业务发展规划是：公司重要利润中心、核心竞争力的关键权重、业务收入 3000 万～1 亿元，境内市场占有率 30% 左右，市场排名数一数二。关于并购部未来 5～10 年的业务定位，刘晓丹说，他们不仅要做财务顾问，还要资本介入，参与股权投资、债务重组和不良资产处置，甚至要参与产权交易，成为产权交易商。

随着这样一个专业的"灵魂人物"的加入，联合证券，也就是后来的华泰联合以更快的速度领先行业发展了起来。

2. 第一个吃螃蟹的人——A股第一单发股并购

A股并购市场初期的成型项目很少，从股权分置改革，即2008年开始才真正地活跃起来。现在市场上任何一个看来非常常规的操作，在当时都是创新。

2008年A股第一单发股购买资产的并购交易——东华软件股份公司（以下简称东华软件）并购北京联银通科技有限公司（以下简称联银通）轰动市场。东华软件与秦劳等5位自然人签署了《股份认购协议》，称将向联银通股东定向发行1264万股股票购买其持有的联银通100%的股权。该次收购，给双方带来了显而易见的业务协同效应；同时，采用高股价股票作为支付手段，对于牛市背景下流动资金缺乏的上市公司而言，是实现高效扩张的绝佳手段；通过收购，联银通原股东得以实现资产证券化，其财富也借此迅速放大。

在2008以前，发股一般被称为股东注入、整体上市关联方注入，该并购交易中突然出现无关联第三方的产业整合手段，市场一片哗然。东华软件发股收购联银通的方案得到批准并实施，对中国上市公司收购起到了极大的刺激作用，以上市公司为收购主体的各种换股收购案出现了爆发性增长，市场真正迎来了一次以上市公司为发起人的"收购浪潮"。

而华泰联合作为第一个吃螃蟹的投行，自然也受到了市场的关注。后来的创业板第一单发股并购的北京立思辰科技股份有限公司（以下简称立思辰），科创板第一单发股并购的苏州华兴源创科技股份有限公司，以定向可转债作为并购重组交易支付工具的首单苏州赛腾精密电子股份有限公司（以下简称赛腾股份），都由华泰联合操刀完成。

3. IPO暂停窗口期的前瞻性布局

在2012年10月浙江世宝股份有限公司上市之后，证监会开展了声势浩大的IPO自查与核查运动，IPO事实上停止，直至2014年1月重启。本次IPO暂停时间长达15个月。这是A股历史上最长的一次IPO空窗期，原因有二：其一，2009年8月开始，A、B股一路下跌，连续3年成为主要经济体中表现最差的市场；其二，监管层开展了号称史上最严的IPO公司财务大检查。

2011年，刘晓丹正式主管华泰联合大投行业务。2012年，华泰联合原总裁盛希泰离职，时任华泰联合副总裁的刘晓丹升任总裁。在升任华泰联合总裁及董事期间，刘晓丹不仅积极改组华泰联合内部团队及其工作模式，进行专业化分工，还主张实施差异化竞争，从宏观层面透视市场行情、把握先机、判断趋势。

在其他证券公司去抢IPO和再融资的份额时，刘晓丹坚持要做并购。她认为，上市公司未来最迫切的诉求，是围绕自己的主业去做大做强，或并购上下游，或做转型的收购。这一类并购背后有合理的产业逻辑作支撑，是产业走到一个阶段必要的整合，或横向，或纵向，或是相关多元化。华泰联合的成绩，也向业界证明了刘晓丹敏锐的市场嗅觉。

（1）对投行团队进行整合

自我国并购市场活跃以来，许多境内投行逐渐形成这样一种组织体系：一个项目组采取类似于承包方式的组织模式，主要靠提成激励员工，要求每一个成员都是"全能的赤脚医生"。同时行业人员热衷按照监管的指挥棒强调产品创新，并购热就推并购，新三板热就推新三板，全然不顾是否适合客户。

在2012年整合之前，华泰联合的投行业务也是这种类似于"游击队"的组织形式。但渐渐地,华泰联合发现这已经适应不了以客户为中心的专业化需求,必须改变考核体系,让生产关系的改变带来变革。华泰联合抓住了熊市和 IPO 暂停的时间窗口进行改革,逐步将组织形式调整为前、中、后台专业分工协作的模式,同时把组织结构扁平化,使整个投行团队能够在华泰证券的全业务链体系支撑下协同作战。高效的组织形式、科学的人才激励和考核体系,以及针对各类客户需求资源的迅速组织和配置能力,吸引了一批优秀人才,同时也促进了公司原有员工的迅速成长。

（2）确定并购业务差异化竞争战略

并购业务市场空间大、消耗资本多,同时客户黏性高,能够带动再融资、IPO 等业务的发展,也会带动并购基金等投资业务的介入。因为客户越来越需要全生命周期的一揽子的规划和服务,而不只是完成一单 IPO 或者并购就了结。在并购领域,要靠一个一个项目积累出来口碑,如果队伍长期稳定,并有很强的资本调动能力,在短期内就很难被超越。

依托华泰证券全业务链体系,华泰联合积极探索并购交易中资本介入的创新模式。2013年在北京蓝色光标品牌管理顾问股份有限公司（以下简称蓝色光标）并购西藏山南东方博杰广告有限公司（以下简称博杰广告）的交易中,华泰联合在担任独立财务顾问同时,通过创新性的交易结构引入华泰紫金投资的过桥贷款。此后在内蒙古蒙草抗旱股份有限公司、立思辰等上市公司的产业并购交易中,华泰证券旗下直投基金、华泰创新投资也进行了融资安排。上市公司并购重组中的资本介入和融资,不仅使得交易顺利完成,也推动建立了上市公司和投行之间互助共赢的紧密合作关系。

基于对未来市场变化的判断,华泰联合依靠集团资源,根据自身的发展历史和华泰证券的优势,确定了差异化的竞争策略:一是打造并购业务的品牌;二是抓住行业转型的机会,重点布局新兴行业;三是打通业务链,提升对客户从股、债、并购到资本介入一揽子服务的能力。

（3）设立并购基金,布局新兴产业

华泰联合努力的另一个非常重要的方向则是新兴产业上的布局,为这些新兴行业提供从三板、IPO、并购到投资一揽子服务的内容。这也是未来引领投行格局变化的另外一个非常重要的引擎。

股权分置改革以来,尤其是在 IPO 暂停期间,华泰联合致力于在 TMT、大健康、大消费、能源环保等领域重点深耕布局,集团为此成立了专项产业基金。继直投基金、新兴产业投资基金之后,2014 年,华泰证券设立了华泰瑞联并购基金,该并购基金的定位是:与北京掌趣科技股份有限公司、爱尔眼科医院集团股份有限公司（以下简称爱尔眼科）这样具有成为行业领导者前景和拥有优秀管理团队的上市公司合作,以资本为纽带,推动上市公司进行高质量的并购整合和持续快速成长。2014 年,华泰联合是为 A 股 TMT 行业提供融资和并购服务最多的投行,尤其是在红筹回归项目上做了很多尝试,积累了丰富的经验,2010 年率先完成境外上市的怡球金属资源再生（中国）股份有限公司下市回归 A 股的 IPO,2014 年又完成了北京千方科技股份有限公司美股私有化后的回归及借壳上市,以及当时最大的红筹回归项目——分众传媒。

（4）用创新精神引领发展

2011 年 10 月份,证监会发布《关于进一步完善证券公司首次公开发行股票并上市有关审慎性监管要求的通知》和《证券公司业务（产品）创新工作指引（试行）》两份文件,鼓励券商大胆推进业务创新。

华泰联合在并购领域的很多创新成果，都是在与监管部门的不断沟通中取得的。例如上文提到的 2013 年蓝色光标收购博杰广告，华泰联合不仅设计了盈利预测补偿机制、超额业绩激励机制，还操刀了保障上市公司权益的分步减持约定，更重要的是通过关联公司华泰紫金投资为博杰广告股东提供过桥贷款 2.3 亿元，帮助标的公司解决资金占款的问题。这是境内投行作为财务顾问为并购提供过桥贷款的首次尝试，华泰联合也为此与监管部门进行多次沟通，解释该方案操作的可行性和好处。

刘晓丹认为，对于投行来说，必须要有在阳光下突破的精神。创新精神应该是投行根植于血液里的一个基因，而整个公司要有鼓励创新的文化和机制，而不应该简单地依赖于监管推动的创新。

4. 华泰联合并购业务的成绩单

刘晓丹和华泰联合在并购业务上前瞻性的思考与布局，给华泰联合带来了深远的影响。根据中国证券业协会公布的证券公司经营业绩排名情况，华泰联合证券 2014—2018 年证券公司并购重组财务顾问业务收入连续五年排名第一。

2019 年，刘晓丹正式辞去华泰联合总裁一职后，华泰联合的并购重组业务收入排名出现了一定程度的下滑，但依旧处于市场前列。

另外，根据中国证监会及交易所的公开数据，公司 2021 年担任独立财务顾问的并购重组项目披露 16 单、获受理 16 单，并购重组项目储备数量行业排名第一（见表 3-6、表 3-7）。

表 3-6　2010—2021 年华泰联合并购重组财务顾问业务收入及排名情况

指标	年份											
	2010	2011	2012	2013	2014	2015	2016	2017	2018	2019	2020	2021
收入 / 万元	1938	9208	—	—	34576	49274	52499	72825	44047	33521	18771	16128
排名	11	4	—	—	1	1	1	1	1	3	4	3

数据来源：根据中国证券业协会（http://sac.net.cn）公开数据整理（2012 年、2013 年数据缺失）。

表 3-7　2015—2021 年华泰联合并购数量、交易金额及排名情况

指标	年份						
	2015	2016	2017	2018	2019	2020	2021
数量 / 家	29	21	11	15	14	9	9
数量排名	1	1	5	3	1	2	3
交易金额 / 亿元	1007.31	1889.53	413.04	1104.27	1280.65	504.19	648.93
交易金额排名	3	2	4	2	1	2	3

数据来源：根据经中国证监会核准及注册的并购重组交易数量规模及排名相关资料整理。

☑ 讨论题：

1. 试分析华泰联合的并购业务在境内一众证券公司中脱颖而出的原因。

2. 华泰联合相关投行业务虽然在境内属于一流，但和国际（地区间）大投行相比依旧存在较大差距。中国投行想要成长为国际（地区间）一流投行，未来应当如何努力？

Chapter 4

并购的战略

一、并购的动机

企业进行并购的常见动机包括企业发展和协同效应。除此之外，企业还可能出于管理层私人动机、提高研发能力、扩大营销网络和确保税收收益等目的实施并购行为。

（一）企业发展

当企业寻求扩张发展时，往往有两种选择，一种是内生式增长，主要通过企业自身的经营来扩大规模，从而实现收入或利润的增长，例如发展企业自身现有的业务或通过研发创新开拓新的产品；第二种则是外延式增长，指企业通过并购的方式实现增长。

企业既可以在本行业内进行业务扩张，也可以跨越现有经营范围，实现业务多元化。本章将在后面部分对多元化战略进行专门的讨论。如果企业希望在其所在行业内进行行业业务扩张，它们可能会选择实施并购行为，因为相较于进展缓慢且充满不确定性的内生式增长，外延式增长虽然也具有不确定性，但同时具备显著的时间优势。如果企业所拥有的发展优势维持时间有限，例如研发出一种新产品或新技术，或是开发出新的商业模式，此时若选择较为缓慢的内生式增长，可能会很快被其同行业的竞争者所模仿，造成企业的原有优势减弱或消失。而并购另一家公司则能帮助企业快速获取其他公司现有的资源，从而实现迅速成长，这对处于增长缓慢行业的企业尤为明显。

类似地，企业可以在本市场内进行扩张，也可以将业务扩张到境内其他地区，甚至把市场扩大到其他国家（地区），这时企业也可以选择通过并购行为获取目标公司的营销渠道、本土员工等，促进企业外延式增长。开拓一个新的地区市场面临着语言、风俗等诸多障碍，在国际（地区间）扩张中更是如此。在本国（地区）市场经营良好的企业不一定能在其他国家（地区）的市场获得成功，因为跨境交易还会带来汇率变动、被当地市场抵制等挑战。在很多情况下，通过并购方式扩大经营市场会比内生性增长更快，而且风险更小。

企业往往希望通过并购实现更多的收入和利润，虽然通过公司原有收入和并购目标公司收入的简单加总来实现收入增长是很容易的，但要实现企业盈利能力的提升却并不容易。并购带来的公司规模迅速扩大也给管理层提出了更高的要求，如果他们不能在收入增长的同时带来利润和股东收益的相应增长，则说明并购战略的实施效果可能还不如让企业进行内生性的发展。

（二）协同效应

协同效应简单来说就是"1+1 > 2"的现象。协同效应可分为外部协同效应和内部协同效应。其中外部协同效应是指一个集群中的企业通过相互协作共享业务行为和特定资源，从而实现比单独经营时更高的盈利能力；内部协同效应则是指企业通过自身生产、销售和管理等不同环节的生产要素的有效配置，使企业可以更有效地利用现有资源和优势。

净收购价值的计算公式如下

$$\text{NAV} = V_{AB} - (V_A + V_B) - P - E$$

其中：

NAV——净收购价值；

V_{AB}——A 和 B 两公司合并后的价值；

V_A——A 公司的价值；

V_B——B 公司的价值；

P——并购方支付的溢价；

E——并购过程中发生的费用。

将上式重新组合可得

$$\text{NAV} = \left[V_{AB} - (V_A + V_B) \right] - (P + E)$$

在并购中，协同效应是指 A 和 B 两公司合并后价值减去 A 公司价值和 B 公司价值之和的差值。由于并购预期会带来协同效应，因此并购方往往需要在承担并购过程中所发生费用的同时，向并购目标公司股东支付一定的溢价，这是并购方为了获得目标公司控制权所支付的超出目标公司市场价值的部分。当协同效应大于并购过程中所发生费用和所支付溢价之和时，这笔并购才是有价值的并购。并购中的协同效应主要包括经营协同效应和财务协同效应。

1. 经营协同效应

经营协同效应指公司合并后生产经营活动效率改善带来的公司效益提升，主要有提高收入和降低成本两种形式，其中提高收入的经营协同效应可能比降低成本的经营协同效应更难实现。

（1）提高收入的经营协同效应

提高收入的经营协同效应可能来源于 3 种渠道。

一是通过两家公司合并带来的定价能力提升。这取决于两家公司是否处于同一行业，通常只有同一行业的并购行为才能带来定价能力的提高。同时需要考虑的还有该行业的竞争程度、兼并双方的相对地理位置和规模等。如果并购行为使市场集中度提高，形成更加垄断的市场结构，那么并购方很可能实现定价权或购买权的提高。然而出于对市场秩序和社会经济的维护，这种市场自由竞争程度的降低可能会导致监管当局叫停这笔并购交易。

二是职能优势的联合。例如 A 公司在研究和开发方面实力强劲，但在营销和配给方面十分薄弱，B 公司拥有更好的营销和配给能力，却在研究与开发方面存在不足，此时 A 公司和 B 公司的合并就可以有效整合两家公司的竞争优势。

三是通过进入发展较快的市场或新兴市场带来收入的提升。在欧美等成熟市场，公司的成长发展往往较为艰难，企业扩张需要付出更多的努力。相较而言，新兴市场的市场需求更为旺盛、发展机会更多，所以公司如果通过并购进入这些快速成长的市场或新兴市场，可以更容易获得市场份额，实现收入的增长。

然而需要注意的是，除了前文所提到的提高收入的经营协同效应较难实现之外，公司可能还会遭遇收入方面的"反协同效应"，即收入损失，因为并购目标公司的客户可能会因合作方发生改变，而放弃与规模较大的并购方公司的合作。

（2）降低成本的经营协同效应

降低成本的经营协同效应有两种来源。

一是规模经济效应。由于生产设施购买和运作时的固定成本需要根据产品数量进行分摊，因此制造型企业尤其是资本密集型企业在生产量较低的情况下，单位固定成本往往较高。随着生产规模的提高，单位产品所分摊的固定成本下降，同时由于企业维持较高产量水平，生产人员和管理层的专业水平也会得到提高，使生产设备的使用变得更有效率，从而进一步降低单位经营成本。然而这种规模新经济现象是有一定限定范围的（如图4-1），超出该限定范围后，随着生产规模的扩大，单位经营成本反而会上升，即进入规模不经济阶段。

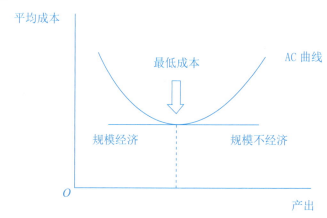

图4-1 规模经济与规模不经济

二是通过提升市场购买力所实现的成本削减。对比通过公司合并带来的定价能力提升，通过公司合并带来的定价能力提升面向的对象为消费者，定价提高可能对社会公众利益造成负面影响，因此可能会受到监管部门基于反垄断法进行的管制；而提升市场购买力所实现的成本削减面向的对象为供应商，是通过降低合作供应商利润和销售价格来实现的，因此更不容易受到监管部门的关注。

◎ **知识拓展**

规模经济与范围经济

规模经济和范围经济并不是相同的概念。规模经济是指由于大量生产同一产品而带来的单位成本下降，而范围经济是指企业同时生产两种或多种产品的单位成本会低于单独生产某种产品的平均总成本，即企业扩大经营范围、增加产品种类带来的单位成本降低。

范围经济的一个典型案例就是3M公司。自20世纪40年代起，3M公司开始对丙烯酸酯压敏胶技术进行深入研究，并于1974年正式发布转移胶膜产品。之后基于丙烯酸酯压敏胶技术，3M 公司又研制出拥有不同厚度、不同特性的一个完整系列的产品。3M 公司成功地将转移胶膜产品技术延伸到不同 VHB 胶带的生产中，极大地拓宽了其产品种类。同时生产这些产品可以在生产设备利用率、研发成本、营销网络等方面大幅度节约 3M 公司的成本，而这种通过增加产品种类带来的单位成本的下降就属于范围经济。

2. 财务协同效应

财务协同效应是指并购行为给并购各方带来的财务方面的效益。只有当并购企业和被并购企业资金分布不完全相关时，才能发挥财务协同效应，例如，并购一方拥有大量自由资金但缺乏可行的投资项目，被并购一方资金紧张但有高收益的投资机会。财务协同效应主要表现为降低资金筹集成本和提高资金使用效率两方面。

（1）降低资金筹集成本

公司并购之后规模扩大，这在金融市场具有一定优势，因为投资者基于并购后的公司整体进行评价，往往认为大公司的破产风险更低、偿债能力更高，而且通过并购，原本信用评级较低的被并购企业的评级也能提高至并购企业的同等水平。正因如此，公司实施并购行为后外部融资能力提高，不仅能以较低的利率发行债券，还能根据整个企业的需要发行证券，这样进行整体性发行的费用会显著低于各企业单独多次发行证券的费用之和。类似于通过生产规模扩大产生的规模经济效益，通过并购引起的融资成本下降也被称为财务规模经济。

（2）提高资金使用效率

一方面，并购使企业的投资机会增加，企业可以将内部资金投入更有效益的投资项目中，而具有良好效益的投资项目又能给公司带来可观的资金收益，形成公司内部资金流转的良性循环，提高企业的投资报酬率及资金使用效率。另一方面，并购可能使公司的业务扩展至其他行业或其他市场，不同行业或市场的投资回报速度、项目持续时间存在差异，这使企业内部资金收回的时间分布较为均匀，可以在企业内部形成固定数量的可调动自由资金，从而优化企业内部资金时间分布。而且，只要企业各项投资的风险不是完全正相关的，企业就能通过多样化投资降低投资风险。

尽管财务协同效应可以给公司带来诸多好处，但这种好处是否真正具有价值一直是学者们争论的话题。罗伯特·C. 希金斯（Robert C. Higgins）和劳伦斯·D. 沙尔（Lawrence D. Schall）用债务共同保险（debt coinsurance）一词来解释这种效应[1]。如果并购企业和被并购企业一方具有破产风险，在并购完成后破产风险会降低，因为可以用经营状况良好公司超出偿债需要的自由资金来弥补另一家公司的资金缺口，从而防止另一家公司陷入破产。然而债务共同保险效应的问题在于公司并购所避免的债权人损失是以股东的收益损失为代价的。假定两家公司合并后的总收益维持不变，当这些收益更多地分配给债权人时，股东的收益就会减少，即债务共同保险效应只是在债权人和股东之间进行收益的重新分配，而不会创造新的价值。

---

[1]　Higgins，R. C.，Schall，L. D. Corporate Bankruptcy and Conglomerate Merger[J]. *Journal of Finance*, 1975, 30(1): 93–113.

（三）其他动机

1. 管理层私人动机

理查德·罗尔（Richard Roll）于1986年提出"自负假说"[1]，该假说认为由于企业管理层的过度自信或骄傲情绪，他们往往会高估自己的管理技能，并在对目标公司进行评估时过分乐观，相信自己对被并购方的估价优于市场的客观估价，以致在资本市场大规模高价并购其他企业，却因无法完成对目标企业的整合而造成并购失败。基于管理层认为可以根据自身管理能力提升目标公司价值的并购往往在大公司并购成长型小公司时较为适用，因为小公司往往缺乏制定各项决策所需的专业化管理技能，例如营销计划的制订等，这些技能的缺乏削弱了它们在市场中的竞争力，而这些恰好是大公司管理层可以提供的。

此外，管理层也可能出于延长在任时间或获取更高薪酬和福利的目的推动并购行为的发生。阿杰伊·霍拉纳（Ajay Khorana）和马克·津纳（Marc Zenner）在对1982—1986年51家企业发生的84起并购交易的研究中发现，参与并购交易的企业中企业规模和管理层薪酬呈正向关系，这种关系在未参与并购交易的企业中并不存在[2]。在对并购交易的结果进一步区分之后，他们还发现成功的并购交易能提高管理层的薪酬，失败的并购交易则没有相同的影响。雅尼夫·格林斯坦（Yaniv Grinstein）和保罗·赫里巴（Paul Hribar）对第五次并购浪潮中327起并购交易的研究也表明，39%的董事会薪酬委员会在确定CEO薪酬水平时会考虑其是否完成并购交易[3]。

2. 提高研发能力

研发创新在制药企业、互联网企业和精密仪器企业等诸多企业的发展中发挥着至关重要的作用。例如在制药行业，每款药品都需要经历漫长的研发和审批过程，整个过程需要大量的资金投入，公司承担着巨大的失败风险，而且药品的专利保护一般都有固定期限，例如中国的药品专利保护期为20年，保护期结束后该专利就可为其他公司所使用。这些因素使众多制药企业选择通过并购研发型企业来提升自身的研发能力。

3. 扩大营销网络

扩大营销网络——中石化跨界销售咖啡

对于没有自身营销网络的生产企业而言，并购分销渠道公司可以使产品直接面向顾客销售，扩大自身的盈利空间。对于已经拥有自身分销网络的公司，并购能充分利用并购双方的营销体制和营销网络，通过双方的市场营销优势交叉，获得更大的市场占有率。

4. 确保税收收益

一方面，被并购企业的净营运损失可以为并购企业所利用，例如根据《国家税务总局关于企业合并分立业务有关所得税问题的通知》（国税发〔2000〕119号）规定："被合并企业合并前的全部企业所得税纳税事项由合并企业承担，以前年度的亏损，如果未超过法定弥补期限，可以由合并企业继续按规定用以后年度实现的与被合并企业资产相关的所得弥补。"另一方面，企业可以通过迁册交易降低公司的税率。因为不同国

① Roll, R. The Hubris Hypothesis of Corporate Takeovers[J]. *Journal of Business*, 1986, 59（2）: 197–216.
② Khorana, A., Zenner, M. Executive Compensation of Large Acquirors in The 1980s[J]. *Journal of Corporate Finance*, 1998, 4(3): 209-240.
③ Grinstein, Y., Hribar, P. CEO Compensation and Incentives: Evidence from M&A Bonuses[J]. *Journal of Financial Economics*, 2004, 73(1): 119-143.

家的税率不同，通过并购境外公司，在满足一定条件的前提下，并购企业可以对注册地进行变更，从而确保公司的税率处于较为优惠的水平。

5. 获得人力资源

人力资源是指能向组织提供技能、知识，具备推理和决策能力的劳动力资源。大量研究发现，那些能够有效开发和利用人力资源的企业比那些忽视人力资源的企业发展得更好、更快。在技术飞速发展和信息化加快的新经济时代，人力资源在企业中的作用越来越突出。相较于"挖墙脚"型的人才招募，并购不受竞业禁止协议所约束，因此很多企业通过并购来获取人力资源，尤其是科技型企业。例如，苹果公司过去6年内并购了约100家企业，并购对象以小型公司或新创公司为主。《华尔街日报》报道称，苹果公司正在寻求"人才并购"，这个词通常指的是规模较小、目标明确、为吸引特定人才的并购。苹果公司通过并购获得有才华的技术人员，将他们整合到苹果公司的项目团队中，借由他们协助产品开发，以提升自己的科技实力。

6. 品牌溢出效应

以品牌溢出效应为动因的并购在"蛇吞象"式并购（即弱势品牌并购强势品牌）中尤为常见，这些作为并购方的公司往往没有被并购公司那么高的品牌知名度，他们看中了目标公司的市场地位和品牌影响力，希望通过并购获得对方的品牌价值，从而提升自己的品牌地位。例如，2005年，联想集团完成了对IBM个人电脑业务事务部的并购，使联想集团成功进入全球高端个人电脑市场。2010年，浙江吉利控股集团有限公司（以下简称吉利）向美国福特汽车公司收购沃尔沃汽车业务，获得沃尔沃汽车品牌所有权，利用沃尔沃汽车的国际市场影响力提升自己的国际品牌地位。

二、并购的类型

根据不同的标准，并购可以划分为许多不同的类型。其中一种较为常见的分类标准为根据并购双方所属行业进行划分，可将并购分为横向并购、纵向并购和混合并购。

（一）横向并购

横向并购是指同行业内生产和销售相同或类似产品、具有竞争关系的公司之间的并购行为。其中，如果是大型企业连续并购一系列规模较小的竞争公司，不断整合组成规模更大的公司，则被称为滚动收购。横向并购的优点包括形成规模效益、进入新的市场领域等。同时通过并购竞争对手，还可以提高市场份额，甚至提高市场支配力。市场支配力指的是单个经济活动者影响市场价格的能力。关于横向并购是否能在事实上提升公司的市场支配力，除了市场份额，还受产品差异和进入壁垒影响。如果缺乏明显的产品差异或行业进入壁垒，企业很难将价格固定在明显高于边际成本的水平，因为可能会吸引很多新的竞争者进入这个行业。

两种极端的市场结构是完全竞争市场和完全垄断市场。完全竞争市场中存在大量的生产者和消费者，市场上的产品都是同质、标准化的，因此买卖双方都不能控制产品或服务的价格。垄断市场中只有唯一的生产商，其生产的产品具有不可替代性，其他生产商也无法进入该市场，因此垄断者可以操纵市场价格，以实现利润最大化。横向并购的缺点是横向并购使市场从竞争的一端向垄断的一端发展，破坏市场的自由竞争程度，降低社会经济的运行效率，因此横向并购经常受到各国（地区）监管部门的密切关注。当横向并购的公司受到监管部门的反托拉斯审查时，可能会被要求出售特定的业务部门等，以作为结构性的补救措施。

案例 4-1

LVMH 收购蒂芙尼

1. 蒂芙尼简介

美国蒂芙尼公司（以下简称蒂芙尼）成立于 1837 年，由查尔斯·刘易斯·蒂芙尼（charles Lewis Tiffany）和约翰·B. 杨（John B. Young）在美国纽约创立，距今已有 180 多年的历史。成立之初，公司销售的主要产品为文具及高档礼品。之后，蒂芙尼开始销售银制品，公司当时采用的 925 银质标准被美国政府采纳为官方标准。蒂芙尼在成立初期就定位于高端客户，坚持生产高品质的产品，不在价格上做任何让步，很快建立了高质量奢侈品的品牌形象。1853 年后，蒂芙尼进行业务转型，将珠宝作为主要业务，并一直延续至今，成为享誉全球的珠宝品牌，其提出的"六爪镶嵌法"钻戒更是成为百年经典。1987 年，蒂芙尼在美国纽约证券交易所挂牌上市，此后，公司的业务逐渐拓展到境外，截至 2020 年 1 月底，蒂芙尼境外直营店的数量已达到 326 家。此外，公司也积极探索业务多元化，自 2017 年起，陆续推出香水、精品家居、主题咖啡店等业务，谋求新的发展空间。

在成立初期，公司的控制权在蒂芙尼家族手中，但随着一系列的股权转让，到 1978 年，公司脱离了蒂芙尼家族的控制，成为现代经营管理模式下的企业。在被收购之前，蒂芙尼股权结构较为分散，以机构投资者为主。截至 2020 年 4 月，蒂芙尼发行的流通股股数为 1.21 亿股，机构投资者持股占比达到 98.26%。前四大股东分别为先锋领航集团、卡塔尔投资局、普信集团公司和贝莱德基金顾问公司，持股比例分别为 10.86%、9.76%、4.72% 和 4.54%，如表 4-1 所示。

表 4-1 蒂芙尼前十大股东持股情况（截至 2020 年 4 月 24 日）

序号	股东名称	持股比例 / %	持股数量 / 股
1	先锋领航集团	10.86	13155426
2	卡塔尔投资局	9.76	11822436
3	普信集团公司	4.72	5714192
4	贝莱德基金顾问公司	4.54	5496995
5	道富基金管理公司	3.83	4637503
6	高盛集团	3.28	3978595
7	摩根大通投资管理公司	2.64	3202405
8	富兰克林顾问公司	1.59	1925174
9	第一鹰投资管理有限责任公司	1.45	1751051
10	晶洞资本管理有限责任公司	1.43	1734376

在业绩方面，蒂芙尼营业收入保持稳定增长，从 2010 财年的 30.9 亿美元增长到 2019 财年的 44.2 亿美元。2014—2016 财年，公司的营业收入曾出现短暂的下跌，主要是由于产品过时老化，但公司很快调整经营策略，迎合年轻人的需求，公司的业绩很快得到回升，在 2018 财年达到了最高的 44.4 亿美元。尽管 2019 财年公司的营业收入略有下降，但业绩

整体保持稳定。从盈利能力来看，公司的毛利率整体呈上升趋势，除 2012—2013 财年受原材料价格上涨影响毛利率较低外，始终维持在高水平。尤其是最近 4 年，面对日益激烈的市场竞争环境，公司的毛利率均超过了 60%，说明市场对蒂芙尼品牌的认可度高，产品在市场中具有很强的竞争力。蒂芙尼较好的业绩表现也与行业特点有关，尽管从整体来看，珠宝行业集中度低，竞争激烈，但在高端珠宝市场上，行业集中度仍然比较高，市场占有率最高的 3 家公司分别为卡地亚（26%）、蒂芙尼（20%）和宝格丽（10%）。

从地域来看，2019 财年，美国分部营业收入为 19.24 亿美元，占比 43.53%，亚太分部（含日本分部）营业收入合计为 12.58 亿美元，占比 43.17%，欧洲分部营业收入为 4.98 亿美元，占比 11.27%。可以看出，蒂芙尼的业务遍布全球，在各个区域都拥有广阔的市场（见图 4-2）。从产品来看，最近几年，珠宝业务的收入占营业收入的比重都在 92% 左右，产品结构较为单一。

图 4-2 2010—2019 年蒂芙尼营业收入和毛利率

由于珠宝行业竞争日趋激烈，蒂芙尼投入了大量的资金用于营销，来扩大和发展品牌的影响力。近年来，公司销售管理费用不断上涨，从 2010 财年的 12.3 亿美元快速增长到 2019 财年的 20.3 亿美元。巨额的营销投入使得公司的产品能够维持很高的毛利率，但净利率只维持在 4.5% ~ 14.2% 之间，2019 年，营销费用就占据了公司 73.5% 的毛利。尽管如此，蒂芙尼的净利率仍然处于行业较高水平（见图 4-3）。

图 4-3 2010—2019 年蒂芙尼盈利情况

2. LVMH 简介

路易·威登（LVMH）集团于 1987 年由奢饰皮具公司路易·威登（Louis Vuitton）和酒业公司酩悦·轩尼斯（Moët Hennessy）合并而来，是世界第一大奢侈品集团，截至 2021 年 11 月 6 日，公司的总市值已经达到 3457 亿欧元。公司的业务主要分为五大板块，分别是时装和皮具、葡萄酒和烈酒、香水和化妆品、钟表和珠宝，以及精品零售。除此之外，LVMH 集团还通过收购的方式在餐馆、报社、游艇、汽车等领域布局。

3. 收购的原因

此次收购，能够帮助 LVMH 集团弥补在珠宝业务上的短板。2019 年，LVMH 集团钟表和珠宝业务的营业收入为 55.76 亿欧元，只占营业收入的 8.2%，在集团各业务板块中占比最低。而且该部门贡献的营收在 LVMH 集团的占比逐年下降，从 2017—2019 年分别为 8.93%、8.8% 和 8.2%。在这一业务领域，LVMH 集团还面临市场竞争的压力，其最大的竞争对手为瑞士历峰集团，该集团拥有梵克雅宝、伯爵、江诗丹顿、卡地亚等多个知名的品牌，在全球市场中占据较大的市场份额。若此次收购失败，不排除蒂芙尼会寻找其他收购者，如果蒂芙尼与历峰集团联合，将进一步威胁 LVMH 集团在这一领域的市场份额。在这种情况下，LVMH 集团急于将蒂芙尼收入囊中。受到疫情影响，蒂芙尼在 2020 年的业绩下滑，但经过多轮谈判，收购价格仅从 162 亿美元下降到 158 亿美元，下降幅度并不大，说明 LVMH 集团对蒂芙尼非常看重，亟须通过这次收购来扩大市场占有率。

对蒂芙尼来说，此次收购能够为公司带来新的管理理念和经营方式，推动公司转型，促进业绩增长。近年来，蒂芙尼向高端产品组合的转型并不成功。2019 年，蒂芙尼的净利润约为 5.4 亿美元，同比下降 7.73%，明显落后于同行业的其他公司。研究公司 Conlumino 的 CEO 尼尔·桑德斯（Neil Saunders）曾表示，蒂芙尼在多个地区的市场占有率在下降，在较年轻的用户群体中尤其明显，他们认为蒂芙尼已经是过时的奢侈品了。因此，蒂芙尼的股东普遍对此次收购表示支持，认为 LVMH 集团能够为公司带来新的发展道路。

除此之外，此次收购还有利于两家公司在区域上的整合，在全球范围内开拓市场。蒂芙尼在北美和亚洲市场深耕多年，北美地区和亚洲地区的销售额分别占其营业收入的 43.53% 和 43.17%。截至 2020 年 1 月 31 日，蒂芙尼在全球共有 326 家门店，其中美国 94 家，亚洲 149 家，美国和亚洲的门店数量占比接近 3/4。收购蒂芙尼能够进一步打开美国市场，触及更多高端消费者。此外，在亚洲，随着经济的发展，中国等新兴国家对珠宝的需求日益增加，这些新兴市场在未来仍具备很大的增长潜力，蒂芙尼在这些地区的布局也迎合了 LVMH 集团发展的需要。对于蒂芙尼来说，LVMH 集团作为一家法国公司，也能够帮助其打开欧洲市场，弥补在欧洲市场的短板。

4. 曲折的收购过程

2019 年 11 月，LVMH 集团证实，公司将以每股 135 美元的价格，总价 162 亿美元，收购美国著名首饰品牌蒂芙尼，此消息轰动了整个时尚行业，因为这将成为 LVMH 有史以来规模最大的一次收购，蒂芙尼的股价也在一天之内暴涨了 32%。然而，令人意想不到的是，2020 年初，新冠疫情突然来袭，美股 10 天之内发生 4 次熔断，蒂芙尼股价下跌到 111 美元，远低于 LVMH 集团收购的价格。受新冠疫情影响，珠宝和奢侈品行业遭受重创，业绩增长不及预期。在此情况下，LVMH 集团首席执行官多次向蒂芙尼施压，要求降低交易价格，然而双方并未就此达成一致，收购的截止日期也从 8 月 24 日推迟到 11 月 24 日。

2020 年 9 月 28 日，事态进一步升级，蒂芙尼在特拉华州法院起诉 LVMH 集团，要求履行收购协议，LVMH 集团也不甘示弱，对蒂芙尼提起反诉讼，称蒂芙尼在疫情期间业绩严重下滑，收购协议应该作废。10 月 27 日，双方重启谈判，重新商谈收购的具体条款。2021 年 1 月，双方达成新的协议，LVMH 集团以每股 131.50 美元，总价 158 亿美元，完成对美国公司蒂芙尼的收购，这场耗时一年的收购终于尘埃落定。

在收购完成后，蒂芙尼不再是上市公司，正式成为 LVMH 集团旗下的全资子公司。LVMH 集团采取了多种措施，加强对蒂芙尼的整合。伴随着收购的完成，LVMH 集团立即启动了更换管理层的计划，5 名高管被辞退，并通过熟知的"金色降落伞"计划获得共计 1 亿美元的赔偿金，现任创意总监和首席品牌官也将在过渡期后相继离任。同时，LVMH 集团任命原 LVMH 集团全球商务活动执行副总裁安东尼·莱德鲁（Anthony Ledru）为蒂芙尼首席执行官，此人在珠宝奢侈品领域已工作 20 余年，具有极为丰富的经验；任命 LVMH 集团旗下高端旅游箱包品牌 RIMOWA 原首席执行官亚历山大·阿尔诺（Alexandre Arnault）为蒂芙尼执行副总裁，协助安东尼·莱德鲁分管蒂芙尼的产品与传播业务。这位副总裁是 LVMH 集团董事会主席的儿子，虽然年龄仅有 28 岁，但已经具有较为丰富的管理经验，对未来蒂芙尼产品的变革、迎合时代的发展可能产生重要的影响。第三位空降的高管是迈克尔·博克（Michael Burke），他被任命为蒂芙尼董事会主席。

5. 总结

此次 LVMH 集团收购蒂芙尼，虽然过程较为波折，且蒂芙尼受疫情影响业绩下滑，双方对交易价值产生分歧，甚至一度对簿公堂，但仍是一次成功的横向并购。蒂芙尼具有悠久的历史及成熟的门店布局，但近年来也面临品牌老化、增长乏力等问题。LVMH 集团具有庞大的业务规模和雄厚的资金实力，但手表和珠宝部门发展缓慢，亟须在该业务板块上寻求突破。此次收购，双方能够取长补短，充分发挥协同效应。在收购完成后，LVMH 集团也果断地采取了一系列整合措施，整合后的业绩表现值得关注。

（二）纵向并购

纵向并购被定义为生产过程或经营环节存在上下游协作关系的企业之间的并购，这些企业处于同一产品的不同生产阶段，是一种供应商和需求商的关系。纵向并购又可以分为前向整合和后向整合。其中前向整合是指公司收购零售商或经销商，从而更好地向消费者靠近。例如希尔森—雷曼兄弟公司（Shearson Lehman Brothers）收购拥有强大零售经纪人网络的赫顿公司（E. F. Houtton）。后向整合则相反，是指靠近供应来源的收购，进而与供应商联合一体化。例如具有石油精炼和营销优势，但原油储量低的美孚公司收购拥有丰富油气资源却缺乏石油精炼、营销经验的超级石油公司。

纵向并购的优点是可以将市场交易内部化，比如对前向整合而言，可以帮助企业实现零库存管理目标，降低存货成本。对后向整合而言，可以按预先规定好的内部转移价格建立长期稳定的供货关系，避免货源中断的可能，保障供应的质量和输送的及时性。此外，在客户提出定制化需求时，企业的供应商往往可能因为个性化产品的固定启动成本而不愿意提供这项产品。而进行后向整合后，企业就能直接满足客户的个性化需求，避免因此造成客户流失。纵向并购的缺点在于企业的生存发展受市场影响较大，容易形成"连锁反应"。

案例 4-2

伊利股份收购中地乳业

1. 收购背景

本收购案例涉及的收购主体为内蒙古伊利实业集团股份有限公司（以下简称伊利股份），标的公司为中国中地乳业控股有限公司（以下简称中地乳业）。伊利股份创始于1993 年，总部位于内蒙古自治区呼和浩特市，是中国规模最大、产品品类最全的乳制品企业之一，于 1996 年 3 月在上交所上市。公司主要从事乳制品（含婴幼儿配方乳粉）制造、特殊医学用途配方食品的生产、销售（取得许可证后方可经营）、食品及饮料加工、牲畜及家禽饲养等业务。根据公司年报，2020 年公司实现营业总收入 968.86 亿元，归母净利润 70.78 亿元，逆势实现高位双增长，显示出公司主营业务的健康增长态势及优秀的盈利能力。中地乳业成立于 2014 年 10 月，注册地址在开曼群岛，2015 年 12 月 2 日登陆香港联合交易所有限公司（以下简称香港联交所）主板挂牌上市。公司主要从事牧场运营及原料奶生产业务，通过两个业务分部（牧场经营业务和进口贸易业务）进行运营。其中牧场经营业务包括原料奶生产及销售，奶牛的饲养、繁育和销售等；进口贸易业务主要包括奶牛和种畜的进口及销售，苜蓿干草及其他畜牧业相关产品的进口贸易业务。原料奶生产及销售是中地乳业的收入支柱。

我国乳制品行业产业链包括上游原奶供应、乳制品加工包装及下游乳制品销售。其中，伊利股份处于产业链中下游，中地乳业则处于产业链上游。由于上游原奶价格占乳制品成本约 60%，因此整个乳制品行业的竞争情况与上游原奶价格息息相关。在开始收购中地乳业前，伊利股份已在上游原奶供给端进行了战略布局：2019 年伊利股份全资子公司香港金港商贸控股有限公司（以下简称金港控股）收购威士兰乳业合作社（Westland Co-operative Dairy Company Limited，以下简称威士兰乳业）100% 股权，2020 年 1 月收购内蒙古赛科星繁育生物技术（集团）股份有限公司（以下简称赛科星）58.3% 的股权，2021 年 4 月并购恒天然合作社集团有限公司（Fonterra Co-operative Group Limited，以下简称恒天然）在中国的 6座牧场。当前我国乳制品行业需求旺盛，上游原奶供不应求，价格持续上行，伊利股份布局上游牧场利于降低成本和拥有稳定的奶源。此次收购成功有助于伊利股份的长远发展。

2. 收购过程

伊利股份分两步完成对中地乳业的收购：2020 年 8 月 3 日，伊利股份公告全资子公司金港控股认购中地乳业定向增发股票，认购数量近 4.33 亿股，认购价格为每股 0.47 港元，认购总价约为 2.03 亿港元；2020 年 8 月 12 日认购完成后，金港控股持有中地乳业已发行股本的比例约为 16.60%；2020 年 9 月 28 日，伊利股份公告通过新设立的控股子公司 Wholesome Harvest Limited（以下简称 Wholesome）以要约收购方式收购中地乳业股份，本次全面要约的价格为每股 1.132 港元，2021 年 2 月 8 日接受要约的中地乳业股份累计已达 14.44 亿股，占所有被要约方持有中地乳业股份比例的 98.47%，按照规定 Wholesome 通过强制收购方式完成对中地乳业全部剩余股份的收购，2021 年 6 月 25 日强制收购程序完成，中地乳业所有剩余要约股份均已转让至 Wholesome，中地乳业于 2021 年 6 月 28 日从香港联交所退市。

3. 收购结果及影响

2021 年 6 月 25 日，伊利股份对中地乳业的全面收购完成，中地乳业成为伊利股份下属 Wholesome 的全资子公司。此次收购进一步推动了伊利股份产业链向上游牧业资源端的延伸，有利于提高公司对上游大型牧业资源的参与度和掌控度。

《股权认购协议》完成前后中地乳业股权情况如图 4-4 所示。

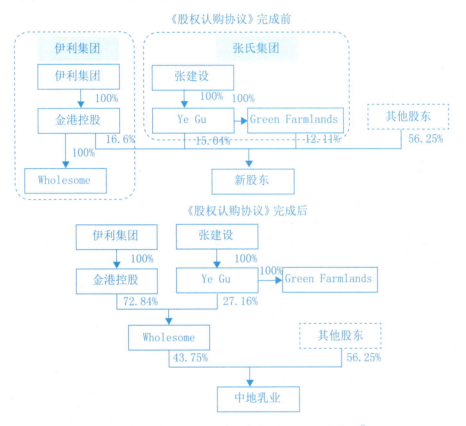

图 4-4　《股权认购协议》完成前后中地乳业股权情况[①]

在当下乳制品需求日益旺盛的背景下，供给端原奶产量成为制约乳品企业发展的瓶颈。原奶供给趋紧，还导致原奶价格进入上升通道，对伊利股份主要业务所在的中下游产业造成不可忽视的成本压力。因此，伊利股份采取控股上游牧场企业、积极加码奶源布局的战略举措对于其有着至关重要的作用：短期内，伊利股份在上游原奶供给端的话语权有望平滑原奶成本上升对其乳制品产品造成的压力，保障公司的利益空间；长期来看，上游奶源的稳定供给有助于保障公司持续发展。伊利股份主要合作牧场规模及地域分布如表 4-2 所示。

---

① 资料来源：参见伊利股份公告。

表4-2　伊利股份主要合作牧场规模及地域分布

牧场	合作方式	年产量/万吨	存栏奶牛数量/万头	收奶比例/%	重大事项
优然牧业[①]	控股40.00%	185.4	36.0	实际90%以上	2020年1月收购赛科星58.3%股权；2021年4月并购恒天然集团中国6座牧场。
中地乳业	控股72.84%	43.1	6.9	—	2021年6月25日伊利股份境外子公司完成对中地乳业的要约收购，同月28日中地乳业退市
威士兰乳业	控股100.00%	—	—	—	2019年伊利股份全资子公司金港控股收购威士兰乳业100%股权

数据来源：参见伊利股份、优然牧业、中地乳业及威士兰乳业官网，以及兴业证券经济与金融研究院相关资料。

注：①此为优然牧业、赛科星、恒天然中国牧场合并数据。产能及存栏数据截至2020年末。

综上，伊利股份对中地乳业的收购交易符合公司全体股东的利益，符合公司战略发展的需要，有利于进一步提升公司竞争力，对公司长期发展和战略布局具有重要意义。

（三）混合并购

混合并购是指公司并购既不处于同一行业，又无纵向协作关系的公司，并购双方在生产和职能方面互无关联。区别于横向并购，混合并购不会受到监管部门基于反垄断法的管制。由于混合并购可以生产一系列不同性质和种类的产品，因此混合并购往往会导致多元化经营。混合并购及其引发的多元化战略经历了一段曲折的发展过程。在美国的前两次并购浪潮中，混合并购的比例只占一小部分。从第三次并购浪潮开始，出于规避经营风险等方面的考虑，混合并购的数量开始大幅增加，并成为并购的主要形式。第四次并购浪潮中，为赚取买卖差价的杠杆收购开始兴起，同时企业也开始从管理业务转移到管理资本上来，表现为逆多元化经营，即通过资产重组剥离资本回报率低的业务。第五次并购浪潮又不同于前几次，这次并购浪潮规模空前、全球性并购迭出，主要集中于电子信息、生物工程等新兴产业和高科技产业。由于混合并购和多元化战略的紧密联系，我们对混合并购的详细介绍也会在本章多元化战略部分有所体现。

三、多元化战略

策略管理之父伊戈尔·安索夫（Igor Ansoff）于1957年提出安索夫矩阵（见表4-3），他基于产品和市场两大视角，认为企业经营战略实质上是现有产品和新产品、现有市场和新市场的合理组合。据此，安索夫提出了4种相对应的营销战略，即市场渗透战略——现有产品和现有市场的组合，产品开发战略——现有市场与新产品的组合，市场开发战略——现有产品与新市场的组合，多元化战略——新产品与新市场的组合。其中多元化战略是我们本章需要关注的重点，多元化战略的具体定义为：企业增加生产经营的产品或服务，并同时扩大生产经营的市场范围。多元化战略不同于产品差异，产品差异是同一产品的细分化，本质上还是同一产品，而多元化战略通常要求企业异质的主导产品低于企业产品销售总额的 70%。

表 4-3　安索夫矩阵

市场	产品	
	现有产品	新产品
现有市场	市场渗透：在单一市场，依靠单一产品，目的在于大幅度增加市场占有率	产品开发：在现有市场上推出新产品，延长产品寿命周期
新市场	市场开发：将现有产品推销到新地区；在现有实力、技能和能力基础上发展，改变销售和广告方法	多元化：对新技术或市场而言，采取相关多元化战略；与现有产品或市场无关的采取非相关多元化战略

（一）多元化战略的类型

多元化战略可以分为两种类型：相关多元化和非相关多元化。

1. 相关多元化

相关多元化是指企业以现有产品或市场为基础开拓相关产品或市场的战略，即企业新发展的业务领域与现有业务领域有战略上的适应性。这种适应性可能是产品知识、生产技术、管理技能、营销渠道、营销技能或用户方面具有相同或相似的特点。根据新发展的业务领域与现有业务领域的关联程度的不同，相关多元化还可以分为同心多元化和水平多元化。同心多元化是指新产品基于现有的技术、特长等，由同一圆心向外进行产品种类扩张。水平多元化是指基于不同的技术发展新的产品种类，但新产品与现有产品具有一定的市场关联性。采用相关多元化可以利用原有经营产业的产品知识、制造能力和营销渠道等获取融合优势，相关多元化适用于原有竞争优势明显，但成长性下降的业务领域。

▶ **案例 4-3**

莫愁前路无知己：安存的多元化之路

1. 背景介绍

2008 年 9 月 18 日，受做律师时的经历的启发，徐敏创立了杭州安存网络科技有限公司（以下简称安存），致力于将电子数据变成电子证据和可信数据，使其满足证据三性要求。2011 年，安存电子数据保全系统 1.0 版上线。2012 年，安存语录这一具有法律效力的语音通话存证工具正式上线。截至 2013 年底，"安存语录"录音电话已经落户全国各地近百家法院，被知识产权法庭、经济法庭、民事法庭及行政法庭等业务庭室广泛安装使用。同年，安存与阿里云及中国公证机关共同研发的全球首款数据保全云正式上线，安存还与网易联合推出全球首个一站式电子邮件保全公证解决方案——公正邮。此外，致力于解决互联网时代版权保护及网络侵权举证的平台——无忧保全 2.0 版也升级研发成功。

但当时安存的竞争对手也开始涌现。随着人们的法律意识和证据意识逐渐增强，以及互联网大数据和数字经济的发展，电子数据存证必然会有更广阔的市场，甚至有上市公司宣布要进入此领域。比如 2013 年厦门市美亚柏科信息股份公司发出公告准备推出存证产品，并将安存列为竞争对手。这也是一个电子证据综合服务平台，通过将第三方证据与司法鉴定无缝对接，为用户提供电子数据前期规范取证、中期安全存证及后期便捷出证的一站式综合服务。还有 e 签宝已经上线了电子签名 SaaS（software as a service，软件运营服务）平台，与杭州仲委会合作，率先打通仲裁委，实现在线仲裁；还签约阿里巴巴集团控股有限公司（以下简称阿里巴巴）和支付宝等，创建移动支付和电商领域应用场景，在支付宝上线电子凭证业务。此外，还有重庆易保全网络科技有限公司等电子数据存证保全机构，他们陆续推出与安存类似的产品，运用区块链技术进行电子数据固化存证，并被司法机关认可。考虑到安存已经在电子存证领域形成了自己的技术竞争力，开拓建立了一定的客户关系网络，安存决定以构建生态链的方式来对抗细分领域的竞争对手。

2. 多元化进程

（1）进军金融

决定构建多元化生态链之后，安存的第一步迈向了互联网金融行业。互联网金融行业以支付宝的诞生作为标志性事件，在 2007 年逐渐兴起，从此互联网金融的概念走入了人们的生活中，2014 年互联网金融更是迎来爆发式增长，P2P 平台千军大战。然而互联网金融的交易基本在线上完成，如果中间经过一个第三方账户打款，无法明确钱的收付双方，此时若发生纠纷，证据链就不再完整；而且互联网金融平台可以对用户投资凭证进行更改，比如约定的年化收益是 13%，后台若改成 10%，用户又该如何是好？因此如何有效防控风险，保护投资者利益显得至关重要。宽广的市场前景使安存选择互联网金融行业作为相关多元化的第一阶段对象。2015 年 2 月，安存针对互联网金融行业电子数据认证难的问题，研发出了国内首个互联网金融一站式电子数据保全产品——"无忧存证"，其核心是"增强互联网金融用户交易安全和数据真实性保障"。当用户通过互联网发生交易行为时，所有交易数据都能通过第三方保全的方式记录下来，实时同步至安存金融级数据保全云，必要时可以依法出具公证书，使其符合证据"合法性、真实性、关联性"三性要求。

（2）多点开花

从 2017 年开始安存试图探讨互联网数据存证平台与法院体系的共建，并于 2018 年 1 月与浙江省高级人民法院签订了"智慧法院建设生态体系"战略合作协议，从此开始了为期 5 年，包括但不限于"人民法院电子证据平台、智慧审判化解平台、司法区块链和司法人工智能系统"等方面的创新合作及研发落地。随后安存推出了司法端电子证据平台，这个平台运用区块链存证技术，结合数据加密算法、时间戳等先进技术，以保证数据符合证据的"真实性"要求，帮助司法机构批量、高效地审判、裁决。

2018 年 6 月，杭州互联网法院在安存的技术运营服务支持下，上线了全国首个电子证据平台，为之后全国其他法院建设电子证据平台提供了基础蓝本和参考样板。从此当事人按预先规则即可实时同步哈希及原文的电子数据，公证处的公证文书一键就可上传至该平台，直接作为诉讼的电子证据使用。如电子存证平台、电子签约平台等第三方数据服务提供商也可直接将电子数据传输至整个电子证据平台，可以在很大程度上节约举证质证的人力、物力和财力。2019 年 7 月，安存的司法端区块链电子证据平台也进入了仲裁领域，全国首个互联网仲裁电子证据平台在宁波上线。2019 年 8 月，青岛仲裁委员会上线了全国首个基于 5G 网络切片技术的电子证据平台。

随后安存又继续推出了银行电子证据平台，银行端可以将电子证据哈希同步至电子证据平台，直接与互联网法院、仲裁、公证专线互通。受到互联网金融行业的冲击，传统银行业竞争加剧，开始大规模发展零售业务，业务发展的同时银行的坏账率也迅速提升。根据中国银行保险监督管理委员会数据，截至 2018 年末，商业银行不良贷款余额 2 万亿元，不良率 1.89%，环比三季度末上升 0.02 个百分点，创下 10 年来新高。在这种环境下，传统风控体系已经不再行得通。而银行电子证据平台不仅能保证电子数据的证据"三性"，还可以通过互联网司法模式进行不良资产清收，助力银行降低坏账率。

（3）生态形成

安存在构建多元化生态链的道路上越走越远，随着区块链的出圈，区块链技术的研发和产业落地也成为其中重要的一环。然而，虽然现在市面上区块链项目繁多，很多区块链项目看上去概念高深，但距离普通应用还非常遥远。针对这一问题，2020 年 6 月 10 日，安存与北京北信源软件股份有限公司共同发明、联合推出了"全球首台区块链机"。区别于普通区块链，这款区块链机通过硬件加密和硬件物理属性，保证数据信息真实不可篡改，只要直接部署在机房或云服务器端，就能让用户像插 U 盘一样即插即用简单上链，在提高效率和增强效力的同时降低了上链成本。目前，安存的区块链机已经应用于航空、金融和政法等领域。

安存还将其产品应用于环保领域。环保无疑是近年来备受关注的一个话题，然而现实生活中企业通过稀释污水、干扰监测设备运行等方式使所采集监管数据失真的情况并不少见。同时生态环境监管以基层工作为主，涉及的企业多、行业广，数量大而分散，且证据链类型各有不同，收集整理工作十分繁杂。而安存在 2020 年 12 月上线的区块链生态环境监管平台使生态环境监控数据在排污单位、设备厂商、生态环境局和公检法各机构间安全共享，打造了生态环境治理全流程留痕、全链路可信、全阶段见证、全生命周期互通、全方位联动的管控体系。

此外，在新《证券法》的实施之下，证券公司"卖者尽责"要求趋严。2020 年 12 月底，安存又与恒生电子股份有限公司在证券行业合作推出了"无忧恒存"，利用其前沿的区块链底层技术和应用开发能力、20 余年的证券行业解决方案经验，为券商客户提供了"采集—存证—取证—司法/监管"全流程区块链一体化服务，将"自证变他证，自证变法证"。而在 2020 年疫情的影响下，"电子化""零接触"成为证券行业发展的必然趋势。安存率先在河南、河北两家上市证券公司中推出的"爱签"，就是区块链电子协议签署及集中化管理平台中的典型代表。该平台由安存面向证券行业定制化研发，不仅符合证券协会关于电子合同集中化管理的要求，还有效契合了新《证券法》等证券行业的合规性要求。

除了以上方面，针对传统政务中各部门重复建设严重的现象，跨部门信息协同难、信任难，数据资源跨部门利用率低等弊端，安存推出了电子政务区块链电子证据平台，助推政务公开透明，实现政务数据全生命周期管理。安存还参与了城市的智慧建设。2020 年 2 月，安存与杭州市国立公证处联合建设的全国首个"线上视频公证选房"区块链电子证据平台正式上线，确保选房更加直观、透明。同年 3 月，安存参与建设的杭州城市大脑"亲清在线"正式上线，中央电视台、人民日报和新华社等中央媒体密切关注。12 月，安存被邀成为浙江城市大脑产业联盟首批理事单位，参与浙江城市大脑产业建设。

3. 分析

安存在其发展历程中所采用的是相关多元化战略，因为相关多元化是指企业以现有业务或市场为基础进入相关产业或市场的战略，而安存是以安存语录这一语音通话存证工具为基础，将区块链等技术运用于如无忧存证、爱签等不同的软件产品及区块链机这样的硬件产品上，应用于互联网金融、环保、政务等不同领域中，面向个人用户、政府机构和企业等不同群体，这些产品与领域都以电子数据存证为主要目标相互关联。

2. 非相关多元化

非相关多元化也称为集团多元化，是指企业将业务拓展到与当前产品和市场均不相关的领域。非相关多元化战略不依托现有技术、工艺、销售渠道、市场营销等的共同性，完全是向不同的业务领域发展。当企业当前的产品或市场缺乏成长性或吸引力，而且企业不具备转向相关产品或市场的能力和技术时，企业可能会采用非相关多元化战略。在选择采用非相关多元化战略之前，企业需要考虑是否能获得财务上的平衡现金流或者获取新的利润增长点，以及是否能规避产品或市场的发展风险。

▶ 案例 4-4

通威股份——农业光伏双龙头

1. 背景介绍

在过去很长的一段时间内，只要提到"通威"两个字大家就会想到水产饲料。通威集团有限公司（以下简称通威集团）前身为四川眉山县（现为眉山市）渔用配合饲料厂（科力饲料厂），于1986年建成投产，主要进行科力饲料的销售。1991年，"科力"正式更名为"通威"，市场占有量和知名度进一步扩大。1992年，通威集团有限公司建立。在创始人刘汉元的带领下，通威股份有限公司（以下简称通威股份）于2004年在上交所成功上市，并先后荣获"中国品牌"和"2009全国五十强饲料企业"等称号。依托优秀的配套服务实力和技术研发能力，通威不仅独创"365"水产养殖模式，即3类水产合理搭配混养、运用6项关键技术达到50%的养殖增效，还陆续推出"虾肝强""鲫倍健""鲴肠健"等特种鱼饲料产品，在365科学养殖、电化水技术、通威物联网智能养殖等关键核心技术方面均取得较大进步。目前通威已成为全球主要的水产饲料生产企业和全国重要的禽畜饲料生产企业，其核心产品水产饲料产能、销量行业领先，也是公司农业部分的主要利润来源。

2. 多元化进程

（1）落地

通威股份上市当年，时任巨星集团董事长的唐光跃找上刘汉元寻求融资合作。此时通威股份年营收近20亿元，已成为全国最大的水产饲料生产企业。同时其大股东通威集团也在工程建设、软件开发和宠物食品等领域进行多元化探索，然而刘汉元认为这些业务并不能支持通威的二次腾飞，因此并没有分散在饲料主业的注意力。而唐光跃也以饲料起家，2002年唐光跃启动了一个10万吨产能的聚氯乙烯（PVC）项目，却苦于在一期工程中缺少建设资金。

在一番研究后，刘汉元决定收购乐山永祥树脂有限公司（以下简称永祥树脂）50%的股份。他的考虑有三：一是房地产市场的蓬勃发展带动PVC的需求迅速增加，他看中了PVC在建筑材料方面的发展前景。二是永祥树脂所从事的氯碱化工处于三氯氢硅的上游，而三氯氢硅是光伏产业链上游原材料多晶硅的主要原料。在就读工商管理博士（Doctorato of Business Administration，DBA）期间，刘汉元就以"各种新能源比较研究与我国能源战略选择"作为研究课题，认为太阳能光伏发电将成为未来清洁能源的主要发展方向。此次入股永祥树脂可以作为通威进入光伏产业链的开端。三是在2004年德国修订《可再生能源法》的背景下，太阳能光伏发电行业发展势头良好。而如无锡尚德太阳能电力有限公司（以下简称无锡尚德）、英利集团有限公司等境内光伏生产商的产品主要集中于太阳能电池及组件加工制造环节，对外销售和主要原材料高纯晶硅的获取都依赖于境外市场。通过氯碱化工进入三氯氢硅的生产，并进一步拓展至光伏产业上游原材料多晶硅，可以避开境内光伏产业竞争激烈的中间环节。

（2）生根

①多晶硅

将永祥树脂作为光伏产业战略布局的第一步之后，2006年12月5日，刘汉元宣布将"全力以赴进军多晶硅产业"。2006年12月25日，永祥树脂投资组建四川永祥多晶硅有限公司。2007年5月24日，通威集团、巨星集团与乐山市人民政府隆重举行了1万吨多晶硅项目投资签约仪式。同年，永祥树脂进行股改，更名为四川永祥股份有限公司。

2008年，通威股份以1.91亿元收购了通威集团所持有的永祥股份50%的股权，将永祥股份装入上市公司。同年，公司首期1000吨多晶硅项目投产。然而随着2008年金融危机爆发，欧美等国对可再生能源的补贴急剧缩减，加上欧美各国自2011年起开始对中国光伏产品进行反倾销和反补贴的"双反"调查，多晶硅需求市场急剧萎缩。在这样的恶劣的外部环境下，2010年通威股份以2.48亿元的价格将持有的永祥股份50%股权剥离出上市主体，同时永祥股份通过减产等方式降低亏损。即便如此，刘汉元依然对多晶硅的未来充满信心。不久后转机如期而至，一方面我国加强了境内光伏产业建设，发布了《国务院关于促进光伏产业健康发展的若干意见》等利好政策，另一方面工信部发布《多晶硅行业准入条件》，使未经准入的中小企业退出行业，商务部也宣布对美韩进口的多晶硅进行"双反"立案。

多晶硅行业本就是高技术壁垒、重资产的行业，头部企业较为集中，竞争格局稳定。面对转机，永祥股份一边进行产能的扩张，如2010年7月，永祥股份年产3000吨多晶硅的二期项目开工，以及2018年包头一期、乐山新一期项目投产，年产能达8万吨；一边进行技术的升级改造，如2015年初，永祥股份完全掌握了四氯化硅冷氢化技术，结合公司特有的"永祥法"，生产成本由160元/kg-Si下降至约80元/kg-Si。此外，永祥股份通过布局低电价地区、提高设备国产化率等方式，进一步降低多晶硅生产成本，使成本优势成为其核心竞争力。2020年，公司高纯晶硅出货8.66万吨，同比增长35.79%；含税均价6.96万元/吨，实现毛利率36.78%。2020年末硅料头部企业产能份额如图4-5所示。

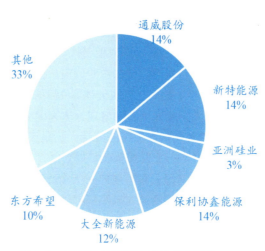

图 4-5　2020 年末硅料头部企业产能份额

②电池片

2013 年，通威集团竞标取得赛维 LDK 太阳能高科技（合肥）公司（以下简称合肥赛维）100% 股权，并更名为通威太阳能（合肥）有限公司 [以下简称通威太阳能（合肥）]，负责从事光伏产业链中游的电池片业务。电池片是组件成本占比最大的部分，但同时其议价能力弱，承受着上游原材料和下游运营商的双重价格压力，因此成本控制能力，尤其是对非硅成本的控制，也是电池片生产企业的核心竞争力。通威太阳能（合肥）通过对生产元素用量的管控、对设备采购成本的控制及快速扩产巩固规模优势，单晶 PERC 电池（passivated emitter rear cell，反射极及背面钝化电池）产品非硅成本可实现 0.2 元 / 瓦以内，远低于行业平均水平。因此，在"光伏 531 新政"①发布之后，尽管光伏装机需求面临下行压力，通威集团的电池片产品仍能保持一定的竞争优势。

此外，从电池片技术路线来看，境内主要电池片生产企业仍以 P 型电池（PERC 技术）的生产为主，然而 P 型电池的电池转换效率有限，N 型电池相较于 P 型电池具有转换效率高、双面率高等优点。通威集团、上海爱旭新能源股份有限公司和隆基光伏科技有限公司等电池片厂商纷纷开展对新型技术的研发布局。而其中通威集团重点开展对 HJT（异质结）、TOPCon（tunnel Oxide passivated contact，隧穿氧化层钝化接触）电池技术路线的布局，相关设备已调试完毕，产线处于产能爬坡阶段，在下一阶段 N 型电池需求释放时有望获得行业技术红利。

③光伏电站

2014 年，通威集团设立通威新能源有限公司（以下简称通威新能源），进军光伏电站的开发业务。同年 9 月国家能源局发布的《国家能源局关于进一步落实分布式光伏发电有关政策的通知》指出，鼓励开展多种形式的分布式光伏发电应用，因地制宜利用废弃土地、荒山荒坡、农业大棚、滩涂、鱼塘、湖泊等建设就地消纳的分布式光伏电站。基于

---

① 这是指国家发展改革委、财政部、国家能源局联合印发的《关于 2018 年光伏发电有关事项的通知》（发改能源〔2018〕823 号），因于 2018 年 5 月 31 日发布，俗称"光伏 531 新政"。

此，通威创新性地提出"渔光一体"模式，利用养殖水面资源建设光伏分布式电站，将公司优势农业项目和光伏发电有机结合，充分发挥两大产业的协同效应，形成上可发电、下可养鱼的立体"渔光共生"经济。公司已经在江苏、安徽、内蒙古等地建设了"渔光一体"基地，并网和在建项目总规模超过 2 吉瓦。

（3）发芽

2016 年 2 月，公司以 8.84 元 / 股发行约 2.38 亿股收购通威集团所持有的通威新能源 100% 股权（对价 4822 万元），以及通威集团、巨星集团等 17 名非自然人股东和唐光跃等 29 名自然人股东所持有的永祥股份 99.9999% 的股权（对价 20.11 亿元）。2016 年 10 月，公司以 5.40 元 / 股发行约 9.23 亿股收购通威集团所持有的通威太阳能（合肥）100% 股权（对价 49.84 亿元）。经历这两次资本运作之后，通威集团的光伏资产实现了整体注入上市公司。自此，通威股份成为以农业、光伏双主业为核心的大型民营科技型上市公司。公司拥有纳入合并范围一级子公司 80 家，其中，农业板块有 70 余家子公司，光伏板块主要参控股公司包括通威太阳能（合肥）、永祥股份和通威新能源 3 家。两次资本运作后通威股份的股权结构如图 4-6 所示。

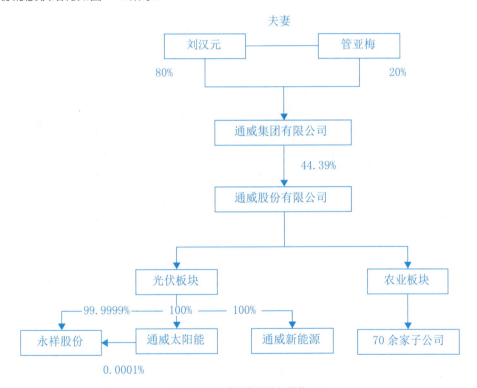

图 4-6　通威股份的股权结构

从财务指标来看，公司多晶硅及化工业务虽然营收占比较小，但所贡献毛利占比最大。具体来说，在收入结构方面，2020 年公司饲料业务营收占比 47.17%，太阳能电池及组件业务营收占比 35.07%，多晶硅及化工业务营收占比 14.80%；在毛利构成方面，公司 2020 年饲料业务毛利占比 29.01%，太阳能电池及组件业务营收占比 29.84%，多晶硅及化工业务营收占比 30.05%。具体如表 4-4、表 4-5 所示。

表 4-4　2016—2020 年通威股份主营业务收入结构

主营业务	2016	2017	2018	2019	2020
饲料 /%	66.11	57.39	55.33	44.44	47.17
太阳能电池及组件 /%	18.03	24.66	27.76	32.67	35.07
多晶硅及化工 /%	9.88	12.37	12.05	13.79	14.80
光伏发电 /%	0.43	3.04	2.25	2.91	2.65

表 4-5　2016—2020 年通威股份毛利构成

主营业务	2016	2017	2018	2019	2020
饲料 /%	49.69	43.36	42.72	31.74	29.01
太阳能电池及组件 /%	23.48	23.98	27.43	35.34	29.84
多晶硅及化工 /%	21.26	26.22	22.72	20.95	30.05
光伏发电 /%	1.02	4.52	7.32	9.89	9.25

（二）多元化战略的优点

并购是企业多元化战略的一种重要实现途径，企业实现多元化之后不仅更容易从资本市场中获得融资，还能提升低效率企业的生产管理效率等，在此我们主要介绍多元化战略在有效分散经营风险和充分利用内部优势方面的优点。

1. 有效分散经营风险

通俗来说，多元化战略就是"不把鸡蛋放在同一个篮子里"。从事集中化经营的企业由于经营范围单一，销售收入和利润极易受到宏观经济波动或市场风险的影响，这在经受周期性波动的产业（如汽车）中表现尤为明显。而多元化战略通过将资源分散到不同的产品和市场中，避免企业过于依赖某一产品或市场以至于造成整个企业的亏损甚至倒闭。当其中某一产品或经营领域遭受挫折时，可以利用其他产品或市场为企业提供保护，稳定收入流量，从而提高企业的抗风险能力，减少风险损失。不仅如此，当现有产品或市场增长停滞时，多元化战略也能通过引入新的产品或进入新的市场帮助企业获得新的增长点。

2. 充分利用内部优势

相较于集中经营战略，多元化战略将多个产品及经营领域汇集到同一企业内进行，相当于多个集中经营化企业经营活动的组合，因此多元化经营的企业可以充分利用企业内部的资源和能力优势，实现资源有效配置，提高资源利用率。具体来看，一是可以协调管理不同经营业务。实施多元化战略的企业固定成本可以分摊到尽可能多的产品和服务上，从而获取更高的投资报酬。对于具有季节需求性等需求变化的产品，企业可以通过生产这些互补性产品提高设备使用率。二是构建内部资本市场。当集中经营化的企业无法以合理资本成本筹措到足够资金时，它们往往会被迫放弃一些投资回报良好的项目。而多元化战略相当于内部形成了一个资本市场，可以通过内部盈余资金调度来把握投资和获利机会。三是将外部交易契约内部化。多元化经营可以将一系列外部交易契约转变为内部契约，降低外部交易的不确定性。当外部交易成本高于内部组织成本时，多元化经营还能降低交易成本。

（三）多元化战略的风险

虽然企业实施多元化战略的动因之一往往是分散风险，但多元化战略本身也可能带来风险，例如多元化战略可能带来公司价值损失。菲利普·G. 伯杰（Philip G. Berger）和伊莱·奥费克（Eli Ofek）在对 1986—1991 年大量企业的研究中发现，多元化经营会导致公司价值平均损失 13% ~ 15%，而且多元化部门的盈利能力明显低于独立业务经营的企业①。罗伯特·柯蒙特（Robert Comment）和格雷格·A. 贾雷尔（Gregg A. Jarell）通过对 1978—1999 年上市公司的分析得出了提高企业的经营集中度或专业化程度符合股东财富最大化目标的结论②。以下我们将对多元化战略的风险进行具体介绍，包括原有经营产业风险、财务风险和经营整合风险。

1. 原有经营产业风险

企业的资源总是有限的，而进入每个产业都有其最低资源需求量，这种资源包括资金和管理层注意力等方面。实施多元化战略意味着企业的资源需要分散在多个产品和业务领域中，这就导致多元化经营的企业最低资源需求汇总量巨大。如果企业的资源需求量大于供给量，企业原有经营的产业可能无法避免受到削弱，而企业想要进入的新业务领域也同时与原有产业的形象和声誉所联系，这样可能影响企业在主营业务领域或核心业务方面的竞争实力，进而损害企业长期生存与发展。

2. 财务风险

目前很多企业实施多元化战略的资金通常会通过外部融资来实现，如向银行或其他非金融机构借贷，而企业自身并没有雄厚的资金实力。有些企业对多元化经营的本质内容认识不清，可能有一点房地产就开拓房地产业务，有一点物资采购人员和对外贸易经验就创立贸易公司，而进入新产业以后又需要不断注入后续资金。盲目追求多元化经营使公司筹资压力和偿债压力快速上升，同时由于企业对新的业务领域可能不甚了解，从而导致经营亏损，进一步增加企业还本付息的压力，使企业财务风险增加。

3. 经营整合风险

多元化经营格局往往伴随着复杂的组织结构，企业新投资的业务会通过财务流、决策流和人事流等给企业及企业的既有产业经营带来全面的影响，因此企业在实施多元化战略后需要对不同产品、市场的分支机构进行整合，从而提高资源利用效率，以达到实施多元化战略的预期目标。然而，由于不同的业务领域的管理模式不同，多元化战略对管理者的要求也非常高，经营整合时的管理失效可能会导致企业内部矛盾加剧、管理成本增加，并最终造成多元化经营的失败。

综上所述，企业在考虑是否实施多元化战略时，有两大因素需要考虑。一是企业是否拥有相当的剩余资源。剩余资源是指在保证企业主营业务领域或核心业务方面发展不受影响情况下的资源富余。只有当企业能保障原有经营产业的发展战略，并积累了相当程度的剩余资源时，企业才有足够的资源基础实施多元化战略。二是多元化战略需要紧扣企业核心竞争力。核心能力是企业在具有重要竞争意义的经营活动中存在竞争优势的能力，是企业的最重要的战略资产。多元化战略的实施应该围绕核心能力展开，从而使企业能够获得长期稳定的竞争优势。

① Berger，P. G.，Ofek，E. Diversification's Effect on Firm Value[J]. *Journal of Financial Economics*，1995，37(1): 39-65.
② Comment，R.，Jarrell，G. A. Corporate Focus and Stock Returns[J]. *Journal of Financial Economics*，1995，37(1): 67-87.

1. 引言

李卫国于 1995 年创办湖南长虹建筑防水工程有限公司，即北京东方雨虹防水技术股份有限公司（以下简称东方雨虹）的前身。创立之初的公司主要作为地方性企业在当地承接防水施工项目，但公司并没有偏安一隅，创始人李卫国挥师北京，带领公司寻求更大的发展平台。在毛主席纪念堂防水维修工程出色完成后，东方雨虹一炮打响，众多管理技术人才纷纷入麾。1998 年，公司继改制为北京东方雨虹防水技术股份有限公司后接连承接中华世纪坛、三峡清江水电站、首都机场航站楼等 300 多个项目的防水工程。2003 年非典时期昌平"小汤山"医院防水建设，2008 年北京奥运会鸟巢、水立方的防水工程等众多机遇的把握使东方雨虹不断发展壮大，行业影响力渐显。公司上市后又紧抓地产变革的机遇，拓展房地产客户，借此扩大了企业端的市场份额。之后由于中国大量的存量房屋逐步进入翻修期，以及"补齐基建短板"的政策推动，防水工程的潜在市场需求进一步扩大，东方雨虹也抓住机会，逐步提高市场占有率。同时，公司在各个生产流程进行严格的质量监控，先后获得"中国驰名商标"和"质量标杆企业"等荣誉，旗下防水材料多次居于首选率榜首（见表 4-6）。

表 4-6　2015—2020 年 TOP 500 房企首选防水材料品牌前五强

首选率排名	2015	2016	2017	2018	2019	2020
1	东方雨虹（29%）	东方雨虹（30%）	东方雨虹（32%）	东方雨虹（25%）	东方雨虹（36%）	东方雨虹（36%）
2	科顺（14%）	科顺（15%）	科顺（20%）	科顺（19%）	科顺（20%）	科顺（21%）
3	宏源（10%）	宏源（14%）	宏源（14%）	宏源（19%）	宏源（8%）	北新防水（7%）
4	卓宝（9%）	卓宝（9%）	卓宝（11%）	蓝盾（9%）	蓝盾（8%）	凯伦（7%）
5	德生（6%）	蓝盾（5%）	蓝盾（5%）	卓宝（9%）	卓宝（8%）	卓宝（6%）

数据来源：根据中国房地产业协会（http://www.fangchan.com）相关数据整理。

2. 群雄逐鹿之局面

（1）竞争激烈

防水行业的进入门槛较低，众多规模较小的防水材料生产企业只需要二三十万资金就能形成一条生产线，固定资产投资额极低。而目前这些规模以下防水企业占比甚至超过 3/5，虽然他们技术水平不高、生产设备简陋，产品性能远不如正规 SBS 改性沥青防水卷材，回弹能力较差，很难适应基层的裂缝伸缩性，但他们的产品的生产成本仅为正规产品的 70%。在短期利益的驱使下，尽管这些非正规防水材料的使用会带来质保期内房屋频繁漏水的问题，从而造成房屋每年维修费用较高，这些小规模防水材料生产企业仍然能存活甚至发展。加上我国现行的防水材料标准不统一，除建材行业外，化工、交通和纺织等行业也制定了一些建筑防水材料标准，不同行业的标准指标侧重和规定不同，在材料的基本项目设置方面也存在差异。而且，近几年政府才设立建筑防水卷材行业准入条件，对防水卷材项目的工艺、能耗和单线产能规模等提出要求，以上因素共同造成了防水行业分散的市场格局。

除此之外，还有多家跨界龙头企业相继进入防水行业。三棵树涂料股份有限公司于2019年收购广州大禹防漏技术开发有限公司，正式切入防水领域。2019年央企北新建材大举收购多家防水企业，最终规模仅次于东方雨虹和科顺防水技术股份有限公司，营业收入全国前三，产业基地覆盖全国，综合实力稳居第二梯队。同时，亚士创能科技（上海）股份有限公司、上海伟星新材料科技有限公司等上市公司也通过并购重组或投资生产基地等方式进军防水领域，因此行业内竞争尤为激烈。中国建筑防水协会的数据显示，中国2020年建筑防水行业内企业总数超过2000家，规模以上（主营业务收入高于2000万元）防水企业723家，较2019年增加70家。逐年增加的防水企业数量带来的是行业生存空间被压缩，防水行业规模以上企业的单家营收和利润在2015—2019年都出现了一定程度的下降（见图4-7），东方雨虹2014—2018年防水卷材和防水涂料的售价也因为激烈竞争而不断下滑（见表4-7）。

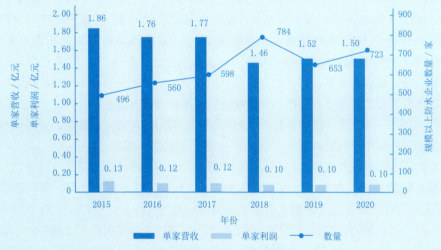

图4-7　规模以上防水企业数量、单家营收及单家利润

数据来源：根据中国建筑防水协会（http://www.cnwb.net）相关数据整理。

表4-7　2014—2018年东方雨虹防水卷材及防水涂料单价

年份	2014	2015	2016	2017	2018
防水卷材 /（元 / 平方米）	27.63	27.23	23.5	21.62	20.64
防水涂料 /（万元 / 吨）	0.68	0.52	0.51	0.45	0.41

数据来源：参见东方雨虹官网（http://www.yuhong.com.cn）公司年报相关数据。

（2）市场变化

自2008年挂牌，东方雨虹的股价经历过3次代表性的下跌。第一次是2011年温州高铁事故后，全国铁路投资额"跳水"致使公司业绩下降。在此之前，东方雨虹的防水业务重心面向基建，尤其是高铁工程，承接了京沪高速铁路、京广铁路客运专线等重大项目。第二次是由于2015年股市震荡，其间的系统性风险增加和房地产投资增速下滑。同时受经济下行等因素影响，房地产投资增速回落明显。此时，东方雨虹已将防水业务主要客户由轨道交通客户调整为地产客户，房地产端需求下降给公司带来了较大的负面影响。第三次则是 2018 年受民营企业"去杠杆"的影响。"去杠杆"背景下民营企业融资环境收紧，"爆雷"公司增多，所以东方雨虹销售遇冷后无法通过快速周转实现回款，客户的现金流紧张传导至东方雨虹经营层面，从而导致公司资金链恶化。

近些年来，受国家宏观调控和经济运行周期影响，全社会固定资产投资增速回落，房地产投资规模增速呈下行趋势。从国家统计局数据可知，2010—2016 年我国商业地产投资完成额先上升后下降。2019 年我国完成超过 19000 亿元的商业地产投资，相较 2018 年下降 3.90%，这对防水行业的市场规模造成负面影响。

3. 开启多品类扩张

（1）建筑涂料

建筑涂料是建筑物不可缺少的装修材料，建筑涂料市场与防水市场相似，具有足够大的市场空间且集中度较低。目前我国建筑涂料行业格局比较分散，企业数量众多，前三强均为外资企业，其中立邦涂料的市场占有率最高，约 12%。根据《中国涂料行业"十四五"规划》，2015—2020 年，涂料年产量平均增长率为 7.44%，高于同期 GDP（gross domestic product，国内生产总值）的平均增速。如果按照年均产量增长率 4% 计算，2025 年涂料行业总产量将增加到约 3000 万吨，涂料行业总产值可达 3700 亿元。而且相较于外资企业，境内企业普遍对地产商资金支持较多，服务响应更及时，产品相对更为匹配，我国市政工程项目出于对国产品牌的扶持也通常会向境内企业倾斜。

2016 年年末，东方雨虹以 1.8 亿元人民币收购 DAW ASIA 90% 的股权，并在杭州建德投资建设特种涂料生产研发基地（见表 4-8），从此正式切入建筑涂料行业。DAW ASIA 是德国 DAW SE 在香港设立的控股公司，德国 DAW SE 公司为欧洲三大建筑涂料商之一，拥有建筑保护和建筑保温系统、地板及屋顶油漆、涂料、混凝土创新产品、颜料及相关产品。2017 年 5 月，德爱威（中国）有限公司成立，负责 Caparol 和 Alpina 两个品牌的经营及品牌所涉各系列建筑装饰涂料的制造和销售。之后公司又相继在江苏新沂、湖北荆门等地投资建设了建筑涂料生产研发基地。联手德国 DAW SE 公司加快了东方雨虹的国际战略布局，丰富了其产品结构。东方雨虹的建筑涂料业务销售规模 2018—2020 年保持着每年翻一番的增长速度，2017 年东方雨虹的建筑涂料业务已实现 5000 万元营收，2018 年增长为 3 亿元，2019 年则已经达到 6 亿元，2020 年更是突破 10 亿元，取得约 12 亿元的营业收入，公司认为 2025 年其建筑涂料业务可以成长为行业前三。

表 4-8　东方雨虹建筑涂料生产基地项目

公告日期	地点	拟建生产线／项目	投资金额
2016-11-03	浙江杭州建德	特种涂料生产基地项目	15 亿元
2017-08-29	安徽滁州	特种涂料生产基地项目	15.8 亿元
2017-09-23	江苏新沂	DAW 特种涂料生产基地项目	18 亿元
2017-12-15	湖北荆门	二期为 DAW 特种涂料生产项目	基地一期和二期总投资 15 亿元
2018-02-07	湖南岳阳	DAW 特种涂料生产基地	10 亿元

数据来源：参见东方雨虹官网（http://www.yuhong.com.cn）公司投资公告相关数据。

（2）节能保温

据中国建筑节能协会能耗统计委员会统计测算，2019 年我国所有建筑大约消耗 9.47 亿吨标准煤，占能源消费总量的 21.11%，对比英、美等国的建筑能耗占比较高。随着我国对环保和节能领域重视度的逐年提升，节能保温业务作为房屋节能的关键部分，未来也将成为新的重点发展领域。此外，城镇化进程的不断加快推动建材需求持续增长，技术进步推进节能保温产品研发，国家相关政策、行业规范的出台，也使节能保温行业的市场成长不容小觑。

2011 年 5 月，东方雨虹以 1 亿元收购徐州卧牛山新型防水材料有限公司（以下简称卧牛山公司）。2014 年卧牛山公司保温板生产线投产，从此东方雨虹正式踏足保温材料领域。卧牛山公司主要经营外墙内保温系统和冷库保温系统等产品。2017 年 4 月，公司以 7429 万元成为广州孚达保温隔热材料有限公司（以下简称广州孚达）持股 65% 的第一大股东。广州孚达专注于优质的环保型建筑保温隔热材料的研发、生产、销售及施工服务，其主营的 XPS 挤塑板产品是该行业的中高端代表，能够弥补东方雨虹现存节能保温业务的缺陷与不足。2018 年 7 月，东方雨虹又以 2334 万元并购了上海越大建设工程有限公司 70.01% 的股权，该公司专业从事硬泡聚氨酯原料的研发、生产、销售及保温工程施工，主要产品有管道防腐保温专用聚氨酯、矿山隧道用聚氨酯和板材专用聚氨酯等。

除了以并购的方式拓展其节能保温业务，东方雨虹还于 2018 年 4 月，与上海常炀新材料科技有限公司在上海共同注资成立上海炀和新材料科技有限公司，进行玻璃棉、岩棉及其他新型节能材料的生产及销售，致力于成为以保温材料为核心业务的制造及系统解决方案供应商。

（3）特种砂浆

砂浆市场是另一个目前国内市场空间较大的市场，砂浆被用作建筑上的黏结物质，特种砂浆包括粘结砂浆、保温砂浆和防水砂浆等。由于砂浆的技术门槛极低，产品同质化严重，所以砂浆的采购商往往对渠道更为看重。在进行防水材料或其他大件材料集采时，如果供应商拥有一定规模的砂浆业务，很多开发商就会将该供应商生产的特种砂浆一并纳入采购清单。由于东方雨虹已经成为防水行业的行业龙头，借助其销售渠道、客户资源及品牌优势，公司的特种砂浆业务可以在抢占市场份额上有一定优势。

2015 年 2 月，东方雨虹与全资子公司香港东方雨虹投资创立华砂砂浆有限责任公司（以下简称华砂），主要经营硅藻泥、保温砂浆、彩色砂浆和填缝剂等特种砂浆系列产品，并依托华砂对现有防水砂浆营销资源进行整合，打造防水砂浆一体化生产模式。此后公司不断加大对特种砂浆的投资力度，在多地新建生产线，目前已有近 20 家特种砂浆工厂，在华北、华东、华南及长江流域形成了 300 千米运输半径全覆盖的供应链网络，可迅速高效地满足客户需求。

（4）非织造布

相较于节能保温、建筑涂料和特种砂浆等横向拓展领域，进入非织造布领域是东方雨虹纵向拓展产业链上游的结果。东方雨虹于 2011 年 9 月投资设立天鼎丰控股有限公司（以下简称天鼎丰），主要研发和生产各类高技术非织造材料。天鼎丰目前拥有 28 条自主研发建造的一步法聚酯纺粘胎基布生产线，以及多条短纤针刺非织造布生产线，同时还有中国首条高强粗旦聚丙烯纺粘针刺土工布生产线。在18万吨非织造布规划产能的基础上，公司2020年定增募投项目又进一步新增了15万吨非织造布产能。以100克/平方米的重量计算，公司的非织造布产能已完全覆盖公司防水卷材产能，有永久性的成本优势。

4. 扩张路难题尚存

（1）资金承压

东方雨虹的上游供应商主要为石油化工公司和无纺布公司等，下游客户在2011年后主要以房地产客户为主。所以东方雨虹的上游供应商和下游采购商集中度都较高，东方雨虹在上下游处于劣势地位，议价能力较弱，这在一定程度上导致东方雨虹的资金大量被上下游占用，利润不能快速转化为实际的现金流。东方雨虹2019年经营活动现金流净额为15.89亿，考虑其20.66亿元的净利润，经营活动现金流净额与净利润的比值只有76.9%。

而东方雨虹近年来持续逆周期扩张，截至2020年末，公司账面总资产价值278.47亿，净资产为148.31亿，近一年间公司对外投资金额已经超过了资产总额，甚至接近于净资产的两倍。公司自有资金并不能支撑这些扩张计划，投资扩产的资金主要来源于借债和定增，自东方雨虹2014年正式开始向行业上下游和相关产业链探索扩张起至2018年，其资产负债率都处于上升状态，由33.03%增加至55.57%，财务风险不断上升。同时自2014年起，公司股权自由现金流量始终为负数，2019年股权自由现金流更是达到了负45亿元（见图4-8）。在资金承压的状况下，如果融资不畅，上游原材料出现较大幅度的上涨，或是下游需求波动，都可能会导致其资金链断裂，资本开支及扩张需求受阻。

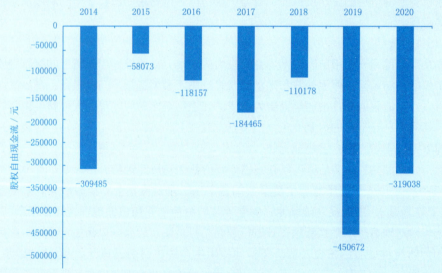

图4-8　股权自由现金流

数据来源：参见中国经济金融研究数据库（China Stock Market & Accounting Research Database，CSMAR，https://www.gtarsc.com）相关数据。

（2）质量黑榜

随着多元化步伐的加快，东方雨虹2013年的一款弹性体改性沥青防水卷材、2021年的一款内墙涂料都暴露出质量问题。有媒体撰文称："在急于提升市场占有率的过程中，企业的管理秩序被打乱，产品的品质管控也被忽视了。"

5. 尾声

除了在防水主营业务及建筑涂料、节能保温、特种砂浆、非织造布方面进行探索，东方雨虹又开始整合涉及民用建材、建筑修缮、建筑粉料等业务板块的建筑建材系统服务体系。2021 年东方雨虹总市值首次突破 1000 亿元，并入选"最受关注 A 股上市公司"。东方雨虹及旗下六大品牌获评"2021 中国房地产开发企业 500 强首选品牌"，并以 36% 的品牌首选率连续第十年荣登"中国房地产开发企业 500 强首选防水材料类品牌"榜首。然而，基于东方雨虹的多元化扩张模式，李卫国现在需要思考的也许是如何进一步解决资金链问题及产品质量问题，东方雨虹多元业务的协同发展道路仍然任重道远……

讨论题：

1. 东方雨虹在发展过程中为何会采取多元化战略？

2. 东方雨虹多元化战略的具体类型是什么？试分析东方雨虹为何会做出这样的选择。

3. 东方雨虹多元化战略的主要实现途径是什么？结合案例思考采取并购方式进行扩张应注意的问题。

4. 试从企业能力的角度分析东方雨虹如何通过多元化战略创造竞争优势。

5. 结合案例，分析多元化战略实施过程中的风险，并为东方雨虹未来如何进一步加强多元业务的协同发展提供建议。

第五章

并购估值

一、并购估值概述

（一）价值评估方法简介

并购估值是指对公司整体价值、股东全部权益价值或部分权益价值进行分析、估算并撰写报告书的行为和过程。并购估值是将公司作为一个有机整体，依据其拥有或占有的全部资产状况和整体获利能力，充分考虑影响公司获利能力的各种因素，结合公司所处的宏观经济环境及行业背景，对公司整体市场公允价值进行的综合性评估。对目标公司价值的合理评估是在进行公司并购和外来投资过程中经常遇到的重要问题之一。适当的评估方法是准确评估企业价值的前提。目前国际上通行的估值方法主要分为成本法／资产基础法、市场法和收益法／资产收益法三大类。

1. 成本法／资产基础法

这是指在目标公司资产负债表的基础上，通过合理评估公司各项资产价值和负债从而确定目标公司价值的方法。理论基础在于任何一个理性人获取某项资产所支付的价格将不会高于重置或者购买相同用途替代品的价格。主要方法为加和成本调整法和加成系数调整法。

2. 市场法

这是将目标公司与可参考公司的产品、获利能力、未来增长能力、风险程度、股东权益、证券价格等方面进行对比以确定目标公司价值的方法。市场法中常用的方法是市场比较法和可比乘数法。

3. 收益法／资产收益法

这是通过将目标公司预期收益资本化或折现至某特定日期以确定目标公司价值。其理论基础是经济学原理中的贴现理论，即一项资产的价值是利用它所能获取的未来收益的现值的方法，其折现率反映了投资该项资产所承担的风险对应的回报率。收益法的主要方法为现金流量贴现法。

（二）企业价值简介

在并购估值中，还应注意4个既有联系、又有区别的价值概念。这4个概念在实际的并购操作中比较有现实意义，它们分别是：账面价值、内在价值、市场价值和清算价值。

1. 账面价值

公司在进行资产清算时，将会计账目上的资产价值扣除负债和优先股的清算价格后，得到的每股价格就是账面价值。账面价值有时也称作净价值、净资产价值或者股东权益。

公司的账面价值有可能不能准确地衡量其真实的市场价值，它反映的是历史的、静态的公司资产情况，并没有反映公司未来的获利能力。同时，它没有考虑通货膨胀、资产的功能性贬值和经济性贬值等重要因素的影响。

通常来说，账面价值会低于市场价值，因此，账面价值的一个用途是提供公司的最低价值。特殊情况下，账面价值也可能高于市场价值，比如公司有很多不确定的负债（如未决诉讼）。账面价值还可用作衡量公司的出售价格，表现形式为账面价格的乘数。不同行业的乘数各不相同。根据所处行业的当前趋势，可以采用某个平均价值来衡量潜在收购对象的当前价值，如果该公司衡量出售价格的账面价值乘数小于该行业的平均估值乘数，那么公司的价值可能被低估了。

2. 内在价值

公司的内在价值是其未来的净现金流量的现值之和。决定公司内在价值的基本变量不是过去的账面资产价值和现在的账面盈余，而是公司未来获取自由现金量的速度和规模。从最抽象的意义上说，企业价值就是指公司的内在价值。公司内在价值看似是一个客观的、公认的理论标准，但由于它的计算要估计未来的现金流量和贴现率，实际上这一指标的确定具有很大的主观性，在某些情况下甚至不具备操作性。

3. 市场价值

市场价值也被称作股权价值，指的是一个公司所有者权益的价值。上市公司的市场价值通常由股票价值体现。如果该公司有一种以上的股票种类，那么公司的市场价值就是各种类股票的价值之和。在资本市场发达的国家，由于信息披露充分，市场机制相对完善，公司的市场价值和企业价值具有较强的一致性。

4. 清算价值

清算价值是衡量公司最低价值的另一个标准。清算价值是指公司停止经营，变卖所有资产并清偿全部负债后的现金余额。这时的公司资产价值应是可变现净值，不满足持续经营假设。破产清算公司的价值评估，不是一般意义上对公司价值的揭示。例如，某些上市公司资不抵债，但仍然有公司愿意接手并偿还其负债。另外，危机情况下的清算价值与有序情况下也会有所差异，因为在那时，破产清算公司的资产可能会以特价出售。

二、常用估值方法

适当的估值方法是企业价值准确评估的前提。目前国际上通用的估值方法主要分为成本法/资产基础法、市场法和收益法/资产收益法大类（见图5-1）。

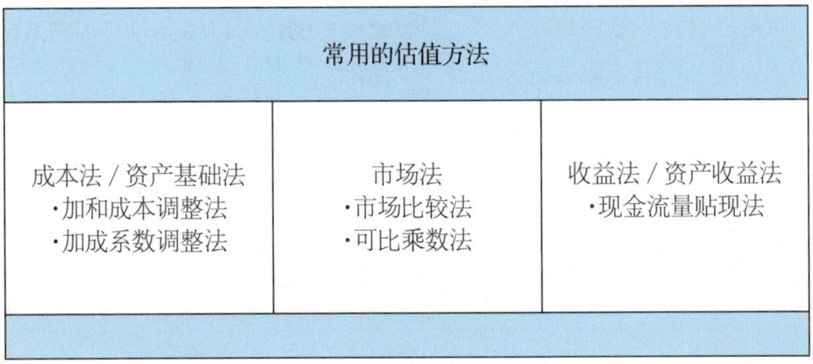

常用的估值方法		
成本法/资产基础法 ·加和成本调整法 ·加成系数调整法	市场法 ·市场比较法 ·可比乘数法	收益法/资产收益法 ·现金流量贴现法

图5-1　常用估值方法

（一）成本法／资产基础法

成本法，也称作资产基础法，是在目标公司资产负债表的基础上，通过合理评估公司各项资产价值和负债从而确定评估对象价值的方法。这种方法的准确性依赖于公司资产负债表的准确性。因此，并购活动中的收购方应当委托会计师事务所审查目标公司资产负债表的真实性。

在使用成本法进行企业价值评估时，必须根据目标公司的实际情况，对目标公司的账面价值进行调整。原因在于，这种方法反映的是公司财务状况的静态数据，只代表了过去和现在，并不具有前瞻性。公司的许多资产因为时间原因产生了巨大的增值或贬值，却并没有体现在账面上。在实际应用中，一般采用加和成本调整和加成系数调整两种方法。

1. 加和成本调整法

商誉是公司整体价值的组成部分，是能为公司经营带来超额利润的潜在经济价值。因此，对目标公司的各项资产逐一进行评估，并确认公司是否存在商誉或经济性损耗，将各单项可确认资产估值加总后再加上公司的商誉或减去经济性损耗，便可以得到企业价值的估值，即

$$公司整体资产价值 = 资产评估值加总 + 商誉（或 - 经济性损耗）$$

2. 加成系数调整法

加和成本调整法最基本的原理类似于等式"1+1=2"，认为企业价值就是各个单项资产的简单加总。因此该方法的缺陷是忽略了不同资产之间的协同效应和规模效应。也就是说，在公司经营的过程中，往往是"1+1 > 2"的，公司的整体价值是要大于单项资产评估值的加总的。因此，可以采用加成系数调整法对公司净资产进行调整，即

$$公司整体资产价值 = 账面净资产 \times（1 + 加成系数）$$

加成系数调整法可以考虑公司的固定资产潜在价值、无形资产潜在价值、盈利能力和业务成长性等方面的影响。

◎ 知识拓展

基于加成系数调整法的并购估值

M 公司准备协议并购 N 公司，并购后 N 公司将解散，现需要对 N 公司进行价值评估。假设 N 公司的账面净资产价值为 5000 万元，加成系数主要考虑公司的房地产增值、无形资产增值、净资产收益率及销售收入增长率等 4 个方面，可以得到基于加成系数调整法后的 N 公司价值。N 公司具体数据指标如表 5-1 所示。

表 5-1　N 公司具体数据指标

指标	数值	行业均值	增值	权重
房地产增值 / 万元	1000	—	200	15
无形资产增值 / 万元	100	—	500	5
净资产收益率 /%	8.25	6.75	1.5	40
销售收入增长率 /%	1.80	2.50	−0.7	40

因此，加成系数和 N 公司估值如下。

加成系数 =2 × 15%+5 × 5%+1.5% × 40%+(−0.7%) × 40%=0.5532

N 公司估值 =5000 ×（1+0.5532）=7766 万元

（二）市场法

市场法区别于收益法和成本法，将估值重点从公司本身转移至市场，完成了评估方法由内及外的转变。市场法较之其他两种方法更为简便和易于理解。其本质在于寻求合适的参照公司进行横向比较，在目标公司属于发展潜力型同时未来收益又无法确定的情况下，市场法的应用优势凸显。市场法运用有两个基本前提：一是有交易活跃的市场，二是市场上要有同类可比的公司。市场法中常用的方法是市场比较法和可比乘数法。

1. 市场比较法

市场比较法是通过对比与被估值公司处于同一或类似行业和地位的收购案例，选取若干在产品、获利能力、未来增长能力、风险程度等方面较为类似的公司作为参照，进行一些调整后确定目标公司估值的一种方法。其理论依据是资产评估中的"替代原则"。但是在现实中，很难找到一个与被估值公司具有相同风险和相同结构的参照对象，因此，这种方法的局限性很大。

市场比较法一般会按照多重维度对企业价值表现的不同方面进行拆分，并根据每一部分与整体价值的相关性强弱确定权重。通常来说，有以下几种模式。

第一，公开交易公司的股价。以相似公司最近的平均股价乘以目标公司的总股本，作为目标公司的价值。

第二，相似公司过去的收购价格。如果市场中存在与目标公司在产品、获利能力、未来增长能力、风险程度等方面相似的公司，且过去被收购，可以以相似公司过去的收购价格来衡量目标公司的价值。

第三，若目标公司为非上市公司，其股本流动性差，变现能力弱。使用市场比较法将这类公司与上市公司相比时，必须考虑股本流动性差异带来的价值影响，即

被估值公司价值＝参考公司市场价值＋合理的市场溢价－合理的流动性折价

◎ **知识拓展**

市场比较法应用

市场比较法在房地产估价及房屋租售中应用得尤为广泛。比如在估计房地产价格时，将待估房地产与较近时期已经成交的类似房地产（属于同一供需圈、区域位置环境相似、交通环境相似、外部基础设施相似等）加以比较，根据已经成交的房地产的价格，再通过多项因素修正后得到待估房地产的价格。

2. 可比乘数法

可比乘数法也可以快速简单地计算出目标公司的价值。在运用可比乘数法时，其基本做法是：①选择合适的可比公司；②选择正确的可比乘数；③乘以相关的收入基数。通

常在选择可比公司和参数时，会存在大量的判断和主观性的问题。

运用可比乘数法通常可分为两大类型：一类是以股权价值为基础的模型，包括股权市价/净利润、股权市价/净资产、股权市价/销售收入等比例模型；另一类为是以公司实体价值（enterprise value，EV）为基础的模型，包括 EV/EBITDA[①]、EV/自由现金流量、EV/投资资本、EV/销售收入等比例模型。下面介绍几个最常用的可比乘数。

（1）市盈率乘数

市盈率乘数是一个经常被用到的价值指标，常用于上市公司评估。使用时需要找出合适的参照公司作为评估基础，根据相似公司的市盈率来确定目标公司的评估价值。

市盈率是股票价格除以每股盈利的比率。市盈率反映了在每股盈利不变的情况下，当派息率为100%且所得股息没有进行再投资时，经过多少年投资可以通过股息全部收回。通常情况下，股票的市盈率越低，市价相对于股票的盈利能力越低，投资回收期越短，投资风险越小，股票的投资价值越大。市盈率包括历史市盈率（静态市盈率）和未来市盈率（动态市盈率），前者反映股票价格和历史收益的比率，后者反映股票价格和预期收益的比率。根据市盈率乘数进行并购估值的模型为

$$目标公司每股价值 = 参照公司平均市盈率 \times 目标公司每股盈利$$

市盈率模型的优点在于：一是计算简便，数据易取得；二是市盈率将股票价格和收益联系起来，直观反映了投入和产出的关系；三是市盈率更多体现了市场公众对公司未来成长的预期，涵盖了对公司成长性、风险性、收益性的判断，是一个综合性的指标。其不足在于：一是如果市盈率的数值为负，则没有统计意义；二是市盈率受整个经济景气程度的影响较大，在宏观经济繁荣时市盈率上升，在宏观经济衰退时下降；三是不适用于股市波动性大的行业，股市和公司收益的剧烈变化，会导致市盈率在各个时期的差异很大；四是不适用于互联网等高新技术产业，这类目标公司与传统产业相比，盈利模式等方面存在很大的不同，股价和收益对市场的变化非常敏感。

需要注意的是，不同行业的可比乘数差别很大，因为各个行业的收入增长预期各不相同。表中显示了境内2020年不同行业的平均可比乘数（见表5-2）。

表5-2 2020年各行业平均市盈率和平均市销率

板块名称	平均市盈率	平均市销率[①]
农、牧、林、渔业	98.79	5.85
采矿和采石	67.57	3.79
制造业	68.19	3.83
电、煤气、蒸汽和空调供应	47.37	3.07
建筑业	30.05	1.48
批发和零售业	66.48	2.81
运输与存储	36.26	3.13
信息和通信	62.04	5.94
金融和保险	52.75	9.95

---

① EBITDA，即 earnings before interest, taxes, depreciation and amortization 的缩写，即未计利息、税项、折旧及摊销前的利润。

板块名称	平均市盈率	平均市销率
房地产	25.42	4.39
…	…	…

数据来源：CSMAR 数据库。

注：① 具体定义见下文"市销率乘数"。

案例 5-1

建峰化工采用市盈率方法并购失败

2006 年，重庆建峰化工股份有限公司（以下简称建峰化工，股票代码：000950.SZ）修改向大股东中国核工业建峰化工总厂（以下简称建峰总厂）及重庆智全实业有限责任公司（以下简称智全实业）的定向增发方案，将按市盈率估值方式修改为按收益现值法估值。由此，建峰化工出价减少了 4284.84 万元，拟非公开发行股份数减少 734.94 万股。

建峰化工此次非公开发行所购买的资产是重庆建峰化肥有限公司（以下简称建峰化肥）49% 的股权。其中，建峰总厂和智全实业分别持有 24% 和 25% 的国有股股权。此前，建峰化工拟向建峰总厂、智全实业非公开发行 A 股股份，购买其分别持有的建峰化肥的股权。当时确定的方案采用市盈率定价模式，建峰化工需要支付 29022.32 万元和 30231.58 万元购买上述资产，建峰化工则以 4978.09 万股、5185.51 万股作为购买上述资产的支付对价。但上述方案未获中国证监会审核通过，建峰化工遂对方案进行了修改，以向建峰总厂和智全实业非公开发行 4618.12 万股和 4810.54 万股作为购买其持有的建峰化肥股权的支付对价。

1. 企业概况

建峰化工是重庆建峰工业集团有限公司的控股子公司。公司成立于 1999 年，2005 年经重组转型后，发展成为集研发、生产、销售、服务及贸易于一体的大型化肥化工生产经营公司。2006 年由原重庆民丰农化股份有限公司（以下简称民丰农化）更名为重庆建峰化工股份有限公司。因经营环境、环保政策等多种因素影响，民丰农化于 2002、2003 年连续两年亏损，尤其是 2003 年亏损达 14300 万元，净资产由 1999 年上市时的 40998 万元下降到 2003 年底的 18559 万元，每股净资产由 2.65 元下降到 1.20 元，生产经营陷入困境。2004 年 4 月 27 日，民丰农化被深交所实施退市风险警示。为了保住上市公司资格，其引入了建峰化工作为大股东，将较为优质的化肥生产和销售等相关资产整体置入公司，彻底改变了公司的主营业务，提升了公司的盈利能力和可持续发展能力。

建峰化肥自 2005 年 5 月设立以来保持正常运行，各方面运作状况良好，产销率等各项经营指标持续保持良好的发展趋势。化肥行业正处于繁荣的时期，建峰化肥的利润空间较大。具体如表 5-3、表 5-4 所示。

表 5-3 建峰化肥资产负债表主要数据

项目	2005 年 12 月 31 日	2006 年 8 月 31 日	2006 年 12 月 31 日
资产总计 / 亿元	9.69	10.11	10.81

续表

项目	2005 年 12 月 31 日	2006 年 8 月 31 日	2006 年 12 月 31 日
其中：流动资产 / 亿元	3.69	4.76	5.75
固定资产 / 亿元	5.98	5.31	5.01
负债合计 / 亿元	5.01	5.10	5.18
其中：流动负债 / 亿元	1.79	1.66	1.96
长期负债 / 亿元	3.22	3.43	3.21
股东权益合计 / 亿元	4.68	5.01	5.63

表 5-4　建峰化肥利润表主要数据

项目	2004 年全年	2005 年全年	2006 年全年
主营业务收入 / 亿元	8.19	8.56	9.68
主营业务利润 / 亿元	2.97	3.35	3.61
营业利润 / 亿元	1.08	2.33	2.18
利润总额 / 亿元	1.08	2.33	2.18
净利润 / 亿元	0.92	1.98	1.83

2. 建峰化工并购动因及效应

在建峰化工并购建峰化肥的案例中，并购方建峰化工旨在通过并购建工化肥，确保上市公司资产和业务的独立性和完整性，改善建峰化工的治理结构，增强抗风险能力，全面提升其在行业中的地位，为建峰化肥的后期发展提供保障。双方公司在此次并购中取得的效应主要表现在以下两个方面。

（1）运营的规模经济

双方通过并购活动，可以迅速扩大公司规模，使得劳动和管理的专业化水平大幅度提升，从而能够降低开发成本，尤其是管理成本，提高利润率。同时，建峰化工和建峰化肥通过并购将各自分散的组织管理系统组成一个更大的、更完善的、内部协调的一体化组织。

（2）优势互补

建峰化工的优势在于拥有上市公司背景，但不足在于没有自己的主业，因此并购后，其主营业务收入主要依赖于建峰化肥。而建峰化肥拥有完善的主营业务，前景乐观，但是缺少资金和强劲的研发团队。通过并购活动，建峰化工和建峰化肥可实现优势互补，使得公司规模增大，资金充裕。

3. 原市盈率模型失败的分析

（1）标的价格

本次并购的标的为建峰化肥 49% 的股权，其资产价格为：以建峰化肥 2006 年和 2007 年两年的预测净利润平均数 15503.37 万元，乘以 7.8 倍市盈率乘数，再乘以建峰总厂和智全实业分别占有的建峰化肥股权比例来确定（其中，建峰总厂和智全实业分别持有 24% 和 25% 的股权，价格分别为 29022.32 万元和 30231.58 万元）。此次并购标的总价为 59253.90 万元。

（2）市盈率乘数合理性分析

原 7.8 倍市盈率乘数以 2006 年境内同类公司预测平均市盈率 14 倍的 56% 为基数，即发行市盈率定在了 7.8 倍。根据披露，建峰化工的利润 100% 来源于建峰化肥，同时建峰化肥还承担了上市公司本部每年 700 多万元的管理费用。因此，建峰化工的当期市盈率同时也是市场给予建峰化肥的当期市盈率（见表 5-5）。

表 5-5　不同交易时点建峰化肥的参照市盈率

时点	股票收盘价 / （元 / 股）	净利润 / 万元	股本 / 万股	市盈率	参考市盈率
2005-12-31	3.57	-482	15500	-	-
2006-03-31	4.88	2534	15500	30.50	17.08
2006-06-30	6.06	5448	15500	17.31	9.69
2006-09-30	5.86	7284	15500	12.47	6.98

以上数据反映了建峰化工在 2006 年 3 个季度末的市盈率，也是建峰化肥的市盈率参考值。按照 2006 年并购草案中将行业市盈率的 56% 作为参考市盈率乘数，表 5-5 中最为接近并购时间（9 月 30 日）的参考市盈率为 6.98。因此，原并购草案中将市盈率乘数定在 7.8 倍是偏高的。同时我们可以发现，在使用可比乘数法时，选择可比公司、行业及可比乘数时带有大量的经验判断和主观性，因此在使用时需要进行多方面的慎重考虑。

（2）市销率乘数

市销率乘数（price to sales，P/S），也称作市售率，是用每股股价除以每股销售收入的比率。市销率是一个非常重要的估值指标，其意义在于能反映目标公司的潜在价值。在竞争激烈的市场中，公司所拥有的市场占有率在很大程度上决定了一个公司的生存能力。根据市销率乘数进行并购估值的模型为

目标公司每股价值 = 参照公司平均市销率 × 目标公司每股销售收入

与市盈率乘数相比，市销率乘数有以下优点：一是不会出现没有意义的情况，因为任何公司的销售收入不会为负数，适用的范围较大；二是销售收入不会因为存货、折旧等政策受到影响，被操控的可能性较小；三是可以挖掘出暂时亏损，但是销售率增长快、有很好发展前景的公司的价值。市销率的主要不足在于不能反映成本。

（3）EBITDA 倍数

因为受到税率、折旧摊销、财务费等因素的影响，市盈率有时无法客观反映目标公司的价值。EBITDA 倍数则不受此影响，能够弥补市盈率乘数的不足。同时，EBITDA 一般不会出现负值的情况，适用范围更大。国际市场上经常使用 EBITDA 倍数代替市盈率乘数进行目标公司的估值。后面将详细介绍 EBITDA 倍数法则的应用。

（三）收益法 / 资产收益法

收益法，又称资产收益法，其中最常用的是估值方法是现金流量贴现法。现金流量贴现法（discount cash flow model, DCF）是预测公司未来每期的现金流及资本成本，然后

把每期现金流以相对应的资本成本为贴现率进行贴现，再将各期贴现值加总的价值作为目标公司价值的评估方式。该方法的基本思想是增量现金流量原则和时间价值原则，也就是资产的价值是其产生的未来现金流量的现值。随着 20 世纪 60 年代资本市场理论、资产组合理论的发展，资本资产定价理论（capital asset pricing model，CAPM）、套利定价理论（arbitrage pricing theory，APT）揭开了金融资产风险和收益之间的关系，为人们估计公司的资本成本奠定了基础。

以现金流量贴现的方式来计算目标公司的价值，实际上把对目标公司的并购看作是一项投资，这和投资一台机器或者一条生产线不同，它将整个公司作为投资对象，差异主要表现在以下两个方面：一是机器和生产线的寿命周期是有限的，而公司是可以永续经营的，因此要处理无限期现金流量折现的问题；二是机器和生产线的预期收益可能是比较稳定和可预测的，而公司现金流的预测更为复杂，通常会将收益再投资并产生增长的现金流。

用现金流量计算目标公司资产现值的基本公式为

$$PV = \sum_{t=1}^{n} \frac{CF_t}{(1+r)^t}$$

其中：

PV——目标公司资产现值；

CF_t——预测期内第 t 年的现金流量；

r——折现率；

n——资产的存续期数。

不同资产的现金流量的具体表现形式不同。债券的现金流量是利息和本金，股票的现金流量是股利。各现金流所对应的贴现率不同，通常来说，风险越大，贴现率越高。现金流量贴现模型中的现金流量要与其贴现率对应，也是最需要关注的地方。

1. 现金流量的确定

现金流量分为自由现金流量、债务现金流量和股权现金流量。现金流量贴现模型主要考虑自由现金流量。自由现金流量反映了从商业活动中获得的、可以支付给股东和债权人的现金，也反映了资金为投资者创造的价值。企业自由现金流量（free cash flow for the firm，FCFF）的计算公式如下

FCFF= 息税前利润 ×（1- 所得税税率）+ 折旧与摊销 - 资本支出 - 营运资本增加

其中，FCFF 等于公司息税前利润扣除所得税税额，加上折旧及摊销等非现金支出，再减去营运资本的追加和物业厂房设备及其他资产方面的投资。它是公司所产生的税后现金流量总额，可以提供给公司资本的所有供应者，包括债权人和股东。

常用的自由现金流量预测模型是由美国经济学家阿尔弗雷德·拉巴波特（Alfred Rappaport，以下简称拉巴波特）提出的，其模型如下

$$CF_t = S_{(t-1)} \times (1+g_t) \times p_t \times (1-T_t) - [S_t - S_{(t-1)}] \times (f_t + w_t)$$

其中：

CF_t——自由现金流量；

S_t——销售收入；

g_t——销售收入增长率；

p_t——销售的息税前利润率；

T_t——所得税税率；

f_t——销售额增加 1 元需追加的固定资本（扣除折旧）；

w_t——销售额增加 1 元需追加的营运资本；

t——预测期内的某一年度。

根据拉巴波特模型，只要能够预测销售收入增长率 g、销售息税前利润率 p、税率 T、边际固定资本投资 f 和边际营运资本投资 w，就可以预测出目标公司的未来自由现金流量。

2. 贴现率的选择

现金流量贴现模型十分依赖于贴现率或者加权平均资本成本的选择，一个百分点的差异会导致完全不同的结果。以某个贴现率进行贴现的过程已经暗含了对收购风险的判断。因此，估计贴现率是否合理，会直接影响目标公司价值评估的公正性。

（1）在确定贴现率时，需要遵循的原则

①不低于无风险报酬率。在正常情况下，投资者进行投资时，会考虑这项投资的预期收益率是否高于同期的国债利率和银行存款利率。如果低于同期的国债利率和银行存款利率，投资者会选择投资于无风险的资产。

②资本成本和收益的匹配性。如果预期收益中包含了通货膨胀等因素，贴现率中也要考虑。股利、股权现金流量和股权资本成本需要相对应，自由现金流量和加权资本成本需要相对应。

③根据公司的实际情况确定。同一个行业中的不同公司所要求的收益率不同，在并购估值中要分析公司的具体情况，以及并购公司的必要收益率，最终得出该目标公司的贴现率。

（2）确定贴现率的主要方法

①选择收购方的加权平均资本成本作为基数，然后向上进行适当的调整。

②选择收购方过去的资产收益率为基数，然后向上进行适当的调整。

③使用当前对未来利息率的预期作为基数，然后根据产业、公司和财务结构等风险因素向上进行适当的调整。

④以目标公司的加权平均资本成本为基数，根据风险因素向上进行调整。

通常来说，目标公司的资本成本比收购公司的资本成本更符合实际的贴现率，因此，目标公司的资本成本更多地被用作公司使用现金流量贴现法时的贴现率。

资本资产定价模型和 MM 理论[①] 的出现，使加权平均资本成本的计算变得简单，目标公司的加权平均资本成本计算公式如下

$$\text{WACC} = \sum_{i=1}^{n} w_i k_i$$

其中：

WACC——目标公司加权平均资本成本；

① 最初的 MM 理论，由美国的弗兰科·莫迪利安尼（Franco Modigliani）和默顿·米勒（Mertor Miller）（简称 MM）教授于 1958 年 6 月份发表于《美国经济评论》的《资本结构、公司财务与资本》一文中。该理论认为，在不考虑公司所得税，且企业经营风险相同而只有资本结构不同时，公司的市场价值与公司的资本结构无关。

w_i——对应于每种的权重，等于某种资产占总资本的百分比；

k_i——某种资本的成本。

一般模型中，只计算目标公司股东权益与负债在资本结构中的比重，以及权益成本和负债税后成本，则目标公司的加权平均资本成本公式可写为

$$WACC=（1-b）K_e+b（1-t）K_b$$

其中：

b——负债占总资产的比率；

t——公司所得税税率；

K_e——股本成本；

K_b——债务的税前成本。

（3）各种资本的组成成分

接下来逐一详细介绍公司各种资本的组成成分。

①债务成本

由于债务具有税盾效应，则应使用税后成本来反映真实的成本，其计算公式如下

$$K_b'=（1-t）K_b$$

其中：

K_b'——债务的税后成本；

t——公司所得税税率；

K_b——债务的税前成本。

公司实际缴纳的税率存在不确定性，通常为了简便，会使用公司的法定税率作为计算时使用的税率。

②优先股成本

优先股优先于普通股领取股利和分享公司经营成果，并且股利一般是固定的，这与债务类证券有一定的相似性，因此优先股也被称作固定收益类证券。发行优先股的成本可以通过将各期支付的股利除以剔除发行费用后的发行所得来确定，计算公式如下

$$K_p=\frac{D_p}{P（1-f）}$$

其中：

K_p——优先股成本；

D_p——优先股股利；

P——优先股发行价格；

f——优先股发行费率。

例如，B公司平价发行优先股，票面价值为100元，发行费率为4%，年股息率为12%，则优先股成本（100×12%）÷100×（1-4%）=12.5%。

③普通股成本

普通股的成本通常采用贝塔风险系数法，这个指标从资本资产定价模型（CAPM）中获得。这个指标可以让我们考察公司的风险性，根据这个风险水平来确定公司权益的恰当收益率

$$K_e=R_f+\beta（R_m-R_f）$$

其中：

K_e——权益资本成本；

R_f——无风险利率，通常为国库券收益率；

R_m——市场收益率；

β——贝塔风险系数；

R_m-R_f——市场风险溢价。

β 的大小取决于股票与整个市场的相关性，通过比较市场收益率的波动性和股票的波动性，并进行回归，可以得到该公司的贝塔系数。

计算股权收益率的另一种方法是直接预测股利现金流。假定第一年支付股利 D_0，之后每年按照常数 g 比率增长，根据戈登模型（Gordon Model，即股利贴息不变增长模型），可以得到股票价格与股利的关系为

$$P_0 = \frac{D_0}{K_e - g}$$

其中：

P_0——公司的股票价格；

D_0——第一年支付的股利；

K_e——股票的资本化率；

g——股利增长率。

整理上式，可得表达式

$$K_e = \frac{D_0}{P_0} + g$$

该股票的资本化率可用于衡量目标公司的股权资本成本。

3. 预测公司持续盈利的年限

在实际应用现金流量模型时，大多是根据主观判断，将现金流量的预测期定为 $5 \sim 10$ 年，此时的一般做法为逐期预测现金流量。更为准确的做法是一直预测到公司追加投资的报酬率等于资本成本率时为止，此时公司的价值不再受公司成长的影响。

在预测期后，每年新增固定资产和其他长期投资额正好等于折旧，刚好维持公司的再生产能力，并且不再追加营运资本，公司实现零增长。因此，预测期后的残值等于预测期后第一年以后开始的现金流量年金的现值。预测期后的残值可以用永续年金折现模型估计。

4. 企业价值确定

企业价值的计算公式如下

$$PV = \sum_{t=1}^{N} \frac{FCFF_t}{(1+WACC)^t} + \frac{V_N}{(1+WACC)^N}$$

其中：

PV——目标公司资产现值；

$FCFF_t$——预测期内第 t 年的企业自由现金流量；

V_N——N 时刻目标公司的残值，即假设预测期之外公司零增长时公司在 N 时刻的价

值，其计算公式一般采用永续年金的现值公式；

WACC——加权平均资本成本。

5. 股权价值确定

根据现金流量贴现法得到目标公司价值，可以进一步由以下公式得到公司的股权价值

$$股权价值 = 企业价值 - 负债 - 优先股 - 少数股东权益 +$$
$$现金和投资 + 非经营性资产价值$$

企业价值代表了所有投资人感兴趣的公司核心经营业务的价值，股权价值则代表了持有普通股的股东的利益。因此，股权价值为企业价值加上现金、投资及非经营性资产价值，减去代表了其他投资人利益的债务、优先股和少数股东权益。用股权价值除以公司发行在外的股份数，可以得到该公司股票的市场价格。

除此之外，公司的股权价值还可用其他的方法直接计算，即定义股权资本自由现金流量（FCFE）为公司的净利润加上折旧和摊销，扣除所需的资本性投资、营运资本投资及债务净偿还额，公式如下

$$FCFE = 净利润 + 折旧与摊销 - 资本支出 - 营运资本增加 - 债务净偿还额$$

股权资本自由现金流量通过股权资本折现率折现后得到的现值即为公司的股权价值。

案例 5-2

仁和药业并购江西闪亮制药

1. 公司简介

仁和药业股份有限公司（以下简称仁和药业），前身系九江化纤股份有限公司，后在1996年于深交所上市，股票代码为000650。公司在2006年进行了较大的并购重组，开始涉足医药行业。之后仁和药业通过收购，旗下已拥有多家医药子公司，包括江西仁和药业有限公司、江西康美医药保健品有限公司、江西药都药业有限公司等。仁和药业的主营业务是生产、销售各种胶囊剂、颗粒剂、片剂等中西药和其他健康产品，另外还有种植中草药、培育药材种苗、生产和销售医用纸箱等。仁和可立克、优卡丹、清火胶囊等是公司主要经营的产品。公司名称中的"仁和"现已是中国驰名商标，而其旗下的"仁和可立克""优卡丹"等也已在全国同类产品中跃身成为知名品牌，公司的营销网络覆盖广阔。

江西闪亮制药有限公司（以下简称闪亮制药）于2004年设立。当时是由两家公司——仁和（集团）发展有限公司（以下简称仁和集团）及江西万年青科技工业园有限责任公司（以下简称万年青公司）共同投资，其中仁和集团出资为总注册资本的75%，出资方式为现金和无形资产，万年青公司则以土地使用权作价投资，占注册资本的25%。江西闪亮制药是一家以生产和销售眼用制剂和固体制剂为主的制药公司，主要经营范围包括滴眼剂、眼用凝胶剂、硬胶囊剂、颗粒剂的生产。

2. 并购过程

2010年10月，仁和药业发布了以现金收购控股股东仁和集团和万年青公司分别持有的闪亮制药75%和25%股权的公告，其中收购闪亮制药75%的股权构成关联交易，25%的股权不构成关联交易。收购之后，闪亮制药将成为仁和药业的全资子公司。这次并购的目的在于彻底解决仁和药业与闪亮制药控股股东仁和集团之间存在的同业竞争和关联交易

问题，实现优质资产整合，完善公司主营业务产业链；同时，此次并购也是为了兑现仁和药业在 2009 年 7 月非公开发行股份时，大股东仁和集团约定的两年后将闪亮制药注入公司的承诺，意在实现闪亮制药独立上市。

3. 价值估计

（1）历史数据情况

闪亮制药 2007—2010 年 1—9 月利润表及财务指标如表 5-6、表 5-7 所示。

表 5-6　闪亮制药 2007—2010 年 1—9 月利润表

项目	2007 年	2008 年	2009 年	2010 年 1—9 月
一、主营业务收入 / 万元	8159.34	8936.82	7798.05	7721.37
主营业务成本 / 万元	1292.68	1591.93	1763.88	1447.30
营业税金及附加 / 万元	120.22	134.39	115.76	115.30
主营业务利润 / 万元	6746.45	7210.49	5918.41	6158.78
其他业务利润 / 万元	−3.96	0.00	0.53	−0.46
销售费用 / 万元	3591.74	3933.99	3192.71	3706.50
管理费用 / 万元	378.77	468.25	405.68	323.00
财务费用 / 万元	3.11	−2.65	9.48	−17.64
投资收益 / 万元	0	0	0	0
二、营业利润 / 万元	2768.87	2810.90	2311.06	2146.46
营业外收支净额 / 万元	−1.00	3.61	0.19	0.52
三、利润总额 / 万元	2767.87	2814.51	2311.25	2146.98
所得税 / 万元	1109.23	449.19	319.71	322.05
四、净利润 / 万元	1658.64	2365.32	1991.54	1824.93

表 5-7　闪亮制药 2007 年至 2010 年 9 月财务指标

指标	指标解释	2007 年	2008 年	2009 年	2010 年 1—9 月
盈利能力分析					
净资产收益率 /%	净利润 / 平均净资产	39.30	51.29	39.20	34.37
总资产报酬率 /%	息前税后利润 / 平均总资产	52.75	55.06	42.16	36.68
主营业务利润率 /%	主营业务利润 / 主营业务收入	82.68	80.68	75.90	79.76
主营业务成本率 /%	主营业务成本 / 主营业务收入	15.84	17.81	22.62	18.74
偿债能力分析					
资产负债率 /%	总负债 / 总资产	12.72	6.78	8.53	9.88
流动比率 /%	流动资产 / 流动负债	1.71	4.01	4.59	5.49
速动比率 /%	（流动资产−存货）/ 流动负债	1.03	3.06	4.19	5.14
利息保障倍数 /%	息税前利润 / 利息费用	891.91	−1062.76	244.81	−120.71

续表

指标	指标解释	2007 年	2008 年	2009 年	2010 年 1—9 月
营运能力分析					
总资产周转率 /%	主营业务收入 / 平均总资产	1.55	1.75	1.42	1.33
流动资产周转率 /%	主营业务收入 / 平均流动资产	7.14	7.14	4.23	3.39
存货周转率 /%	主营业务成本 / 平均存货	4.20	4.16	6.63	6.49
应收账款周转率 /%	主营业务收入 / 平均应收账款	30.93	34.92	15.73	6.31

（2）闪亮制药预测情况

根据闪亮制药的历史数据表现及可能存在的经营情况，闪亮制药被并购后的几年的利润预测、资本支出及营运资金增加额预测如表 5-8、表 5-9 所示。

表 5-8　闪亮制药被并购后利润预测

项目	2010 年 10—12 月	2011 年	2012 年	2013 年	2014 年	2015 年	2016 年
一、主营业务收入 / 万元	3250.81	12281.96	13392.89	14433.08	14727.70	14727.70	14727.70
主营业务成本 / 万元	647.88	2182.90	2493.03	2763.70	2947.73	3055.16	3055.16
营业税金及附加 / 万元	55.06	182.00	207.11	225.02	243.17	247.37	247.37
主营业务利润 / 万元	2547.87	9917.06	10692.75	11444.36	11536.80	11425.17	11425.17
其他业务利润 / 万元	0	0	0	0	0	0	0
销售费用 / 万元	1626.06	6143.44	6699.12	7219.43	7366.80	7366.80	7366.80
管理费用 / 万元	310.32	1119.68	1203.13	1281.74	1308.10	1313.78	1313.78
财务费用 / 万元	0	0	0	0	0	0	0
投资收益 / 万元	0	0	0	0	0	0	0
二、营业利润 / 万元	611.49	2653.94	2790.50	2943.19	2861.90	2744.59	2744.59
营业外收支净额 / 万元	0	0	0	0	0	0	0
三、利润总额 / 万元	611.49	2653.94	2790.50	2943.19	2861.90	2744.59	2744.59
所得税 / 万元	91.72	398.09	418.57	441.48	429.29	411.69	411.69
四、净利润 / 万元	519.77	2255.85	2371.93	2501.71	2432.61	2332.90	2332.90

表 5-9　闪亮制药被并购后的资本支出及营运资金增加额预测

项目	2010 年 10—12 月	2011 年	2012 年	2013 年	2014 年	2015 年	2016 年
资本支出 / 万元	14.19	55.42	55.42	55.42	55.42	55.42	0
营运资金增加额 / 万元	−1583.75	299.92	239.35	212.41	87.42	29.35	0

（3）自由现金流量预测

根据，可以得到闪亮制药被并购后的几年的自由现金流量预测如表 5-10 所示。

表 5-10　闪亮制药未来几年的自由现金流量预测

项目	2010 年 10—12 月	2011 年	2012 年	2013 年	2014 年	2015 年	2016 年
净利润 / 万元	519.77	2255.85	2371.93	2501.71	2432.61	2332.90	2332.90
折旧 / 万元	43.68	188.28	178.69	207.41	217.42	199.68	0
摊销 / 万元	44.65	181.37	180.94	180.64	180.64	180.64	0
资本支出 / 万元	14.19	55.42	55.42	55.42	55.42	55.42	0
营运资金增加额 / 万元	−1583.75	299.92	239.35	212.41	87.42	29.35	0
自由现金流量 / 万元	2177.66	2270.16	2436.79	2621.93	2687.83	2628.45	2332.90

（4）贴现率的估计

现估计加权平均资本成本。假定无风险利率为 3.83%，贝塔风险系数为 0.7961，市场报酬率为 11.65%。同时根据实际情况，综合考虑闪亮制药的经营状况，取公司风险调整系数为 3%，则

$$K_e=R_f+\beta(R_m-R_f)=3.83\%+0.7961 \times (11.65\%-3.83\%)+3\%=13\%$$

闪亮制药的资金周转比较快，周转资金也比较充足，不需要增加流动借款。另外，从闪亮制药的资产负债率来看，公司历史负债率和利息费用都很低。前 3 年的平均资产负债率很低，对资本结构影响很小，所以在用加权平均资本成本计算折现率时不需要考虑债务成本。综合来看，确定贴现率为 13%。

（5）估计企业价值

根据公式

$$PV = \sum_{t=1}^{N} \frac{FCFF_t}{(1+WACC)^t}+\frac{V_N}{(1+WACC)^N}$$

假设公司经营所产生的现金流量在预测期内于每个会计期末实现，折现到 2020 年 9 月 30 日，闪亮制药价值如表 5-11 所示。则折现期为：i=0.25，1.25，2.25，…。

表 5-11　闪亮制药价值

项目	2010 年 10—12 月	2011 年	2012 年	2013 年	2014 年	2015 年	2016 年及以后
自由现金流量 / 万元	2177.66	2270.16	2436.79	2621.93	2687.83	2628.45	2332.90
折现系数 / 万元	0.97	0.86	0.76	0.67	0.59	0.53	4.08
折现值 / 万元	2112.33	1952.34	1851.96	1756.69	1585.82	1393.08	9511.05
公司经营价值 / 万元	20163.27						
非经营资产价值 / 万元	793.22						
企业价值 / 万元	20956.49						

闪亮制药公司有 14 个药品批号、1 个非专利技术一直未进行生产，账面值为 726.02 万元，计入非经营性资产。其他应收款账面值为 93.61 万元。与经营无关的负债为非经营性负债，其他应付款账面值为 26.41 万元。最终得到闪亮制药企业价值为 20956.49 万元。

时至今日，现金流量贴现法仍然是企业价值评估的主流方法，它比较符合现代财务管理的目标，体现了公司追求现金流量的思想。在公司经营状况稳定，未来发展前景好，且无重大战略改变的情况下（即公司持续经营且未来现金流量具有较高的可预测性），现金流量贴现法可以比较真实地反映目标公司的价值。但是现金流量贴现法也存在一定的局限性。

第一，用现金流量贴现模型计算目标公司的价值，是基于一系列的假设来计算的，现实中并不能满足所有的条件。比如要求资本市场是有效的，公司可以按照资本市场的利率筹资，股东所要求的必要收益率能得到满足；公司的经营状况稳定，并且能够全方位预测；公司能够永续经营，现在作出的投资决策在未来没有改变；资本成本不发生变化。在实际应用中，这些条件显然不能全部得到满足。

第二，对现金流量为负的公司无法进行估值。一般来说，在高速成长期的公司，现金流量可能为负，但是有很好的发展潜力，企业价值增长能力强，对投资者来讲极具投资价值。如果用现金流量贴现法进行估值，得出的企业价值是负的，这显然是不合理的。

第三，不能准确估值拥有大量未被利用资产的目标公司。现金流量贴现法体现的是公司所有资产在未来产生现金流量的能力，如果拥有大量未被利用的资产，这些资产的价值很难通过现金流量体现出来，比如不动产。

第四，没有体现公司的战略变化。公司在不同的经营环境中，会根据情况调整经营决策，这会对资本成本产生影响。在现金流量贴现模型中，资本成本是假定不变的，这没有考虑到公司可以为适应经济环境的变化作出相应的经营决策。

三、EBITDA 倍数法则应用

在境外并购市场中常使用 EBITDA 倍数法则对一些中型公司进行估值。该原则的变体"五的法则"与"五的超级法则"，在实际市场中得到了广泛的应用与发展。该节对丹尼斯 J. 罗伯茨（Dennis J. Roberts）提出的 EBITDA 倍数相关法则进行详细的介绍和梳理。[1]

"五的法则"认为，任何中型公司的估值（无现金、无负债情况下）大致是其息税前现金流量（EBITDA、EBIT[2] 等）的 5 倍。为了方便，本节基本采用 EBITDA，具体的指标应视情况而定。"五的法则"技术性不强，但如果与"十的法则"相结合，无论是应用到复杂的正式公司估值评估，还是进行初步估值，都有非常好的作用。

（一）钟形曲线

对并购市场而言，历年大多数中型公司均是按其正常化 EBITDA 现金流量的 4.5 ～ 5.5 倍被收购。绘制现金流量估值乘数的传统钟形曲线（见图 5-2），价值乘数为 5 的约为 2/3。其他中型市场交易乘数可以看作对标准的偏离，总体区间大致在 1 ～ 10 倍之间。

---

[1]　丹尼斯•J. 罗伯茨. 并购之王 [M]. 北京：机械工业出版社，2014.
[2]　EBIT，即 earnings before interest and tax，一般指息税前利润。

同样，追踪中型公司现金流量数据指标（EBITDA、EBIT 等）占销售收入的比例，仍然是一条钟形曲线（见图 5-3）。该比例一般在 10% 左右，因此也被称为"十的法则"，实际区间在 5% ～ 15% 之间。结合"五的法则"，一般认为中型公司的估值大约是销售收入的 50%（5 倍 ×10%）。并购方、投资银行及中型公司所有者可以用销售收入乘以 50%，来得到其企业价值的估算值。

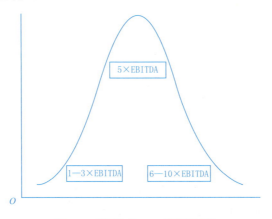

图 5-2　钟形曲线——"五的法则"

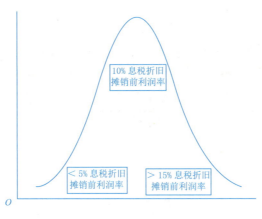

图 5-3　钟形曲线——"十的法则"

应注意到，在应用"五的法则"时，不考虑自然增长率、协同效应等方面的影响。并且从并购投资的角度和资本化率来看，投资收益率 ROI（return on investment，投资回报率）为 20%。

（二）"五的超级法则"

根据"五的法则"，对于大部分中型市场公司而言，并购价值通常等于 EBITDA 的 5倍。这种情况的前提假设通常为增长率基本保持稳定、对于特定并购方来说不存在显著的协同价值。而在实际的市场中，存在许多公司并购交易会以远高于标准的 5 倍乘数成交。这说明潜在的战略并购方认为其能够在交易中获得显著的协同效应或者增长，比如可以获得新的服务或产品、广泛的客户资源、新的分销渠道，或者节约成本，等等。某个公司能够卖出高于（或低于）5 倍于 EBITDA 的价格的原因，成为潜在并购方、目标方和投资银行家们关注的焦点，这也许可以在一段时期内推动目标公司的转型，从而使目标公司的乘数实现最大化。所涉及的并购"五的超级法则"的判断要素如图 5-4 所示。

"五的超级法则"判断要素			
成长性判断	协同效应判断	杠杆交易判断	博傻理论判断

图 5-4　"五的超级法则"判断要素

1. 成长性判断（自然增长率）

"五的法则"与"十的法则"通常假设 EBITDA 的增长率在 5% 左右，但如果目标公司有超额的自然增长率，则可以支撑较高的乘数倍数。一般以公司 18 ～ 24 个月[①]的 EBITDA 预测值进行折算，若目标公司的估值除以届时的 EBITDA 值可以满足"五的法则"，则认为并购交易是可行的。

比如，A 公司选择支付 8 倍的乘数来并购一家当年 EBITDA 值为 2000 万元的中型 B 公司，且 B 公司的年利润增长率为 25%。虽然并购乘数超出了 5 倍，但我们可以判断该并购价格仍然是合理的（见表 5-12）。

表 5-12　"五的超级法则"之成长性判断

项目	并购当年（t）	并购两年后（$t+2$）
并购价格 / 万元	$8 \times 2000 = 16000$	$8 \times 2000 = 16000$
利润（年利润增长率 25%）/ 万元	2000	$2000 \times 1.25^2 = 3125$
名义并购乘数	8	
实际并购乘数		5.12

可以看到，虽然 A 公司支付了 8 倍的 EBITDA 乘数，但由于 B 公司保持了较高的成长性和利润增长率，使得该价格是两年后预期 EBITDA 利润的 5.12 倍，仍然是一个合理的乘数。

2. 协同效应判断（协同增长率）

公司选择支付远大于 5 倍 EBITDA 乘数来并购另一家公司的原因还可能在于协同效应。公司预期的利润增长不仅会因为被并购公司的独立增长而实现，更会因为并购方公司并购后获得的协同效应而实现。这些协同效应包括规模经济效应、减少经常性开支和冗余成本、获得新的客户资源等。

[①]　选择 18 ～ 24 个月的原因在于公司在 18 个月左右的时间里能够确定基本的收益增长率，便于对下一年的利润进行合理的估计。同时在公司并购的领域中，普遍不会选择超过 24 个月的项目。

仍然假定上述中 A 公司并购 B 公司的设定，在考虑协同效应下应用"五的法则"计算名义的并购乘数（见表 5-13）。

表 5-13　"五的超级法则"之协同效应判断

假设	并购两年后名义并购 EBITDA 乘数（$t+2$）
不考虑 B 公司的独立增长率，估值为 10000 万元	$10000 \div 2000 = 5$
考虑 B 公司 25% 的独立增长率，估值为 $1.25^2 \times 10000 = 15625$ 万元	$15625 \div 2000 = 7.81$
考虑 B 公司 25% 的独立增长率及 5% 的协同增长率，估值为 $1.05^2 \times 1.25^2 \times 10000 = 17227$ 万元	$17227 \div 2000 = 8.61$

可以看到，在考虑自然增长率和协同效应之后，A 公司支付超过 8 倍 EBITDA 乘数仍然是合理的。协同效应对于不同的并购公司的效果是不一样的，可能相同，也可能完全没有，但可以在协商竞拍过程中在并购方之间制造激烈的竞争。

在实际的并购交易中，自然增长率和协同效应通常同时作用。并购方会同时考虑目标公司的自然增长率和协同效应，并选择合理且尽可能少的支付乘数与支付价格。而目标公司则会基于自然增长率和协同效应来最大化公司的投资价值。

3. 杠杆交易判断

在使用外部杠杆的情况下，并购方公司支付的总支付乘数可能大于 5 倍 EBITDA 乘数，但实际自身权益投资仍然符合"五的法则"。我们以一个实际的例子来说明（见表 5-14）。

表 5-14　"五的超级法则"之杠杆交易判断

方式	现金支付 / 万元	债务支付 / 万元	EBIT 乘数	ROI / %
方式一	2500	0	5.00	20
方式二	1875	1250	6.25	20
方式三	1250	1250	5.00	30

B 公司为目标公司，不存在长期债务，且该年 EBIT 值为 500 万元。A 公司以 3 种方式来并购 B 公司——全现金购买及两种不同比例的现金支付购买。

第一种方式为全现金购买，A 公司支付了 5 倍于 EBIT 乘数，共 2500 万元（即 $5 \times 500 = 2500$ 万元），预期税前投资收益率（ROI）为 20%（即 $500 \div 2500 \times 100\% = 20\%$）。

第二种方式，A 公司支付了 1875 万元现金，同时借助债务融资，支付 1250 万元。债务支付 10% 的利息，则名义的并购乘数为 6.25［即 $(1875+1250) \div 500 = 6.25$］。但 A 公司仍然保持 20% 的 ROI，原因在于扣除利息支出后的净利润为 375 万元（即 $500 - 1250 \times 10\% = 375$ 万元）[1]，ROI 为 $375 \div 1875 \times 100\% = 20\%$。

第三种方式，A 公司仍选择以 5 倍 EBIT 乘数进行支付，但更高比例地使用了外部杠杆。例如，支付对价中的 50%（即 $2500 \times 50\% = 1250$ 万元）采用借债的方式进行支付，在这种情况下，虽然使用了较低的 EBIT 乘数，但 ROI 会放大，为 30%［即（500-

---

[1]　为了计算方便，忽略了可抵扣利息的税盾效应。若考虑税盾效应，并购方将会有更大的优惠。

$1250 \times 10\%$）÷1250=30%$]$。

可以看到，杠杆交易使得并购方面临更大的现金流风险和杠杆风险。选择较大的 EBIT 乘数可以使得公司的 ROI 维持在相对较低的水平。EBIT 乘数的选择要与杠杆风险协同谨慎考虑。

4. 博傻理论判断

当考虑目标公司的自然增长率、协同效应、杠杆能力等方面，并购方可以支付一个大于 5 倍 EBITDA 乘数的价格。当某个行业中大多数的公司都在以超过 5 倍 EBITDA 乘数的价格交易时，可能已进入了非理性繁荣（博傻理论）。在这种情况下，潜在的并购方会失去原则和判断力，从而支付一个完全不合理的溢价。"五的超级法则"可以成为并购方辨别非理性繁荣、把握市场行情的一种工具。

5. 股票进阶游戏[①]

假设 K 公司以全股票支付的方式 100% 收购 P 公司，两家公司的财务状况如表 5-15 所示。

表 5-15　K 公司与 P 公司的财务状况表

指标	K 公司	P 公司
当前收益	8000 万元	2400 万元
流通股份	400 万股	300 万股
每股收益	20 元 / 股	8 元 / 股
股票价格	300 元	80 元
市盈率	15	10

（1）情况 1

假设 K 公司决定以每股 96 元的价格购买 P 公司的股份，则：

K 公司支付的市盈率 =96/8=12＜15（低于 K 公司本身的市盈率）；

K 公司需要发行的股份数 =（每股收购价格 × 目标公司所有流通股份）/ 收购公司每股价格 =（96×300）÷300=96 万股；

合并后的流通股份总数 =400+96=496 万股；

合并后的总收益 =8000+2400=10400 万元；

合并后的 EPS=10400÷496=20.97 元 / 股＞20 元 / 股（大于 K 公司原每股收益）。

（2）情况 2

假设 K 公司决定以每股 128 元的价格购买 P 公司的股份，则：

K 公司支付的市盈率 =128÷8=16＞15（高于 K 公司本身的市盈率）；

K 公司需要发行的股份数 =（每股收购价格 × 目标公司所有流通股份）/ 收购公司每股价格 =（128×300）÷300=128 万股；

合并后的流通股份总数 =400+128=528 万股；

合并后的总收益 =8000+2400=10400 万元；

---

① 帕特里克•A. 高根 . 兼并、收购和公司重组 [M].6 版 . 顾苏秦，李朝晖，译 . 北京：中国人民大学出版社，2017.

合并后的 EPS=10400÷528=19.70 元／股＜ 20 元／股（小于 K 公司原每股收益）。

可以发现当一家公司收购另一家公司时，如果收购公司支付给目标公司的市盈率低于收购公司本身的市盈率，则交易完成后收购公司每股收益增加。此时只要股票市场对收购方市盈率维持不变，收购公司就能获得股票价格的上涨。在牛市中，以上情况通常都可以实现。同时，当收购方进行这样多轮收购后，由于每股收益得到不断的提升，股票市场可能会认定该收购公司为高成长企业，从而调高对收购公司的市盈率，从而带来对其估值和业绩的双重提升，即出现资本市场俗称的"戴维斯双击"现象。

我们也称以上过程为收购方取得每股进阶收益（Bootstrapping EPS[①]）游戏。可以看出取得股票进阶游戏需要满足两个条件：一是收购方的市盈率需要高于支付给目标公司的市盈率，这样才能获得每股进阶收益；二是收购完成后市盈率不能下降。例如在情况 1 下，如果保持原有市盈率不变，交易完成后收购方的股票价格 =20.97×15=314.55 元／股，较之前每股提高 14.55 元。相反地，根据情况 2，如果收购公司支付给目标公司的市盈率高于收购公司本身的市盈率，则交易完成后收购公司的每股收益会被稀释。

如果多轮收购后，收购方出现业绩不达预期的情况，如每股收益增长放缓或下降，此时股票市场对收购公司的估值可能不再维持原来的市盈率，从而导致收购公司估值和业绩的双重承压，即为市场统称的"戴维斯双杀"。

但这并不意味着收购方的报价不能超出每股 120 元（即 15×8=120 元／股）的临界值，如果收购会带来某些收益，例如协同效应，收购方也许可以接受交易完成时的每股收益稀释，因为收购带来的这些收益最终可能会给收购方带来每股收益的高增长。例如在情况 2 下，如果不进行收购，K 公司每年 EPS 增速为 4%，进行收购后则为 5%。到第 4 年，不进行收购的情况下 K 公司的 EPS=20×（1+4%）^{4}=23.40 元／股，进行收购的情况下 K 公司的 EPS=19.70×（1+5%）^{4}=23.95 元／股，高于不进行收购情况下的 EPS。

实际上，如果是市场有效的，收购交易完成后的市盈率等于收购公司与目标公司市盈率的加权平均值，此时每股进阶收益和持续的股票价格上涨也不会存在。加权平均市盈率的计算公式为

$$PE_{1,2}=\frac{P_1\times S_1+P_2\times S_2}{E_1+E_2}$$

其中：

$PE_{1,2}$——收购后的加权平均市盈率；

P_1—— 收购公司初始每股股价；

P_2——目标公司初始每股股价；

S_1——收购公司初始发行外在的股份数量；

S_2——目标公司初始发行外在的股份数量；

E_1——收购公司初始收益；

E_2——目标公司初始收益。

在上述例子中，K 公司收购 P 公司后的加权平均市盈率为

---

① EPS，即 earnings per share，指每股收益。

$$PE_{1,2} = \frac{300 \times 400 + 80 \times 300}{8000 + 2400} = 13.85$$

在这种情况下，加权平均市盈率为 13.85，较 K 公司初始的市盈率有所下降。将其代入情况 1 中，并购完成后收购公司的股票价格为 13.85 × 20.97=290.43 元／股，股票价格并未得到提升。

案例思考 利亚德的股票进阶之路

利亚德光电股份有限公司（以下简称利亚德）成立于 1995 年，于 2012 年在深交所上市，主要从事 LED（发光二极管）产品的设计、研发、销售和服务，具体为 LED 显示设备制造、LED 智能照明、LED 文化传媒服务等。自上市以来，利亚德的市值突飞猛进，从 2012 年上市伊始的不足 10 亿元，一度成长至 2018 年 4 月的 431.1 亿元，利亚德的市值成长及发展与其在两个战略周期（2013—2015 年、2016—2018 年）内实施的"四轮驱动"和"文化科技＋金融"战略有着密切的关系，为实现这两项战略，利亚德进行了多轮的并购活动。

1. 两项战略实现的路径

（1）"四轮驱动"战略布局下的并购活动

在上市之初，利亚德制定了"四轮驱动"的发展战略，将原有的 LED 全彩显示、LED 小间距电视、LED 照明、LED 创意显示、LED 广告传媒、LED 系统和集成六大板块重新划分为 LED 显示、LED 小间距电视、LED 文体教育传媒、LED 智能照明等四个方向。虽然利亚德是以 LED 产品的设计和制造起家的，但其主要经验和产业基础还是集中在 LED 显示的领域。利亚德处在 LED 相关产业链的下游，也就是应用端，制造和销售 LED 显示产品的利润空间有限，而同为应用端的 LED 文体教育应用领域利润空间则相对较大，但其在 LED 智能照明及文体教育传媒领域的基础相对薄弱，缺乏市场竞争力。要弥补这种缺陷，利亚德可以选择内生式的发展，即自行研发，也可以选择外生式的发展，也就是进行并购，相比而言，向外并购无疑能够更快地补齐这一块的短板。

在 2013—2015 年之间，利亚德的并购行为充分体现了这一策略：在文体教育传媒领域斥巨资先后并购了北京互联亿达科技有限责任公司（以下简称北京互联亿达）、广州励丰文化科技股份有限公司（以下简称广州励丰文化）、北京金立翔艺彩有限责任公司（以下简称北京金立翔艺彩）等在境内大屏传媒领域有深厚基础的公司，大大扩充了公司在文化传媒方面的影响力。而在智能照明领域的投资手笔更加豪迈，以 10.3 亿元现金的对价并购美国 Planar Systems, Inc.（平达科技股份有限公司），该公司在全球拥有 2700 余个销售渠道，展现出利亚德在智能照明领域补强竞争力、开拓全球市场的强烈决心。为了拿下相关领域内的标的公司，利亚德频频向市场增发股份、发行债券募集资金，并以现金或现金加股份支付的形式支付对价，极高的溢价也形成了近 10 亿元的商誉。利亚德对各标的公司的并购方案细节如表 5-16 所示。

表5-16　第一轮并购详情

年份	并购对象	并购对象业务领域	合并成本	支付形式	形成商誉
2013	北京互联亿达科技有限责任公司（后更名为北京利亚德视频技术有限责任公）	属于文体教育传媒领域，主要涉及广播电视行业显示及控制系统、广告监测系统等方面，曾与央视有诸多合作项目	4307.31万元（其中现金4083万元，其余为或有对价）	现金（增发股票募集资金）	4151.75万元
2014	深圳金达照明股份有限公司	属于LED智能照明领域，主要从事城市夜景规划、建筑照明设计等	20250万元（5062.5为现金，其余为股份支付）	现金＋股份	14217.21万元
2015	广州励丰文化科技股份有限公司	属于文体教育传媒领域，主要从事高端演艺文化设备研发生产、文化旅游展演和公共文化设施的创意与策划服务	64715万元（现金10000万元，其余为股份支付）	现金＋股份	33358.23万元
2015	北京金立翔艺彩有限责任公司	属于文体教育传媒领域，是境内领先的舞台视觉效果提供商，主要从事电子显示设备、灯光照明设备的租赁业务	24024.83万元（其中7257.32万元为现金，其余为股份支付）	现金＋股份	3478.59万元
2015	Planar Systems, Inc.	属于LED显示领域，是世界顶级的数字标牌和显示系统的提供商，其电视墙、交互式触摸屏、大尺寸LCD显示屏被广泛应用于各大顶级公司和机构，销售渠道遍布全球	102965.26万元	现金	41640.89万元
2015	品能光电技术（上海）有限公司	属LED智能照明领域，主要从事室内外照明方案设计，并设计室外照明系统和LED照明系统，主要面向大城市的建筑亮化工程	653.28万元	现金	46.51万元

（2）"文化科技＋金融"战略下的并购

　　随着我国城市化进程的快速推进，各大城市出于体现城市文化、增加旅游消费、带动经济发展的需求，开始重点推进城市景观照明美化的进程。正是捕捉到了夜间景观建设的潜在市场，2016 年起，利亚德宣布进入下一战略阶段，即实施"文化科技 + 金融"战略，着重打造幸福城市，利亚德将原有的四大板块业务调整为夜游经济、文化旅游、智能显示等 3 个方向，为国内城市提供景观亮化、文化演艺、智能大屏等城市综合规划方案的设计、实施与运营，在各大型城市中标大型场馆、展会、名胜景点等场合的灯光照明设计方案，成效斐然。

利亚德这一轮次的扩张呈现全国布局的特点，特别是各新一线城市，都开始通过设立分公司、子公司或 100% 收购其他具备相应资质的公司的方式布局自己的照明方案"触手"，以便更好地抢占市场。为了实现对中西部新一线城市的全面覆盖，利亚德在第二阶段又先后并购了西安万科时代系统集成工程有限公司、四川普瑞照明工程有限公司、湖南君泽照明设计工程有限公司等具备城市照明相关专业资质的公司，实现对西北、西南、华中等地区大城市景观亮化和场馆照明业务的产业布局，在完成商业布局的同时，利亚德所并购的子公司还完成了茅台国酒文化展演、紫禁城上元夜等有较大影响力的景观布置和文化展演活动，使公司的市场影响力进一步加强。在本轮并购中，利亚德大量使用现金支付，这部分现金主要来自投资者的筹资及公司经营活动产生的现金流，同时要求相关标的企业做出相应的业绩承诺，以实现集团公司业绩快速增长的目标。表 5-17 为第二轮合并的具体情况。

表 5-17　第二轮并购详情

年份	合并对象	合并对象业务领域	合并成本	支付形式	形成商誉
2016	厦门合道协同智能建筑工程有限公司	属于夜游经济板块，主要从事显示系统集成设计及销售	2058 万元	现金	2614.79 万元
2016	上海中天照明成套有限公司	属于夜游经济板块，主要承接 LED 照明系统的设计和安装业务	35000 万元	现金	26649.12 万元
2016	上海蓝硕数码科技有限公司	属于夜游经济板块，主要从事 LED 照明工程设计及销售	12906.3 万元	现金	10637.54 万元
2016	西安万科时代系统集成工程有限公司（后改名西安智能系统集成工程有限公司）	属于夜游经济板块，主要从事 LED 照明工程设计及销售	18000 万元	现金	14890.25 万元
2016	四川普瑞照明工程有限公司	属于夜游经济板块，主要从事 LED 照明工程设计及销售	12000 万元	现金	8712.59 万元
2016	Sight B.V.	属于夜游经济板块，主要从事境外销售业务	365.34 万元（延期两年支付）	现金	339.47 万元
2017	湖南君泽照明设计工程有限公司[后改名利亚德（湖南）光环境文化发展有限公司]	属于夜游经济板块，主要从事 LED 照明工程及销售	24800 万元	现金	21161.39 万元

年份	合并对象	合并对象业务领域	合并成本	支付形式	形成商誉
2017	Natural Point, Inc.	属于智能显示板块，主要业务涉及高品质的3D光学动作捕捉软件、硬件及服务	88498.32万元	现金	69694.95万元
2017	Mtek Kiosk, Inc.	属于夜游经济板块，主要从事境外业务	3102.34万元	现金	845.71万元
2018	绿勃照明工程（上海）有限公司	属于夜游经济板块，主要从事照明工程设计、技术咨询和服务	4500万元	现金	4441.1万元

2. 两轮并购带来的绩效和市场反应

（1）第一轮并购后的经营绩效和财务绩效分析

在经营绩效方面，利亚德的第一轮并购带来了相当的规模效应，并使得集团公司完成了专业化分工，实现了业务重心的转移。具体而言，利亚德并购来的北京互联亿达、广州励丰文化、北京金立翔艺彩等公司在文体传媒领域都有着较长时间的耕耘和专业积淀，金达照明等公司则在智能照明领域具备先进的技术，都有较强的市场竞争力，这就使得母公司可以专注于LED显示设备和小间距电视（如小间距电视相关技术）市场，同时，收购美国Planar Systems, Inc.则有助于打开国际市场，特别是北美市场。本轮并购使得利亚德具备了LED整体解决方案的能力，使得利亚德可以从客户需求出发，为客户提供整套的景观或照明方案，这对于加深客户关系、提高市场占有率有很大帮助（见表5-18、表5-19）。

在财务方面，本轮并购也实现了利亚德业务重心的转移，企业的收入重心开始逐渐向文体旅游、智能照明等高附加值领域倾斜。根据企业年报数据计算可知，自2013年起，文体教育领域业务的毛利率居于利亚德各项业务之首，而单纯的LED显示系统制造毛利率则相对较低，文体教育业务收入的增长拉高了企业整体的毛利水平。同时，利亚德购入绩优子公司，其营业收入和净利润也并入合并报表中，并通过持续的收入利润增长为企业整体的收入利润增长做出贡献。

表5-18　第一轮并购期间利亚德各项业务毛利率变动

业务结构	2012	2013	2014	2015
LED显示系统毛利率/%	33.23	33.65	35.72	39.96
LED小间距电视毛利率/%	36.71	37.75	41.03	43.30
LED智能照明毛利率/%	31.08	36.58	39.20	37.56
文体教育传媒毛利率/%	–	51.22	69.40	46.04
整体毛利率/%	34.45	35.60	39.41	41.77

表 5-19　第一轮并购期间利亚德各项业务营收增长率变动

业务结构	2012	2013	2014	2015
LED 显示系统营收增长率 /%	69.97	62.74	33.21	20.48
LED 小间距电视营收增长率 /%	27.26	33.28	50.14	40.48
LED 智能照明营收增长率 /%	2.77	3.10	15.81	20.54
文体教育传媒营收增长率 /%	–	0.88	0.83	18.50
整体营收增长率 /%	–	36.73	51.67	71.44

（2）第二轮并购后的经营绩效和财务绩效分析

在经营绩效方面，第二轮并购所带来的效果主要体现在布局全国"夜游经济"市场和打造利亚德的品牌知名度上。通过并购各地的优质 LED 照明领域企业，利亚德与多地的地方政府建立了联系并达成合作，建造了多个城市的地标性照明景观点，开拓了新的市场需求，也塑造了良好的企业形象。在财务方面，同样地，利亚德所并入的子公司在并入年度都为公司带来了较丰厚的净利润。根据年报数据显示，2016 年、2017 年、2018 年度当年并入子公司的净利润占当年净利润比重分别为 28%、11%、0.3%[①]。

但是本轮并购及本轮并购背后所反映的利亚德管理层的战略意图也给集团公司带来了一些潜在的风险：首先，本轮并购支付了大量的溢价，以远高于标的公司净资产公允价值的对价取得 100% 或接近 100% 的绝对控股权，导致公司资产负债表上产生了近 16 亿元的商誉（仅针对 2016—2018 年间的并购），一方面占用了公司大量的现金流，另一方面这些标的公司一旦业绩不及预期，将产生巨大的商誉减值风险，给企业利润带来沉重压力。其次，大力推进"夜游经济"需要同各地政府建立良好的合作关系，也必须依赖政府决策，当地方政府决策思路变化或领导层更迭时，公司就必须承受后续合作难以为继的风险，其中的廉洁风险也需要利亚德管理层多加注意。另外，与政府合作的项目建设周期往往较长，且一般需要企业先行垫资建设，这对企业资金的周转效率（特别是应收款）也会产生消极影响。

（3）两轮并购带来的股价上涨

文体教育传媒领域和智能照明领域的毛利率和经济附加值较高，因此，市场普遍对利亚德布局这两个领域十分看好，每次利亚德收购相关领域内的优质企业的首次公告日前后，其股价都会出现大幅度上涨。以利亚德 2013 年收购北京互联亿达有限公司为例，在首次公告日 11 月 22 日利亚德股价就上涨了 12.20%；而在利亚德公告收购美国 Planar Systems, Inc. 后的首个交易日 2015 年 10 月 26 日，股价则上涨了 10.40%。

同时，在同一个会计期间内，多次以现金支付方式拿下标的公司接近 100% 股权的做法也给市场传递出企业资金充足、经营状况良好的信号，收购的完成又会带来市场对本期企业收入、利润增长更高的预期，而在利亚德年报数据最终出炉之际，投资者又会发现利亚德的增长速度远超其预期，进而对利亚德的股票形成一个常年快速增长的印象，因而在利亚德年报或定期财务报告公布前后，市场往往会形成一个股价上涨的"小高潮"，这种

---

① 2014—2016 年是公司并购的集中年度；但自 2017 年开始，并购后的整合协同则更加重要，内生融合成为持续成长的驱动力。

情况在 2017 年年报公布前后达到顶峰，利亚德的市值也突破了 400 亿元大关。

另外，利亚德在 2016 年后开始布局"夜游经济"，通过中标各大城市和著名旅游景点的景观设计和承办演艺活动为自己"造势"，这极大地提高了其在资本市场上的知名度。在"夜游经济"业务创造了高知名度的基础上，利亚德强打其主营产品 Mini LED（即直径约 100～200 微米的 LED）、Micro LED（即直径约 1～10 微米的 LED）显示产品的概念，继续投入研究 LED 显示技术，一直保持 LED 显示产品全球第一的地位，稳定增长的核心业务也为投资者带来了可靠的预期。

3. 后并购时代绩效和股价

（1）政策环境变化，高额商誉爆雷

虽然利亚德 2016 年后积极并购扩张布局夜游经济，发展文化旅游业务，但在利亚德营业收入结构中，相关业务比重始终不见起色，并未对公司的收入结构产生实质性改变，智能显示业务比重反倒越来越大，处在一个"叫好不叫座"的尴尬境地。表 5-20 反映了相关业务的营收变化情况。

表 5-20　第二轮并购期间利亚德夜游经济业务状况

业务及比重	2016	2017	2018	2019
夜游经济业务收入/亿元	8.67	17.27	15.31	13.50
其占总营业收入比重/%	19.80	26.68	19.89	14.91
文化旅游业务收入/亿元	4.22	6.11	6.94	8.33
其占总营业收入比重/%	9.64	9.45	9.02	9.21

导致这种情况的原因一方面在于夜游经济相关的景观设计、灯光布置等业务无须十分高精尖的技术，因而缺乏进入市场的壁垒，随着这一市场被逐渐发掘，相关竞争者也开始蜂拥而入（特别是地方性企业），对公司业务承接造成了挑战。另一方面，自 2018 年起，随着各地政府陆续开始去杠杆，高额投入资金进行景观美化显得有些不合时宜，市场开始出现萎缩；2019 年，中央又印发了《关于整治"景观亮化工程"过度化等"政绩工程""面子工程"问题的通知》，更使得该项业务变得前途渺茫起来，相关业务的收入几乎退回 2016 年的水平。在此冲击下，利亚德股价在 2018 年下半年大幅跳水，公司为了遏制股价下跌的势头，在 2018 年 12 月 14 日宣布进行 3 亿元规模的股票回购，但这并没有从根本上改变公司股价下跌的趋势。

受到大环境变化的影响，利亚德所并购的子公司经营业绩也受到了影响，尽管在 2018、2019 年，大多数子公司所制定的业绩承诺都已经到期并完成，但由于未来经营存在重大不确定性，利亚德还是在 2019 年计提了 3.36 亿元商誉减值，2020 年更是在疫情冲击下计提了 13.07 亿元商誉减值。2013—2018 年期间高溢价购入的子公司几乎无一幸免，直接导致公司出现亏损，发生商誉减值的主要子公司如表 5-21 所示。

表 5-21　主要子公司商誉减值计提情况

子公司	商誉原值 / 万元	2019 年度计提减值额 / 万元	2020 年度计提减值额 / 万元
上海中天照明成套有限公司	26649.12	9852.48	13895.10
上海蓝硕数码科技有限公司	12717.87	2909.98	6623.93
利亚德（西安）智能系统有限责任公司	14890.20	7617.03	7173.17
广州励丰文化科技有限责任公司	33358.28	8501.20	19362.99
利亚德（湖南）光环境文化发展有限公司	21161.39	1992.93	16441.86
北京金立翔艺彩有限责任公司	3478.59	－	3478.59
绿勋照明工程（上海）有限公司	4441.10	－	603.34
Planar Systems, Inc	55969.82	－	49658.84

（2）主要产品概念热度减退，毛利空间受限

利亚德主要业务——智能显示产品遭遇困难也是其股价衰退的重要原因。早在 2012 年，利亚德就开始布局小间距 LED 产品，使其占据了先发优势，随着深圳市洲明科技股份有限公司（以下简称洲明科技）、深圳市艾比森光电股份有限公司等企业的加入，其先发优势一直持续到 2018 年。为了保持其先发优势，利亚德将目光对准了尚未成熟的 Micro LED 产品，其技术难度更大，且该产品的成本较高，量产化困难重重，这也给利亚德的利润空间带来了挤压效应。再加上洲明科技等竞争对手的强势崛起、原材料价格（主要是芯片）上涨等因素，利亚德收入增长逐渐趋缓，主力产品的毛利率也逐渐下降。从整体来看，以小间距 LED 产品为主的智能显示业务毛利率从 2016 年的 37.03% 下降到 2020 年的 29.97%。可以说，核心业务的颓势加剧了其业绩表现与市场预期的背离，进而造成其股价长期处于低位，难以再现 2018 年上半年的荣光。具体如表 5-22、图 5-5 所示。

表 5-22　利亚德智能显示业务变化情况

指标	2016	2017	2018	2019	2020
智能显示业务比重 /%	69.96	59.54	66.45	71.23	78.18
智能显示业务毛利率 /%	37.03	37.70	36.54	32.93	29.97

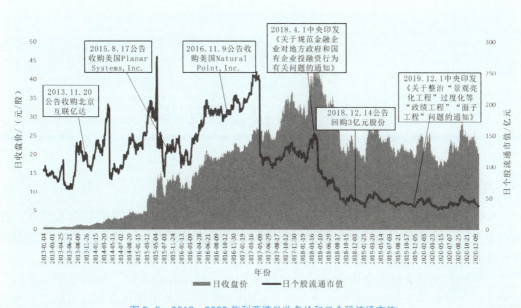

图 5-5　2013—2020 年利亚德日收盘价和日个股流通市值

📝 **讨论题**：

1. 利亚德前期的市值成长与后期股价的下跌与并购战略有何关系?

2. 试分析利亚德每股进阶收益和股票价格上涨的并购驱动逻辑。

第六章

并购支付和融资安排

一、并购中的支付方式选择

并购交易中，支付方式的选择是交易双方非常关注的问题。常见的并购支付方式包括现金支付、股份支付及现金＋股份混合支付。支付方式的选择一方面影响并购能否顺利开展，另一方面也会对合并公司未来的发展产生重大影响。

交易基于现金支付还是股份支付会对股东产生不同的并购结果，整体上现金支付的短期或长期回报率都显著高于股份支付[1]。从短期来看，如果采用现金支付，那么卖方公司股东相比买方将获得更高的回报率；如果采用股份支付，那么卖方公司股东回报率显著为正，而买方则显著为负。从长期来看，合并公司的经营业绩也会随支付方式不同产生一定的差异：由于市场对买方股票存在高估的情况[2]，在交易发生 5 年后，现金支付方式会产生 90.1% 的平均超额投资者回报率，而股份支付方式只达到 14.5%。

（一）现金支付

现金支付方式是指并购方以现金为对价来交换目标公司股权的行为。当并购方支付现金并且被并购方收取现金时，整个并购交易即完成。并购方获得被并购方相应的所有权，并由并购方承担所有的并购风险。

1. 现金支付的特点

（1）便捷性

使用现金支付方便快捷，首先体现在估价简单，只需要合理估计被并购方价值即可；其次体现在交易快速，能够迅速完成并购交易，特别是存在竞争对手同时商谈并购事宜的情况下，使用现金支付的一方能够抢占先机。

（2）平衡控制权

使用现金支付不会稀释并购方的控制权。

（3）传达利好消息

现金支付方式能够向二级市场投资者传达利好消息，表明公司股价被低估并且未来公司现金流非常充足，具有较好的发展前景，从而抬升公司股价。

当然，现金支付也存在缺陷。对并购方而言，需要在短期内支付大量的资金，带来巨大的财务压力；特别是随着并购规模的扩大，现金支付方式对并购方财力的要求也随之提高。此外，由于后期整合也需要大量的资金投入，采用现金支付方式可能会造成公

---

① 丹尼斯·J. 罗伯茨. 并购之王 [M]. 北京：机械工业出版社，2014.
② 罗伯特·F. 布鲁纳. 应用兼并与收购 [M]. 北京：中国人民大学出版社，2011.

司未来的经营困难。对被并购方股东而言，收取并购现金时需要一次性缴纳资本利得税，也是一种较大的税务负担。

2. 现金支付使用条件

那么，什么情况下并购交易双方会选择现金支付方式呢？一般来说，当并购规模较小、并购方资金充足、交易对方有较强的变现需求时往往会选择现金支付方式，使得完成并购所需的时间较短、并购流程相对简单。此外，《上市公司重大资产重组管理办法》（2014年修订）正式实施后，中国证监会取消了对不构成借壳上市的上市公司重大购买、出售、置换资产行为的审批，即以现金为对价的重大资产重组将免于审核，这使得以现金为支付方式的收购能够在较短时间内完成。

值得注意的是，尽管现金收购可以免于证监会的审核，但仍避不开交易所的问询。特别是跨界收购，高估值、高业绩承诺的收购，收购资金来源及上市公司自身资产负债情况存在问题的，都有可能遭遇问询。以华塑控股股份有限公司（以下简称华塑控股）为例，其于2016年5月23日发布公告拟通过现金支付方式购买北京和创未来网络科技有限公司51%的股权，交易金额为14.28亿元。5月28日，华塑控股就收到了交易所的问询函，其中特别指出华塑控股面临的筹资问题："本次交易作价14.28亿元，而截至2016年3月31日，公司货币资金金额仅为4419.98万，同时资产负债率为95.63%。虽然可通过借款等方式筹集资金，但是仍然存在较大资金缺口。"面对交易所的问询，华塑控股并没有做出相应回复，后于6月24日宣布终止重组。

（二）股份支付

股份支付是指通过并购方与被并购方交换股票或向其发行新股的方式获取被并购方的资产和股份的方式。随着上市公司并购重组活动的日趋活跃，股份支付方式也逐渐被广泛运用，尤其涉及资产、股份规模较大的标的公司，并购方在并购过程中会更倾向于股份支付。

1. 股份支付的特点

（1）降低财务风险

由于并购方不需要在短时间内支付大量现金，因此在一定程度上能够缓和并购方的流动性，降低其财务风险。

（2）实现合理避税

由于在现金支付方式下，被并购方股东在收到现金后需要一次性缴纳资本利得税，而大比例的股份支付则有税收递延的作用，可以达到合理避税的效果。

（3）增厚每股收益

当上市公司股价市盈率较高时，通过股份支付可以增厚每股收益。

当然，股份支付也存在一定的弊端。由于使用股份支付时经常涉及发行新股，其审批审查流程较为复杂，相关成本较高，且受到公司经营状况等相关因素的限制，效率较低并且容易导致并购失败。此外，增发新股可能会稀释原有股东的控制权。以万科为例，第一次股份收购深圳地铁集团有限公司（以下简称深铁集团）方案由于对原有股东股权稀释过于严重，遭到原大股东华润集团的反对而被迫中止。

2. 股份支付使用条件

一般来说，当并购规模较大、被并购方出于税务安排及考虑股价市盈率因素时，交易双方会选择股份支付方式。

在并购实务中，支付方式的选择往往呈现以下特点[1]。

第一，并购方认为自身股票被高估时会倾向于使用股份支付，被低估时则采用现金收购。

第二，当被并购方相对于并购方规模较小时，并购方较少使用股份支付。

第三，支付方式随经济周期变化。当股票市场高涨处于牛市时，股份支付的使用率上升；当股票市场低迷处于熊市时，以现金支付方式为主。

案例 6-1

万科现金支付收购深铁

从 2015 年 1 月起，"宝能系"开始收购万科股份，由此开启了万科集团管理层与"宝能系"之间的股权斗争。2015 年末，在寻求原大股东华润集团的支持但未取得实质性进展的情况下，万科管理层开始寻找其他企业的支持，最终选择了深铁集团。

1. 第一次股份收购失败

2016 年 3 月，万科发布公告拟以发行股份的方式购买深铁集团子公司前海国际集团有限公司（以下简称前海国际）100% 股权。2016 年 6 月 17 日，万科与深铁集团签署了《发行股份购买资产协议》，万科拟以发行股份的方式购买深铁集团持有的前海国际 100% 股权，初步交易价格为 456.13 亿元。上市公司将以发行股份的方式支付全部交易对价，初步确定对价股份的发行价格为每股 15.88 元，为定价基准日前 60 个交易日上市公司股票交易均价的 93.61%。据此计算，上市公司将就本次交易向深铁集团发行 2872355163 股 A 股股份。此次交易完成后，万科主要股东持股变化情况如表 6-1 所示。

表 6-1　万科主要股东持股变化情况

主要股东	交易前持股比例 / %	交易后持股比例 / %
深圳市地铁集团有限公司	–	20.65
华润股份有限公司	15.24	12.10
香港中央结算（代理人）有限公司	11.91	9.45
深圳市钜盛华股份有限公司	8.39	6.66
国信证券—工商银行—国信金鹏分级 1 号集合资产管理计划	4.14	3.29
前海人寿保险股份有限公司—海利年年	3.17	2.51
中国证券金融股份有限公司	2.99	2.37
招商财富—招商银行—德赢 1 号专项资产管理计划	2.98	2.37
安邦财产保险股份有限公司—传统产品	2.34	1.86
安邦人寿保险股份有限公司—保守型投资组合	2.21	1.75
西部利得基金—建设银行—西部利得金裕 1 号资产管理计划	2.04	1.62

[1]　罗伯特·F. 布鲁纳. 应用兼并与收购 [M]. 北京：中国人民大学出版社，2011.

由表 6-1 可知，交易后深铁集团的持股比例将占万科集团摊薄后总股本的 20.65%，成为第一大股东；"宝能系"则占摊薄后总股本的 19.27%，排名第二；华润股份有限公司（以下简称华润股份）的持股比例将被摊薄至 12.15%，排名第三。万科本计划通过发行股份，稀释"宝能系"的股份，但由于同时稀释了华润集团的股份，导致华润集团的激烈反对。华润集团表示认可万科和深铁集团的合作有利于万科发展，但认为没有必要通过发行股份的方式实现，可以通过现金购买等方式进行。最终在 2016 年 12 月，因各方股东未达成一致意见，万科宣布对深铁集团定向增发的预案终止。

2. 第二次现金收购成功

2017 年 1 月 12 日，深铁集团与华润股份、中润国内贸易有限公司（华润股份的全资子公司，以下简称中润贸易）签署了《关于万科企业股份有限公司之股份转让协议》，华润股份和中润贸易拟以协议转让的方式将其合计持有的公司 1689599817 股 A 股股份转让给深铁集团。标的股份转让价格为人民币 22.00 元 / 股，转让总价款为人民币 37171195974.00 元，深铁集团以现金支付转让价款。

本次交易完成后，华润股份及中润贸易不再持有万科股份，深铁集团持有万科 1689599817 股 A 股股份，占公司总股本的 15.31%，为万科第二大股东。

2017 年 6 月 9 日，深铁集团与恒大方签订《股份转让协议》，深铁集团通过协议转让的方式受让恒大方合计持有的已委托深铁集团行使对应的表决权、提案权及参加股东大会的权利的上市公司 1553210974 股 A 股股份（占上市公司总股本约 14.07%）。标的股份的转让价格为每股人民币 18.80 元，转让总价款为人民币 29200366311.20 元，深铁集团以现金支付转让价款。

本次交易完成后，深铁集团持有万科 3242810791 股 A 股股份，持股比例约为 29.38%，成为万科集团第一大股东。

（三）现金 + 股份混合支付

综上所述，并购支付方式的基本类别是现金支付和股份支付。对被并购方而言，更倾向于现金支付；而对并购方而言，更偏好于股份支付。因此，最终支付方式的敲定，是被并购方与并购方之间相互博弈与谈判的结果，并且往往表现为"现金 + 股份"的混合支付方式。

混合并购支付方式是指上市公司综合运用多种并购支付手段来完成并购交易，实现对目标公司的控制。现阶段我国上市公司的混合并购支付方式通常是现金支付和股份支付的混合运用。

混合支付方式可以规避单一支付方式的缺陷与不足，一方面可以缓解现金一次流出给公司流动性带来的冲击；另一方面能够避免原股东股份的稀释和控制权的减弱，降低风险。

（四）三角并购[①]

三角并购（triangular merger），指在并购中不由收购方与目标方直接合并，而是由收购方设立一个子公司，再将该子公司与目标方合并，由此产生了收购方、子公司与目标

① 张巍．资本的规则 II [M]．北京：中国法制出版社，2019：229.

方的三角关系。收购方为收购而设立的子公司被称为"并购子公司"（merger subsidiary），因此三角并购也被称为"子公司并购"（subsidiary merger）。设立并购子公司之后，收购方母公司将收购的对价——收购方的股票、现金或者债券等注入子公司，以完成并购交易。

为什么会出现三角并购呢？首先，从经营管理层面来看，通过三角并购的方式，目标公司将作为收购方母公司下设的独立子公司来生产运营，既能够维持目标公司原有的经营管理模式，又不会打乱收购方自身的运营秩序，有利于并购后在经营管理方面的整合。其次，从法律层面来看，三角并购能够让目标公司原有的债务负担独立于收购方母公司之外。三角并购完成后，继承目标公司债务的是收购方母公司下设的控股子公司，而母公司以自身对该子公司的出资为限承担债务责任，这就为收购方提供了破产隔离机制。此外，采用三角并购还能回避控股股东对并购交易的投票批准程序。当收购方为收购增发的股份超过其已发行股份的20%时，往往需要收购方股东进行投票表决。而在三角并购中，由于收购方母公司是并购子公司的唯一股东，母公司的董事会就能够代表母公司行使股东投票权。因此，相比于直接并购的方式，三角并购能够绕开收购方股东的表决程序。

根据并购子公司与目标公司的不同合并形式，三角并购可以分为"正向三角并购"和"反向三角并购"。在正向三角并购中，并购子公司吸收目标公司并存续（见图6-1）；在反向三角并购中，目标公司吸收并购子公司并存续（见图6-2）。

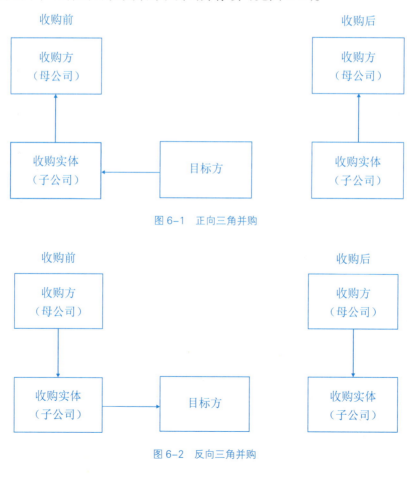

图6-1　正向三角并购

图6-2　反向三角并购

反向三角并购是实践中最常见的交易形式。那么反向三角并购相对正向三角并购有哪些优劣势呢?

一是从商业角度来看,反向三角并购可以保留目标公司的名号,如果目标公司有一块金字招牌,这种交易结构能够为并购后的公司留下宝贵的无形资产。反过来,如果目标公司自身的品牌不强,就可能需要通过正向三角并购的方式来进行弥补。

二是从法律角度看,反向三角并购不会影响目标公司原有的合同义务。因为目标公司在并购之前签订的合同中往往会对合同权利的转让做出限制,如果进行了正向三角并购,目标公司自身不再存续,会出现合同权利转让给新主体的复杂问题。而反向三角并购由于目标公司依旧存续,就不会出现此类情况。

三是从税收负担角度来看,反向三角并购不如正向三角并购。原因在于,在正向三角并购交易中,如果收购方向目标公司股东支付自己的股票,使用股票支付约 50% 的收购对价,目标公司股东就能以此享受免税。而在采用反向三角并购的情况下,收购方要用股票支付 80% 的对价,目标公司股东才能就这部分对价获得免税待遇。至于以现金支付的收购对价部分,无论运用哪种交易形式都不能免税。

(五)其他支付工具

为丰富上市公司并购支付工具,促进并购市场更好发展,证监会于 2018 年 11 月发布《证监会试点定向可转债并购支持上市公司发展》的通知,鼓励企业在并购重组中使用定向可转债支付工具。定向可转换债券是以私募方式向特定主体单独发行的可转换债券,是一种特殊的混合金融工具,它兼具股权、债权和期权等复合性质。

定向可转债具有以下特点。

第一,定向发行,属于私募可转债中的一种,发行门槛相对普通可转债而言较低。

第二,融资成本相对较低,由于可以转换为股权,其利率一般低于普通债券。

第三,并购交易条款设计更加灵活,能够促进与战略投资者的合作。

第四,可有效减轻上市公司的现金支付压力,同时降低大股东股权稀释风险。

2018 年 11 月,赛腾股份披露《关于发行可转换债券、股份及支付现金购买资产并募集配套资金事项获得中国证监会上市公司并购重组审核委员会审核通过暨公司股票复牌的公告》,拟通过发行定向可转债方式进行并购支付。同年 12 月,中国船舶重工集团动力股份有限公司披露的重组预案显示,公司在资产收购和配套募资环节同时引入定向可转债支付工具,通过发行定向可转债的方式购买资产及募集资金。随着并购重组市场化改革的推进,定向可转债等创新支付工具将在并购实务中发挥越来越重要的作用。

不同支付方式的优势与劣势如表 6-2 所示。

表 6-2 不同支付方式的优势与劣势

支付方式	现金支付	股份支付	现金 + 股份混合支付	定向可转债
优势	快速交易 不稀释控制权 传达利好消息	降低财务风险 实现合理避税 增厚每股收益	降低财务风险 实现合理避税 不稀释控制权	降低融资成本 缓解股权稀释风险 条款设计灵活
劣势	短期财务压力大 资金要求较高 税务负担较大	并购流程复杂 相关成本较高 稀释控制权	并购流程复杂 并购所需时间较长	一般无担保和评级 存在信用风险

二、杠杠收购

（一）定义及特点

杠杆收购（leveraged buy-outs，LBO），指收购方以少量的自有资金，以目标公司资产和未来现金流量及收益为担保，通过银行抵押、机构借款或发行垃圾债券等高负债融资方式，筹集收购所需大量资金用于购买目标公司的全部或部分股权，实现企业并购或重组目标并通过经营使其增值获取投资收益的一种资本运作方式。

杠杆收购的主体一般是专业金融投资公司，众多的杠杆收购由私募股权投资公司（private equity，PE）完成。目标公司主要来源于有意出售的私有家族企业、被母公司剥离的子公司或部门、上市公司、破产企业、二级市场收购的企业等。

杠杆收购的实质为举债收购，即将债务融资作为主要的融资工具，且债务大多以被收购企业的资产及未来收益为担保。收购方以较少的权益资本投入（约占并购总价值10%～20%）撬动数倍资金对企业进行并购重组，使其产生较高的盈利能力后，通过伺机出售或上市赚取高额利润。与关注特定行业或产品的战略收购不同，杠杆收购以公司价值为导向，旨在通过资本市场获取被低估的价值。

杠杆收购的特点如表6-3所示。

表6-3　杠杆收购的特点

特点	内容
高负债性	收购方出资10%～20%，剩余资金通过投行、信托等金融机构，甚至目标公司股东（卖方融资）等方式筹集，并购后资产负债率超过80%
资金来源广泛性	外部融资包括抵押贷款、夹层资金（发债）等
高风险性	信息风险（买方信息不对称）、操作风险（杠杆收购环节复杂）、财务风险（高融资成本）、经营风险（投资收益的回收）

（二）一般步骤

1. 评估收购方案、筹集收购资金、设计管理层激励体系

发起人（通常是收购方）制订收购方案并与被收购方进行谈判，安排并购融资结构。同时以股票期权或认股权证的形式向管理层提供基于股票价格的激励机制。

2. 实施收购行为

由收购方收购目标企业的股权或资产。若目标企业是上市企业，则转为非上市公司。

3. 整改目标企业

收购方和管理层优化企业经营战略，降成本增利润。以经营产生的现金流量支付利息、偿还债务，降低债务风险。

4. 投资退出

LBO企业被其他企业收购或时机成熟寻求重新上市，投资者实现资本回收（见图6-3）。

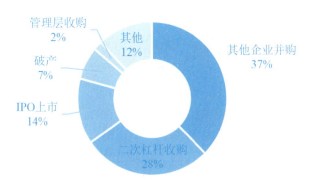

图 6-3　杠杆收购的退出渠道数据统计

在实际业务操作中，为了合理规避风险、保障交易顺利进行，收购方通常不以自身作为杠杆收购的母体，而是先成立一家专门用于收购的特殊目的公司（special purpose company，SPC），并向该平台公司注入少量自有资金；银行向该平台公司提供"过桥贷款"融资用于购买目标公司的股权；待交易完成后，平台公司通过再融资贷款或发行债券等方式偿还债务；最后，按照相关法规合并两个并购公司主体。此种运作方式可以顺利地将特殊目的公司的负债转移到目标公司名下，通过经营目标公司偿还债务、获得超额杠杆并购收益。杠杆收购的一般模式如图 6-4 所示。

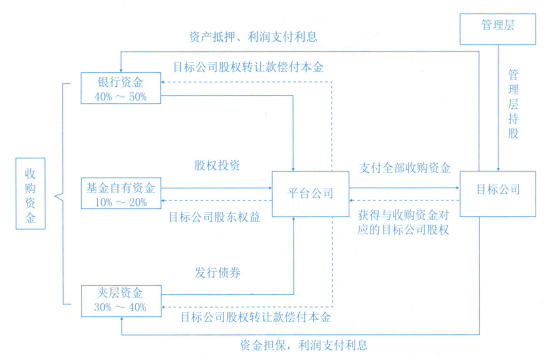

图 6-4　杠杆收购的一般模式

（三）融资安排

1. 杠杆收购融资结构

融资结构包括融资来源、融资期限、资金运作方式及再融资等融资策略，是杠杆收购中资本结构规划的核心部分。在融资结构构建时需要考虑：融资类型组合、到期时间、收益基础、币种、创新条款、控制权和发行方式等因素。

其中，资本种类的选择是融资结构设计中非常重要的因素。融资类型组合通常分为权益融资、债务融资、混合融资和并购基金4类。根据啄序理论，最优融资组合通常是先利用公司留存收益等进行内部融资，其次是通过外部借贷等方式进行债务融资，最后通过发行新股等方式寻求权益融资。

此外，到期时间也是融资结构设计的关键因素。到期时间是指返还借款的时间，不同的融资期限对公司的风险影响不同。评估到期时间的主要目的是将公司的负债期限与资产期限相匹配，减少违约或再融资风险。

杠杆收购的本质在于举债收购，即以债务资本作为主要的融资工具，通过运用财务杠杆来提高负债比率，以期使用较少的自有资金就能完成并购重组。因此，杠杆收购融资结构不同于一般的并购融资，具有多层次的融资结构体系，并呈现出"倒金字塔"的模式特征（见图6-5）。

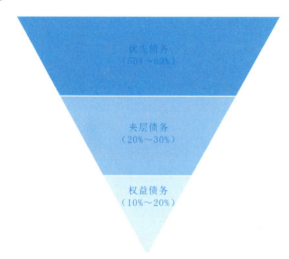

图 6-5　倒金字塔型融资结构

金字塔顶层是以公司资产或者未来收益能力为抵押、对公司资产有最高清偿权的优先级债务，占收购资金的50%～60%，主要是由商业银行或财务公司、信托投资公司等金融机构提供的一级银行贷款；金字塔第二层是夹层债务，是泛指介于股权资本层和优先债务层之间的债务，是杠杆收购融资体系中内容最为丰富的一族，占收购资金的20%～30%，主要包括高收益债券、过桥贷款、可转换债券等；金字塔底层是权益资本，占收购资金的10%～20%，主要包括普通股和优先股等权益融资工具。

杠杆融资由于能够为企业带来债务税盾的好处，因此有效地降低融资成本、发挥财务杠杆的作用；与此同时，较高的债务比例也带来预期破产和财务危机成本，使得杠杆融资呈现高杠杆、高风险、高收益的特征。在实际应用过程中，交易方需要综合考虑负债比率、利息支付、负债余额等因素以确定最优融资结构组合。

2. 杠杆收购融资工具

（1）优先债务

优先债务是杠杆收购融资来源中的上层融资工具，是以公司特定资产的留置权作为担保的负债，一般是由商业银行提供的银行贷款，以及保险公司、共同基金和金融公司等机构投资者提供的有抵押的融资构成。

由于土地、厂房和机器设备等抵押品能够为债权人提供保障，并且在公司破产清算时，融资方能够优先受偿。因此，从融资角度来说，这部分债务附带优先清偿权，且融资成本相对较低。此外，优先级债务也发挥着重要支持作用，该部分资金有时会构成筹集从属债务的前提，在缺乏优先级债务的支持下，收购方难以支付从属债务的融资成本和费用，导致收购活动难以开展。

优先债务贷款利率一般以基准利率加一定比例的利息差构成；其贷款期限一般不超过5年，而平均贷款期不超过3～4年。优先债务的主要形式包括循环贷款、定期贷款等。

①循环贷款

在杠杆收购中，公司通常可以用短期资产如存货和应收账款等作抵押，获得循环贷款，公司通常按照最优惠利率加上一定的百分比支付利息。循环贷款可以被偿还并且在有效期内被多次续借，只要在使用过程中贷款总额不超过全部承诺额即可。对于借款人而言，循环贷款具有较大的灵活性，能够根据自身的运营状况确定每次使用的贷款额度和贷款期限，减少资金冗余，提高资金使用效率。

②定期贷款

定期贷款是另一种形式的担保贷款。与循环贷款不同，定期贷款通常有一个确定的分期偿还计划，需要在合同约定的贷款期限内全部偿还，并且偿还之后不能够再次贷款。

（2）夹层债务

夹层债务，也称次级债务，是处于优先债务与权益资本之间的债务，其本质是长期无担保的债权类风险资本。夹层债务提供者主要为保险公司、养老基金及私募基金等投资机构。当公司破产清算时，优先债务提供者首先得到清偿，其次是夹层债务的提供者，最后是公司股东。

由于夹层债务的清偿权排在优先债务之后，对于债权人而言风险更高，因此债权人要求得到更高的利率，呈现出高风险高收益的特征。夹层债务主要包括高收益债券、过桥贷款、可转换债券等形式。

①高收益债券

高收益债券也被称为垃圾债券，债券的标准普尔评级为 BB 及以下（穆迪评级为 Ba）。杠杆收购中使用的高收益债券期限通常为 7～10 年，票面利率一般为国债利率加上根据债券发行人信用程度确定的额外风险溢价。

②过桥贷款

过桥贷款，是指投资银行等为了迅速使收购方筹措足额并购资金而向收购方提供的短期信贷支持。通常是在市场环境突然变化，为加速并购交易而获取的贷款，发挥其"桥梁"作用。过桥贷款是一种短期贷款，期限一般为 180 天，也可以应并购方的要求展期 180 天。过桥贷款的利率通常比一般贷款利率高 2%～5%，成本相对较高，因此需要控制此类贷款的数额。

③可转换债券

可转换债券是债券持有人在规定期限内，可以按照公司债券发行条件将所持债券转换为发行企业股票的一种特殊债券。债券发行人每年向持有人支付固定利息，如果持有人看好发债公司的未来增长前景，可以在限期内转换成股票。由于可转换债券具有以上的特性，因此其利率一般低于普通公司债券。通过发行可转换债券可以有效地降低融资成本。

④权益资本

权益资本是杠杆收购融资结构中处于底层的融资工具，主要是通过发行优先股与普通股方式，弥补夹层债务与优先债务不足的差额部分。权益资本的来源主要包括杠杆收购股权基金、公司管理层等，是杠杆收购的核心资本。

杠杆收购的权益资本清偿顺序居于最后，只有当公司经营业绩较好、优先债务与夹层债务均已得到清偿并且税后利润仍有剩余时，才能为股东分配红利，属于杠杆收购融资体系中风险与潜在收益最高的融资工具。

▶ **案例 6-2**

西王食品收购加拿大肌肉管理公司 Kerr

山东西王食品有限公司（以下简称西王食品）成立于 1986 年，产品主要布局于玉米胚芽油、葵花籽油、橄榄油等健康油种；加拿大肌肉管理公司（Kerr Investment Holding Corporation，以下简称 Kerr）则是一家老牌的运动营养产品企业，在保健食品行业处于市场领先地位，具备较长的品牌历史和毛利较高的产品组合，特别是在北美市场，其产品具有较高的知名度。西王食品希望通过收购 Kerr，整合优势资源创造协同效应，扩大西王食品的消费群体和产品知名度，开拓新兴市场，持续提升公司的盈利能力，并由此加快企业的全球化战略布局。本次收购采用纯现金支付方式，为了满足资金要求，西王食品设计了巧妙的资金方案：通过联合春华资本集团成立买方财团，借助过桥贷款、内保外贷、定增募资、债务置换及对赌（earnout）机制，解决并购所需的资金问题。

案例详解

关于本案例的详细资料，可扫描二维码了解。

（四）收购企业与目标企业的特点

1. 收购企业

富有管理经验和良好信誉。贷款方对于收购方的管理能力和信誉要求往往比较高。良好的经营管理水平有助于企业顺利获得并购所需的高额债务融资，保证后续债务的如期偿还，并有效进行并购后企业经营的整改。

具有可行的企业经营计划。一个可行的经营计划既是企业将来有能力偿还债务的前提，也是企业实现升值的必要条件。

2. 目标企业

现金流量稳定而充足，并能实现预期现金流量的精细预测。良好的现金流量是偿还债务利息的重要保障，也是杠杆收购成功的关键因素。若目标企业为规模较大的上市公司，收购方时机与策略的选择将直接影响收购的成败，高息风险债券所带来的资金成本过高、负债比例过大等都是杠杆收购过程中需要注意的问题。

此外，良好的经营前景和升值空间、业务性质受经济周期波动影响比较小、收购前负债率比较低、非核心资产易于被变卖、有足够适宜用作贷款抵押的资产等表明企业具有较大的潜在价值且满足杠杆融资的基本条件，也是收购方在选择目标企业时需着重考虑的要素。

（五）优势与局限

杠杆收购优势与局限并存，具体如表6-4所示。

表6-4　杠杆收购的优势与局限

序号	优势	局限
1	激励管理人员，降低代理成本。通过增加管理人员持股比例实施正向激励，同时通过高负债约束管理层滥用资金行为	财务风险。债务融资的资金总额大且种类多元，高负债具有一定清偿风险
2	价值发现。杠杆收购的目标企业很多是价值被低估的企业。杠杆收购的过程也是价值被发现的过程	经营风险。经营不善将恶化现金流量的供给与稳定，影响债务本金与利息的支付，乃至后续的投资回收
3	税收屏蔽。高财务杠杆将产生更多的利息税盾	利率风险。利率的变动
4	财富转移。杠杆比率和财务风险的提高影响收购前企业的负债价值（如已发行债券价格下降），企业价值由债权人向股东转移	信息风险。信息来源有限，杠杆收购双方存在信息不对称，可能存在影响决策的风险

（六）杠杆收购与一般并购

杠杆收购与一般并购在收购主体、收购动机、收购方式、支付方式、融资方式、杠杆比率、控制权、管理层持股等方面的差异如表6-5所示。

表6-5　杠杆收购与一般并购

对比因素	杠杆收购	一般并购
收购主体	私募股权、风险资本、小型投资公司和公司经理层	规模较大的实业主体
收购动机	创造股东价值、收购后剥离低效率资产、低买高卖	占领市场和扩大规模
收购方式	要约收购	要约收购、协议收购、举牌收购等
支付方式	更多采用现金支付	较为灵活、多元
融资方式	以目标公司资产和未来现金流为抵押获取银行贷款，发行高收益债券、票据	公开发行股票、债券，自有资产抵押贷款和换股
杠杆比率	高比率（70%～90%）	低比率（40%～60%）
控制权	所有权与经营权有机统一（MBO）	所有权与经营权分离
管理层持股	高比例	低比例或无股权

案例 6-3

高瓴资本私有化百丽国际

百丽国际控股有限公司（以下简称百丽控股）的前身是百丽集团，成立于 1992 年，一家大型时尚及运动产业集团，2007 年在香港联交所主板上市。随着阿里巴巴、京东等互联网经济的兴起，电商的市场销售规模迅速扩张，对传统商业的渠道模式造成了巨大的冲击。为了弥补实体零售行业的萎缩，百丽国际寻求转型，开始尝试涉足线上销售，然而其电商之路并不顺利，设立的优购网也因为线上产品的品质不佳而以失败告终。业绩下滑后，百丽国际的股价也随之下降，在股价与业绩面临困境的寒冬期，私有化退市成为百丽国际的另一选择。

2017 年 4 月 28 日，百丽国际正式发布公告称管理层、高瓴资本管理有限公司（以下简称高瓴资本）、鼎晖投资管理有限公司（以下简称鼎晖投资）组成的财团拟对百丽国际发起私有化。

1. 私有化方案

（1）收购前的股权情况

在私有化交易发生前，百丽国际的总股本共有 84.34 亿股，主要可以划分为以下 3 个部分。

①百丽国际高管于武通过控制星志持股 2.2%，盛放通过控制诚美持股 0.46%（星志和诚美原本是于武和盛放成立的家族信托公司），百丽国际拟参与私有化的管理层股东合计持股 12.06%，这部分股份属于收购人一方已控制的股份，即属于要约方的百丽国际管理层共合计持有百丽国际 14.72% 的股份。

②创始人邓耀则通过 Merry Century Investment Limited（MCIL）持有 20.76% 的股份，首席执行官盛百椒通过星堡环球和萃富创投控制 4.98% 的股份，百丽国际创始人家族合计持有百丽国际 25.74% 的股份。创始人邓耀与首席执行官盛百椒已做出支持私有化的不可撤销承诺。

③最后是其他无利害关系的流通股东合计持有 59.54% 的股份。私有化的成败在于能不能得到其余股东中大部分人的支持。

百丽国际退市前的股权结构如图 6-6 所示。

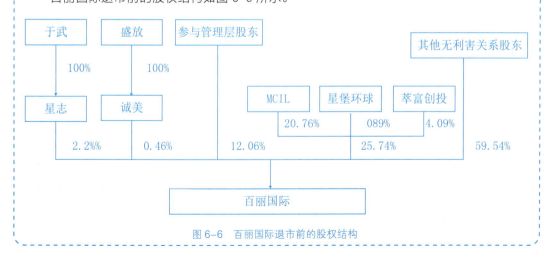

图 6-6　百丽国际退市前的股权结构

在私有化交易完成前，要约方手里控制了 14.72% 的股份，还需要收购 85.28% 的股份，合计金额约为 453 亿港元。就收购筹集资金来源的问题，要约方计划一方面向美国银行寻求债务融资共 280 亿港元，另一方面由股权投资者集团（也就是高瓴集团和鼎晖投资）提供 173 亿港元左右的现金投资。

（2）收购步骤

收购的主要成员可分为三部分，一方为百丽国际高管于武、盛放作为实际控制人的智者创业，另一方为高瓴资本旗下的两家有限责任公司（高瓴 HHBH 和高瓴 HHBG），最后一方是鼎晖投资旗下的有限责任公司 SCBL。三方成员共同出资成立了并购基金 Topco（全名为 Muse Holdings Inc. Topco），是一家注册在开曼群岛的有限公司，Topco 继而下设子公司 Holdco，Holdco 再下设开曼子公司 Muse Holdings-B Inc. Muse（以下简称 Muse）作为收购主体，也就是"要约人"。因此，并购基金搭建了以要约人（即 Muse）为私有化主体的 3 层架构，具体步骤如下。

① "要约人"拟现金收购剩余未控制的合计 85.28% 的股份，价格为 6.30 港元 / 股，现金对价合计为 453 亿港元。收购完成后，百丽国际的 85.28% 股份将被注销。

②同样，参与管理层股东所持的 12.06% 股份也将被注销。并购基金的股东之一——智者创业拟向管理层股东发行股份支付股份对价以作为注销代价。

③于武、盛放持有的 2.66% 股份也会被注销。而于武早已通过控制星志持有并购基金的股东智者创业 14.95% 的股份，盛放也通过控制诚美持有智者创业 3.14% 的股份。

④剩余的参与管理层股东将在交易完成后成为智者创业的股东，通过智者创业间接持有百丽国际的股份。

并购基金交易完成后的股权结构如图 6-7 所示。

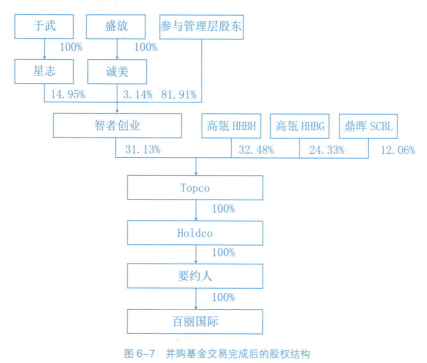

图 6-7 并购基金交易完成后的股权结构

在本次高瓴资本主导的百丽国际私有化交易中，所需支付的现金对价共为 453 亿港元。在完成百丽国际的私有化交易之后，百丽国际就成了要约方的全资公司，并购基金的各股东——智者创业、高瓴 HHBH、高瓴 HHBG、SCBL 分别间接持有百丽国际 31.13%、32.48%、24.33% 和 12.06% 的股份，其中高瓴资本合计将持有 56.81% 的股份，成为百丽国际的新一任大股东。

2. 杠杆的使用

上述并购基金之所以搭建三层架构，目的在于融资时能够归集不同类型和不同来源的私有化资金。Topco 主要用于归集高瓴资本、鼎晖投资两家投资机构的资本金投入，Holdco 主要用于归集借款人的债权资金。最后将所有资金汇合至要约人用于私有化百丽国际。

交易资金安排如图 6-8 所示。高瓴旗下的高瓴 HHBH、高瓴 HHBG 和鼎晖投资旗下的 SCBL 分别按照比例出资 172.58 亿港元、129.28 亿港元、64.08 亿港元；智者创业一方面以自身股份作为交换，取得星志、诚美、管理层股东所持的百丽国际的股份，相当于星志、诚美、管理层股东原先持有的百丽国际 78.24 亿股的股份转换成智者创业的股份（完成私有化交易之后，星志、诚美、管理层股东分别持有智者创业的 14.95%、3.14%、81.91% 的股份，并通过智者创业间接持有百丽国际 31.13% 股份）；另一方面按照 31.13% 的持股比例计算缺口，智者创业仍需募集资金 87.17 亿港元向并购基金注资。

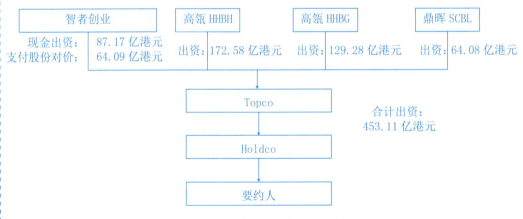

图 6-8　高瓴资本收购百丽国际的资金结构

根据媒体报道，百丽国际私有化计划获得了九家银行承诺提供的 280 亿元的定期贷款，私有化方案所需支付 453 亿港元可以分为两个部分：其一是由高瓴资本（142.8 亿港元）和鼎晖（30.31 港元）合计现金投资 173.11 港元，剩下的约 280 亿港元就来自于 Holdco 将其所持有的要约人股权全部质押给上述提到的美国银行等金融机构所进行的杠杆融资，同时要约人将所持百丽国际的全部股份作为融资担保。因此，智者创业除股份对价之外的资金缺口就是由公司管理层举债进行收购，以获取杠杆效应，一方面能够因为支付利息享受免税政策，提高私有化后百丽国际的运营效率，另一方面也能够防止过度多元化和避免自有资本的操作而对企业价值产生的影响。此外，杠杆收购的高负债与高风险、并购后的偿还压力也能够促使企业管理层加大对经营业绩和效率的关注。

（七）管理层收购

管理层收购，是指目标公司管理层利用债务融资或股权交易购买本公司股份，通过改变公司控制权结构统一所有权和经营权，进而获取预期利益的一种收购行为。管理层收购本质上是一种特殊的杠杆收购，当公司的管理层想将上市公司或公司的一个部门私有化时就会进行管理层收购。收购发起主体的特殊性也表明管理层收购对于降低代理成本、重构长期激励机制、优化资源配置、改善企业经营状况、提高管理效率等方面具有重要作用。在中国的市场环境下，管理层收购是促进企业所有权回归的有效方式。

◎ **知识拓展**

管理层换购

管理层换购（management buy-ins，MBI），又称管理层购入、外部管理团队收购，指一个管理团队取代内部管理层从外部收购、运营目标企业的行为，是一种管理层收购的衍生形式，相对不经常出现。

三、并购基金

（一）定义及特点

随着私募股权投资基金迅速发展与转型升级驱动的并购需求爆发式增长，并购基金（buy-out fund）逐渐成为企业并购过程中的主要融资方式。作为专门从事企业并购投资的金融资本，并购基金一般投资于价值被低估的企业，通过整合、重组、优化等手段改善经营、增值股权，最后通过上市、转售股权等退出方式获取投资收益或归入并购方企业经营版图。杠杆收购是并购基金进行收购的重要模式，并购基金能够运用高杠杆变身资本"野蛮人"达到收购的目的。对于杠杆的灵活运用也是并购基金提高收益的主要方式。

并购基金具有专业能力强、融资规模大、投资期限长、投资行业广泛、投后管理介入深的特点（见表6-6）。

表6-6 并购基金的特点

特点	内容
专业能力强	兼备熟悉资本市场、各类金融工具的人才和精通标的行业的专家
融资规模大	并购交易所需资金量大，募集资金多
投资期限长	投资期限较长，通常为3～5年，国际上的并购基金一般从投入到退出要5～10年时间，可接受的年化内部收益率（internal rate of return，IRR）在30%左右
投资行业广泛	作为财务投资者或者服务上市公司的战略规划，投资标的一般是具有稳定增长能力和潜力的企业
投后管理介入深	在并购活动后，并购基金一般将提供战略制定、资产重组、规范业务等一系列服务主导目标企业的整合运营，提升经营管理水平以促进股权增值

（二）主要类型

在政策引导与市场经济环境推动的并购浪潮下，并购基金的形式日益呈现多样化的趋势。根据主要参与主体，可将其初步划分为专业型并购基金与上市公司参与型并购基金，而上市公司参与型基金又可进一步根据合作方分类为"上市公司 +PE""上市公司 +券商""上市公司 + 银行" 3 种合作模式。其中，券商主要结合投行与研究所服务上市公司的战略发展需求，进行产业并购与投资；银行更多起到融通资金的作用。而 PE 具备专业的资本运作与资产管理能力，与融资便利、退出渠道畅通的上市公司跨界联合、优势互补，使得"上市公司 +PE"逐渐成为并购基金的主要合作模式（见图 6-9）。

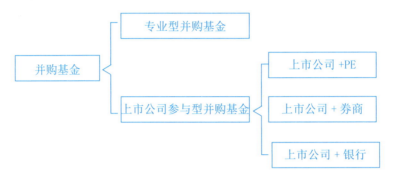

图 6-9　并购基金的类型

（三）一般运作模式

并购基金的一般运作模式可根据投资过程分为投前、投中、投后 3 个阶段。

1. 投前管理

确定组织形式。并购基金的组织形式主要有公司制、契约制、有限合伙制等。公司制并购基金具有独立的法人资格、永续经营、双重课税。契约制（结构化）并购基金中，投资人和管理人契约约定双方权利义务，一般通过资管计划或信托计划募集资金，投资者认购对应优先级 / 劣后级份额。有限合伙制在并购基金中最为常见，普通合伙人（general partner, GP）作为基金管理人，有限合伙人（limited partner, LP）负责提供资金，二者分立使得企业运行更为高效。

募集所需资金。跨境并购基金的资金主要来源于保险基金、养老金、商业银行过桥贷款及富有家族等。境内并购基金的资金则通常来自大型国企、上市公司、社会保障基金、保险资本及个人投资者等。在募集过程中，对于规模较大的并购基金，单个 LP 较高的投资门槛常常限制了投资者群体的范围，建立信托和基金子公司结构，即引入保险、基金子公司或信托作为投资者与并购基金的桥梁，成为小额客户间接投资并购基金、并购基金产品化以拓展融资渠道的有效方式。

选择投资方向。并购基金的投资方向因其设立目的不同而有所差异。在金融体系成熟的发达国家中，专门从事并购投资以期获取增值的并购基金大多以取得目标企业的控制权为目的，凭借其拥有的资深管理团队主导目标企业的整合、重组及运营，而被选中的目标企业通常为发展出现困难或具有良好的市场前景的企业。我国并购基金的主要模式是通过提供债权、股权等融资方式，协助其他主导并购方参与目标企业的整合重组。当其他主导并购方为上市公司时，并购基金的重要功能就是服务于其长期战略需求，增长主营业务核心竞争力或者开辟新业务赛道。常见的产业并购基金便是储备培育战略业务、促进上市公司战略转型的有效方式。

◎ **知识拓展**

实例比较：并购基金不同的设立目的

爱尔眼科成立并购基金的目的在于"在更大范围内寻求对公司有重要意义的并购标的，借助专业投资机构放大公司的投资能力，加快公司发展扩张的步伐，同时分享快速发展的并购投资市场的回报"[①]。自 2009 年上市至今，爱尔眼科营业总收入由 16.40 亿元增长至 119.1 亿元，净利润由 1.83 亿元增长至 17.24 亿元，高速扩张的背后与其"内生 + 外生"的独特发展方式息息相关。除了内生业务增长外，爱尔眼科利用并购基金选择投资标的进行投资，并在自身增长乏力的情况下选择将基金旗下优质标的注入上市公司主体，从而实现外延扩张。2017 年，爱尔眼科以 5.80 亿元收购并购基金孵化的佛山爱尔眼科医院等 9 家医院；2019 年，并购全面提速，总投资额增长 36.65%，收购了晋中爱尔眼科医院等 13 家眼科医院，投资成本 5.74 亿元；2020 年，当期投资额达 44.50 亿元，同比上升 40.59%，收购了包括天津中视信等眼科医院在内的医院及诊所 37 家，投资成本共计 20.49 亿元。

新华锦集团有限公司与深圳前海瑞翔投资管理有限公司设立新材料产业基金，称"将借助资本市场与专业投资机构资源优势，在新能源电池及碳材料行业上下游领域内寻找优质投资机会"[②]，则表明其目的在于为公司向新兴材料行业发展探路。

2. 投中管理

制定投资决策机制。并购基金通常设立投资决策委员会以实现对投资质量、资金风险的控制。湖北京山轻工机械股份有限公司（以下简称京山轻工）与众邦资产管理有限公司（以下简称众邦资产）设立的智能制造产业并购基金便下设投资决策委员会，负责标的项目的投资、管理、退出等重大事项决策，并且公告称："投资决策委员会原则上由 5 名委员组成，投票结果 4 票及以上赞成票即可通过决议。其中，众邦资产推荐 2 名委员（含专家委员），京山轻机推荐 1 名委员，剩余 2 名委员由优先级和平行劣后级有限合伙人推荐。"[③]

3. 投后管理

整合目标实现盈利。股权增值和储备孵化是并购基金投后管理的关键要素。并购基金通常会针对目标企业治理体系和经营方式进行一系列整改，优化公司治理，把控运营绩效，以促进企业经济效益的好转。就"上市公司 +PE"模式具体而言，PE 的职责主要是提供日常运营及投资管理服务，包括项目筛选、立项、行业分析、尽职调查、谈判、交易结构设计、投建书撰写及投决会项目陈述等。上市公司的参与程度因其是否具备行业

① 关于拟参与设立华泰瑞联二期产业并购基金的公告 [EB/OL]. （2015-07-31）[2022-12-23]. http://www.cninfo.com.cn/new/disclosure/detail?orgId=9900008390&announcementId=1201374730&announcementTime=2015-07-31%2016:17.
② 关于签订新材料产业并购基金合作框架协议的公告 [EB/OL]. （2018-05-05）[2022-12-21]. http://www.cninfo.com.cn/new/disclosure/detail?orgId=gssh0600735&announcementId=1204910561&announcementTime=2018-05-05.
③ 关于共同投资设立智能制造产业并购基金并签署框架合作协议的公告（更新后）[EB/OL]. （2017-06-20）[2022-12-21]. http://www.cninfo.com.cn/new/disclosure/detail?orgId=gssz0000821&announcementId=1203630743&announcementTime=2017-06-20.

优势而有所差异，比如致力于提升主业竞争力而设立并购基金的上市公司，在标的筛选、投资决策（一票否决权）等环节上可能更占主导地位。再者，也会受到收购方式的影响。在控股收购中，上市公司为降低代理风险，在股权激励原管理层的同时，通常派遣管理人员监督和协助目标企业的经营管理，而在全资并购中，通常全面制定目标企业的经营、内控体系。

实施退出分配收益。并购基金一般长期持有公司以待经营业绩改善、资本市场的最佳退出时机出现。常见的退出渠道包括 IPO、并购出售、管理层回购等。IPO 退出的畅通程度取决于资本市场的完善程度，跨境并购基金得益于多层次的资本市场能够较为容易地通过 IPO 实现投资收益。并购出售的关键在于培育后适时将目标企业出售给上市公司或战略投资者，有的产业并购基金在设立之初便就项目退出制定了相关规定，比如赋予上市公司同等条件下优先收购权，在提升企业并购效率的同时，降低了并购基金的退出成本。

并购基金的盈利主要来源于基金分红、固定管理费、股权转让溢价以及财务顾问费等。对于有限合伙形式的并购基金，GP 和 LP 的投资收益主要为股权转让收益、股权回购收益、股票分红或者经济补偿等。

◎ 知识拓展

"2+20" 模式

私募基金平衡各方利益的经典收益分成模式为 "2+20" 模式，即基金管理人对管理资产收取 2% 的基础管理费，对超额收益收取 20% 的报酬（carried interest，即附股权益）。其中，超额收益分成可进一步细分为：① "优先返还出资人全部出资及优先收益" 模式，也称欧洲模式。投后退出资金首先返还给基金出资人，至实现约定的优先收益后，GP 才参与收益分配，LP 可较快回收投资，境内大部分基金都采取该模式；② "逐笔分配" 模式，也称美国模式。投后退出的每笔投资均按照一定顺序在 GP 和 LP 中分配，即不优先保障 LP，GP 参与每笔收益分配，并以单笔投资成本为参照提取超额收益的一部分作为业绩奖励，GP 利益最大化，该模式常见于美国并购基金。

（四）上市公司 +PE

"上市公司 +PE" 模式，又称天堂硅谷模式。随着我国金融体系逐步健全，企业得以借助并购基金实现有效的产业链整合、新业务开拓。"上市公司 +PE" 模式应运而生，成为境内并购基金的主要合作模式，其基金设计方案也呈现多元化的趋势。

上市公司与 PE 的优势互补，具体体现在 PE 为上市公司消除并购前期风险、提高资金使用效率与并购效率、构建项目收购的缓冲平台、提供渠道资源的借力机会。上市公司为 PE 提供良好信誉背书以降低募资难度、提前锁定退出渠道明确投资边界。因该模式下的并购基金大多服务上市公司和产业的发展需求，也可称为产业系并购基金。

以有限合伙形式的并购基金为例，PE 可联合上市公司设立投资管理公司作为并购基金的 GP，并负责募集其余 LP，上市公司可作为 LP 跟投。并购基金投资各类项目公司标的，签署业绩对赌承诺，上市公司待标的企业完成业绩承诺，通过股票、现金或混合支付等方式收购投资标的。并购基金获得溢价现金退出或持有股票于限售解除后变现退出。此外，也可通过资产管理计划募集并购基金的结构化资金。

有限合作式并购基金与契约式（结构化）并购基金运作模式如图6-10、图6-11所示。

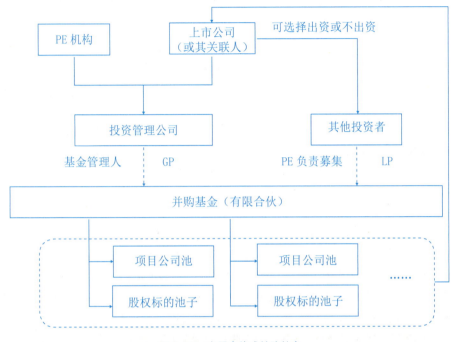

图6-10　有限合伙式并购基金

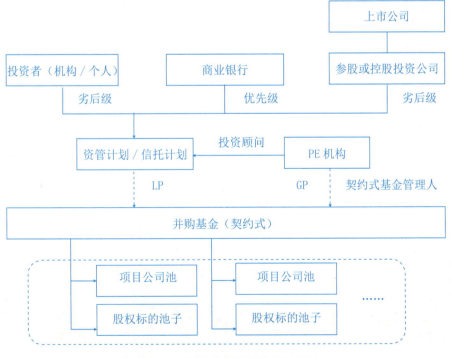

图6-11　契约式（结构化）并购基金

案例 6-4

天堂硅谷模式

天堂硅谷资产管理集团有限公司（以下简称天堂硅谷）成立于 2000 年 11 月，"上市公司 +PE" 模式便由其开创先河，因此又称为天堂硅谷模式。

2011 年，天堂硅谷全资子公司恒裕创业投资有限公司（以下简称恒裕创投）与湖南大康牧业有限公司（以下简称大康牧业）以共同发展畜牧业、完善产业链、整合资源为目标，设立天堂大康并购基金（有限合伙，以下简称天堂大康），即中国第一支"上市公司 +PE" 模式并购基金。该基金规模 3 亿元，存续期 5 年，其中，恒裕创投作为 GP 出资 3000 万元，大康牧业作为 LP 出资 3000 万元，各自出资 10%，其余 2.4 亿由天堂硅谷负责向社会自然人与机构投资者募集。上市公司与 PE 机构分别出资 10%，其余 80% 向外募集。

在投资决策方面，并购基金设立投资与退出决策委员会负责标的项目相关重大决策，委员会共设 7 名成员，天堂硅谷与大康牧业委任比例为 5∶2，天堂硅谷对并购基金拥有控制权；在经营管理方面，天堂硅谷为天堂大康的基金管理人，以畜牧业及相关领域为主要投资方向，负责标的项目筛选、投后管理、基金退出等，大康牧业负责拟投项目的日常经营和管理；在退出方式方面，并购基金约定其收购的项目在培育期满后可通过现金收购或增发换股的方式注入上市公司，3 年内大康牧业有优先收购权，3 年后并购基金将有自由处置权。

2012 年起，天堂大康先后对武汉和祥畜牧发展有限公司（以下简称和祥畜牧）、富华生态环境股份有限公司（以下简称富华生态）、武汉登峰海华农业发展有限公司（以下简称登峰海华）、慈溪市富农生猪养殖有限公司（以下简称慈溪富农）实施并购整合（见图 6-12）。

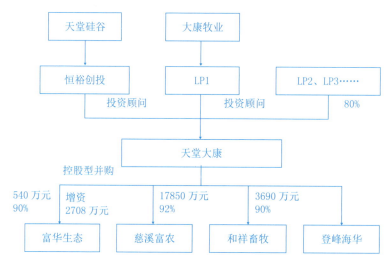

图 6-12 "天堂大康" 并购基金股权结构及投资业务

天堂硅谷与大康牧业优势联合，有效改善了大康牧业作为上市公司由于定增、配股的审批时限限制面临的资金时效性低的问题，转移了部分并购风险，减少了并购过程的不确定性，较好地借力了 PE 资本运作经验与资源。而天堂硅谷也能在退出风险相对降低、投资回收期缩短的有利条件下，充分发挥机构专业优势获取投资收益。整体来说，在当时对产业转型升级、资源优化配置和公司治理结构改善具有重要意义。

後续天堂大康并购基金的风险控制出现问题，并购基金退出失败，上市公司未履行协议约定的对并购基金收购标的的二次收购，天堂硅谷、天堂大康将上市公司大康牧业告上了法庭，但是这种"上市公司 +PE"模式被诸多机构争相模仿，就此风靡，并购基金也于实务中逐渐在设立方案、风险管理等方面臻于完善。

案例思考 双汇集团管理层收购

河南双汇投资发展股份有限公司（以下简称双汇发展）是双汇集团股份有限公司（以下简称双汇集团）的上市子公司，于 1998 年在深交所上市，在 2003 年双汇管理层介入之前，双汇发展是一家国有控股公司，其控股 60.72% 的大股东双汇集团由漯河市国资委全资持有。为了进一步激活企业发展的体制机制，获得更多的管理层激励，从 2002 年起，双汇集团开始了管理层收购之路。

第一阶段："双海"介入与现实受阻

2002 和 2003 年，双汇发展的高管分别成立了漯河海汇投资有限公司（以下简称海汇）和漯河海宇投资有限公司（以下简称海宇）两家投资公司，迈出了管理层收购过程的第一步。其中，海汇与双汇集团进行了大量的关联交易，而海宇于 2003 年以 4.7 元 / 股的价格购买了双汇发展 25% 的股权（见图 6-13）。然而，2005 年初，海汇由于未及时披露关联信息被监管局责令整改，随后注销。2005 年末，《企业国有产权向管理层转让暂行规定》新政策的颁布叫停了大型国有企业国有股份向管理层转让相关事宜，双汇集团管理层通过海宇的收购计划也无法继续进展。

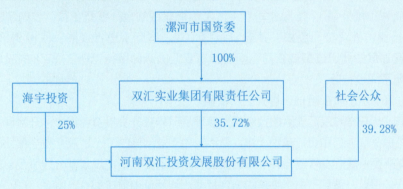

图 6-13 2003 年双汇发展股权结构

第二阶段：引入外资，迂回突破。

原有计划失败后，双汇管理层另辟蹊径，采用外资的迂回战术，在政策法规范围内完成了股权变动。

2006 年 4 月，高盛集团有限公司（以下简称高盛）和鼎晖投资共同控制的罗特克斯有限公司（Rotary Vortex Limited，以下简称罗特克斯）以 20.1 亿元从漯河市国资委手中买走双汇集团 100% 股份，同时从海宇投资手中买走了双汇发展 25% 股份。经过这两次股权转让，罗特克斯直接持有双汇发展 25% 的股份，通过双汇集团间接持有双汇发展 35.72% 的股份，总持股比例达到 60.72%。双汇发展彼时成为一家外资控股公司（见图 6-14）。

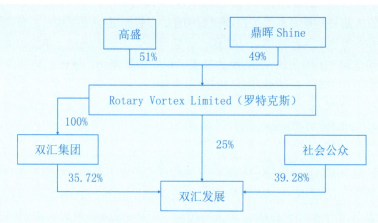

图 6-14　2006 年双汇发展股权结构

第三阶段：乱花渐欲迷人眼，管理层再次入局。

高盛与鼎晖投资的海外调整：一方面，高盛受资金压力多次减持寻找退路，先是在 2007 年将直接持有的罗特克斯 5% 的股份，转让给鼎晖投资，再在 2009 年，进一步将间接持有的 15% 的股份转让给鼎晖投资下属关联公司鼎晖 Shine III；另一方面，2007 年，高盛和鼎晖投资不再直接以 46% 和 54% 的比例直接控股罗特克斯，而是在开曼群岛成立了多个子公司（其中包括 Shine C 双汇国际）内部重组后，通过 Shine B，Shine C（双汇国际），Glorious Link 3 层境外子公司结构，间接控制罗特克斯。

管理层再次入股双汇：2007 年 10 月，双汇集团管理层在维尔京群岛设立了兴泰集团有限责任公司（以下简称兴泰集团），兴泰集团进一步设立了全资子公司雄域投资有限公司（以下简称雄域公司），雄域公司利用员工信托获取的境外银行贷款，收购了多家双汇集团相关行业的外资公司股权，并与 Shine C（双汇国际）进行换股，取得 31.82% 的股份。双汇管理层由此通过雄域公司，间接持有双汇国际即罗特克斯 31.82% 的股份，对双汇发展实现了间接持股。

第四阶段：中小股东阻挠，境外上市受阻。

为了进一步获得对双汇国际的控制权，管理层寻求让外资投资者退出，开始谋划将双汇发展体系外的关联业务和资产单独上市。然而，由于被剥离的资产是双汇整个集团的优质资产，罗特克斯要求双汇发展放弃香港华懋集团有限公司转让双汇发展部分控股及参股公司的优先受让权的提议，遭到了中小股东的强烈反对。河南证监局旋即介入调查，双汇发展被勒令整改，于 2010 年 3 月开始停牌，双汇发展被要求尽快拟定一套转让股权的整改方案。上市公司中小股东的发难使管理层焦头烂额，通过剥离集团资产境外上市来推进 MBO 的计划宣告失败，管理层需寻找新的方式来达成各个主体利益的统一和推进 MBO。

第五阶段：各方统一利益，MBO 终成定局。

在公司停牌后，双汇管理层为配合监管开始酝酿一系列极其复杂的重组，涉及定向增发、股权合并、股权吸收、资产注入等多种重组办法。2010 年 11 月 29 日，双汇发展历经 8 个月连续发布 32 个《重大事项进展暨停牌公告》后，双汇集团重组方案于 29 日凌晨公告。2010 年 11 月 29 日的重组公告涉及四大部分：主业资产整体注入、回购股权、实际控制人调整及溢价全面要约收购。2009 年双汇发展股权结构如图 6-15 所示。

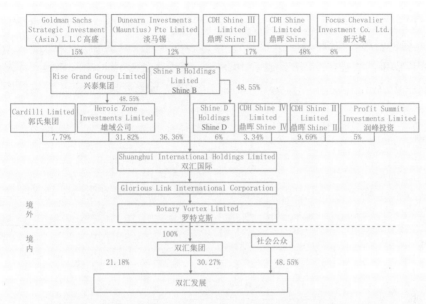

图 6-15　2009 年双汇发展的股权结构

　　公告中重组方案的一大核心变化是双汇集团资产注入实现整体上市。双汇集团和罗特克斯将 339 亿元资产置入上市公司，涉及养殖业、饲料业、屠宰业、肉制品加工、化工包装、物流和商业的 29 家公司。上市公司双汇发展拟置出双汇物流投资有限公司 85% 的股权，估值约 17.2 亿元。同时，作为对价，双汇发展向双汇集团和罗特克斯定向增发 6.32 亿股，发行价格为每股 50.94 元。发行完成后双汇集团持有公司 64.328% 的股权，罗特克斯持有 11.919% 的股权。

　　公告中重组方案的另一核心变化是双汇国际的境外持股结构扁平化，将原本错综复杂、层层叠叠的持股结构进行扁平化改造。在重组后，兴泰集团最终持有罗特克斯 30.23% 的股份，兴泰集团关联公司运昌公司持罗特克斯 6% 的股份（运昌公司实际为对双汇管理团队实施的一项为期 3 年的员工奖励计划的载体）。在双汇国际的外资股东中，高盛系持股降低至 5.18%，鼎晖系降低至 33.70%，香港投资者郭鹤年家族的郭氏集团（Cardilli Limited）持股 7.40%，加拿大籍投资者曹俊生旗下润峰投资（Summit Investments Limited）持股 10.57%，新天域和淡马锡持股分别降低至 4.15% 和 2.76%。由于润峰投资实际控制人曹俊生与双汇集团渊源深远，也是当年海宇的股东之一，在最后的股权调整中，润峰投资所持有的股权翻了一番。

　　股权调整后，从表面上看，双汇国际的控股权还掌握在以鼎晖投资为代表的外资手中。为了使兴泰集团变成实际控制人，双汇国际修改了公司章程，外资股东将半数的投票权让渡给了管理层的持股平台，使得后者对应的表决权比例达到 53.19%。同时，在双汇国际董事会以投票方式表决普通决议时，雄域公司任命的董事每人拥有 2 票表决权，其他董事拥有 1 票表决权，即雄域公司在双汇国际董事会的表决权超过半数。为了满足《上市收购管理办法》中对公司独立董事比例的规定，11 月 25 日，双汇发展的 3 名董事紧急辞职。通过投票权安排，兴泰集团成为双汇发展的实际控制人，对双汇发展的实际控股超过 75%，触发全面要约收购义务。

　　为了配合重组，同时保证投资者利益，双汇发展同时推出了溢价要约收购的保护机制，以 56 元 / 股的要约收购价向双汇发展其余 48.55% 的流通股股东要约收购股票。该价格较双汇发展停牌前的收盘价 50.48 元溢价 10.94%，较预案公告前 30 个交易日双汇发展股票每日加权平均价格的算术平均值 53.38 元溢价 4.91%。重组完成后，双汇发展的股权结构如图 6-16 所示。

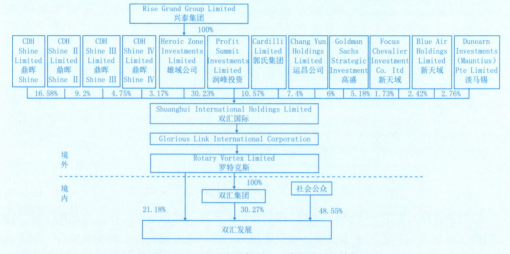

图 6-16　2010 年重组后双汇发展的股权结构

　　第六阶段：另辟蹊径，财务投资者"功成身退"。

　　双汇发展管理层实现自己的 MBO 目的后，以鼎晖投资为主的财务投资者如何退出成为另一个问题。为了缓解基金退出的业绩压力，投资机构采取了提高现金分红、推进双汇国际上市等多方面的行动。在现金分红方面，2010 年推进关联业务单独上市失败后，双汇发展停止增厚资本，恢复高分红比例；在上市方面，双汇国际融资数十亿美元杠杆收购了史密斯菲尔德食品公司，并在 2014 年，改名为万洲国际有限公司（以下简称万洲国际）于港股上市。2017 年，鼎晖投资对万洲国际的持股比例由 9.27% 减持至 3.24%，长达 11 年的投资到达尾声，鼎晖投资功成身退。

　　在该案例中，国家对于国有股权 MBO 政策的收紧是双汇发展 MBO 前两次失败的原因，但漯河市国资管理部门对双汇的支持和外资转让是 MBO 成功的前提。而在外资投资者上，高盛、鼎晖投资与双汇管理层互相合作，双汇管理层借助外资迂回实现 MBO 收购，而鼎晖投资通过双汇国际的最终上市实现资金退出，获得超额收益。作为公募基金的重仓股，双汇发展在 MBO 过程中，协调"中小股东"的权益，拿出双方均可接受的重组方案，是本次 MBO 成功的关键。本次 MBO 对于双汇发展改善公司内部治理、减少代理成本、完善管理层激励机制具有重要意义。

📝 **讨论题：**

　　1. 管理层收购与杠杆收购有什么区别？

　　2. 杠杆收购成功的保障是什么？请结合案例说明。

Chapter 7

第七章
公司的收购策略

一、收购的概念

世界各国的法律均未对收购进行明确的定义。1933 年美国颁布的《证券法》对以证券作为对价支付的股权收购仅做出有限的披露要求。1968 年，美国对 1934 年《证券交易法》进行修正，并在此基础上出台了《威廉姆斯法》。该法案是美国并购领域最重要的证券交易监管法律之一，其立法目的为规范股权收购的程序和信息披露，其核心内容是建立了权益变动比例超过 5% 时的持股预警信息披露制度和要约收购的监管制度。《威廉姆斯法》规定，持有某一公司已发行股票总数 5% 的收购者需要在 10 天内向证监会披露其持股变动情况。作为规范股权收购的核心法案，《威廉姆斯法》并未对股权收购做出定义。

股权收购的八因素判定

20 世纪 60 年代，股权收购已经逐渐成为获得公司控制权的一种普遍方式。《威廉姆斯法》的通过，使股权收购短期受挫，但促进了第四次并购浪潮中股权收购的运用和反收购措施的发展。

中国现行的法律法规也并未对"收购"这一概念做出明确的定义。2002 年证监会颁布的《收购管理办法》曾以收购人"持有股份达到一定比例或者程度"，"导致其（可能）获得实际控制权"作为收购的定义。证监会上市公司监管部《关于上市公司收购有关界定情况的函》（上市部函〔2009〕171 号）指出："收购是指取得或者巩固上市公司控制权的行为。"在监管实务中，证监会和证券交易所将取得或者巩固公司控制权的行为视为收购。

收购交易并不总是伴随着友好和善意。在 20 世纪 80 年代兴起的第四次并购浪潮中，敌意收购的比例高达 14%。"门口的野蛮人"虎视眈眈，逐渐加大了收购的攻击性，并对收购方式和策略进行了创新。随着时代的发展，面对目标公司日益严密的防御措施，收购方不断革新收购策略。目前，中国上市公司常见的收购方式一般有举牌收购、协议收购、要约收购、定增收购、间接收购和委托书收购 6 种形式。收购方通常根据目标公司的意愿选择不同类型的收购方式，以达到获得或者巩固控制权的目的。

二、初始收购策略

（一）非正式传递

在收购的初始阶段，出价者可能会尝试以非正式传递（casual pass）的方式先对目标方进行接触和试探。所谓非正式传递，是指收购方在发起敌意收购前先向目标公司的管理层提出一些非正式的提案。非正式传递在收购发生的前期十分常见。据国外媒体 Silicon Alley Insider（SAI，硅谷观察）报道，2020 年 4 月，谷歌在参与竞购美国视频网站

Hulu 前，已向该公司提出非正式收购请求，并向其控股股东阐述了如何整合 Hulu 业务服务的计划，赢得了 Hulu 控股股东的一致看好。

对于收购方来说，非正式传递可以在不清楚目标公司关于被收购的态度时使用，但并非总是行之有效。如果目标公司曾表现出明确的反收购意愿，非正式传递也许会弄巧成拙，因为事前的接触和试探已经向目标公司发出了警报。例如，2015 年 10 月，啤酒巨头南非米勒啤酒公司（SAB Miller）拒绝了行业老大百威英博（AB Inbev）价值近 1000 亿美元的第三次非正式收购报价，理由是出价太低。再如，2017 年吉利与菲亚特—克莱斯勒汽车公司（FCA）曾在伦敦就潜在的收购事宜进行了非正式谈判，但由于报价未谈拢，此次谈判宣告失败。

（二）建立初始点

在确定目标公司后，收购方可以开始逐步积累目标公司的股票，在尽量不引起目标公司管理层注意的情况下，完成一轮低调的资本累积。这种行动的目的是建立一个初始点（toe hold），以便后续行动。建立初始点的策略主要有三点优势：首先，如果收购者建立初始点的行为未引起市场反应，那么其无须支付收购溢价，就能以低于收购报价的正常市场价格获得部分股权；其次，收购者可以利用初始的股票积累，完成从意向收购者到公司股东的身份转变，减少目标公司反收购措施的效力；最后，即使收购方最终在竞购中落败，其也将得到成功收购者支付的股票溢价。

研究表明，建立初始点提高了股权收购成功的可能性[1]。但是现实中，初始点战术并未得到广泛应用。在英美两国的敌意收购案例中，建立初始点的收购仅占 15%[2]，这大概与建立初始点的成本和失败后面临的风险有关。

我国新《证券法》第六十三条规定："通过证券交易所的证券交易，投资者持有或通过协议、其他安排与他人共同持有一个上市公司已发行的有表决权股份达到百分之五时，应当在该事实发生之日起三日内，向国务院证券监督管理机构、证券交易所作出书面报告，通知该上市公司，并予以公告。"因此，收购者倾向于建立低于 5% 的披露标准的初始收购点。一旦超过这一标准，收购者需要承担额外的披露成本和因此造成的谈判劣势。如果建立初始点后竞价不成功，收购方将面临股价下跌的风险。因为当竞价撤销时，目标公司的股价也会下跌，这会导致收购方为建立初始点而购买的股票产生损失。另外，目标公司的管理者在察觉到外来者的收购意图时，可能会对收购方产生敌意，并实施防卫手段，这将进一步降低后期友好谈判的可能性。

（三）熊式拥抱

熊式拥抱案例

熊式拥抱（bear hug）是指收购人在发动收购前与目标公司的董事会进行接触，表达收购的意愿，如果遭到拒绝，就直接向股东发起要约收购。熊式拥抱传达出收购方"先礼后兵"的态度。收购方在执行熊式拥抱策略时，可以公开宣布自己的收购意愿。熊式拥抱主要有两种形式：泰迪熊式拥抱

① Choi，D. Toehold Acquisitions, Shareholder Wealth and The Market For Corporate Control [J]. *Journal of Financial and Quantitative Analysis*, 1991, 26(3): 391-407.
② BRIS, A. Debt, Information Acquisition and The Takeover Threat [R]. Working Paper from Yale School of Management, 2000.

（Teddy bear hug）和普通熊式拥抱。

泰迪熊式拥抱是一种较温和的收购策略，通常不包含报价和具体交易条款。其目的并非公开收购意愿，而是针对董事会的试探。而收购方在实施普通的熊式拥抱策略时，通常会在策略伊始提出一个价格，其目的是公开收购意愿。普通熊式拥抱策略意味着收购方报价的公开，这将使管理层和董事会承担较大压力。因为一旦目标公司没有接受收购提议，收购方可以直接向股东发起收购。

一旦熊式拥抱的消息公开，收购方的股价大多会因为收购而下跌，因此套利者会趁机卖空收购方的股票。同时，套利者也会大量囤积被收购方的股票，这有利于收购方在未来能够从套利者的手中购买一定规模的被收购方股票，从而更容易获得被收购方的控制权。

一般来说，熊式拥抱通过对管理层施加压力迫使其就范，达到不战而屈人之兵的目的，往往可以避免敌意收购的发生。在实施普通熊式拥抱策略时，收购方往往会允诺以一个较高的价格收购目标公司的股票。此时，目标公司的管理层和董事会将面临较大压力，因为他们有义务将该要约向全体股东公布，有些股东会受到高利益的驱动而要求董事会接受这一收购提议。如果目标公司董事会无正当理由而贸然拒绝收购方的高报价，就很有可能招致诉讼。

熊式拥抱往往是软硬兼施，若被收购方还是不同意并购，收购方则会采取强硬的措施进行强行收购，也可以通过向被收购方的董事会提出高价收购的意向，并通知被收购方须在限定期限内给予答复，以此来表明决心，让被收购方知难而退，同意并购。因此，熊式拥抱适用于收购方有较强实力和较大话语权的收购交易。

三、举牌收购

（一）举牌收购的概念

收购方可以在二级市场（即证券交易所市场）购入一定数量的上市公司股票以达到控制上市公司的目的。当其持有的股份比例达到或变动一定范围时，须履行权益变动报告、公告等法定义务。这种公告行为被市场形象地称为"举牌"。简言之，举牌是一种权益披露行为。

举牌收购是一种基本的收购方式，并因其市场化和公开透明的特点成为一项影响范围较大的收购方式，这一特点对中国的上市公司收购实践和证券市场制度完善亦起到不可替代的作用。举牌收购的缺点是成本高、收购时间长，因此一般适用于股权较分散的目标公司。举牌收购通常体现为敌意收购，收购方往往有备而来，一般以战略投资或者借壳上市为主要目的。

（二）举牌收购的信息披露要求

如果收购人在举牌收购的过程中不履行披露义务，就很可能会损害上市公司股东特别是中小投资者的合法权益。因此，我国对上市公司举牌收购过程中的信息披露有严格的规定（见表7-1）。

表 7-1　我国举牌收购信息披露要求

持股比例（N）	法定披露情形	披露规定时间	披露面向对象	其他要求
N ≥ 5%	投资者通过二级市场交易持有或者通过协议、其他安排与他人共同持有上市公司股份首次达到 5% 时	事实发生日（T）起 3 日内编制权益变动报告书	向证监会、交易所提交书面报告，通知上市公司，并予以公告	在作出报告和公告前（T+3），不得再行买卖该上市公司股票
N ± 5%	投资者持有或者通过协议、其他安排与他人共同持有上市公司股份达 5% 后，其持有股份通过二级市场交易每变动 5% 时			在公告期限内和作出报告、公告后 2 日内（T+3+2），不得再行买卖该上市公司股票

举牌收购相关
信息披露案例

上市公司已发行股份的 5% 是一道固定的预警线，也是首次举牌线。例如，当投资者及其一致行动人通过二级市场已收购 4% 的上市公司股份，那么再次增持 1% 的该上市公司股份时，则构成举牌，需要进行信息披露。

当收购方已持有的股份达到 5% 之后，后续每增加或减少 5% 并不是指跨越 5% 的整数倍关口，而是持股比例变化量达到上市公司股份的 5%。例如，当收购方已拥有目标公司 14% 的股份时，若再通过二级市场增持 1% 的股份时，不构成举牌；若再通过二级市场增持 5% 的股份时，则构成举牌，需要进行信息披露。

权益变动
报告书格式

若投资者及其一致行动人不是上市公司的第一大股东或实际控制人，当其拥有的该上市公司的股份达 5% 且不足 20% 时，应当编制《简式权益变动报告书》。若投资者及其一致行动人是上市公司的第一大股东或实际控制人，当其拥有的该上市公司的股份达 5% 且不足 20% 时，应当编制《详式权益变动报告书》。投资者及其一致行动人拥有的该上市公司的股份达 20% 且不足 30% 时，应当编制《详式权益变动报告书》。如果投资者及其一致行动人是通过行政划转或者变更、执行法院裁定、继承、赠与等方式拥有的权益变动达到上述比例，那么其披露应遵循"通过协议转让方式"的相关规定。

四、协议收购

（一）协议收购的概念

协议收购（acquisition agreement）是指收购方不通过证券交易所，而是直接与目标公司的股东就收购股票的价格、数量等方面进行协商后签订收购其股份的协议，从而实现控制权的获取和巩固。协议收购是目前中国主要的收购方式之一。协议的本质是收购方与目标方就收购条件和细节达成的合意，其内容主要包括收购股权的性质、条件、数量、价格、价款支付方式、双方权利义务、董事会调整方案、违约责任、审批手续等。协议收购是一种非公开的收购方式，交易对象一般是目标公司的控股股东或大股东，并不面向全体股东。由于协议收购主要依靠收购方与目标公司协商解决，因此协议收购往往是一种善意收购方式。

上市公司协议收购主要具备以下几个特征。

第一，上市公司协议收购是在证券交易所之外进行的。在我国，收购上市公司主要有3种方式，即通过证券交易场所购入股份、在交易场所外达成协议收购和发出公开要约。在协议收购的过程中，收购协议的协商、谈判到最后签署均无须证券交易所参与，是由投资者与目标公司的股东私下进行的。

第二，上市公司协议收购不必经过目标公司管理层的同意。协议收购的股权转让协议是收购方与目标公司主要股东私下达成的，收购协议的双方当事人是收购方和目标公司股东，目标公司的管理层不是收购协议的当事人。投资者进行协议收购，只需要与目标公司股东达成一致，无须征得目标公司管理层的同意。

第三，上市公司协议收购的目的在于取得目标公司的控制权。协议收购方一般追求长期投资价值，具有战略目的。收购方通过向目标公司的股东支付对价，以获得能够控制该目标公司所需要的股数。

中国《公司法》《证券法》及其他收购法律法规均对协议收购的内容作出了相关规定。协议收购必须按照法律规定进行协议和股权转让，否则收购无效。

（二）协议收购的程序

根据我国收购相关立法，完成协议收购一般应遵循以下步骤。

1. 收购双方协商收购事宜

首先由收购方确定拟收购的目标公司，并与目标公司的控股股东或主要股东初步接触，在确定目标公司时，收购方应聘请财务专家对目标公司的公开财务信息进行详细分析，然后由买卖双方就协议收购股权的性质、条件、数量、价格、价款支付方式、双方权利义务、董事会调整方案、违约责任、审批手续等事由进行谈判和磋商，最终达成一致意见。如果收购造成的权益变动涉及国家产业政策、行业准入、国有股份转让等事项，需要取得国家相关部门批准的，应当在取得批准后进行。

2. 收购协议的签订

收购协议是上市公司协议收购中最重要的法律文件，收购协议适用的是有限意思自治原则，即收购人与目标公司股东可以在新《证券法》及相关法律规范允许的范围内进行自由磋商，一旦超出了法律所允许的范围，收购协议就属于无效条款。

根据《上市公司流通股协议转让业务办理暂行规则》的规定，上市公司流通股协议转让业务的办理必须在证券交易所进行，由上交所、深交所和中国证券登记结算有限责任公司集中统一办理。只有符合《上海证券交易所上市公司股份协议转让业务指引》或《深圳证券交易所上市公司股份协议转让业务指引》规定情况的股份转让协议才可以申请办理流通股协议转让手续。

3. 收购方及目标公司履行相关的信息披露

上市公司协议收购不必经过目标公司管理层的同意，而是与目标公司主要股东私下达成的。为了保护广大股东尤其是中小股东和二级市场公共投资者的合法权益，防止内幕交易，法律规定了较为严格的信息披露制度。新《证券法》第七十一条规定："以协议方式收购上市公司时，达成协议后，收购人必须在三日内将该收购协议向国务院证券监督管理机构及证券交易所作出书面报告，并予公告。在公告前不得履行收购协议。"

4.协议的履行

收购方和目标公司股东在完成上述程序之后，就进入了协议履行阶段。双方应当按照收购协议中约定的股份数额、价格、价款支付方式、履行期限等内容履行收购协议。《收购管理办法》（2020年修订）第五十五条规定："收购报告书公告后，相关当事人应当按照证券交易所和证券登记结算机构的业务规则，在证券交易所就本次股份转让予以确认后，凭全部转让款项存放于双方认可的银行账户的证明，向证券登记结算机构申请解除拟协议转让股票的临时保管，并办理过户登记手续。"

（三）协议收购的信息披露要求

根据《上海证券交易所上市公司股份协议转让业务指引》和《深圳证券交易所上市公司股份协议转让业务指引》的规定，收购方每次通过协议收购买入的股份不得低于该上市公司已发行股份的5%，转让双方存在实际控制关系等特殊情况除外。

《收购管理办法》（2020年修订）第十四条规定："通过协议转让方式，投资者及其一致行动人在一个上市公司中拥有权益的股份拟达到或者超过一个上市公司已发行股份的5%时，应当在该事实发生之日起3日内编制权益变动报告书，向中国证监会、交易所提交书面报告，通知该上市公司，并予公告。""若投资者及其一致行动人拥有权益的股份达到一个上市公司已发行股份的5%后，其拥有权益的股份占该上市公司已发行股份的比例每增加或减少达到或超过5%的，应当依照前款规定履行报告、公告义务。""在作出报告、公告前，不得再行买卖该上市公司股票。"

收购方拟以协议收购方式购买上市公司30%以上的股份，且符合《收购管理办法》第六章"免除发出要约"规定情形的，应在权益变动行为完成后3日内就股份增持情况作出公告，律师应就相关投资者权益变动行为发表符合规定的专项核查意见并由上市公司予以披露。2020年3月，证监会重新修订《收购管理办法》，取消了要约收购义务豁免的行政许可审批。

▶ **案例 7-1**

大众中国协议收购国轩高科

大众汽车集团中国公司（以下简称大众中国）是第一批在中国开展业务的国际汽车制造厂商之一。合肥国轩高科动力能源有限公司（以下简称国轩高科）作为从事新能源汽车动力锂电池自主研发、生产和销售的企业，拥有先进的技术和产品开发经验。

为进一步推动国轩高科与大众中国战略合作关系的建立，实现双方在技术和资源方面的优势互补，推动双方在新能源领域等方面的协同发展，2020年5月28日，国轩高科发布公告称，大众中国将作为战略投资者通过两种方式对公司进行战略投资，一是从国轩高科控股股东珠海国轩新能源技术有限公司（以下简称珠海国轩）及李缜先生处合计受让国轩高科56467637股股份；二是认购国轩高科向其定向发行的普通股股份，股份数量占此次发行前国轩高科股份总数的30%。

2020 年 6 月 23 日，根据双方签订的《股份转让协议》的相关约定，国轩高科实际控制人李缜先生与控股股东珠海国轩向大众中国分别质押其持有的公司股份 31568038 股与 24899599 股，同时珠海国轩监管账户于 2020 年 6 月 11 日收到大众中国支付的订金人民币 620000015.10 元。2021 年 11 月 30 日，李缜先生、珠海国轩分别将其持有的国轩高科的 31568038 股（占公司股本总额的 2.47%）和 24899599 股（占公司股本总额的 1.94%）无限售条件流通股转让给大众中国，同时上述股份已解除质押状态。

2021 年 12 月 14 日，国轩高科向特定对象大众中国非公开发行 A 股股票 384163346 股。此次定向发行完成后，公司实际控制人李缜及其一致行动人持股比例减少至 18.17%，而大众中国持股数量为 440630983 股，持股比例达 26.47%，成为公司第一大股东。出于保证国轩高科稳健发展的考虑，在至少 36 个月内，大众中国将放弃其所拥有的部分国轩高科表决权，李缜及其一致行动人仍为持有公司第一大表决权的股东，并保持实际控制人地位。

五、要约收购

（一）要约收购的概念

要约收购是指收购人通过向目标公司的股东发出购买其所持该公司股份的书面意见表示，并按照依法公告的收购要约中所规定的收购条件、价格、期限及其他规定事项，收购目标公司股份的收购方式。作为境内外证券市场的主要收购方式之一，要约收购通过公开要约，以期达到获取目标公司控制权的目的。收购人向被收购的公司发出收购的公告，待被收购公司确认后，方可实行收购行为。

要约收购最大的特点是一视同仁地向所有股东发出要约，这是一种完全市场化且规范的收购模式。目标公司的所有股东可以在平等获取信息的基础上自主选择是否出售当前持有的股票。

（二）要约收购的分类

1. 按收购的范围分类

根据收购人拟收购上市公司的部分股份还是全部股份，要约收购可分为部分要约收购和全面要约收购。

部分要约收购以目标公司的部分股份为标的。采取部分要约收购方式的目的是取得目标公司的相对控制权。根据上市公司股权分布退市要求：股本总额低于人民币 4 亿元，且社会公众持股低于总股本 25% 的；股本总额超过人民币 4 亿元，社会公众持股比例低于 10% 的上市公司，将被终止其股票上市交易。采取部分要约收购的收购人有权决定股权收购比例，因此可以自主决定是否继续保持目标公司的上市地位。

全面要约收购以目标公司的全部股份为标的。全面要约收购一般有两种情形。一种是收购方以目标公司退市为目的发起全面要约收购；另一种情况是收购方被动触发全面要约收购，且不符合免除发出要约规定情形。在这种情况下，收购方的本意可能并非令目标上市公司退市，因此需考虑在要约完成后，目标公司是否还符合上市条件。

在第二种情况下，收购方为避免上市公司退市，可以在要约收购价格上进行策划。根据《收购管理办法》（2020 年修订）的规定，要约收购价格不得低于要约收购提示性公告日前 6 个月内投资者取得该种股票所支付的最高价格，因此，投资者可以选择在上市公司股票价格相对低点发出要约，或在发出要约后通过利好预期管理将股价推高，使上市公司其他投资者没有意愿按要约价格转让股份，从而避免自己全面接盘的风险。

2. 按收购人是否自愿发出收购要约分类

根据收购人发出要约是因受到法律强制要求还是出于自愿，要约收购一般可分为自愿要约收购和强制要约收购。

自愿要约收购是指收购人自主决定通过发出收购要约以增持目标公司股份而进行的收购，不受数量及时间的限制。自愿要约收购体现了投资者的自由意志，收购人可以自愿选择发出收购要约的时机和收购范围。自愿要约收购不构成法律义务。

强制要约收购是指收购人已经持有目标公司股份达到一定比例并拟继续增持时，必须向目标公司全体股东发出购买其持有股份的要约，以完成收购。强制要约收购体现了法律对目标公司中小股东权益的保护，保证了中小股东在公司被收购时，能以合理的条件退出公司经营。强制要约收购构成法律义务。

世界各国对于要约收购的规定存在较大差异，多数国家对于自愿要约收购有较严格的限制。英国的要约收购制度属于强制性的要约收购制度，法律规定收购方一旦持有目标公司的股份超过一定比例（30%），则收购人应当以特定的价格，在限定的时间内向目标公司的所有股东发出全面要约，从而使目标公司的中小股东能有机会将所持公司的股份按照与大股东相同的价格向收购人转让。在面对收购方的要约时，被收购方股东有接受或者拒绝的权利。美国的要约收购制度属于自愿型的要约收购。收购人可自主发出要约，自行确定要约比例，但收购人在收购过程中需要不断地就收购人的背景、收购意图、收购计划等信息予以充分详细的披露。

我国《收购管理办法》（2020 年修订）的第二十四条规定："通过证券交易所的证券交易，收购人持有一个上市公司的股份达到该公司已发行股份的 30% 时，继续增持股份的，应当采取要约方式进行，发出全面要约或者部分要约。"符合免于发出要约条件的，收购方可以聘请符合新《证券法》规定的律师事务所等专业机构出具专业意见并由上市公司予以披露。

触发强制全面要约的条件是：收购方通过其他收购方式进行某一笔收购交易，且预期交易完成后将一步跨过持股 30% 的界限。不论是采用协议收购、间接收购、二级市场增持、非公开发行、司法裁决等方式中的任意一种，只要收购方通过某笔收购超过了持股总比例 30% 的阈值（不包括继承方式取得的情形），就会触发强制全面要约收购。

▶ 案例 7-2

恒天然集团要约收购贝因美

贝因美婴童食品股份有限公司（以下简称贝因美）成立于 1999 年，主要从事婴儿奶粉的研究、开发、生产和销售活动，而恒天然集团以一体化供应链为核心优势，在牛奶和乳制品的采集、加工及销售方面处于全球领先地位。为建立可持续发展的战略合作伙伴关系，实现双方全球资源的整合，创造更大的商业价值，恒天然集团董事会于 2014 年 8 月 27 日决议由下属全资子公司恒天然乳品（香港）有限公司（以下简称恒天然香港）以要约方式收购贝因美不高于 204504000 股股份，最高占贝因美总股本的 20%。

以 2015 年 2 月 12 日至 2015 年 3 月 13 日作为要约收购期限，恒天然香港以 18 元 / 股的价格向贝因美全体流通股股东发出部分要约收购。若截至要约收购期限内最后一个交易日 15:00 时，净预受要约股数少于 112477200 股（相当于贝因美已发行股份的 11%）的，则本次要约收购自始不生效，登记公司自动解除对相应股份的临时保管，所有预受的股份将不被恒天然香港接受。要约期满后，若预受要约股份的数量少于或等于收购人预定收购数量 204504000 股，则收购人按照收购要约约定的条件购买被股东预受的股份；预受要约股份的数量超过收购人预定收购数量时，收购人将根据每位股东提供的相关预受要约股份数，按照同等比例收购预受要约的股份。

截至 2015 年 3 月 13 日，恒天然香港发出的部分要约收购期限届满，预受要约股份共计 199382283 股，撤回预受要约股份共计 6955171 股，最终预受要约股份数未超过收购人预定收购数量 204504000 股，因此本次要约收购结束后，恒天然香港持有贝因美 192427112 股股份，占总股本的 18.82%。

▶ 案例 7-3

京东物流收购德邦股份

京东集团股份有限公司（以下简称京东集团）于 2004 年正式涉足电商领域。2014 年 5 月，京东集团在美国纳斯达克证券交易所正式挂牌上市，是中国第一个成功赴美上市的综合型电商平台。京东的定位是"以供应链为基础的技术与服务企业"，因此京东集团 2007 年开始自建物流，于 2017 年 4 月 25 日正式成立京东物流股份有限公司（以下简称京东物流）。截至 2021 年 12 月 31 日，京东物流运营超 1300 个仓库，包含京东物流管理的云仓面积在内，京东物流仓储总面积超 2400 万平方米。

京东物流长期以来的优势在于仓储配送一体化的能力，而"运输"方面则存在短板。为弥补大货交付能力的差距，京东物流在 2022 年发起了对德邦物流股份有限公司（以下简称德邦股份）的收购计划。德邦股份创立于 1996 年，是一家业务覆盖快运、快递、仓储供应链服务等的第三方综合性物流供应商。德邦股份还是境内大件快递的开创者，拥有专业的大件运输经验。德邦股份的第一大股东为宁波梅山保税港区德邦投资控股股份有限公司（以下简称德邦控股）。

此次收购的收购方宿迁京东卓风企业管理有限公司（以下简称京东卓风）成立于 2020 年 11 月，为京东物流的全资子公司，由京东集团控制。根据德邦股份公司公告，2022 年 3 月 11 日，德邦控股创始股东、董监高转让方、小股东转让方分别与京东卓风签订股份转让协议等交易文件，在满足股份转让协议等交易文件约定的交割条件的前提下，拟向京东卓风分三期转让德邦控股 93862533 股、占总股本 99.987% 的股份。

此次收购交易完成后，德邦控股仍为德邦股份的控股股东，同时京东物流控制的京东卓风将成为德邦股份的实际控制人，通过对德邦控股的控制，京东卓风间接控制德邦股份 66.4965% 的股份。由于京东卓风间接持有德邦股份已发行股份的 30% 以上，该交易触发强制全面要约收购义务，因此在协议收购的同时，京东卓风以 13.15 元 / 股的价格向德邦股份其他无限售条件流通股的股东发出全面要约。若德邦股份在要约收购完成后终止上市，则京东卓风还将根据新《证券法》第七十四条的规定，在两个月内按照本次要约价格收购余股股东拟出售的股份。

3. 按照收购人是否与目标公司达成友好协商分类

按此标准可分为善意要约收购与敌意要约收购。

善意要约收购是指收购人在确定目标公司后，在发布收购要约前先与目标公司管理层接触，在管理层同意后发出的要约收购。由于双方事先进行了沟通，该收购方式可以降低收购的成本和风险，并提高收购的成功率。

敌意要约收购是指收购人事先未与目标公司管理层接触协商，或者经过协商后目标公司管理层对此持强烈的抗拒态度，但依然发出的要约收购。这种收购方式容易遭到目标公司管理层的反收购回击，从而增加了收购的风险、成本及收购后的整合难度。

🔵 案例 7-4

嘉士伯要约收购重庆啤酒

1. 并购主体

（1）嘉士伯

1847 年成立的嘉士伯啤酒集团（以下简称嘉士伯）是世界第四大酿酒集团，总部位于丹麦哥本哈根。嘉士伯的主要业务为生产与销售啤酒和软饮料，在 43 个国家和地区有 67 个酿酒厂，产品销往 100 多个国家和地区。嘉士伯的产品最早于 1876 年销往我国，1978 年，嘉士伯啤酒厂香港有限公司成立（以下简称嘉士伯香港），1995 年嘉士伯啤酒（广东）有限公司创立，开始在中国本土生产嘉士伯系列品牌产品。在此次要约收购之前，嘉士伯基金会通过其间接控制的子公司嘉士伯重庆啤酒有限公司（以下简称嘉士伯重庆）和嘉士伯香港合计持有重庆啤酒股份有限公司（以下简称重庆啤酒）29.71% 的股份（分别为 17.46% 和 12.25%），是重庆啤酒的实际控制人。

（2）重庆啤酒

重庆啤酒成立于 1993 年，总部在重庆，由重庆啤酒（集团）有限责任公司（以下简称重庆啤酒集团）独资设立，致力于啤酒、饮料及相关产品的生产和研发。重庆啤酒于 1997 年在上交所上市。2004 年，重庆啤酒与苏格兰—纽卡斯尔啤股份有限公司（以下简称纽卡斯尔股份）成为战略合作伙伴。自 1958 年起，重庆啤酒经过近 50 年的发展，由总资产 60 万元的公司，发展成为拥有资产近 43 亿元，集啤酒、饮料、生物制药于一体的大型企业集团。

2. 交易背景

2013 年，重庆啤酒实现净利润 1.017 亿元，同比下降 17.45%，公司盈利状况不佳。而嘉士伯一直就对我国西部地区的啤酒市场较为看好，在此次要约收购之前，嘉士伯就曾先后收购昆明华狮啤酒、大理啤酒和拉萨西藏啤酒等啤酒公司的股权。为进一步加强嘉士伯对重庆啤酒的战略投资，增持其在重庆啤酒的股份数量，深化双方的合作，提升重庆啤酒公司价值及对社会公众股东的投资回报，嘉士伯不以终止重庆啤酒上市地位为目的，实施了此次要约收购。

要约收购前嘉士伯与重庆啤酒的组织关系如图 7-1、图 7-2 所示。

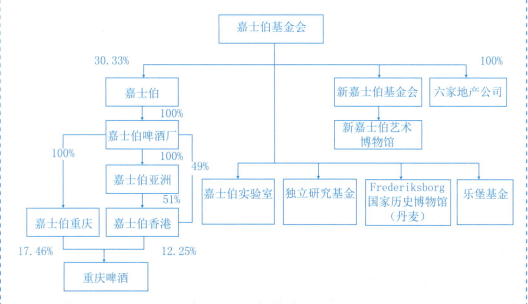

图 7-1　要约收购前嘉士伯组织关系

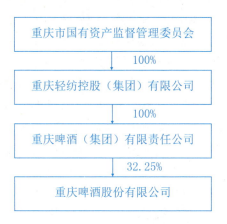

图 7-2　要约收购前重庆啤酒组织关系

3. 交易架构及流程

2008 年 4 月，嘉士伯与喜力啤酒公司合作收购了纽卡斯尔股份，当时纽卡斯尔股份持有重庆啤酒 17.46% 的股份，通过收购，嘉士伯成为重庆啤酒的股东。

2010 年 4 月，重庆啤酒第一大股东重庆啤酒集团公开挂牌出售重庆啤酒 12.25% 的股份，经过竞价，嘉士伯赢得了此次竞拍，并以每股 40.22 元的价格增持重庆啤酒股份，对比当时停牌前的 37.03 元 / 股，溢价接近 10%。

嘉士伯香港在 2010 年 6 月 9 日和重庆啤酒签订了股权转让协议，嘉士伯获得重庆啤酒集团持有的重庆啤酒 12.25% 的股权。2010 年 11 月，交易正式达成，嘉士伯持有重庆啤酒 29.71% 的股权，重庆啤酒集团持有重庆啤酒的股份下降至 20%。具体持股变动情况如表 7-2 所示。

表 7-2　2010 年重庆啤酒股东持股情况变动表

股东名称	股东性质	持股总数	报告期内增减	持有比例 / %
嘉士伯香港	境外法人	59294582	59294582	12.25
嘉士伯重庆	境外法人	84500000	0	17.46
重庆啤酒集团	境内法人	96794240	−59294582	20.00

2013 年 11 月 5 日至 12 月 4 日，基于对中国啤酒市场的良好预期，嘉士伯香港及其关联公司向重庆啤酒的其他股东发出了按每股 20 元的价格收购 146588136 股（占重庆啤酒总股本 30.29%）的部分要约，意图取得重庆啤酒的控制权。在重庆啤酒发布本次要约收购提示性公告的同时，嘉士伯香港已将等值于人民币 586352544 元的美元（即本次要约收购所需最高资金总额的 20%）存入登记结算公司上海分公司指定账户，作为本次要约收购的履约保证。

4. 收购结果

2013 年 12 月 11 日嘉士伯香港通过要约收购受让的 146588136 股重庆啤酒的股份已完成过户登记手续。根据中国证券登记结算有限责任公司上海分公司提供的统计数据，在 2013 年 11 月 5 日至 2013 年 12 月 4 日要约收购期限内，预受要约股份共计 201759354 股，撤回预受要约股份共计 6938535 股，共计 194820819 股股份接受要约收购。因为超额预受，嘉士伯香港按照 75.24% 比例收购接受要约的股份，最终从重庆啤酒股东的 5914 个账户收购股份 146588136 股。股份过户登记后，嘉士伯基金会通过嘉士伯香港持有重庆啤酒 42.54% 的股份，通过嘉士伯重庆间接控制 17.46% 的股份，合计控制重庆啤酒 60% 的股份。重庆啤酒集团仍保留 23963794 股，占比 4.95%（见表 7-3）。

表 7-3　2013 年重庆啤酒股东持股情况变动

股东名称	股东性质	持股总数	报告期内增减	持有比例 / %
嘉士伯香港	境外法人	205882718	146588136	42.54
嘉士伯重庆	境外法人	84500000	0	17.46
重庆啤酒集团	境内法人	23963794	−72830446	4.95

5. 要约收购方式分析

嘉士伯通过"协议转让 + 要约收购"的方式获得了重庆啤酒的控股权。本次要约收购前，嘉士伯基金会通过其间接控制的子公司嘉士伯重庆和嘉士伯香港，经两步交易合计持有重庆啤酒 29.71% 的股份，未到 30% 界限，避免了触发强制全面要约。此时嘉士伯选择向重庆啤酒的其他股东发出以每股 20 元价格收购 146588136 股股份的主动部分要约，从而实现了对重庆啤酒 60% 的控股。嘉士伯还有另一种方法可以在不触发强制全面要约的情况下实现对重庆啤酒的收购，即通过协议收购获得重庆啤酒不超过 30% 的股份，然后每 12 个月内增持不超过该公司已发行股份的 2%。但对嘉士伯而言，通过这种方法获取控股权所带来的市场不确定性因素较大，时间成本较高。

根据嘉士伯和重啤集团签订的《股份转让锁定协议》，重啤集团将在要约收购期间内以其持有的全部重庆啤酒股份（96794240 股）接受本次要约，并在要约收购期间完成后向嘉士伯转让全部或尽可能多的重庆啤酒股份，且该股份不附带任何权利限制。虽然本次收购中嘉士伯未将重啤集团所持有的 96794240 股股份全部收购，但由于此次收购完成后，嘉士伯持有重庆啤酒的股份超过 50%，处于绝对控股地位，因此嘉士伯仍然可以通过"爬行增持"的方式继续完成之前的约定，收购重啤集团剩余的 23963794 股股份，而无须申请免除发出要约[①]。

▶ 案例 7-5

格力集团要约收购长园集团

1. 收购双方与收购动因

长园科技集团股份有限公司（以下简称长园集团）成立于 1986 年，是工业与电力系统智能化数字化领域的先行者，公司聚焦于智能工厂装备和智能电网设备两大核心产业，并持续布局电动汽车产业链。珠海格力集团有限公司（以下简称格力集团）主要业务包括制造板块、金融投资板块、建设投资板块、海岛旅游板块和建设安装板块，其中格力集团的制造板块业务通过格力电器进行。

格力集团要约收购长园集团主要是基于战略投资和战略合作的考虑。格力集团 99% 的利润来源于格力电器，但时至 2018 年，家电行业已触及天花板，行业中的竞争对手纷纷寻找转型之路。比如美的集团有限公司（以下简称美的）和海尔集团公司（以下简称海尔）大举进行跨境并购，试图通过横向并购开拓境外市场，形成协同效应，典型的如 2016 年海尔并购美国通用电气公司家电业务、2017 年美的要约收购日本东芝集团家电业务。因此，格力集团亟须寻求转型之路。从报表来看，一方面，格力集团过往并购活动较少，几乎长期保持零商誉；另一方面，格力集团的自主研发仍然道阻且长，以格力集团新布局的智能装备、智能家居和新能源领域为例，2017 年仅智能装备实现营收，利润占比仅为 0.26%。由此可见，自主研发见效缓慢，并购整合势在必行。

而长园集团，拥有电动汽车相关材料、智能工厂装备及智能电网设备三大业务板块，与格力集团新布局的领域相符。且长园集团 2018 年第一季度实现归母净利润约为 8073 万元，同比上涨 83.33%，2017 年全年实现营收 74.33 亿元，同比增长 27.08%，净利润达 11.36 亿元，同比增长 77.55%，增速迅猛。此外，随着我国电动汽车产业的飞速发展，作为电动汽车必需品——热缩材料的生产企业，长园集团价值正不断凸显，这也是格力集团将长园集团作为收购标的的重要原因。

2. 要约收购过程

2018 年 5 月 10 日，长园集团发布重大事项停牌公告，称格力集团因看好公司未来发

---

① 2013 年符合豁免条件的公司申请要约收购义务豁免仍须获得行政许可审批。

展前景，决定向公司全体股东发起部分要约，以要约方式收购公司部分股份，且本次要约收购不以终止上市公司的上市地位为目的，长园集团将从 5 月 11 日起停牌。

5 月 15 日，长园集团披露要约收购报告书摘要，报告主要信息如下。

（1）本次要约收购股份的情况及要约生效条件

本次要约收购范围为长园集团除格力集团及其一致行动人外的其他股东所持无限售条件流通股，具体情况如表 7-4 所示。

表 7-4　要约收购股份的情况

股份种类	要约价格 / （元 / 股）	要约收购数量 / 股	占长园集团已发行股份的 比例 / %
无限售条件流通股	19.80	264935431	20.00

数据显示，此次要约收购停牌前，长园集团的股价为 17.36 元 / 股，由此计算可知，格力集团要约收购价格的溢价率约为 14.06%。

本次要约收购为附条件收购。若要约收购期限届满，预受要约的股份数量未达到本次要约收购生效条件要求的数量，则本次要约收购自始不生效，收购人将不实施本次要约收购，所有预受的股份将不被收购人接受。且收购人的一致行动人金诺信贸易有限公司、珠海格力金融投资管理有限公司将计划在要约期届满之日起 6 个月内通过集中竞价、大宗交易等方式，减持其合计持有的长园集团全部股份。

（2）要约收购资金的有关情况

基于要约价格为每股人民币 19.80 元，收购数量为 264935431 股的前提，本次要约收购所需资金总额为人民币 5245721533.80 元。

截至要约收购报告书摘要签署日，格力集团已将人民币 10.5 亿元（即不低于本次要约收购所需资金总额的 20%）存入中国证券登记结算有限公司上海分公司指定账户，作为本次要约收购的履约保证。

本次要约收购所需资金将来源于格力集团自有及自筹资金，不直接或者间接来源于上市公司或者其关联方。因此，收购人具备本次要约收购所需要的履约能力。

（3）要约收购期限及要求

本次要约收购期限共计 30 个自然日，即要约《收购报告书》全文公告之次一交易日起 30 个自然日。格力集团在未来 12 个月将不通过二级市场增持长园集团股份，同时本次增持不以终止长园集团的上市地位为目的。此外，本次要约收购尚需获得珠海市国资委、广东省国资委等相关监管部门的审批及备案。

然而，6 月 12 日，长园集团收到格力集团的《关于终止要约收购长园集团股份有限公司股份的函》，函件称，格力集团收到珠海市人民政府国有资产监督管理委员会回复，意见为不同意格力集团报送的收购方案，基于上述，格力集团决定终止本次要约收购。

六、定增收购

定增收购是一种增量收购模式，是指上市公司向收购方定向增发股票，收购方则以现金、股权或其他非货币性资产作为对价，支付给上市公司的收购模式。与举牌收购、协议收购、要约收购等存量收购模式不同，定增收购直接引起了上市公司股本的增加。按照收购方支付对价的方式，定增收购一般可被分为现金定增收购和资产定增收购。

定增收购的最终结果一般为：收购方获得目标公司本次发行的新股后，取得相对控股或者绝对控股地位，且目标公司也通过发行新股获得现金或／和资产的流入。这种收购方式一般适用于目标公司股权结构分散、收购方现金充足、目标公司现有控股股东不谋求控制权的情形。

▶ **案例 7-6**

法国 SEB 集团收购苏泊尔

1994 年注册成立的浙江苏泊尔有限公司（以下简称苏泊尔）以生产压力锅起家。2004 年，苏泊尔在深交所中小企业板上市，成为中国炊具行业的首家上市公司。之后苏泊尔逐渐发展为中国最大的炊具研发制造商，主营明火炊具、厨房小家电、厨卫电器三大业务。法国 SEB 集团（赛博集团）创立于 1857 年，于 1975 年在巴黎证券交易所上市，是全球小型家用电器和炊具生产领域的知名企业。

由于欧洲制造成本高昂，法国 SEB 集团在法国乃至欧洲的业务增长逐渐停滞，2006 年营收和利润下滑严重。为寻求新的增长动力，法国 SEB 集团试图通过收购兼并中国企业，进军中国市场。而一直处于我国炊具行业龙头地位的苏泊尔，便是其理想的收购对象。

2006 年 8 月 14 日，苏泊尔与法国 SEB 集团正式签署战略合作框架协议，法国 SEB 集团拟通过协议转让、定向增发和要约收购的方式获得不超过苏泊尔 61% 的股权。此次收购分为三步：一是法国 SEB 集团与苏泊尔、苏家父子签订股权转让协议，获得占公司总股本 14.38% 的 25320116 股股份；二是苏泊尔以现金定增的方式向法国 SEB 集团定向增发 4000 万股新股，占苏泊尔发行新股后总股本的 15.86%；三是法国 SEB 集团向苏泊尔全体股东发出部分要约，收购 66452084 股股份，占战略投资完成后苏泊尔总股本的 30.76%。

2006 年 8 月 30 日，苏泊尔临时股东大会通过了与法国 SEB 集团的战略合作协议。2007 年 4 月 12 日，商务部批复双方框架合作协议，原则性同意苏泊尔及苏家父子以 18 元／股的价格进行协议转让，苏泊尔以 18 元／股向法国 SEB 集团进行定向增发，同时法国 SEB 集团对苏泊尔的股份进行要约收购。截至 2007 年 8 月 31 日，苏泊尔对法国 SEB 集团的协议转让及定向发行已交割完毕，苏泊尔集团、苏增福及苏显泽实际向收购人协议转让 24806000 股苏泊尔股份，加上定向发行的股份，法国 SEB 集团累计持股比例达到苏泊尔发行新股后总股本的 30%。2007 年 12 月 21 日，法国 SEB 集团完成了对苏泊尔的部分要约收购，要约收购的股份为 49122948 股，要约收购价格由《要约收购报告书》（摘要）中的 18 元／股实际调整为 47 元／股，由此法国 SEB 集团累计收购苏泊尔公司 52.74% 的股权，交易总金额为人民币 3475286556 元。

七、间接收购

间接收购是指收购方通过投资关系、协议或其他安排获得目标公司控制权的收购方式。在间接收购中，收购方并不直接持有目标公司的股权，而是通常采取控制目标公司母公司的手段达到间接控制目标公司的目的。间接收购的股权结构如图 7-3 所示。

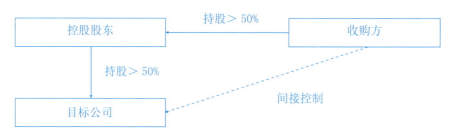

图 7-3　间接收购的股权结构示例

间接收购在上市公司收购中非常常见，经常与协议收购结合使用。收购方通过间接收购成为目标公司控股公司的控股股东，并通过目标公司大股东间接在目标公司中行使提案、表决权。间接收购的过程具有一定的隐蔽性，因为在间接收购的过程中，目标公司的股东名单和股权结构不会发生变化，因此，目标公司与收购方之间信息不对称的程度更深，目标公司难以事先发现和防御。

常见的间接收购方式主要有两种：直接收购目标公司控股公司股份、向控股公司增资扩股。

1. 直接收购控股公司股份

直接收购控股公司股权是较为常见的间接收购方式。收购方购买目标公司控股公司的全部或部分股权，实现对控股股东的控制，以此间接获得目标公司的控制权。

2. 向控股公司增资扩股

收购方通过增资扩股的方式成为目标公司控股公司的大股东，以实现间接控制。这种方式减少了收购方的实际现金支出，收购方的资金最终仍能保留在自己控制的公司当中。

八、委托书收购

（一）委托书收购的概念

委托书是代理出席股东大会的凭证。"委托书收购"最早源于股权分散的美国等国家的投票委托书劝诱。随着代理投票制度的产生，作为代理人出席股东大会重要凭证的授权委托书，越来越被经营管理者或其他股东看中，公司控制权争夺愈发激烈。

委托书收购是指收购者以大量征集股东委托书的方式，取得表决权，在代理股东出席股东大会时，集中行使这些表决权，以便参与改善经营策略、改选公司董事会等股东大会决议，从而实际控制上市公司的经营权。在委托书收购中，收购方与目标公司持股股东之间是委托代理关系。收购者以目标公司持股股东的名义在授权范围内代理行使表决权。

（二）委托书收购的适用情境

委托书收购适用于股权较分散、流通股占比较大的公司。在股权分散的公司，持股不多的股东出席股东大会的意愿较低，更可能委托他人代为行使权利。委托书收购可以使广大股东参与到股东大会的表决中来，促使他们对股东大会的决议表达自己的意见，调动了股东参与公司管理的积极性，维护了股东大会的民主机制，也符合民法上设立代理制度的初衷，体现了对中小股东权益价值的尊重和保护。

委托书收购产生的原因通常是收购者对公司的管理现状不满或是收购者与管理者矛盾激化。委托书收购的本质是代理权竞争，是获取公司控制权的一种重要方式。目标公司的股东对公司的管理现状或发展战略不满，从而提出一系列方案与管理者协商，但与现任管理者分歧太多，双方无法调和，因此便谋求入主董事会取得公司控制权。因其所控股份与当权的管理者股东存在一定的差距，在没有足够的资源来购买股份或为了减少收购成本的情况下，这些想要掌握公司控制权的股东只好转向争取其他股东的支持来取得控制权。而向广大股东尤其是中小股东公开征集委托书的方式，以其程序简便、低成本的优点，得到了收购者的青睐。

案例 7-7

胜利股份的股权之争

1. 公司介绍

（1）胜利股份简介

胜利股份，即山东胜利股份有限公司，成立于 1994 年，1996 年 7 月在深交所上市交易，证券代码为 000407.SZ，主营业务为塑胶管道及农药的生产销售。胜利股份是中国领先的 PE（聚乙烯）管道系统供应商，产品技术、市场占有率均处行业前列，此外，其农药产品、除草剂系列产品的市场份额也在逐步扩大。自 1996 上市以来至 1999 年，胜利股份营业收入由 3.29 亿元增长至 10.81 亿元，净利润由 2640 万元增长至 5850 万元，总资产由 3.06 亿元增长至 8.31 亿元。

根据 1999 年年报，胜利股份的前十大股东如表 7-5 所示。

表 7-5　1999 年末胜利股份前十大股东持股情况

序号	股东名称	持股数量 / 股	持股比例 / %
1	山东省胜利集团公司	52657650	24.17
2	国泰君安证券股份有限公司	18286773	8.40
3	山东胜邦企业有限公司	15210000	6.98
4	山东省资产管理有限公司	7605000	3.50
5	润华集团股份有限公司	7312500	3.36
6	泰和证券投资基金	2999917	1.37
7	山东省交通投资公司	2925000	1.34
8	深圳市中广银投资有限公司	2071154	0.95
9	山东储备物资管理局三三四处	1930500	0.89
10	山东省农资公司	1462500	0.67

（2）胜邦公司简介

胜邦公司，即山东胜邦企业有限公司，是胜利股份的关联公司。根据胜利股份披露的1999年年报，胜邦公司持有胜利股份6.98%的股份。

（3）通百惠简介

通百惠，即广州市通百惠服务有限公司，是一家民营互联网企业，注册资本5400万元，主营业务为企业服务网、社会服务网、网上企业孵化器。通百惠的子公司渝祥电脑系统有限公司是中国最早在Windows平台开发商品化软件的开发商之一。通百惠带有浓重的互联网基因，它也在胜利股份上看到了传统产业与互联网结合的巨大潜能，由此产生了入主胜利股份的想法。通百惠通过媒体阐述了入主胜利股份后的发展构想——依靠胜利股份现有的客户资源和销售渠道，建立石油化工行业商务平台，实现石油化工产品的线上交易。

2. 控制权之争

2000年1月10日，深圳举行了一场股权拍卖会，标的为胜利股份第一大股东胜利集团拥有的3000万股胜利股份法人股。尽管胜利股份经营业绩良好，但第一大股东胜利集团的经营却陷入了困境，由于无法准时清偿债务，胜利集团质押的胜利股份股票将被拍卖。在竞拍会上，通百惠以每股1.06元的低价购得这3000万股股份，占胜利股份总股本的13.77%，一跃成为胜利股份第一大股东。

接到深交所通知后，胜利股份管理层对这突如其来的变故措手不及。不久，这横空出世的第一大股东向胜利股份原董事会提出了入主胜利股份的要求，并提出了自己拟定的董事会成员名单，但遭到胜利股份原董事会的否决。意识到控制权即将易主的胜利股份原管理层，决定开展反收购计划。

2000年3月3日，胜利股份发布公告称，其股东胜邦公司协议受让山东省资产管理公司、山东省广告公司、山东省文化实业公司的法人股和国泰君安证券公司的转配股，持股比例将由原先的6.98%提高至15.34%。3月4日，胜利股份再次发布公告，将于3月30日召开股东大会，选举产生新一届的董事会、监事会，同时提出了11名董、监事人选议案，并对通百惠推荐的董事、监事人选不予提名，由此引发了双方的人事争端。

3月7日，胜利股份披露了其前十大股东的关联关系。胜利股份前十大股东中的润华集团股份有限公司（以下简称润华集团，持股比例3.36%）和深圳市中广银投资有限公司（持股比例0.95%）同时为胜邦公司的股东，润华集团与胜利集团又同为山东联大集团下属公司。加上胜邦公司（持股6.98%）的法人代表同时也是胜利股份的法人代表、董事长，这一紧密的关联关系大大增强了胜邦公司夺取胜利股份控制权的筹码。

错综复杂的裙带关系也让通百惠意识到此次控制权之争并非易事。3月15日，股权之争进一步激化。胜邦公司发布公告继续增持胜利股份，已于3月9日协议受让东营银厦工程公司持有的胜利股份146.25万法人股，同时又在二级市场购入289.35万股流通股，合计增持胜利股份2%的股票。通百惠也公告表示，再次通过竞拍的方式取得胜利集团持有的630万股法人股，占胜利股份总股本的2.89%。至此，胜邦公司的持股比例为17.35%，通百惠的持股比例则为16.66%。

尽管通百惠与胜邦公司的持股比例相差不大，但考虑到胜邦公司与管理层紧密的裙带关系，通百惠要想获得控制权还需要获得更多股东的支持。3月17日，通百惠在各大证券媒体打出大型广告"你神圣的一票决定胜利股份的明天"，呼吁3月23日在册的胜利股份广大股东积极参加3月30日的股东大会并参与投票表决。通百惠同时还表示，每一个流通股股东都可以将其表决权委托给通百惠，由其代为行使权利。为了吸引中小股东，通百惠提出了设想的胜利股份发展蓝图，称在通百惠的带领下，胜利股份未来将向电子商务及网络业务发展，并向股东承诺了未来的丰厚回报。渴望改变上市公司"一言堂"局面的中小股东显然受到了通百惠的鼓舞，同时，通百惠提出的电子商务平台方案在互联网方兴未艾之时也十分具有吸引力，由此，通百惠得到了大量胜利股份中小股东的响应。

3月20日，中国证监会要求通百惠对表决权委托的方式立即向证监会作出汇报。24日，通百惠公告其前期征集活动违规并暂停征集委托书，同时通百惠公告，将向股东大会提交8名来自通百惠的董事候选人和1名监事候选人的议案。3月27日，通百惠又以合法形式重新向胜利股份全体公众股东公开征集委托书。最终，通百惠共征集有效委托2625.78万股，占流通股份的21%，极大地增加了赢得此次控制权之争的筹码。若在二级市场收购这些股份，通百惠需动用大量资金，但通过委托书收购的方式，通百惠只花费了很少的人力物力就获得了这些股份的表决权，可见委托书收购的巨大力量。

为争取中小股东的支持，3月24日，胜利股份也表达了未来将把胜利股份打造成中国生物技术第一企业，使生物技术项目成为其核心业务，并称即将全面启动三大生物技术项目，这一计划也在一定程度上吸引了中小股东的眼球。

3月27日，胜利股份董事会提出，胜利股份的新董事会名单及通百惠的董事会名单都列入了股东大会议程，但只能选其中之一进入表决。在3月30日召开的股东大会上，这一选举办法遭到了大多数与会股东的反对，股东大会只能暂时休会。3月31日，股东大会继续召开，通百惠拒绝参加投票表决并退场，表决产生了6名董事，3名监事，其中并无来自通百惠的人选。

3月31日，通百惠董事长明确提出此次董事会选举严重违法违规。4月8日，通百惠在《中国证券报》上登载了通百惠致胜利股份广大股东的感谢信，信中表示通百惠将会不断去争取权益。但从后续结果来看，通百惠并未采取进一步措施争夺控制权。根据胜利股份2000年年报，通百惠持股比例由16.66%降至15.15%。由此，胜利股份的股权之争以胜邦公司险胜落下帷幕。

3. 委托书收购的影响

（1）对我国资本市场起到了较好的示范作用

在胜利股份的股权之争中，通百惠采用"公开征集股东授权委托书"这一形式，在市场上引起了很大的反响。委托书收购在境外资本市场上已是一种成熟的用于代表权争夺或收购的形式，但在我国证券市场上是首次被采用[1994年"君万之争"（君安证券与万科之争）因一方大股东的退出而没有最终形成委托书收购战]。这种开创性的举措也对我国资本市场产生了一定的影响。

第一，它提高了我国上市公司中小股东的股权意识。长期以来，我国的上市公司由于历史原因，大多由大股东所控制，股东大会成为控股股东的"一言堂"，广大中小股东的表决权对于公司经营决策的影响甚微，这导致中小股东持股行权的理念较为薄弱。而通百惠采用委托书收购的方式，运用媒体寻求中小股东的支持，唤醒了中小股东的股权意识，在短短 3 天时间内，1500 多位股东将表决权给了通百惠。这种"积水成渊"的做法，使分散的流通股股东的表决权开始发挥作用，给胜利股份原董事会造成了压力，使原董事会也开始争取中小股东的支持。

第二，它有助于优化公司治理结构。委托书收购使无法或无力参加股东大会的、具有相同意愿的中小股东，通过合法且值得信任的方式在股东大会上联合起来，提出自己的主张并行使投票权。这使得中小股东能够参与公司治理，有利于上市公司从"一言堂"变成"群言堂"，改变大股东操纵股东大会的现象。同时，中小股东不得不思考是否会被大股东利用，作为争夺公司控制权的工具，因而必须参照相关信息慎重地作出委托授权决策。这在客观上也督促管理层勤勉履行职责、尽心经营企业，对公司的经营起到了监督作用。

（2）通百惠"名""利"双收

通百惠在此次股权之争中虽然表面上失败了，但它最终收获颇丰。经此一役，通百惠名声大噪。在持续数月的股权争夺战中，全国众多媒体持续密切关注。通百惠的网络概念、经营理念被社会公众所知晓，知名度更是显著提升。同时，通百惠先后以每股 1.06 元和 0.71 元的价格，共拍下 3630 万股胜利股权。在胜利股份每股净资产 1.69 元、连续 4 年净资产利润率达 13%、经营状况和前景都被看好的情况下，这称得上是一笔上佳的投资，无论转让这些股份还是继续持有，投资回报都很丰厚。

案例思考 浙民投收购 ST 生化

1. "戴帽"的 ST 生化

ST 生化（现更名为派林生物）的前身为宜春工程机械股份有限公司，于 1996 年 6 月 28 日在深交所上市。1998 年三九集团受让宜春工程机械股份有限公司第一大股东所持股权，将宜春工程机械股份有限公司更名为三九宜工生化股份有限公司（以下简称三九生化），并通过注入资产的方式将三九生化的主营业务转变为生物制药。同年在中央政策的指导下，血液制品生产企业广东双林生物制药有限公司（以下简称广东双林）并入三九集团，隶属三九生化。2002 年，三九集团将所持三九生化 8068.2 万股国有法人股转让给三九医药。由于三九集团债务问题严重导致三九生化财务状况恶化，加上国家对血站的整改政策，三九生化从 2004 年开始亏损。2005 年，三九医药又将所持 29.11% 三九生化股权转让给煤、电、铝联产，多元化发展的山西振兴集团有限公司（以下简称振兴集团）。

两个月后，振兴集团紧接着对三九生化进行了资产置换，置入价值 2 亿多的振兴集团子公司山西振兴集团电业有限公司（以下简称振兴电业）65.2% 股权，并置换出三九生化所持三九集团 2.06 亿元的部分应收款和昆明白马制药有限公司 90% 的股权，同时承诺后续将为三九生化实施股改，并实现煤、电、铝资产的注入，至此三九生化的主营业务转变为"血液制品＋煤电"。由于已经注入的振兴电业亏损严重，三九生化继续亏损，于 2006 年 5 月 9 日开始戴上了 ST 的"帽子"，改名为"*ST 生化"（以下简称为 ST 生化）。2007 年 4 月，ST 生化由于已经连续 3 年亏损被暂停上市，虽然当年恢复盈利，但振兴集团一直以股改和资产注入事项未完成的"历史遗留问题"为由拖延复牌。直到 2012 年振兴集团修改股改承诺，取消注入资产的承诺，并提出回购一直拖累 ST 生化业绩的振兴电业股份，ST 生化得以在 2013 年 1 月完成向流通股股东定向转增股本并恢复上市，之后振兴集团对 ST 生化的持股比例下降为 23.48%。然而和深圳信达的债务纠纷导致 ST 生化所持 65.2% 振兴电业股份被冻结，股改承诺多年无法履行，ST 生化也未能"摘帽"。2016 年，深圳市信达电商服务有限公司大量接手振兴集团的债权，帮助 ST 生化于 2016 年底剥离了振兴电业和 2012 年被振兴集团"甩给"ST 生化的山西金兴大酒店两大不良资产，这标志着多年来的股改承诺难题即将破解，然而危机再一次向 ST 生化及振兴集团靠近。

2. "野蛮人"来"敲门"

杭州浙民投天弘投资合伙企业（有限合伙，以下简称浙民投天弘）为浙江民营企业联合投资股份有限公司（以下简称浙民投）的下属企业，浙民投由正泰集团股份有限公司、富通集团有限公司和巨星控股集团有限公司等八家民营龙头企业集团联合境内最大的基金公司之一——工银瑞信基金管理有限公司于 2014 年 11 月成立。自成立以来，浙民投涉及过批发和零售、金融业、租赁和商务服务、科学研究和技术服务等行业，这次它将目光投向了 ST 生化。虽然 ST 生化由于债务纠纷和股改承诺未完成等原因一直戴着"ST"的"帽子"，十年以来都未曾通过资本运作引入外部资金，导致公司发展缓慢，但随着 ST 生化逐步置出不良资产、解决债务危机，不难发现，广东双林其实是 ST 生化的优质资产。

广东双林是一家老牌血液制品企业，在境内具有一定数量的血浆站，拥有为数不多的血液制品生产资质牌照。广东双林多年来为 ST 生化贡献了 99% 以上的营收，提供了 99% 以上的利润来源。广东双林 2016 年采浆量为 301.58 吨，同比增长 10.64%，血浆供应量处于稳步提升阶段。随着人口老龄化和我国医疗体系的不断完善，医疗市场对血液制品的需求不断上升，我国的血液制品供给却远不能满足需求，而且由于血液制品行业的特殊性质，国家自 2001 年起不再批准设立新的血液制品生产企业，并于 2015 年放开了血液制品的最高零售价限制，带来大部分血液制品价格的增长，这些外部因素决定了血液制品行业良好的市场前景及广东双林巨大的发展潜力。

2017 年 6 月 21 日，浙民投天弘向 ST 生化提交了主动要约收购的相关材料。同时浙民投天弘也向交易所、证监会及派出机构报告了此次主动要约收购。当天中午 ST 生化以"存在对股价可能产生较大影响、没有公开披露的重大事项"为由发布了临时停牌公告，但并没有公布要约收购报告书摘要。第二天，ST 生化申请继续停牌 5 个交易日。在此次要约收购之前，ST 生化的大股东振兴集团仅持股 22.61%，中小股东占比较大，浙民投体系中浙民投与浙民投的全资子公司浙民投实业有限公司（以下简称浙民投实业）已经合计持有 ST 生化 2.51% 的股份，其中浙民投持股 2.40%（见图 7-4）。

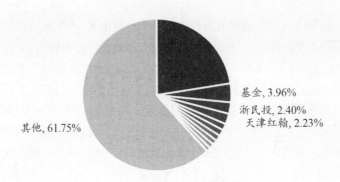

图 7-4　2017 年 6 月 21 日 ST 生化股权结构

3. 大股东振兴集团的自救

2017 年 6 月 27 日临时停牌期满，ST 生化发布重大资产重组停牌公告，宣布继续停牌，并称 21 号的临时停牌实为策划重大资产重组导致的停牌，在此之后才收到浙民投天弘的收购要约，同时公布要约收购报告书摘要等公告文件。从要约收购报告书摘要中可以看到，浙民投天弘拟以 36 元 / 股的要约价格收购 ST 生化 7492.04 万股，股份数量占已发行股份总数的 27.49%，要约生效条件为接受要约比例不低于 22.50%。要约收购完成后，浙民投天弘及其一致行动人浙民投、浙民投实业将最多合计持有 ST 生化 29.99% 的股权。当时 ST 生化的二级市场股价仅 30.93 元 / 股，36 元 / 股的要约收购价格几乎与 ST 生化历史最高价格持平，对中小股东的吸引力极大（见图 7-5）。根据《收购管理办法》，公司收到要约收购材料后不得筹划重大资产重组等相关事项，在浙民投天弘方面看来，ST 生化宣称 21 号的临时停牌为因重大资产重组导致的停牌，但实际上是为了避免交易时间公布要约收购引发的股价波动。虽然 ST 生化的停牌公告受到了深交所对重组事项真实性和合规性的问询，凭借信息披露的优势，ST 生化得以继续进行其重大资产重组事项。

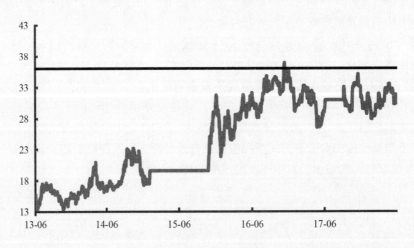

图 7-5　2013 年 6 月—2018 年 3 月 ST 生化股价走势

此时浙民投天弘意识到由于与 ST 生化沟通不畅，如果继续由 ST 生化独揽信息披露渠道，将会处于不能及时披露信息的被动地位。于是浙民投天弘在一致行动人持有 ST 生化 2.51% 股份的前提下，以关联方身份向深交所申请在"股东业务专区"直接向股东发布相关公告。由于 ST 生化拒绝为浙民投天弘代为公告，该申请于 2017 年 7 月 4 日被深交所批准通过。7 月 7 日，浙民投天弘在"股东业务专区"发布了关于交易所问询函的回复公告，这是深交所"股东业务专区"开通以来首例以关联方身份发布的公告，自此浙民投获得了自己的信息披露渠道。同日，ST 生化大股东振兴集团认为浙民投天弘能通过"股东业务专区"发布公告，应是其本身就持有 ST 生化股权，却未在收购报告书中披露，存在隐瞒持股的情况，并以此为由实名举报了浙民投天弘。同时在关于深圳证券交易所《关注函》的回复公告中，ST 生化披露了重大资产重组交易的标的资产为同属于血液制品行业的山西康宝生物制品股份有限公司（以下简称山西康宝）的股权。

2017 年 8 月 16 日，ST 生化在停牌进展公告中宣布由于交易双方未能就交易方案的核心条款达成一致，决定终止与山西康宝的重组事项，并将交易标的资产更换为内蒙古维克生生物科技有限公司股权。ST 生化还于 2017 年 8 月 18 日召开董事会，并审议通过了申请继续停牌的议案。由于在重大资产重组停牌期间更换重组标的，ST 生化将自进入重大资产重组程序起累计停牌 3 个月内披露预案并复牌的阶段。2017 年 9 月 13 日，振兴集团以浙民投天弘在要约收购中存在一系列问题为由，向山西省高院起诉浙民投天弘及 ST 生化，要求浙民投天弘停止其要约收购行为，并赔偿 1.57 亿元损失。2017 年 9 月 21 日，ST 生化再次宣布重大资产重组终止并决定复牌。同年 10 月 12 日，深交所就振兴集团诉讼一事向浙民投天弘下发《关注函》，浙民投天弘方面的财务及法律顾问则否定了诉讼事项中所提及的相关质疑。时间来到 11 月 2 日，多次企图"自救"的振兴集团始终未能阻止浙民投天弘的要约收购进程，ST 生化终于公布了浙民投天弘的要约收购报告正文，要约收购正式进入 33 天窗口期，此时距离浙民投天弘对 ST 生化发出要约收购材料已经过去了 134 天。

4. 局势反转

2017 年 11 月 29 日，ST 生化公告振兴集团与佳兆业集团控股有限公司（以下简称佳兆业集团）子公司深圳市航运健康科技有限公司（以下简称航运健康）签署了《股份转让协议》，振兴集团拟通过协议转让的方式，将其持有的 ST 生化 50621064 股股份（无限售条件流通股）以 43.2 元 / 股的价格转让给航运健康，占 ST 生化已发行股份的 18.57%；振兴集团同时与中国信达资产管理股份有限公司深圳市分公司（以下简称信达深圳）、航运健康签署了《债务重组三方协议》，拟将 4.04% 股份转让给信达深圳作为债务重组的股份补偿；信达深圳与航运健康签署了《投票权委托协议》，信达深圳将该 4.04% 的投票权委托给航运健康。振兴集团引"白衣骑士"佳兆业集团入局的决策，一方面以求解除自身困境；另一方面，以更具吸引力的股权转让价格给中小股东传递信号，可谓一石二鸟。

振兴集团以高于浙民投天弘要约价格 20% 的股权转让价格转让自有股权的消息一公开，中小股东决定接受浙民投天弘要约收购的想法开始动摇。43.2 元 / 股的股权转让报价，令大部分接受要约收购的中小股东以为自己预受要约是做了亏本买卖，转而撤回预受要约，继续持有股份。此时距浙民投天弘要约收购的最后期限 12 月 5 日仅剩下 6 天时间，根据《收购管理办法》第四十条规定，浙民投天弘不得变更收购要约，也就是说浙民投天弘只能眼睁睁看着预受要约的股东倒戈，没有反击的余地。

2017 年 11 月 29 日，在 ST 生化公告振兴集团与佳兆业集团、信达深圳的《股权转让协议》的当天，接近 70% 的预受要约股东撤回，截至当日净预受股份比例从 24.30% 降至 8.00%。振兴集团想搅黄这次要约收购的如意算盘达成了，浙民投天弘的收购前景变得不确定起来。

5. 逆风翻盘

就在振兴集团觉得胜券在握之时，形势又发生了变化。虽然 11 月 29 日当天大部分预受要约股东撤回，但是之后随着距离要约收购的最后期限越来越近，累计净预受股份比例反而持续上升。中小股东开始意识到振兴集团诱人的股权转让报价实则是个陷阱，振兴集团是为了套住中小股东从而稳住自己的大股东地位。同时，要约期最后 5 天的股价情况也让中小股东愈发清醒，在这 5 天内 ST 生化的股价虽然曾高及 35.5 元 / 股，但始终未能突破要约价格 36 元 / 股。中小股东逐渐意识到，只有接受浙民投天弘的要约收购，才能保障自身利益，早日从振兴集团控制下的 ST 生化这一泥潭中脱身。2017 年 12 月 4 日，即要约期满前一日，净预受股份比例达到 24.56%，回归 11 月 29 日前的预受要约情况。

2017 年 12 月 5 日，有 2724 户集中接受预受，预受股份 1.28 亿股。截至当日，合计有 3870 个账户、共计 1.47 亿股股份接受预受，净预受股份比例 195.61%，远超浙民投天弘原定的 7492 万股要约收购数量目标。在扣除 ST 生化控股股东振兴集团所持股份、限售流通股及收购人已持有的股份后，ST 生化实际可参加要约的全部流通股数量为 1.94 亿股。本次有效预受要约共计 1.47 亿股，占比达到 75.5%。至此，浙民投天弘对 ST 生化的要约收购宣告成功，这场 ST 生化的股权争斗暂告一段落。

2017 年 12 月 12 日，浙民投天弘本次要约收购股份的过户手续办理完毕。本次要约收购后，浙民投天弘及一致行动人合计持有 ST 生化 81773180 股股份，占 ST 生化股份总数的 29.99%，浙民投坐上了 ST 生化第一大股东之位（见图 7-6）。

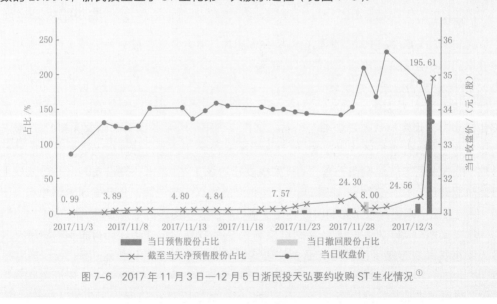

图 7-6　2017 年 11 月 3 日—12 月 5 日浙民投天弘要约收购 ST 生化情况①

---

① 注：当日预受股份比例＝当日预受股份／浙民投天弘预计收购股份；当日撤回股份比例＝当日撤回股份／浙民投天弘预计收购股份；截至当天净预受股份比例＝截至当天预受股份／浙民投天弘预计收购股份。

6. 事件复盘

引用新加坡管理大学法学院助理教授张巍对这一要约收购案例的评价，"这是中国资本市场上第一次成功以公开市场竞价方式取得上市公司控制权的案例。它为中小投资人提供了制约控股股东实际可行的方案，为控股方敲响了漠视中小股东利益就可能下台的警钟。"

回顾这一要约收购事件，可以发现浙民投天弘的胜利早已在其入局时便埋下伏笔。原ST生化大股东振兴集团持有股权比例无绝对优势，且其经营管理期间业绩不佳，在其主导ST生化经营管理期间的表现已使其失去民心。

（1）22.61%持股比例居于相对控股地位

在浙民投天弘入局之前，振兴集团作为ST生化第一大股东，持股比例为22.61%，仅处于相对控股地位，并没有实现绝对控股，控股地位并不稳固。浙民投天弘此次要约收购27.49%股份后，浙民投天弘及其一致行动人合计持有ST生化81773180股股份，占比29.99%，即可取代振兴集团的第一大股东地位。

振兴集团原本也有增持打算，来巩固自身控股地位。2016年11月，ST生化公告非公开发行A股股票预案，拟以22.81元/股向控股股东振兴集团定向增发1亿股、募资约23亿元的议案。若该定向增发成功，振兴集团持股比例将从22.61%增加至43.35%。但该定增议案在股东大会上遭遇中小投资者狙击，振兴集团的增持念想破灭。振兴集团的增持方案失败让"野蛮人"浙民投天弘有了可乘之机。

（2）经营业绩不佳

振兴集团接手三九生化后，将自有煤电资产注入运作，本想以此扩大上市公司资产规模、拓展经营业务范畴、提升盈利能力。但天公不作美，2008年煤炭行业景气度急剧下降，振兴集团所掌控的多个煤矿因为种种原因被关停，公司煤炭相关业务陷入停滞。而振兴集团对应的振兴电业在2009年也因环保问题停产。振兴集团在ST生化股改时承诺准备对上市公司实施的煤、电等资产注入事宜化为泡影。

相比于振兴集团注入的煤电资产表现不佳，上市公司原有的医药业务却带来了巨大的盈利空间。同时期，医药行业下的血液制品行业市场爆发式增长，上市公司名下的广东双林因拥有血液制品生产资质牌照，借了这波利好的形势"东风"，为公司带来了较高的营收。

振兴集团对上市公司的经营规划因各种原因并未达到预期目标，原本用于提升业绩的煤电资产注入反倒成为上市公司的最大负担，这也导致了上市公司"戴帽"ST多年，中小股东对振兴集团的质疑声愈发严重。

除原大股东振兴集团竞争力不足外，浙民投的成功也离不开其巧妙的要约收购方案设计，以及进军血液制品行业、以己之力带动上市公司更优发展的决心。

（3）持股比例守住29.99%上限

浙民投天弘此次要约收购股份占比27.49%，在要约收购之前浙民投天弘的一致行动人浙民投、浙民投实业合计持有ST生化2.51%股份。若要约收购顺利达成，浙民投及其一致行动人将最多持有ST生化29.99%的股份，取代振兴集团登上第一大股东之位。浙民投天弘此次主动要约收购的资金成本约为27亿元，几乎为浙民投超一半的注册资本。

此次主动部分要约收购使浙民投所持 ST 生化的股份比例停留在 30% 以下，不仅帮助浙民投获得了大股东地位，还可以减小浙民投收购更多股份的资金压力。

此外，根据当时证监会《上市公司治理准则》第三十一条规定，控股股东持股比例达 30% 以上的上市公司，在股东大会的董事选举中应当采用累积投票制。浙民投持有 ST 生化的股份比例停留在 30% 以下，此时证监会对股东大会的董事选举采用累积投票制不作强制要求，有利于浙民投取得 ST 生化控制权后参与 ST 生化的经营活动及 ST 生化的公司治理决策。

（4）半数资产用于收购以示决心

浙民投此次入局 ST 生化主要是看中了上市公司旗下的血液制品公司广东双林这一优质资产，未来血液制品行业前景广阔，拥有庞大的盈利空间。为了夺得上市公司的控股地位，浙民投以其全资子公司浙民投天弘发出主动要约收购，准备以 27 亿元为对价，要约收购 27.49% 的 ST 生化的股份。浙民投天弘准备的收购资金约为浙民投超一半的注册资本，可以说浙民投为了此次要约收购下了血本，可见其收购的决心。

根据 ST 生化要约收购前的股权结构，除要约收购双方（大股东振兴集团与浙民投天弘）的关联方外，持股 2.23% 的老股东天津红翰科技有限公司因股票禁售无法参与，其余整体流通股约 73%，持股方包括基金及个人投资者。此次要约收购成功与否，决定权基本掌握在中小股东手中。对于中小股东而言，要约收购最为公平、公正、公开，完全是市场化的买卖交易行为，因此中小股东想借此次要约收购保障自己的利益。

中小股东的选择实则为套利博弈，与 ST 生化股价变动紧密相关。浙民投天弘的要约收购价格为 36 元 / 股，几乎与 ST 生化的历史最高价持平，对中小股东吸引力很大。但接受要约与否很大程度上取决于要约期内 ST 生化股价走势：如果股价低于要约价格，那么中小股东会接受要约；反之，中小股东则会选择继续持有股票并于二级市场卖出获利。因此，为最大化自身利益，中小股东会密切关注股价走势以待时机，通常在要约期临近到期时再做决策。

此次要约收购中，ST 生化股价始终未能突破要约价格 36 元 / 股，甚至在要约期最后一日，股价回落至 33.15 元 / 股收盘。面对 ST 生化的股价情况，中小股东不难做出选择，这也是浙民投天弘取得要约收购成功的关键所在。

7. 控制权之争

浙民投天弘要约收购成功后，根据《股份转让协议》，"白衣骑士"佳兆业集团可以与振兴集团解除协议，但佳兆业集团并不愿意放弃此次入股 ST 生化的机会。2017 年 12 月 15 日、12 月 20 日，佳兆业集团子公司航运健康按协议约定向振兴集团支付了股权转让款 1 亿元，并向信达深圳支付重组补偿金。2018 年 1 月 18 日，ST 生化公告佳兆业集团已派 3 人入驻上市公司，分别担任总经理、副总经理、财务总监的职位。佳兆业集团与振兴集团完成股权转让后，将拥有 ST 生化 22.61% 的股份，持股比例仅次于浙民投，成为 ST 生化的第二大股东。

佳兆业集团方表示："入股 ST 生化将对佳兆业集团进军生物医药、精准医疗领域，全面深入布局大健康产业具有重要的战略意义。未来集团将充分利用自身的产业和平台优势，全力支持上市公司做大做强。"佳兆业集团的表态令浙民投感到空前的压力，浙民投斥巨资要约收购，其目的本为坐上 ST 生化第一大股东之位并掌握控制权，但佳兆业集团的入局及其行动让浙民投发觉控制权可能会落入他手。浙民投与佳兆业集团的控制权之争一触即发，引起了资本市场的广泛关注。

为保住其在上市公司的话语权，浙民投开始了两手准备：一是核心领导主动向佳兆业集团抛出橄榄枝，谋求双方的合作共赢；二是待持股 90 日期满后，自行召集股东大会，行使股东权利。结局可谓皆大欢喜——佳兆业集团接受了浙民投抛出的橄榄枝，使得本次股权争夺战以浙民投、佳兆业集团联手入驻上市公司董事会而告终。2018 年 5 月 2 日，ST 生化第一次临时股东大会落幕，陈耿当选为上市公司董事长，新的 7 人董事会中，浙民投占据 4 席，佳兆业集团占据 3 席，振兴集团全身而退，浙民投和佳兆业集团"共掌" ST 生化的局面已然形成。

8. 尾声

对于上市公司的未来发展，浙民投和佳兆业集团有着一致的战略目标，双方将从根本上重建上市公司治理结构、建立健全各项管理制度、提振经营业绩，在促进企业内生增长的同时，摘掉"ST"帽子，甩开历史包袱，充分利用上市公司优势，将其打造成为血液制品行业并购整合的平台，将上市公司提升至新的经营高度。

讨论题：

1. 浙民投收购 ST 生化使用的收购方式是什么？该收购方式的实施有哪些要点？
2. 试分析收购的动因和收购成功的原因。
3. 试分析本次收购在各个阶段应披露的文件和披露要点。

第八章

反收购的策略

公司收购总是伴随着激烈的利益争夺。20世纪80年代，敌意收购的比例创新高。随着时代的发展，融资渠道的拓宽和资源的增加给受威胁公司带来了新的防御空间。投资银行和法律顾问组成防御专家队伍，联合公司管理层为受敌意收购威胁的公司献计献策，贡献了许多收购攻防战的经典案例。

上市公司反收购是指目标公司针对潜在的或正在发生的敌意收购威胁而采取的预防性或主动性的反收购行为。反收购的目的是防止公司控制权发生转移，维持股东和管理层的稳定，使公司能够继续保持独立地位，能够按照公司原本规划的战略目标发展，从而实现公司价值最大化。

20世纪五次并购浪潮的发生使国外较早形成了对反收购的认识。而伴随着我国资本市场的日趋发展和完善，反收购措施也逐渐开始被我国的公司所采纳和应用。尤其自我国股权分置改革以来，我国上市公司股票开启全流通时代，对上市公司的收购行为发生得越来越频繁，同时也衍生出了诸多目标公司的反收购措施，反收购的策略因此变得越发重要。

反收购措施一般分为预防性反收购措施和主动性反收购措施。

一、预防性反收购措施

预防性反收购措施是公司为降低潜在敌意收购的威胁，在敌意收购发生之前所采取的预防措施。常见的预防性反收购措施包括持股与交易情况监控、毒丸计划和修改公司章程等。

（一）持股与交易情况监控

持股与交易情况监控是公司预防潜在敌意收购的第一步。公司可以通过分析自身的股权分布情况，对本公司股票的交易状况进行监测，从而发挥早期预警的作用。例如，突然的交易量增长就可能是出价方在宣布收购计划之前囤积股权的信号。

（二）毒丸计划

1. 毒丸计划的概念

毒丸计划（posion pill）起源于美国，首次出现于20世纪80年代的公司并购浪潮中，由律师马丁·利普顿（Martin Lipton，以下简称利普顿）于1982年提出，并在1985年被美国拉特华法院判为合法操作。毒丸计划是企业针对敌意收购所采取的一种重要的反收购防御措施，也被称为"毒丸术"，正式名称为"股权摊薄反收购措施"，具体指目标公司以股利的形式给予现有股东未来转换为公司股票或以较低价格购买公司股票的权利。通过对收购方和目标公司原股东的区别对待，毒丸计划可以稀释收购方在目标公司的持股比例，使收购方的收购成本增加，最终迫使收购方放弃收购，粉碎其获取目标公司控制权的企图。在毒丸计划最常见的形式中，一旦敌意收购方收购了目标公司一定数量的股份（通常比例达到20%～30%）时，毒丸计划就会启动。

2. 常见的毒丸计划形式

常见的几种毒丸形式包括：优先股计划（preferred stock plan）、外翻式毒丸计划（flip-over poison pill）和内翻式毒丸计划（flip-in poison pill）。

优先股计划作为1982年首次得到使用的毒丸计划形式，是指目标公司以股利的形式向普通股股东发放优先股，使其在敌意收购完成后可以转换为收购方的股份，从而摊薄收购方原股东的权益。优先股计划的不足在于优先股的发行方要多年后（一般为10年以上）才能赎回优先股，而且分析师将这种优先股归为负债，可能会对目标公司的资产负债状况产生负面影响。

外翻式毒丸计划由利普顿于1985年提出，外翻式毒丸计划是以股利形式给予目标公司除收购者之外的股东以较低价格购买收购方股票的权利。但这只有在收购方意图100%收购目标公司时才能发挥作用，因此应用范围较窄，不适用于收购方仅意图获取控制权而不实施全面并购的情况。以利普顿为Household公司设计的毒丸计划为例，在外翻式毒丸计划中，最初认股权利与普通股无法分离转让，因此认股权利是无法执行的。当收购方购买20%或20%以上的流通股份或发起30%或30%以上的要约收购时，毒丸计划被激活，认股权与普通股可分离交易，认股权变得可执行，但此时执行价格往往被定得较高，不具备太大的执行意义。当目标公司被合并后，权利持有者将有权以半价购买收购方股票。需要注意的是，如果毒丸计划因收购方发起30%或30%以上的要约收购而被激活，那么董事会有权在购股权利被执行前赎回该权利；如果毒丸计划因收购方购买20%或20%以上的流通股票而被激活，则认股权无法再被赎回。

在外翻式毒丸计划被1985年法国金融学家詹姆斯·戈德史密斯（James Goldsmith）的多数股权收购轻松攻破后，改良后的内翻式毒丸计划被提出。内翻式毒丸计划也是指以股利形式给予目标公司除收购者之外的股东以较低价格购买股票的权利，但这里指的是购买目标公司自己的股票。此外，区别于外翻式毒丸计划，内翻式毒丸计划一旦被激活，权利持有人即可以行使认股权利，以半价购买目标公司股票。而且内翻式毒丸计划通常伴有赎回权，如果董事会认为这次收购具有竞争力，即可选择以极低的名义价格赎回认股权利。目前在毒丸计划的应用上，往往是内翻式毒丸计划和外翻式毒丸计划相结合，兼具两代毒丸的效力。

案例 8-1

新浪与盛大反收购之战

北京新浪互联网信息股份有限公司（以下简称新浪）是一家服务于中国及全球华人社群的网络媒体公司，是中国大陆及全球华人社群中较为普及的互联网品牌。新浪于2000年登陆美国纳斯达克证券交易所，股票代码SINA.O（现已退市）。

盛大互动娱乐有限公司（以下简称盛大）是中国最大的网络游戏运营商，主要向用户提供大型多人在线角色扮演游戏（massively multiplayer online role-playing games，MMORPG）、休闲游戏等游戏产品。2001年，盛大宣布正式进入互动娱乐产业，并先后代理运营了《传奇》《新英雄门》《疯狂坦克》等多款大型热门网络游戏，成为中国互动娱乐产业的领军者。盛大于2004年登陆美国纳斯达克证券交易所，股票代码SNDA（现已退市），其公司创始人陈天桥也在2004年一跃成为中国首富。

1. 收购与反收购过程

盛大及其控股股东收购新浪股份进程及明细如表8-1所示。

表8-1　盛大及其控股股东收购新浪股份进程及明细

收购时间	收购数量/股	平均收购价格/（美元/股）	累计持有新浪股份/%	收购成本/万美元
2004年12月18以前	1600890	21.7	3.2	3473.93
2005年1月6至2005年1月12	480875	30.0	4.7	1442.63
2005年1月12	300000	30.0	3.8	900.00
2005年2月8至2005年2月9	7280000	23.2	19.1	16889.60
2005年2月10	160000	23.0	19.5	368.00
合计	9821765	23.5	19.5	23074.16

（1）盛大二级市场秘密收购新浪股份至19.5%

美国东部时间2005年2月18日下午5点（北京时间2月19日凌晨5点），盛大在其网站和纳斯达克网站同时发表声明称：截至2月10日，盛大与其控股股东地平线媒体（Skyline Media Limited）通过在二级市场交易持有的新浪公司股份合计占新浪发行在外股份的19.5%。而在盛大宣布达成此项收购之前，无论是媒体或是新浪董事会，均没有对此事有足够的关注，可以说盛大的收购是秘密进行的，新浪的董事会未能实时监控自家股票的二级市场交易情况。

根据盛大向美国证券交易委员会提交的受益股权声明13-D文件，盛大及其控股股东自2005年1月6日至2月10日，在公开市场交易中累计购入982.18万股新浪股票，耗资2.31亿美元。

（2）新浪的反击——毒丸计划

2月22日，新浪正式表态不欢迎盛大通过购买股票的方式控制新浪，并宣布其董事会基于盛大提交给美国证券交易委员会的13-D表及其他考虑，将采纳"股东购股权计划"，即毒丸计划，以保障公司所有股东的最大利益，并向美国证券交易委员会提交了8-K表备案。

根据该计划的安排，对于在股权确认日（the record date），即2005年3月7日登记在册的每位股东，均将按其所持的每股普通股获得一份认股权。在实施初期，认股权由普通股股票代表，不得于普通股之外单独交易；只有当某个人或团体获得10%或以上的新浪普通股或达成对新浪的收购协议时，该认股权才可以行使；一旦新浪10%或以上的普通股被收购（就盛大及其某些关联方而言，再收购新浪 0.5% 或以上的股权），认股权的持有人（收购人除外）将有权以半价购买新浪的普通股股票，每一份认股权的执行价格为 150 美元。如果新浪其后被收购，认股权的拥有人将有权以半价购买收购方的股票。另外，新浪可以用 0.001 美元或经调整的价格赎回认股权，也可以在某个人或团体获得新浪 10% 或以上的普通股以前（或其获得新浪 10% 或以上普通股的 10 天之内）终止该认股权计划。如果新浪的认股权协议没有提交终止、延期或被赎回、交换，则该认股权计划将于美国东部时间 2015 年 2 月 22 日到期。

显然在新浪与盛大的反收购案例中，新浪采取的是外翻式毒丸和内翻式毒丸策略，因为在新浪毒丸计划的方案设计中，新浪股东在盛大及其关联方再收购 0.5% 的股权后享有半价购买新浪股票的权利，而在新浪被收购后享有半价购买盛大股票的权利。

2. 毒丸计划的作用

新浪同时设置的内翻式毒丸和外翻式毒丸，给盛大取得新浪控制权造成了极大的障碍，无论盛大通过全面要约收购或部分收购，股权都将被稀释。盛大宣布收购时，新浪总股本 5047.8 万股，盛大持有新浪 982.2 万股，持股比例 19.5%。若毒丸计划付诸实施，按登记日 2015 年 3 月 7 日新浪收盘价 32.17 美元 / 股计算，认股权行权价格 150 美元，每股普通股对应的一份认股权可买入股票 150 ÷（32.17 ÷ 2）= 9.33 股，则新浪的总股本将扩张至 5047.8 +（5047.8 − 982.2）× 9.33 = 42980 股，而盛大的股权将被稀释至 982.2 ÷ 42980 = 2.29%。同时一旦盛大进一步增持 0.5% 至 20% 的触发点，则毒丸计划将被触发，进入执行阶段。行权前新浪的总价值为 5047.8 × 32.17 = 162388 万美元，行权价值 =（32.17 ÷ 2）× 9.33 ×（5047.8 − 982.2）= 610137 万美元，行权后的每股价格将变为（162388 + 610137）÷ 42980 = 17.97 美元。

因此，一方面，盛大的持股比例从 19.5% 被稀释至 2.29%，丧失控股权；另一方面，其股票价值也由 32.17 × 982.2 = 31597 万美元变为 17.97 × 982.2 = 17650 万美元，股票价值账面损失高达 44%，无异于吞下一颗毒丸。

若盛大停止收购，新浪董事会将按每份认股权 0.001 美元或经调整的价格赎回认股权，按每份认股权 0.001 美元计算，仅需支付 0.001 ×（5047.8 − 982.2）= 4.07 万美元即可覆盖实施毒丸计划的成本。

因此，基于以上的考虑，盛大放弃了对新浪的进一步收购，由最初的夺取控制权转为对新浪的财务性投资，最终择机减持，获利颇丰，而新浪则通过毒丸计划成功抵御了盛大的收购。

从上述案例可以看出，毒丸计划是一种兼具便利性和灵活性的反敌意收购防御措施，一旦收购方持有目标公司的股份达到一定比例，目标公司可单方面迅速启动毒丸计划，在较短的时间内取得十分有效的防御效果。与此同时，毒丸计划也具有灵活性，在毒丸计划触发生效后至实施前的任意时间，董事会均有权修改授予认股权的权利内容，或以较低的成本将认股权赎回，不会给公司和管理层造成较大的负担。

然而自毒丸计划面世以来，就不断受到人们的非议。一是毒丸计划违反了"股权平等"原则，毒丸计划仅授予除特定对象以外的股东折价购股的权利，对同一类股东之间的股份利益进行了重新分配，导致了"同股不同利"，因而在一些更注重股东利益保护的国家和地区，法律上对毒丸计划均不予支持。二是毒丸计划在抵御敌意收购的同时，也在客观上阻碍了潜在善意竞争者的进入。在我国，虽然毒丸计划并不违反我国现行法律制度，但由于发行股票需要通过证监会审核，周期较长，因此实施难度较大。

（三）修改公司章程

公司章程（corporate charter）有时也被称为公司注册条例，公司章程是对公司目标、不同级别的股票权利及公司基本运营情况等加以设定的基础性文件。公司章程相当于公司的"宪法"，《公司法》规定股东大会作出修改公司章程的决议，必须经代表 2/3 以上表决权的股东通过。修改公司章程策略又被称为"驱鲨剂"策略（shark repellent），属于典型的预防性反收购措施。顾名思义，"驱鲨剂"策略就是通过"药剂"（即公司章程）驱逐"鲨鱼"（即收购者），具体指在公司章程中设置能够对收购者的收购行为产生阻碍的条款。常用的"驱鲨剂"策略包括董事轮换制条款、绝大多数条款、公平价格条款、双重股权结构等。

修改公司章程是一种常见的反收购措施。公司章程的修改程度取决于法律规范，其最大的挑战是容易受到证券交易所关于合规性的质疑，进而可能导致条款无法发挥作用。修改公司章程可以表明反收购的坚决态度，但只能起到一定的预防作用，后续仍需采取进一步行动以达到反收购目的。

1. 董事轮换制条款

董事轮换制条款（staggered board election）又被称为分级董事会制度。使用董事轮换制条款的公司一般会在公司章程中规定，公司每年只能更换部分董事，且不得无故撤销董事席位。正常的董事会选举制度是在董事任期届满时对各个董事会席位进行选举，而董事轮换制条款则通过改变董事的任期，以期在每年度只开放一部分改选董事的席位，例如，市场常见的每年改选董事的比例为 1/3，这样需要 3 年才能完成董事会成员的全部替换。实施董事轮换制条款意味着收购方即使获得较高比例的股权，也依然无法立即更换公司董事，以占据更多的董事席位。这增加了完成收购的难度和成本，能帮助目标公司确保公司的控制权，使收购方知难而退。

董事会轮换条款与毒丸计划的组合形成了一套强大的防御措施，因为收购方进入董事会后可以通过修改公司章程使毒丸计划失效，而董事的延迟变更则增强了毒丸计划的防御力。目前董事会轮换制度在我国的公司章程中较为普遍。

▶ 案例 8-2

阿里巴巴的合伙人制度

1. 合伙委员会

2010 年 7 月，阿里巴巴公司正式成立合伙人组织，由于阿里巴巴创始人最早在湖畔花园小区创业，因此这一制度也被命名为"湖畔合伙人制度"。截至 2021 年 3 月 31 日，公司共有 36 名合伙人，合伙人数量并非一成不变，后期可能会随着现有合伙人的退休或新合伙人的当选而发生变化。

合伙委员会是合伙人制度的核心。合伙委员会由不少于 5 名、不多于 7 名人员构成。每年由现任合伙人，按照提名程序，向合伙委员会提名新合伙人候选人。合伙委员会需要对候选人进行评估，决定是否向全体合伙人提交候选人提名。候选人需要满足一定条件，并获得全体合伙人中 75% 以上合伙人的批准，方能当选合伙人。

2. 合伙人的权力——提名和委任半数以上董事会成员

根据公司章程，合伙人拥有提名董事会半数以上成员的权力。合伙人提名的每位董事，必须在年度股东大会上得到具有投票表决权的 1/2 以上股东的同意方能通过。如果合伙人提名的董事未能获得股东大会通过，或在当选后因故离任，那么合伙人有权力指定另一人担任"过渡董事"弥补空缺，直至下一届年度股东大会召开。在下一届年度股东大会上，上述临时董事或原提名董事人选的替代者（原提名人选除外）将参选董事，其任期为原提名人选所属董事组别的余下任期。

如果阿里巴巴合伙人提名的董事因为任何原因没有超过半数，合伙人有权自行决定向董事会委任必要人数的增补董事，而无须经过其他股东同意，以确保合伙人提名的董事占董事会成员半数以上。

在确定由合伙人提名的董事人选时，合伙委员会将推荐人选交由全体合伙人表决，获得合伙人半数以上投票的人选成为合伙提名的董事候选人。合伙提名的董事候选人可以是合伙人，也可以是符合董事任职条件的其他人士。

如果要修改阿里巴巴合伙人的董事提名权或《公司章程》中的相关规定，必须经由 95% 以上的股东在股东大会上投票赞成才能通过。随着公司的发展，尽管创始团队的持股比例逐渐降低，但主要合伙人持股比例仍然超过了 5%，这说明《公司章程》中合伙人制度的相关规定能够长期稳定地存续。

从以上规定看出，合伙人制度保证了阿里巴巴合伙人拥有半数以上的董事会执行董事名额。由于管理层由董事会任命，因此阿里巴巴合伙人对集团具有实际控制能力。合伙人制度确保了公司核心管理团队对公司经营具有绝对的控制权，为公司整体权力架构的稳定、公司文化的传承和员工激励制度的落实奠定了基础（见图 8-1）。

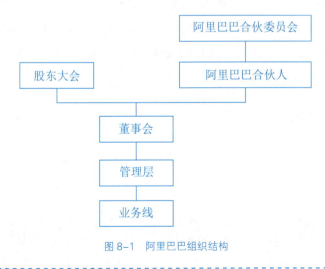

图 8-1　阿里巴巴组织结构

3. 合伙人制度与反收购

传统的"一股一票"投票权制度往往会导致投资人与创始人之间控制权的争夺。随着业务的扩张，公司需要对外融资，这将导致创始人的股份被不断稀释，甚至丧失控制权。然而，在合伙人制度下，即使创始人股权被稀释了，也不影响对公司的控制。阿里巴巴的合伙人大部分为创业者和高级管理层，虽然持股比例很小，但能够决定半数以上的董事，进而控制公司重要的经营决策。合伙人制度能有效地避免敌意收购，即使敌意收购者通过要约收购、举牌收购等方式获得了公司半数以上的股权，也无法提名董事会半数以上的人选，不能对公司进行有效控制。

目前，对于阿里巴巴合伙人制度这样的新型治理结构，学术界还存在争议。有学者指出，合伙人制度会导致管理层滥用权利，进而损害中小股东的利益，对股东财富造成负面影响。但也有学者认为，合伙人制度能够使企业的长期战略保持稳定，提升企业经营管理的效率，进而提升企业价值，产生对中小投资者的利益保护效应。目前，尽管我国 A 股市场多数采用同股同权、一股一票的制度，但在其他资本市场上，拥有新型治理结构的公司正在逐渐增加，并逐渐成为防止敌意收购、维持创始人控制权的重要手段。

2. 绝大多数条款

绝大多数条款是指公司在面临敌意收购时，对批准并购交易这样的重要事项提出更高的投票数要求，所需的投票比例通常为 75% 或者更高。当收购方持股比例较高时，公司在进行反收购时往往会采取绝大多数条款，从而使并购交易的完成变得更加困难。例如，当收购方及收购拥护者拥有目标公司 70% 的股份时，如果公司章程规定并购决策需要 80% 以上的赞同票，那么管理者只需要团结持股总和 20% 以上的股东就可以驳回收购决议。值得注意的是，绝大多数条款的修改也需要绝大多数的股东同意才能通过，否则这个条款将失去效力。

我国《公司法》对修改公司章程、增加或者减少注册资本的决议，以及公司合并、分立、解散或者变更公司形式等的重要事项，要求必须经代表 2/3 以上表决权的股东通过。

3. 公平价格条款

公平价格条款要求收购方在收购时对待所有股东都必须采用相同的价格，即"同股同价"。在并购交易中，有些收购方利用两步要约收购的方式，通过"两阶段出价"向目标公司股东施加压力。两阶段出价是指收购方先以溢价收购或者现金收购的方式购入较多股权，然后以较低的价格或者其他支付方式收购其余股权。这种收购方式导致目标公司的股东为避免后续的不公待遇，争相向收购方出售股权。公平价格条款规定股东在接受要约、出售股票时享有"同股同价"的权利，限制了两阶段出价方式的收购企图，提高了并购中需要支付给目标公司股东的价格。随着美国各州公司法的限制，出于保护股东利益的目的，两步要约收购在美国应用得越来越少，几乎不存在了。

4. 双重股权结构

双重股权结构是指按照不同表决权对股权进行重新划分，从而形成"同股不同权"的公司股权结构，常见于科技型公司。相较于单一股权结构的"同股同权"原则，双重股权结构允许不同股票拥有不同的表决权。公司在设置双重股权结构时将普通股划分为 A 类和 B 类。A 类为一般表决权普通股和限制表决权普通股，由一般的股东享有。B 类则是超级表决权普通股，通常具有复数表决权或者每股表决权是 A 类股的数倍，这类股份通常禁止公开交易，由公司的创始人或控制人所持有。例如，京东在上市时便设置了双重股权结构，A 类股票每股仅享有一票表决权，B 类股票所享有并能够行使的表决权是每股二十票。其中 B 类股权为刘强东所有，并且实际控制了 83.7% 的表决权。双重股权结构的设置保障了创始人对于公司的控制权，防止中小股东对管理层的重大决策进行干扰，可以抵御敌意收购行为，有利于企业的长期稳定发展。

美国资本市场在 20 世纪即承认同股不同权的双重股权结构，对于特别股份的最高投票权，美国股票市场并未进行限制。目前我国只有科创板和香港股票市场承认双重股权结构，其中科创板自 2019 年开始允许发行具有特别表决权的类别股份，而港股曾经实现过双重股权结构上市，之后因企业治理乱象被废止，在 2018 年才重新正式接纳双重股权结构。科创板和港股均规定，每份特别表决权股份的表决权数量不得超过每份普通股份的表决权数量的 10 倍。

> ▶ 案例 8-3
>
> ### 小米集团—W 双重股权结构
>
> 小米科技有限责任公司（以下简称小米公司）成立于 2010 年 3 月 3 日，是一家专注于智能硬件和电子产品研发的全球化移动互联网企业，也是一家专注于高端智能手机、互联网电视及智能家居生态链建设的创新型科技企业。
>
> 2018 年 7 月 9 日，小米公司在香港交易及结算所有限公司（以下简称港交所）上市，成为香港双重股权制度重启后的首批获益企业之一。小米公司的股本分为 A、B 股，A 股持有人每股可投 10 票，B 股持有人每股可投 1 票，根据小米公司披露的上市前持股比例，创始人、董事长兼 CEO 雷军持有 31.41%，联合创始人兼总裁林斌持有 13.33%，只有雷军和林斌持有 A 类股票，在双重股权模式下，雷军拥有超过 55.7% 的投票权，林斌拥有 30% 的投票权。因此，小米公司的控制权可以掌握在创始团队的手中。
>
> 港股市场在双重股权结构的上市公司名称后面加 "W" 作为后缀，以提示投资者 "同股不同权" 存在的潜在治理风险。W 为英文 "weighted voting rights" 的首字母。例如，"小米集团—W"、"美团点评—W" 和 "快手—W" 等都是同股不同权的企业。

5. 董事任职资格审查制度

董事任职资格审查制度是指在公司章程中对董事任职资格进行限制，一般涉及公司任职时长、从业经历、受教育水平、年龄等方面。我国现行的法律在一定程度上鼓励董事会的稳定，因此董事任职需要满足一定条件，最常见的董事任职基础条件包括无不良记录等。而更加具体和严格的资格审查制度可以被用作反收购的手段，提高收购方指定人选出任目标公司董事的难度。

6. 限制股东表决权条款

股东的最高决策权表现为投票权。为了防止公司控制权的转移，限制收购方的表决权成为反收购的重要措施之一。公司章程中限制表决权的制度一般有两种：股东持股时间条款和累积投票制度。

股东持股时间条款要求股东在持股期满足一定时间要求之后才能行使决策权，如增加临时议案权、召开临时股东大会权、董事提名权等。这项条款可以在一定程度上维持管理层和经营业务的稳定性，保证只有长期持股的股东才能对企业的经营活动做出干预，参与公司治理。例如，联美量子股份有限公司（以下简称联美控股，股票代码：600167.SH）公司章程规定股东持股时间满 24 个月，才能提名董事。

累积投票制度不同于普通投票的"一股一票"原则，是指每一股份拥有等同于应选董事数量的表决权，即"一股多选"制度。例如，如果有 7 位应选董事，那么每个股东的每一股份就有 7 份选票，而每一股份的持有者既可以将 7 份选票投给不同的董事候选人，也可以全部投给一位候选人。在普通投票制度下，收购方只要购入足够多的股权，就可以获得目标公司的绝对控制权，按自身的意愿改组董事会，改变公司章程。这种累积投票制度有效保证了中小股东能够选出自己的董事，可以对收购方形成约束。证监会《上市公司治理准则》第三十一条规定，控股股东持股比例达 30% 以上的上市公司，在股东大会的董事选举中应当采用累积投票制，而证监会对控股股东持股比例不满 30% 的上市公司则没有强制要求。

值得注意的是，通过限制股东表决权条款对股东投票权和提名权进行限制，有时候是与我国法律制度相违背的。《公司法》规定，单独或合计持有公司 3% 以上股份的股东，就可以提出临时提案并书面提交董事会；当单独或合计持有公司 10% 以上股份的股东提出召开股东大会的请求时，董事会应于两个月内召开临时股东大会，若董事会和监事会均不履行召集和主持股东大会会议职责的，则连续 90 日以上单独或者合计持股比例达 10% 以上的股东可自行召集和主持股东大会。同时，《公司法》也规定，股东享有选择公司管理者的权利，这表现为对公司高级管理人员的提名权。

案例 8-4

"驱鲨剂"条款合规性质疑案例——大港收购爱使

大港油田（集团）有限责任公司（以下简称大港油田）主营油气勘探、开发、加工等，是全国石油系统第一个整体通过 ISO 9000 国际质量认证的国有特大型石油天然气勘探开发联合企业。上海爱使股份有限公司（以下简称爱使股份）创建于 1984 年，是上海市首批股份试点企业，于 1990 年 12 月在上交所挂牌交易，全部为流通 A 股。爱使股份是上交所最早上市的"老八股"之一，是沪市典型的"三无概念股"（无法人股、无国有股、无主业），也是全流通股公司中唯一一家第一大股东持股比例不超过 5% 的上市公司。

大港油田自 1997 年开始谋求进入资本市场，综合考虑 IPO、买空壳、买实壳、二级市场收购等各种方式的优势及风险后，其最终选择了通过二级市场借壳上市。因为爱使股份的股权极其分散，大港油田判断可以以较小的代价达到控股的目的，因此于 1998 年 7 月 1 日开始启动对爱使股份的收购，但由于爱使股份采用了"驱鲨剂"条款、焦土战术、白衣骑士、金色降落伞计划等反收购策略，此次并购案变数重重，参与方众多。

1. 初始收购策略

大港油田首先尝试了协议收购的方式，但与爱使股份第一大股东延中实业的控股方北大方正集团有限公司谈判失败，最终决定采用二级市场收购的方式进行买壳。大港油田安排了 3 家下属企业参与二级市场收购：天津炼达集团有限公司（以下简称炼达集团）、天津大港油田重油公司（以下简称重油公司）、大港港联公司（以下简称港联股份）。

1998 年 7 月 1 日，炼达集团、重油公司分别收购了爱使股份 2.1822% 及 2.8178% 的股份，合计持股 5.0001%；7 月 4 日，港联股份入局，收购爱使股份 2% 的股份，3 家企业合计持股比例达 7.0001%；7 月 17 日及 7 月 31 日，3 家企业两次增持，最终获得爱使股份 10.0116% 的股权。

2. "驱鲨剂"条款的采用与化解

大港油田试图收购并控制爱使股份，最大的阻碍便是《上海爱使股份有限公司章程》第六十七条。

爱使股份提请股东大会表决通过的《上海爱使股份有限公司章程》第六十七条关于董事、监事提名方式和程序的规定，相比中国证监会颁布的《上市公司章程指引》自行增加了 4 项条款，具体内容为：

"董事会在听取股东意见的基础上提出董事、监事候选人名单。董事、监事候选人名单以提案的方式提请股东大会决议。

"单独或者合并持有公司有表决权股份总数 20%（不含股票代理权）以上、持有时间半年以上的股东，如要推派代表进入董事会、监事会的，应当在股东大会召开前 20 日，书面向董事会提出，并提供有关材料。

"董事会、监事会任期届满需要换届时，新的董事、监事人数不超过董事会、监事会组成人数的 1/2。

"董事、监事候选人产生程序：

（一）董事会负责召开股东座谈会，听取股东意见；

（二）董事会召开会议，审查候选人任职资格，讨论、确定候选人名单；

（三）董事会向股东大会提交董事、监事候选人名单，提供董事、监事候选人的简历和基本情况。"

若大港油田想要进入爱使股份的董事会，根据上述条款主要面临两大问题。第一个问题是持股的比例和时间，根据爱使股份的相关规定，推荐提名董事、监事人选的股东需要达到两个条件：其一是持股比例高于 10%，其二是持股时间不少于半年。根据中国证监会 1997 年颁布的《上市公司章程指引》第五十七条规定，股东持股比例超过 5% 即可行使董事提名权，而爱使股份设置的 10% 的门槛不仅提高了大港油田收购的范围和难度，而且提高了收购的成本，按照当时的股票价格，收购成本约 2 亿～ 3 亿元。此外，半年的时间门槛则拉长了收购方获得控制权的时间，增加了其中的不确定性。

第二个问题是董事会成员的更换。上述条款提到：新的董事、监事人数不超过董事会、监事会组成人数的 1/2。因此，即使解决了上述持股的比例和时间问题，大港油田成功进入了董事会、监事会后，在董事会、监事会中很难取得控制权。又根据其公司章程第九十三条的规定，公司董事会由 13 人组成，当时已满额；根据《公司法》，董事在任期届满之前，股东大会不得无故解除其职务。综上，大港油田若实施收购，将极有可能成为没有经营控制权的大股东，无法控制经营决策，则无法进行后续的资产置换，这将直接导致借壳上市的失败。

按照收购进程，1998 年 7 月 31 日，大港油田所属的 3 家关联企业总持股比例达到 10.0116%，依据爱使股份的公司章程可以提请召开临时股东大会，但由于存在公司章程条款的限制，临时股东大会仍无法召开。就以上问题，大港油田要求证监会对爱使股份公司章程行使检察权。随后，中国证监会向上海市证券管理办公室正式下发文件，明确指出爱使股份公司章程第六十七条中关于股东推派代表进入董事会、监事会所设置的持股比例、时间要件等门槛，以及董事会、监事会换届人数不超过 1/2 的规定皆是违法的，敦促爱使股份董事会尽快修正此条款。爱使股份于 1998 年 10 月 31 日召开临时股东大会，修改原公司章程第六十七条规定。1998 年 9 月 1 日，大港油田所属 3 家关联企业将提议召开临时股东大会及重新选举董事会的有关法律文件正式送达爱使股份，并抄报了管理部门。9 月 29 日，爱使股份原董事长再次造访大港油田，双方终于达成了合作。

（四）交叉持股

交叉持股是指不同企业之间相互持有对方一定比例的股份，继而相互成为对方股东的一种市场行为，在资本市场中较为常见。当目标公司股权分散时，收购方购入目标公司流通股的难度较低。如果目标公司找到能够形成战略联盟的企业或者关联企业进行交叉持股，并且约定发生收购时不出售持有的股份，则能很大程度地降低收购方可以购入的流通股数量。一旦面临敌意收购，交叉持股的企业彼此之间都可以采取防御措施。因此，交叉持股策略能够避免因股权结构问题导致的控制权不稳定，在一定程度上可被用于抵御敌意收购。但与此同时，交叉持股可能会占用企业大量的现金流，在经营环境不利时可能会对双方产生不利影响。因此，使用交叉持股策略前，公司必须权衡其利弊。

（五）降落伞计划

降落伞计划是在收购方完成对目标公司的并购后、目标公司员工被解雇情况下对员工的补偿性措施，其形式可为遣散费、奖金、股票期权及其相应的组合。根据适用对象的不同，分为金色降落伞计划、银色降落伞计划和灰色降落伞计划，分别对应公司高级管理人员、中级管理人员和普通员工。

敌意收购的完成往往伴随着被收购方管理层和公司组织架构的变动。降落伞计划对员工进行大额度补偿，一方面能够增加收购成本，为收购方设置障碍，让收购者"大出血"，进而迫使其重新评估收购决策。另一方面，降落伞计划能帮助公司员工降低收购带来的损失，可以起到稳定人心的作用。

（六）公司注册地变更

美国各州享有公司法立法权。作为规范反收购行为、阻止敌意收购发生的核心法律，不同州的公司法对目标公司提供的保护程度也不尽相同。因此有公司通过改变公司注册地的方式来进行预防性反收购。例如很多公司会将注册地变更为赋予目标公司管理层更多反收购权力的特拉华州。

案例 8-5

伊利反收购阳光保险

1. 并购双方简介

（1）被并购方：伊利股份

伊利股份成立于 1993 年，是我国乳制品行业第一家在 A 股上市的公司。如表 8-2 所示，伊利股份在 2014—2016 年的财务表现稳定，盈利能力强且增长良好。

表 8-2　2014—2016 年伊利股份关键财务指标

年份	营业收入／亿元	净利润／亿元	销售净利率／%	资产负债率／%	资产周转率／%
2014	539.59	41.65	7.72	52.34	1.50
2015	598.64	46.54	7.78	49.17	1.52
2016	603.13	56.69	9.40	40.82	1.54

伊利股份的股权结构非常分散且较为平均，第一大股东占比低于 10%，无实际控制人。良好的业绩表现及分散的股权结构，使得伊利股份易于成为并购市场上机构投资者的并购目标（见表 8-3）。

表 8-3　2014 年年末伊利股份前十名股东持股情况

股东名称	持股数量／股	持股比例／%
呼和浩特投资有限责任公司	285265413	9.31
潘刚	118043314	3.85
香港中央结算有限公司	65874320	2.15
全国社保基金一零四组合	46399885	1.51
赵成霞	42045070	1.37
刘春海	41654144	1.36
胡利平	39670268	1.29
全国社保基金五零三组合	39670268	1.29
中国人寿保险股份有限公司—分红—个人分红—005L—FH002 沪	37799302	1.23
瑞士联合银行集团	34186884	1.31

（2）并购方：阳光保险

阳光保险集团股份有限公司（以下简称阳光保险）于 2005 年成立，是国内 7 大保险集团之一，实力强大，涉及行业领域广泛，自成立起便迅速超越了 71 家保险主体，投资境外不动产与互联网金融领域，并进军医疗健康产业，迅速成长为国内最佳互联网保险公司之一。

阳光保险举牌目标公司的主要资金来源常常是万能险、投连险和分红险这 3 个险种。阳光人寿和阳光产险的第一大股东均为阳光保险，持股比例分别为 99.99%、95.83%，二者因同受阳光保险控制而构成一致行动人，其股权关系如图 8-2 所示。

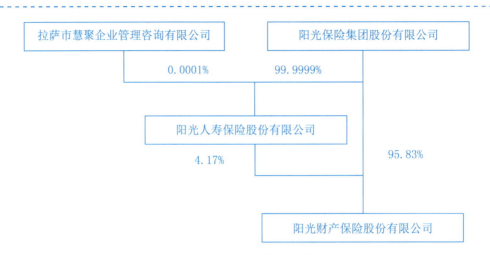

图 8-2　阳光保险与其子公司关系

2. 阳光保险购买伊利股份

自 2015 年第四季度起，阳光保险开始了对伊利股份的股票购买计划，通过其子公司阳光人寿的分红保险产品大幅买入伊利股份 10817.2 万股，持有伊利股份 1.8% 的股权，一举成为伊利股份的第五大股东，如表 8-4 所示。

表 8-4　2015 年年末伊利股份前十名股东持股情况

股东名称	持股数量／股	持股比例／%
呼和浩特投资有限责任公司	533330826	8.79
香港中央结算有限公司	255951003	4.22
潘刚	236086628	3.89
中国证券金融股份有限公司	185796070	3.06
阳光人寿保险股份有限公司—分红保险产品	109108907	1.80
全国社保基金一零四组合	104999998	1.73
赵成霞	84090140	1.39
刘春海	83308288	1.37
胡利平	79340536	1.31
全国社保基金五零三组合	78800000	1.30

2016 年上半年，阳光保险尚未采取进一步行动，持股数量未发生变动。自 2016 年 7 月，阳光保险开始进一步增持计划，通过其阳光人寿及阳光财险两大子公司，逐步增持伊利股份至 3.03 亿股，逼近举牌线。

3. 伊利股份修改公司章程

针对阳光保险一年多时间的连续增持行为，伊利股份首次实施反击。2016 年 8 月 9 日，伊利股份召开董事会临时会议，通过了修改公司章程的议案。为应对阳光保险的敌意收购，伊利股份修改了公司章程中关于敌意收购的股权占比、信息披露要求等一系列条款，具体变动如表 8-5 所示。

表 8-5　2016 年伊利股份公司章程修订的主要内容及相关分析

反收购措施	公司章程具体修订内容
重新界定敌意收购	敌意收购：是指在未经公司董事会同意的情况下通过收购或一致行动等方式取得公司 3% 及以上股份或控制权的行为，或违反本章程第三十七条第（五）项的行为，或公司董事会决议认定的属于敌意收购的其他行为
降低信息披露的股权比例	通过证券交易所的证券交易，投资者持有或者通过协议、其他安排与他人共同持有公司已发行的股份达到 3% 时，应当在该事实发生之日起 3 日内，向公司董事会发出书面通报。在通报期限内和发出通报后两个交易日内，不得再行买卖公司的股票 投资者持有或者通过协议、其他安排与他人共同持有公司已发行的股份达到 3% 后，其所持公司已发行的股份比例每增加或者减少 3%，应当依照前款规定进行通报
扩大董事会主动实施反收购手段的职权	公司董事会有权依据本章程主动采取反收购措施，并公告该等并购交易为敌意收购，该公告的发布与否不影响前述反收购措施的执行
董事任职资格审查制度	执行董事由董事长提名，董事会确认。执行董事应当具备下列条件：（一）在公司任职 10 年以上；（二）任执行董事期间，仍能在公司工作
限制股东表决权条款	关于更换及提名董事会、监事会成员及修改公司章程的提案，须连续两年以上单独或合计持有公司 15% 以上股份的股东才有权提出提案
绝大多数条款	下列事项须由出席股东大会的股东（包括股东代理人）所持表决权的 3/4 以上通过方为有效： （1）本章程的修改 （2）选举和更换非由职工代表担任的董事、监事的议案 （3）在发生公司被敌意收购时，该收购方（包括其关联方或一致行动人）与公司进行的任何交易事项 （4）股东大会审议收购方（包括其关联方或一致行动人）为实施敌意收购而提交的关于购买或出售资产、租入或租出资产、赠与资产、关联交易、对外投资（含委托理财等）、对外担保或抵押、提供财务资助、债权或债务重组、签订管理方面的合同（含委托经营、受托经营）、研究与开发项目转移、签订许可协议等议案
董事轮换制条款	董事会换届选举时，更换董事不得超过全体董事的 1/3，且执行董事的更换不得超出全体执行董事的 1/3。连续两年以上单独或者合并持有公司 15% 以上股份的股东提名董事时，每一提案（提案人及其关联方或一致行动人分别提出的提案应当合并计算）所提候选人不得超过全体董事的 1/5，且不得多于拟更换或补选人数。除非换届选举，年度股东大会或临时股东大会选举或更换董事人数不得超过现任董事的 1/4。并且在连续 12 个月内，选举或更换董事只能进行一次
降落伞计划	在发生公司被敌意收购的情况时，公司须一次性向董事、监事、高级管理人员按其在公司的上一年度应得税前全部薪酬和福利待遇总额的 10 倍支付现金经济补偿金

　　然而伊利股份修改公司章程的举措并不顺利，公告次日便收到了上交所的《问询函》，针对 3% 股比是否符合《公司法》《证券法》及《收购管理办法》等相关条款进行问询。对此伊利股份采取了延期回复的应对方法，并最终放弃修改。

二、主动性反收购措施

（一）绿票讹诈

绿票讹诈是目标公司回购股票的一种形式，又被称为溢价回购，是指目标公司以较高溢价回购敌意收购方所持有的目标公司股票，以换取其不收购公司控制权的承诺。第一起绿票讹诈支付案例为 1976 年佳能回购海湾—西方工业公司的股份。有时这些敌意收购方的真实意图并非获得目标公司的控制权，而是为了对目标公司形成威胁，逼迫其以高价回购股票，从而获得高额收益。因此公司章程中可能附有反绿票讹诈条款，限制目标公司向潜在的敌意收购者支付绿票讹诈的能力。

（二）中止协议

中止协议是指目标公司与潜在敌意收购者达成协议，承诺给予一定补偿或其他优惠，并在协议中规定潜在敌意收购者在未来一段时期内不会增加对目标公司的股票购买，或者潜在敌意收购者允诺在其持股量达到某一比例后不再增持。中止协议的签订往往伴随着绿票讹诈支付，目标公司在以高溢价回购敌意收购方所持股票时，往往会与敌意收购方签订"停止投资协议"，约定敌意收购方在未来一段时期内不得再收购目标公司的股票。

案例 8-6

沃尔核材收购长园集团

1. 公司介绍

长园科技集团股份有限公司成立于 1986 年，是一家专业从事电动汽车相关材料、智能工厂装备、智能电网设备的研发制造与服务的国家级高新技术企业。2002 年 11 月 18 日，长园集团在上交所上市。后来，公司的创始股东中国科学院长春应用化学研究所与深圳科技园将所持股份转让给由李嘉诚家族控制的长和投资有限公司（以下简称长和投资）、深圳市深国投实业发展有限公司及部分核心管理层，并且长和投资在经过增资后成为长园集团的第一大控股股东。

深圳市沃尔核材股份有限公司（以下简称沃尔核材）成立于 1998 年，于 2007 年 4 月在深交所成功上市。长园集团与沃尔核材分别是国内热缩材料行业的第一和第二，两家公司一同占据了国内热缩材料行业近 80% 的市场份额。同时，沃尔核材还将业务拓展到新能源产业。沃尔核材的创始人曾在长园集团工作过多年，在离开长园集团 3 年后才着手创立了沃尔核材。由此可见，沃尔核材与长园集团有着较深的历史渊源，且两者彼此是同行业中的直接竞争对手。

2. 收购与反收购过程

2013 年，长和投资开始减持长园集团。到 2014 年初，长和投资在连续十几次减持后，不再拥有长园集团的控制权。控股股东的撤离使沃尔核材看到了收购长园集团的可乘之机。

（1）第一阶段：沃尔核材首次举牌，长园集团试图引入白衣骑士

从 2014 年 1 月 24 日开始，沃尔核材从二级市场不断买入长园集团的股票。到 5 月 28 日，沃尔核材总计持有长园集团 4317.55 万股股票，持股比例约为 5%。沃尔核材首次

举牌，并在随后的董事会议案中宣布未来 12 个月内将继续增持长园集团的股票。

在沃尔核材举牌后，长园集团紧急宣布停牌，迅速开始寻找白衣骑士。5 月 30 日，长园集团第一大股东长和投资将所持的 5% 股份转让给原本已持有长园集团 2.45% 股份的复星集团，将所持的 3.21% 股份转让给员工持股平台 "藏金壹号"。至此，长和投资不再持有长园集团股份。

（2）第二阶段：沃尔核材增持成为第一大股东，长园集团修改公司章程

2014 年 6 月 4 日，沃尔核材及其一致行动人以二级市场竞价交易的方式，购入长园集团 1481.6 万股股票，占总股本的 1.7158%。本次增持后，沃尔核材成为长园集团的第一大股东，共计持股 6.72%。2014 年 6 月 11 日至 13 日期间，沃尔核材再次增持 3.2842% 的长园集团股份，累计持有约 10% 的股份，构成第二次举牌。针对沃尔核材的不断增持，长园集团的员工持股平台 "藏金壹号" 立刻增持至 4.34%，联合复兴集团实现反超。随后沃尔核材再次增持，持股比例达 11.72%。

2014 年 7 月 25 日，长园集团打算重启定增计划，意图由复星集团认购长园集团本次定增的 80% 的股份，但最终未获得证监会批准。9 月 30 日，长园集团召开临时股东大会，旨在修改公司章程，通过引入设立职工董事的相关条款，制约沃尔核材对董事会的控制能力。该条款规定董事会由 9 名董事组成，包括 3 名独立董事、2 名职工代表董事和 4 名股东大会选举出的董事。其中股东大会不可选举或者更换由职工代表担任的董事、监事。这项条款获得 89.15% 的赞成票而通过。

（3）第三阶段：沃尔核材再举牌，长园集团多次并购予以反击

2014 年 10 月 21 日，沃尔核材第三次触线举牌，其持股比例达到 16.72%，此后仍不断增持（见表 8-6）。

表 8-6　沃尔核材的增持过程

日期	股份数 / 百万股	占比 / %
2014-05-28	43.18	5.00
2014-06-14	86.35	10.00
2014-07-03	101.17	11.72
2014-10-24	144.34	16.72
2015-04-29	192.86	21.79
2015-06-10	237.11	26.79
2015-07-01	242.88	27.45
2015-08-20	258.52	23.71

为应对沃尔核材的步步紧逼，长园集团多次停牌进行并购重组，先后收购了江苏华盛精化工股份有限公司（以下简称华盛精化）与上海和鹰实业发展有限公司（以下简称和鹰实业发展）80% 的股份，以及珠海运泰利自动化设备有限公司（以下简称运泰利）100% 的股权（见表 8-7）。

表 8-7 长园集团主要并购活动

并购对象	支付对价／亿元	支付方式
华盛精化 80% 股份	7.20	现金支付
和鹰实业发展 80% 股份	18.80	现金支付
运泰利 100% 股份	17.20	98% 为股权支付，募集配套资金 4.80 亿元

长园集团在收购华盛精化、和鹰实业发展两个标的时支付现金对价，在收购运泰利时则以股权支付作为主要支付手段。在长园集团通过发行股份收购运泰利的过程中，沃尔核材及其一致行动人的持股比例在很大程度上被摊薄。截至 2015 年 8 月 20 日，沃尔核材的持股比例被摊薄至 23.71%，下降了 3.7 个百分点。

在长园集团以高溢价连续收购后，这些被收购公司股权的出售方在拿到对价后在二级市场买入长园集团股票，并与员工持股平台 "藏金壹号" 签订协议，形成一致行动人。运泰利、和鹰实业发展的股东吴启权等人于 2017 年 5 月 24 日与 "藏金壹号" 及其管理层结成一致行动人，彼时合计持有长园集团 22.31% 的股份，略低于沃尔核材的 24.21%。华盛精化的股东沈锦良、和鹰实业发展的实际控制人尹志勇和孙兰华随后增资进入管理层的持股平台 "藏金壹号"，后者在得到增资后于 2017 年 11 月开始了对长园集团股票的增持，并于 2017 年 12 月 1 日将长园集团的股票增持至 24.43%，超过了沃尔核材一方。

（4）第四阶段：收购陷入僵局，双方达成和解

复星集团出于自身需求，在 2015 年 5 月 14 日，以大宗交易的方式减持其持有的全部的长园集团股份，完全退出长园集团，最终未能成为长园集团的 "白衣骑士"。2017 年 5 月 25 日，员工持股平台 "藏金壹号" 与 19 位投资者共同签署一致行动协议，至此，"藏金壹号" 与其一致行动人的持股比例共计 24.21%，略高于沃尔核材的持股比例（24.07%），双方陷入僵局。

双方在僵持了一段时间后，经由深圳证券期货业纠纷调解中心协助调解，双方最终达成了和解协议。长园集团出售资产，将其子公司长园电子（集团）有限公司 75% 的股权转让给沃尔核材。并且在交易完成后，长园集团不再从事热缩材料等业务。沃尔核材也以协议转让的方式，将其所持有的长园集团的部分股权转让给山东科兴药业有限公司（以下简称山东科兴）。转让后，沃尔核材及其一致行动人的持股比例将下降至 18.49%，而山东科兴则拥有长园集团 5.58% 的股票。此外，沃尔核材还承诺将不再增持长园集团股份。可见，沃尔核材以股权上的退让换取了在热缩材料领域的发展优势。

（三）白衣骑士

白衣骑士策略指目标公司引入友好的、更为目标公司所接受的第三方公司作为收购方并达成协议，主要目的是在目标公司面临敌意收购的威胁时提供支援，通过收购或者重组的手段，驱逐敌意收购方。在目标公司遭遇敌意收购时，白衣骑士购入大量目标公司的股权，形成与敌意收购方争夺公司控制权的局面。白衣骑士策略要求第三方公司拥有足够的资金实力，能够以较高股价进行收购，从而提高目标公司股价，增加收购的难

度和成本，以此逼迫敌意收购方放弃收购计划。白衣骑士也是最常用的反收购措施之一。

（四）白衣护卫

白衣护卫是一种与白衣骑士类似的反收购措施。区别在于，白衣护卫是同意购买目标公司大部分股权，并保持目标公司独立性的股东，作为白衣护卫的第三方公司不会掌握目标公司的控股权。目标公司可以通过发行新股的方式寻找白衣护卫，并以优先股或设置双重股权结构的形式对其表决权和持股比例做出限制。白衣护卫可以被视为白衣骑士的修正版。在现实中，骑士易找，护卫难求。白衣护卫通常会是目标公司的关联方或者与目标公司为同一控股方。

（五）资本结构调整

目标公司可以通过资本结构调整来防范敌意收购。在资本结构调整中，目标公司往往通过大规模举债向股东发放红利，使公司的财务杠杆显著提高，其中增加债务的方式包括银行贷款和发行债券等。债务的增加大大降低了目标公司的吸引力，而股利的发放也同时提高了股东的股票价值。此外，目标公司还可以通过在资本结构调整中发行期权，使管理层在行权后对公司拥有更大的控制权。

（六）公司重组

作为收购防御措施的公司重组是指公司通过出售优质资产或购买不良资产等方式降低对潜在敌意收购方的吸引力。此举虽然降低了收购方的兴趣，但同时也带来了公司财务状况的恶化，牺牲了公司本身和股东的利益。此外，作为收购防御措施的公司重组还包括通过杠杆收购使公司私有化、对公司进行清算等。

（七）法律诉讼

法律诉讼策略是经典的反收购策略之一。目标公司在面临敌意收购时，可以借助法律规定对收购行为进行抵抗。将法律诉讼作为反收购措施的关键是寻找收购方在垄断、不充分披露和欺诈等合规性方面的漏洞，向法院起诉敌意收购方在收购过程中存在违法违规的行为。目标公司可以尝试控诉收购违反法律，要求收购方停止收购。如果无法直接通过法律诉讼击退"袭击者"，法律诉讼策略也可以使敌意收购方陷入诉讼困境，从而拖延其收购进程，为公司寻找白衣骑士或白衣护卫赢得时间。

（八）直接说不

在"直接说不"的防御策略下，目标公司可以宣布不会解除反收购防御，以价格不合理或不符合公司长远利益为由拒绝被收购，拒绝采取任何措施，并对股东派发更多现金。采用"直接说不"的公司也应注意，当公司的出售或分拆已经不可避免时，董事会应当采取措施最大化股东利益。因此，当竞价者提出更高的收购价格时，"直接说不"策略可能会受到挑战。

案例 8-7

港交所收购伦交所被拒

1. 公司介绍

港交所是全球一大主要的交易所集团，也是一家在香港上市的控股公司。

伦敦证券交易所（以下简称伦交所）成立于 1773 年，位于英国伦敦，是世界四大证券交易所之一。作为世界上最为国际化的金融中心之一，伦敦不仅是欧洲债券及外汇交易领域的全球领先者，还受理了超过 2/3 的国际股票的承销业务。伦交所的规模与位置，为世界各地的公司及投资者提供了一个通往欧洲资本市场的理想门户。

2. 收购与反收购过程

2019 年 9 月 9 日，港交所董事局主席史美伦和首席执行官李小加来到伦交所。在随即举行的会议上，他们宣布港交所希望以 320 亿英镑收购伦交所。如果交易完成，该交易将跻身当年十大并购交易之列，并成为迄今为止规模最大的交易所收购交易。

9 月 11 日，港交所公布本次收购计划。计划显示，港交所拟以现金和定增收购的方式购买伦交所的全部股本，对伦交所的估值约为每股 83.61 英镑，较伦交所此前一日收盘价溢价 22.9%。

港交所的收购提议并没有得到伦交所的认可。9 月 13 日，伦交所在回复港交所的信中表示，董事会一致拒绝港交所的收购提议，并从战略、可行性、并购形式和价值 4 个层面阐述了拒绝并购提案的原因。

（1）港交所的提案与伦交所的战略目标不符

伦交所正在进行对全球金融市场数据信息和基础设施提供商路孚特（Refinitiv）的收购。而在港交所向伦交所董事会提交的并购建议中要求：相关并购只有在路孚特的交易被股东终止或投票否决时才会进行。对路孚特收购案的不同立场，是港交所收购失败的重要原因之一。

当前收购路孚特的提案，符合伦交所成为领先的金融市场基础设施提供者的目标，而港交所的地理因素和交易量方面与伦交所的战略目标是背道而驰的。伦交所还特别提到自身很看重香港市场的机会，但也非常看重目前跟上交所的互利伙伴关系。

（2）存在严重的无法交付风险

港交所的提案将面临多方审查，该过程是否能取得多方的支持存在着高度的不确定性，这对股东来说也是较大的风险。

（3）港交所提出的支付方式缺乏吸引力

港交所的收购提案报价的 3/4 是以港交所的股票形式进行支付，然而这并没有足够的吸引力。伦交所认为港交所股票具有内在的不确定性，并且对港交所长期的战略地位表示疑虑。

（4）对伦交所的估值严重不足

与伦交所通过收购路孚特能获得的价值相比，港交所对伦交所的估价明显不足。此外，伦交所还在声明中表示，目前收购路孚特进展顺利，2020 年 11 月有望提交议案并征求股东同意，并将在 2020 年下半年完成。

10 月 8 日开盘前，香港交易所发布公告称，不继续进行对伦交所集团的有关要约，正式宣布放弃这一全球金融界瞩目的收购。消息一出，投资者对弃购的反应较为正面，港交所股价 8 日高开，截至收盘上涨 2.3%。

（九）反噬防御

反噬防御的概念是目标公司以反向出价收购"袭击者"的方式来回应对方对自己的收购企图，迫使其转入防御状态，为自己的反收购防御赢得一定的时间。尽管反噬防御通常很有威胁，但反噬防御的使用范围较窄，应用反噬防御不仅需要潜在敌意收购方的股份为公开发行股份，还要求目标公司与潜在敌意收购方实力相当，拥有较强的资金实力和融资能力作为支撑，因此该措施很少被目标公司所采用。

反噬防御
案例

（十）其他反收购策略

1. 股票回购

为应对收购方持股比例的不断增加，目标公司可以采取回购自身发行在外的流通股的方式提高自身持股比例，降低流通在外的股票比例，减少收购者可以直接从二级市场购买的股份，以应对敌意收购方对公司控制权的威胁。

利用回购股票的方式威慑收购方时需要格外注意两点。一是需符合政策法规的规定。我国《公司法》规定公司不能保留库存股。公司可以回购股份的情况共有 4 种，涉及减少注册资本，与持有本公司股份的其他公司合并，将股份奖励给公司员工，股东因对股东大会作出的合并、分立决议持有异议而要求回购的情形。可见，为了反收购而回购股票的行为，在我国是被禁止的。此外，除了我国，日本和新加坡等国也禁止此类的回购，英国、美国、加拿大和一些欧洲国家则需要在执行中带有附加条件。二是需经过精密的财务计算。回购股票需要大量的资金，可能会对目标公司后续的经营活动产生影响。因此采取回购股票以应对敌意收购的方式对目标公司的财务专业水平和现金持有情况有较高的要求。

2. 员工持股计划

员工持股计划是一种特殊的报酬计划。员工持股计划通过利益分配机制使员工享有剩余索取权，通过建立参与机制令员工拥有经营决策权，旨在吸引、保留和激励公司员工。员工持股计划本质上是一种福利计划，适用于公司所有雇员，由公司根据工资级别或工作年限等因素分配本公司股票。

员工持股计划对公司进行反收购有着积极的作用，能增强目标公司的反收购能力。一方面，员工持股计划的实施加强了员工对公司经营和未来发展的参与感，激发了员工对公司的信任，提升了员工对公司的忠诚度。当目标公司面临敌意收购的威胁时，持股员工将与公司同仇敌忾，不会轻易出售所持有的股权，从而达到锁定部分流通股的效果，增加收购的成本和难度。另一方面，当员工持股比例较高时，管理层对于公司的控制能力也会增强，这有利于公司的稳定经营和长期发展。

3. 停牌

我国独特的停复牌制度也为目标公司提供了一种新的反收购措施——以停牌抵御收购。停牌是 A 股市场非常有效的反收购措施。

我国内地根据停牌的原因不同，将停牌分为例行停牌和警示性停牌。例行停牌，一般是指虽然上市公司正常运行，但依据法律法规发生了规定的必须停牌的重大事由，须例行停牌的事项包括：刊登要约收购报告书、发布年报、召开股东大会、修改业绩预告、股权激励、业绩预警、利润分配、买卖交易、股票出现例行的异常波动等。警示性停牌，是指根据上市或者交易类规则的规定，当上市公司或其股票交易出现异常波动情况时，停牌可以提示投资者注意市场异常或督促上市公司予以改进。

我国的停牌制度中，停牌理由种类繁多并且琐碎，一旦遇到相应事件即可对号入座申请停牌。上市公司通常依靠筹划重大资产重组为由申请股票停牌，以此阻止收购者的收购行为，拖垮其取得公司控制权的进程。因为除重大资产重组外，交易所对于其他事项的停牌原则上均不得超过 10 个交易日，所以假借筹划重大资产重组为由申请股票停牌是狙击举牌方的最佳手段。然而，随着我国停复牌制度的改革，国内市场对停牌的要求越发严格，通过停牌制度进行反收购防御也变得非常困难。

▶ **案例 8-8**

伊利反收购阳光保险的主动型反收购措施（本案例背景参考案例 8-5）

1. 阳光保险继续增持伊利股份

2016 年 9 月 14 日，阳光保险通过其子公司阳光财险（即阳光财产保险股份有限公司）增持伊利股份 566.79 万股，占公司总股本的 0.09%。此次增持后阳光保险合计持有伊利股份普通股股票 30324 万股，占比达 5%，触及举牌线（见表 8-8）。

表 8-8　2016 年阳光保险增持前后所持股份变化

股东	增持前持股数量／股	持股比例／%	增持后持股数量／股	持股比例／%
阳光人寿	109248697	1.8	253092815	4.17
阳光财险	0	0	50147250	0.83
合计	109248697	1.8	303240065	5.00

2. 伊利实施主动性反收购措施

尽管阳光保险在其简式权益变动报告书中明确：本次增持是出于对企业未来发展前景看好所进行的财务投资，支持伊利股份现有股权结构，不主动谋求成为伊利股份第一大股东，但伊利股份似乎并不相信，更在之后陆续采取了包括紧急停牌、非公开发行引入白衣骑士，以及股票期权与限制性股票激励计划在内的一系列主动型反收购措施。

9 月 19 日，伊利股份发布重大事项停牌公告，声称正在筹划重大事项，该事项可能涉及重大资产重组或非公开发行股票，申请自 9 月 19 日开市起紧急停牌，连续停牌不超过 10 个交易日。

9 月 24 日，伊利股份发布重大事项继续停牌公告，声称公司与有关各方正在就上述重大事项进行论证商讨，鉴于该事项仍存在重大不确定性，将继续停牌，预计自首次停牌之日起的 10 个交易日内明确该事项及停复牌事宜。

10 月 1 日，伊利股份发布关于筹划非公开发行股票事项继续停牌公告，表示本次筹划的重大事项确定为非公开发行股票。但按照国有资产管理相关规定，作为公司本次发行对象之一的内蒙古交通投资（集团）有限责任公司需待主管部门论证决策后，再与伊利股份签署相关协议。因此，本次非公开发行股票预案尚无法正式形成，且存在重大不确定性，伊利股份自 10 月 10 日起继续停牌不超过 5 个交易日。

10 月 15 日，伊利股份发布关于筹划非公开发行股票事项延期复牌的公告，表示根据上交所《上市公司筹划重大事项停复牌业务指引》的相关规定，10 月 14 日，公司召开第八届董事会临时会议，审议并通过了《内蒙古伊利实业集团股份有限公司关于筹划非公开发行股票事项延期复牌的议案》，决定延期复牌，公司股票自 10 月 17 日起继续停牌不超过 20 天。

10 月 22 日，伊利股份发布非公开发行股票预案，拟向 5 个特定公司非公开发行不超过 587084148 股（含本数）股票，发行价格为 15.33 元 / 股，募集资金 90 亿元，发行对象信息如表 8-9 所示。在此基础上，规定上述投资者所认购股票自发行结束之日起 60 个月内禁止转让，保证了伊利股份股权结构的稳定。

表 8-9　发行对象信息

序号	发行对象	认购股数 / 股	认购金额 / 元
1	呼伦贝尔城市建设投资（集团）有限责任公司	195694716	2999999996.28
2	内蒙古交通投资（集团）有限责任公司	130463144	1999999997.52
3	青岛金石灏汭投资有限公司	130463144	1999999997.52
4	平安资产管理有限责任公司	65231572	999999998.76
5	深圳金梅花投资基金管理有限公司	65231572	999999998.76
	合计	587084148	8999999988.84

发行完成后，伊利股份总股本将由 60.65 亿股增至 66.52 亿股，阳光保险的持股比例从 5% 被摊薄至 4.56%，伊利股份的具体股权结构如表 8-10 所示。

表 8-10　非公开发行后伊利股份的股权结构

序号	股东名称	持股数量 / 股	持股比例 / %
1	呼和浩特投资有限责任公司	533330826	8.02
2	香港中央结算有限公司	416186893	6.26
3	阳光保险集团有限公司	303240065	4.56
4	呼伦贝尔城市建设投资（集团）有限责任公司	195694716	2.94
5	内蒙古交通投资（集团）有限责任公司	130463144	1.96
6	青岛金石灏汭投资有限公司	130463144	1.96
7	平安资产管理有限责任公司	65231572	0.98
8	深圳金梅花投资基金管理有限公司	65231572	0.98

由表 8-11 可知，非公开发行后，5 位白衣骑士的持股比例合计为 8.82%，再加上第一大股东和管理层的股份，总持股比例达到 24.12%。阳光保险若想超过该比例以获取控

制权，需增持至少 19.56% 的股份，这部分股份所对应的巨额资金极大地增加了阳光保险的收购成本。

同日，伊利股份发布股票期权与限制性股票激励计划（草案），拟授予核心技术（业务）人员及其他公司董事会认为需要进行激励的相关员工共计 294 人股票期权和限制性股票。具体方案如表 8-11 所示。

表 8-11　伊利股份股票期权和限制性股票激励计划方案

激励方式	标的	权益份额／万股	占总股本比例／%	行权价格／（元／股）
股票期权	人民币 A 股普通股	4500	0.74	16.47
限制性股票		1500	0.25	15.33

由表 8-11 可知，本次激励计划涉及的股份比例为 0.99%，相较非公开发行摊薄作用较弱。但激励计划能够调动员工积极性，达到类似员工持股计划的效果，使收购者难以从公开市场收集到足够多的股票，亦不失为一种行之有效的反收购措施。

早在 2014 年 10 月 27 日，伊利公司便已经制订了员工持股计划，首期持股计划合计参与员工 317 人，持股计划奖励金提取期限为 10 年，资金来源为持股计划奖励金，按照扣非后净利润增量的 30% 扣取，公司扣除个人所得税后划入持股计划资金账户的资金总额达 14389.49 万元（见表 8-12）。

表 8-12　伊利股份首期持股计划参与人的持有情况

持有人	持有份额／份	占持股计划总份额的比例／%
潘刚、刘春海、赵成霞、胡利平、王瑞生、王晓刚、李建强、张文：共 8 人	44262088	30.76
其他员工：共 309 人	99632500	69.24
合计：317 人	143894588	100.00

伊利持股计划的制订早于阳光保险的收购行动，且伊利股份本身的控制权非常分散，股东持股比例均在 10% 以下，且无实际控制人，对于阳光保险的收购计划可以起到一定的预防作用。

同样在 2016 年 10 月 22 日，伊利股份发布关于公司股票复牌的提示性公告，表示 10 月 21 日，公司召开第八届董事会临时会议，审议并通过了关于公司非公开发行股票等议案。根据上交所的相关规定，经公司申请，公司股票自 2016 年 10 月 24 日（星期一）开市起复牌。

根据公司公告，本次非公开发行所募资金大部分用于协议收购中国圣牧有机奶业有限公司（以下简称中国圣牧）37% 的股份，本次协议收购股份超过 30%，触发全面要约，高额的资金需求给伊利股份带来了巨大的压力，其试图通过压低要约收购价格以使中国圣牧的部分股东做出不接受要约的承诺，但仍杯水车薪。2017 年 4 月 28 日，事件出现转机，伊利股份发布公告称收购计划最终告吹，主要原因是未收到商务部反垄断局对经营者集中申报的批准，故此交易终止，伊利股份也免于向中国圣牧全体股东发出全面要约。

3. 收购尾声

面对阳光保险的突袭举牌，伊利股份合理利用规则，紧急停牌，并联合实施了非公开发行引入白衣骑士、股票期权与限制性股票激励计划等多重反收购措施，成功使阳光保险的持股比例下降至举牌线以下。经此一事，阳光保险终不再增持伊利股份，"门口野蛮人"的入侵被成功击退。

案例思考 宝万之争

1. 公司介绍

万科成立于 1984 年，主营住宅开发和物业服务，现已延伸至商业、长租公寓、物流仓储、冰雪度假、教育等领域。万科于 1991 年上市，是国内领先的城乡建设与生活服务商，房地产开发行业的龙头企业之一。万科的公司股权结构属于相对分散型，在宝能系发动收购前，万科的主要股东持股比例如表 8-13 所示。

表 8-13 截至 2015 年 6 月 30 日万科 A 股主要股东持股比例

股东名称	持股数量／百万股	持股比例／%
华润股份有限公司	1645.4900	14.89
香港中央结算（代理人）有限公司	1314.9300	11.90
国信证券—工商银行—国信金鹏分级 1 号集合资产管理计划	456.9930	4.14
新加坡政府投资有限公司	151.9210	1.38
刘元生	133.7910	1.21
美林国际有限公司	124.0490	1.12
中国人寿保险股份有限公司—分红—个人分红—005L—FH002 深	95.9997	0.87
万科企业股份有限公司工会委员会	67.1685	0.61
中国人寿保险（集团）公司—传统—普通保险产品	63.3999	0.57
瑞士联合银行集团	59.1986	0.54
合计	4112.9407	37.23

宝能系是以深圳市宝能投资集团有限公司（以下简称宝能集团）为中心的资本集团。宝能集团成立于 2000 年，姚振华是其唯一的股东。集团旗下包括地产、综合物业开发、金融、现代物流、文化旅游、民生产业等六大板块。宝能系包含 70 多家公司，其中，宝能集团直接持有深圳市钜盛华股份有限公司（以下简称钜盛华）67.4% 的股份。而钜盛华则持有前海人寿保险股份有限公司（以下简称前海人寿）51% 的股份。作为宝能系的融资平台，前海人寿是宝能系进行大量资本活动的主要资金来源。2015 年，前海人寿的保费总规模达到 618 亿元。宝能集团与钜盛华、前海人寿的股权结构如图 8-3 所示。

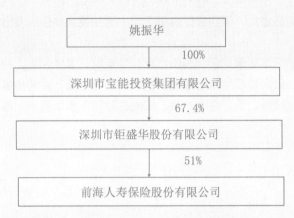

图 8-3　宝能集团与钜盛华、前海人寿的股权结构

2. 收购的背景与动因

万科作为我国房地产行业的翘楚，具有成熟且规范的运作模式，经营业绩优异，在市场和行业中表现突出。地产是宝能系产业的重要支柱之一，收购房地产龙头企业将极大促进宝能系的发展。万科具有丰富的二、三线城市资源，这对于宝能系来说具有巨大的吸引力。另外，宝能系的地产业务融资成本高达 10%。万科作为房地产企业，信用评级良好，能以较低的成本发行债券。若宝能系可以实现对万科的控股，并向万科注入宝能系原有的地产项目，就可以有效降低融资成本。同时，万科是一支被低估的优质蓝筹股，对于宝能系来说具有较高的长期战略投资意义，这也是宝能集团举牌万科的一大原因。

3. 收购与反收购过程

（1）宝能系多次举牌万科，万宝之战拉开序幕

宝能系第一轮增持过程如表 8-14 所示。

表 8-14　宝能系第一轮增持过程

日期	前海人寿		钜盛华		宝能系累计持股比例 / %
	增持股数 / 百万股	增持股比例 / %	增持股数 / 百万股	增持股比例 / %	
2015−07−10	552.73	5.00	−	−	5.00
2015−07−24	102.95	0.93	28.04+421.57	0.26+3.81	10.00
2015−08−26	80.20	0.73	9.32+467.14	0.08+4.23	15.04

早在 2015 年 1 月至 6 月，宝能系通过子公司前海人寿多次购入万科股票。

2015 年 7 月，"万宝之战"拉开序幕。2015 年 7 月 10 日，宝能系首次举牌万科，前海人寿在二级市场购入万科 A 股 552727926 股，占万科总股本 5%，耗资逾 80 亿元。2015 年 7 月 24 日，宝能系再次举牌万科，前海人寿在二级市场购入万科 A 股 102945738 股，占万科总股本 0.93%。钜盛华在二级市场购入万科 A 股 28040510 股，占万科总股本的 0.26%；以收益互换的形式持有 421574550 股万科 A 股股票收益权，占万科总股本的 3.81%。在收益互换合约中，钜盛华将现金形式的合格履约保障品转入证券公司，证券公司买入股票，钜盛华享有收益权并按期支付利息，合同到期后，钜盛华回购证券公司所持有股票或卖出股票获得现金。前海人寿和钜盛华为一致行动人，实际控制人均为姚振华，宝能系合计持股 1105288724 股，占万科总股本 10%。

2015 年 8 月 26 日，宝能系再度增持万科股票。前海人寿在二级市场购入万科 A 股 80203781 股，占万科总股本 0.73%。钜盛华通过融资融券的方式买入万科 A 股 9316800 股，占万科总股本 0.08%；以收益互换的形式持有 467138612 股万科 A 股股票收益权，占万科总股本 4.23%。宝能系合计持有 1661947917 股，持股比例达 15.04%，以 0.15% 的优势超过华润股份 14.89% 的股比，成为万科第一大股东。

（2）原第一大股东华润股份增持狙击，华宝之战白热化

2015 年 8 月 31 日和 9 月 1 日，华润股份两次增持万科，持有万科 15.29% 股份，以 0.25% 的优势击败宝能系，重回万科第一大股东。

随后，宝能系又开始大量增持万科股份。2015 年 12 月 4 日，钜盛华通过资管计划购入万科 A 股股票 549091001 股，占万科总股本 4.969%，宝能系持股 20.008%，又超越华润股份，成为万科第一大股东。2015 年 12 月 7 日至 12 月 24 日间，钜盛华买入万科 A 股股票 470356806 股，占万科总股本 4.256%。截至 2015 年 12 月 24 日，钜盛华持有万科 1945518279 股，占万科总股本 17.605%；前海人寿持有 735877445 股，占比 6.659%，宝能系合计持股 24.260%。宝能系第二轮增持过程如表 8-15 所示。

表 8-15 宝能系第二轮增持过程

日期	前海人寿		钜盛华		宝能系累计持股比例 / %
	增持股数 / 百万股	增持股比例 / %	增持股数 / 百万股	增持股比例 / %	
2015-12-04	–	–	549.09	4.969	20.008
2015-12-24	–	–	470.35	4.256	24.260

2015 年 12 月 18 日，安邦保险增持万科约 1.7 亿股，持股比例占万科 A 股股份 7.01%。

截至 2015 年 12 月 31 日，宝能系持股 24.26%，为公司第一大股东；华润系持股 15.29%，为公司第二大股东；安邦系持股 6.18%。万科股东形成三足鼎立之势（见图 8-4）。

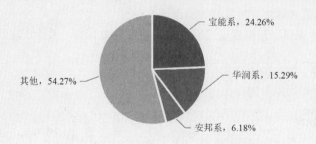

图 8-4 万科 2015 年年报披露的股权结构

（3）万科开启反收购之战，试图引入白衣骑士

万科对宝能系展开一系列反击。2015 年 9 月 16 日，万科发布回购部分社会公众股份的公告。2015 年 12 月 17 日，王石在万科内部讲话中明确表示不欢迎宝能系成为第一大

股东，主要理由包括：宝能系采用高风险的短债长投方式强行进入万科；宝能系信用不足，会影响万科的信用评级和融资成本；华润股份作为原大股东扮演着重要的角色。2015年12月18日，万科以筹划重大资产重组事项为由宣布停牌。

2016年1月15日，万科以本次筹划重大资产重组极为复杂为由决定延期复牌。停牌长达6个月，这也给王石充足的时间寻找"白衣骑士"共同抵御被收购的风险。2016年3月13日，万科发布公告称将牵手深铁集团，深铁集团将注入部分优质地铁上盖物业项目的资产，交易对价介于400亿～600亿元之间，万科以定向增发股份方式支付对价。2016年3月17日，万科召开的2016年第一次临时股东大会审议通过了继续停牌的议案，赞成比例为97.13%。然而，会议结束之后，华润股份表示万科与深铁集团合作的公告，未与其事先沟通，没有经过董事会的讨论及决议通过，并宣称已经向有关监管部门反映情况，万科与华润股份的关系迅速恶化。

2016年6月18日，万科公布《发行股份购买资产暨关联交易预案》，称拟发行2872355163股A股股份购买深铁集团持有的前海国际100%股权，初步交易价格为456.13亿元。若此次交易完成，深铁集团将持有万科20.65%股份，成为第一大股东。2015年12月31日，上市公司的合并资产总额为61129556.77万元，标的公司资产总额为4561348.44万元，占比为45.53%，低于50%的重大资产重组线，根据当时《重组管理办法》相关规定，此次交易不构成重大资产重组。前海国际主要运营的资产为前海枢纽项目坐落的T201-0074号地块和安托山项目坐落的T407-0026、T407-0027号地块，万科以土地作价入股的方式遭到了华润方的反对，他们认为项目的盈利能力受楼面价格上升压力的影响，且短期内难以实现收入，还会使现有股东每股盈利被摊薄，适合采用合作的方式或者通过债权融资支付全部交易对价。该预案最终呈现7票同意、3票反对、1票回避表决的局面。万科认为独董张利平由于关联关系不参与投票，以7/10通过决议。而华润方认为，独立董事张利平投出的应是弃权票，则结果为7/11，未获董事会通过。万科和华润股份的矛盾一触即发，宝能系也开始加入华润股份的反对阵营，提出要求罢免现有管理层，包括王石、郁亮、乔世波等7名董事，罗美君等3名独立董事及廖绮云等两名监事，但遭到了华润股份的反对。

（4）万科复盘大跌，举报宝能违法违规

2016年7月4日，万科复盘，股价连续两天下跌10%，累计跌幅近29%（见图8-5）。

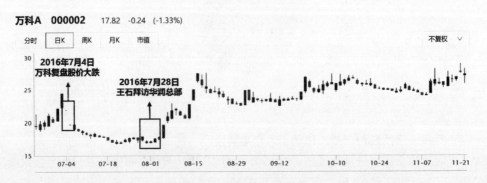

图8-5　万科2016年股价走势

此时宝能系继续增持，累计增持 4.97%，持有股票占万科总股本的 25%。由于股价的大跌，宝能集团资管计划面临平仓的风险。2016 年 7 月，万科工会委员会起诉宝能集团损害股东利益，深圳市罗湖区人民法院受理了此案。之后，万科于 2016 年 7 月 19 日以公司名义向中国证监会、证券投资基金业协会、深交所、证监会深圳监管局提交《关于提请查处钜盛华及其控制的相关资管计划违法违规行为的报告》，举报宝能集团资管计划涉嫌违法违规，宝能系随即发布律师意见书，称万科所质疑的涉嫌违规事项，缺乏事实基础和法律依据，纯属主观臆测。2016 年 7 月 27 日，万科董事长王石前往华润集团香港总部拜访，此消息一出，万科股价大涨，宝能系资管的风险大幅下降。

（5）恒大加入万宝之战，迅速增持万科股票

2016 年 8 月 4 日，中国恒大首次举牌万科，通过其附属公司收购 516870628 股万科 A 股，持股比例达到 4.680%。2016 年 8 月 15 日，恒大已持股万科 6.820% 的股票。2016 年 11 月 8 日，恒大持股达 8.285%。2016 年 11 月 23 日，恒大再次举牌万科，持有万科股票 10%。恒大继续增持万科，截至 2016 年 11 月 28 日，恒大持股比例达 14.070%，成为仅次于宝能系和华润系的万科第三大股东（见图 8-6）。2016 年 12 月 18 日，万科董事会通过了终止发行股份购买资产事项的议案，万科与深铁集团的重组宣告结束。

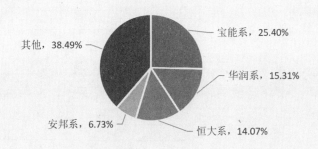

图 8-6 万科 2016 年年报披露的股权结构

（6）华润、恒大退出，深铁集团成第一大股东

据相关媒体报道，华润股份曾受到来自国资监管层面的压力，国务院国资委就此做出"央企不与地方争利"的明确表态，要求华润股份配合深圳市政府妥善解决问题。2017 年 1 月 12 日，华润集团将华润股份和中润贸易合计持有的 1689599817 股万科 A 股（占总股本的 15.31%）的股份转让给深铁集团，转让价格为 22 元 / 股，总价款为 37171195974 元。

2017 年 3 月 16 日，深铁集团与恒大及其下属企业分别签订《战略合作框架协议》和《委托协议》，恒大将其持有的万科 1553210974 股 A 股（占总股本的 14.07%）股份的表决权、提案权及参加股东大会的权利委托给深铁集团行使，期限为一年。

2017 年 6 月 9 日，深铁集团与恒大方签订《股份转让协议》，深铁集团通过协议转让方式受让恒大持有的万科 1553210974 股 A 股股份（占总股本的 14.07%），转让价格为 18.8 元 / 股，总价款为 29200366311.20 元，低于恒大买入价 362.73 亿元，恒大亏损近 70 亿。本次股权变动结束后，深铁集团合计持有万科 3242810791 股 A 股股份，持股比例达 29.38%，成为万科第一大股东，宝能系持股 25.40%，安邦系持股 6.18%，股权结构如图 8-7 所示。宝万之争就此结束。

4. 宝能系举牌万科的资金组织过程[①]

在宝万之争中，宝能系充分利用杠杆工具，撬动了庞大的并购资金。它几乎动用了当时中国资本市场能够合法使用的所有杠杆手段，组织了保险、证券、银行在内的各类资金，其中仅银行理财资金的杠杆率就高达 4.28 倍（见图 8-7）。

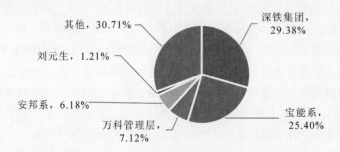

图 8-7 宝万之争结束后万科的股权结构

宝能系的资金组织过程可分为 4 个阶段，其特征分别为保险资金为先锋、券商做过渡、资管计划为通道、银行理财做主力，4 个阶段的发展如图 8-8 所示。

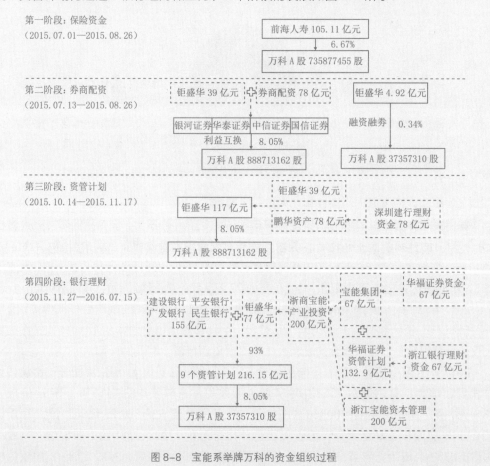

图 8-8 宝能系举牌万科的资金组织过程

① 丁建英．兵临城下：中国上市公司并购风云（1993—2018）[M]．北京：中国财政经济出版社，2018.

在第一阶段中，首次举牌的资金主要来源于前海人寿的保险资金，金额约为105.11亿元，购入万科股票的比例为6.67%。

前海人寿利用万能险和普通保费及自有基金首次举牌万科后，在2015年7月13日至8月26日期间的第二、三次举牌过程中，钜盛华首次使用杠杆工具出击，利用券商收益互换，辅以融资融券手段。股票收益互换是指客户与券商根据协议约定，在未来某一期限内针对特定股票的收益表现与固定利率进行现金流交换，是一种重要的权益衍生工具交易形式。钜盛华以缴纳的39亿元现金作为履约保障，证券公司按1:2的杠杆给予78亿元配资，之后以合计约117亿元买入万科A股股票。通过券商收益互换，钜盛华享有这部分股权收益权，股票则由券商"代持"。在第二阶段中，钜盛华同时以融资融券手段作为辅助，耗资4.92亿元买入万科A股0.34%的股权。

钜盛华与券商签订的收益互换合约的期限为1年。因此在2015年10月，钜盛华以类似过桥性质的资金通过大宗交易购回相应数量的万科A股，然后将这些股权质押给鹏华资产管理有限公司（以下简称鹏华资产）以获得银行理财资金。钜盛华利用该笔理财资金再购回部分万科A股股票，再质押，再获得银行理财资金，循环往复，最终通过11次大宗交易分批购回前述的8.05%万科A股股权，完成银行理财资金对券商资金的置换，成交总额为127.64亿元。在2015年10月15日至11月18日期间，钜盛华将购回的万科股票质押给鹏华资产，并以鹏华资产为通道从深圳市建设银行获得总计78亿元的银行理财资金。

2015年11月30日，宝能集团将30.98亿股钜盛华股权质押给广州华福证券有限责任公司（以下简称华福证券）；钜盛华在2015年12月8日将9亿股前海人寿股权质押给上海银行南京分行；12月11日，宝能集团30%的股权质被押给东莞银行长沙分行。利用质押钜盛华股权所获得的资金，宝能系出资67亿元作为劣后LP，浙商银行理财资金通过华福证券资管计划出资132.9亿元作为优先LP，深圳市浙商宝能资本管理有限公司出资1000万作为GP，共同设立深圳市浙商宝能产业投资合伙企业（有限合伙），规模最终达200亿元。

钜盛华在2015年11月下旬和12月上旬利用77亿元资金作为劣后LP，以1:2的杠杆比例，通过证券公司（即东兴证券股份有限公司）和基金或基金子公司（泰信基金管理有限公司、西部利得基金管理有限公司、南方资本管理有限公司），撬动建设银行等4家银行出资155亿元作为优先LP，设立9个资产管理计划，用以增持万科。这九大资管计划在第四、五次举牌中分别购入5.4909亿股、5.4875亿股，并在其后买入4411万股万科A股股票，累计耗资216.15亿元。

在宝能系5次举牌万科A股的过程中，宝能系在全国范围内调动了1家保险公司、9家券商、7家银行、5家基金或基金子公司等共计4类22家金融机构，声势可谓浩大激荡。

📝 讨论题：

1. 试分析万科采取了哪些反收购措施抵御宝能系的收购。

2. 这些策略哪些属于预防性反收购措施，哪些属于主动性反收购措施？

3. 结合案例及万科公司章程，试分析其反收购防御中的漏洞，并为其未来如何增强反收购能力提供建议。

Chapter 9

第九章

并购后的整合

一、并购给企业管理带来的挑战

并购现已成为企业快速扩张的重要手段，然而，根据现有的统计数据，收购方在被并购企业中获取的长期经营绩效并不理想，总体来看，并购的成功率低于 50%[①]。

国外对于并购事件的研究与追踪早于国内。在 20 世纪 80 年代，两家著名的商业杂志分别进行了关于并购成败的相关研究。其中，《并购视野》(*Acquisition Horizons*) 杂志对 537 家企业进行了调研，这些企业的年销售额在 1.25 亿～ 20 亿美元之间，且在 5 年的时间区间内至少发起了一次并购。然而，超过 40% 的受访企业表示并购活动只能算"有点成功"或"不成功"，常见原因有被收购企业的管理层表现不及预期、并购前调研不够充分或不准确、被收购企业的体制不及预期那么先进、并购企业需要进一步制定一份全新的战略规划、被收购企业的一部分关键人才离开公司等。《财富》(*Fortune*) 杂志对 10 起重大混合并购案进行了研究，这些并购的动因都是并购方想要开拓一个新行业，且这些并购已发生了 10 余年，从并购后企业的长期表现来看，这些并购对于多元化战略并没有任何的积极意义。

20 世纪 90 年代以来，并购后的整合越来越变成一个流行的管理问题。目标公司被收购后，很容易出现经营混乱的局面，尤其是在敌意收购的情况下，这使许多管理人员纷纷离去，客户流失，生产混乱。因此，需要对目标公司进行迅速有效的整合。同时，由于并购整合涉及企业股东、管理层、雇员、政府机构和资本市场等多个利益主体，涉及战略、组织、人事、资产、运营、流程等一系列重大而关键问题的调整和重组，并且这些问题都需要同步尽快得到解决，因此，整合的任务很艰巨、难度很大。从境内外并购案例看，企业并购绝不是两个企业的简单合并或形式上的组合，每一次并购成功都与并购后的整合管理不无联系，而且整合成本也往往是直接收购成本的数倍。

由此看来，并购后的整合对于并购交易至关重要，很大程度上决定着并购的成败，需给予高度重视。

二、整合的内容

企业在并购活动后进行的整合，主要包括以下几个方面：战略整合、组织整合、人力资源整合、财务整合、文化整合等。当然，如果并购企业处于不同的发展阶段或并购目

[①] 国际上通行的统计口径一般包括从锁定并购目标到谈判、竞购、交割、整合、运营，最终达到获利的过程。按照这样的口径统计，全球并购从锁定目标到交易成功的概率大约为 50%，从交割完成到整合获利的概率也约为 50%，也就是说，一件并购案件从一开始发起到最后的成功获利，平均水平约为 25%。

的不同，那么整合的重点也会有所差异。例如，在企业发展成熟并在同业具备一定的竞争力时，并购的动因多为获取标的公司的销售渠道、扩大市场份额、提升品牌影响力等，那么这时候的整合应当以战略、经营、财务的整合为主；而对于从产品运营升级到资本运营阶段的企业来说，其并购多为整合产业链为目标的纵向并购或跨行业的混合并购，那么此时的整合还需要注重从战略、组织、财务、文化、人力等全方位进行融合渗透。

（一）战略整合

战略整合是指并购企业基于外部环境及并购双方的综合发展情况，将被并购企业纳入其自身的战略规划安排，或利用被并购企业的资源实现并购后主体的经营战略调整，从而提升企业整体的经济效益，并增强自身的核心竞争力。

战略整合的过程并不简单，共包含 4 个层次：企业使命与目标整合、总体战略整合、经营战略整合及职能战略整合。其中，企业使命与目标的整合是其余 3 个战略整合的前提，决定了企业未来发展的目标与方向，尤其在跨境或跨文化并购中，并购企业很可能会因为无法把握正确的使命与目标而误入歧途，所以，并购企业应优先明确如何对企业使命与目标进行调整或统一，在此基础上，并购企业进一步进行总体战略整合、经营战略整合、职能战略整合。总体战略整合是指对并购后企业所做的全局性、长远性谋划，明确双方企业在战略整合体系中的地位和作用，并对双方企业的总体战略进行调整、融合与重构的过程。经营战略整合是指对双方企业的经营战略进行调整、磨合和创新，以提高企业整体的盈利能力和核心竞争力。职能战略整合是指在总体战略和经营战略的指导下，将双方企业的职能战略融合为一个有机职能战略体系的过程，确保并购后企业总体战略、经营战略的顺利实施和企业战略目标的实现。这 4 个层次的战略整合形成了一种有序的、互为促进的"金字塔"体系（见图 9-1），高层次的整合可以为低层次的整合提供指导与建议，同时低层次的整合为高层次的整合提供必要的支持。

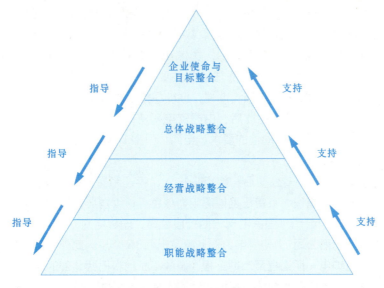

图 9-1　企业战略整合的"金字塔"结构

战略整合对于并购活动至关重要，是并购企业进行其他整合项目的基础，也是企业通过外延式扩张获取协同效应的关键，其重点应在于战略业务重组，围绕核心能力构筑和培育企业的战略性资产。在战略整合管理过程中，应首先识别出并购双方在资源、技能和知识之间的互补性，对于具有战略性资产特征的要素，在整合过程中要进行重组整合，对于不具有战略性资产特征的要素可以剥离。

> **案例 9-1**

国家电网购买巴西第三大电力企业 CPFL 后的战略整合

国家电网有限公司（以下简称国家电网）以投资建设运营电网为核心业务，是关系国家能源安全和国民经济命脉的特大型国有重点骨干企业，在收购巴西 CPFL Energia Group（以下简称巴西 CPFL）前，国家电网已投资运营包括菲律宾、巴西、葡萄牙、澳大利亚在内的 9 个国家和地区的骨干能源网。国家电网进行境外并购的主要方式有两种，分别是直接入股和取得特许经营权。前者多发生在意大利、澳大利亚和葡萄牙等发达市场，后者则发生在菲律宾和巴西等新兴市场的并购项目中。

巴西是拉美地区面积最大、人口最多、资源最全面的国家，拥有 2 亿多人口、800 多万平方千米的国土，以及油、水、矿、森林一应俱全的丰富资源。巴西有巨大的市场容量、资源体量和国际市场影响力，经济发展潜力大，是一个值得深耕的市场。国家电网自 2016 年起与巴西 CPFL 的主要股东进行商业谈判，由于巴西 CPFL 公司的主要股东巴西卡玛古集团、普瑞维基金、博内尔基金这三家卖方同时处于现金短缺的困境，国家电网的现金收购方案能够对促成本次收购有着不小的作用，其具体收购方案如下。

国家电网通过旗下注册地位于巴西的子公司——国家电网巴西控股公司（State Grid Brazil）作为买方主体，巴西卡玛古集团、普瑞维基金和博内尔基金作为卖方分别于 2016 年 7 月及 9 月签订《股权收购协议》。协议约定，国家电网巴西控股公司以直接和间接方式收购巴西 CPFL 公司 556164817 股普通股，约占其投票权和总股本的 54.64%。

2017 年 11 月 30 日，国家电网收购少数股东股权 408500000 股（占巴西 CPFL 公司总股本的 40.12%）。此次收购完成后，国家电网共持有巴西 CPFL 公司 94.76% 的股权。2019 年 6 月 13 日，根据巴西证券法律相关要求，上市公司最低流通股比例不得低于 15%，为恢复巴西 CPFL 公司市场流动性，继续保持上市公司地位，国家电网同意巴西 CPFL 公司进行股份增发。发行完成后，由国家电网持有的市场流通股比例由 94.75% 被摊薄至 83.71%，满足了市场流动性的要求。至此，国家电网收购巴西 CPFL 公司过程全部完成。

国家电网收购巴西 CPFL 公司后，将自身技术、管理和品牌优势直接植入被收购方，助力巴西电力基础设施建设，支持巴西能源电力绿色可持续发展。另外，国家电网通过整合当前已拥有的 4 家子公司（国家电网巴西控股公司、国家电网 CPFL 公司、中电装备巴西公司和南瑞集团巴西公司），使得电力业务惠及巴西 15 个州。此外，国家电网还投资了巴西美丽山特高压输电一期工程及二期工程，源源不断地将巴西北部的清洁水电输送到东南部用电负荷中心，为巴西社会抗击疫情和经济社会发展提供了坚强的能源保障。

与此同时，对在巴电力公司的直接收购，有利于国家电网贯彻长期化、市场化和本地化的经营策略，深入推进国际化业务高质量发展，在当地积极履行社会责任，促进合作共赢。收购后的巴西 CPFL 公司增发股份是国家电网首次开展境外大型上市公司股份公开发行，也是中资控股企业首次在巴西进行股份公开发行。在不改变国家电网对 CPFL 公司绝对控股地位的情况下，引入了来自巴西、北美、澳大利亚、亚洲等地区的一大批优质国际投资者，为国家电网在巴西拿下更多的电力项目提供了资金支持。此外，巴西政府目前正在大力推进私有化，为中资企业进入巴西市场提供了前所未有的历史机遇，收购活动也为国家电网在巴西的深耕打下了坚实的基础。

（二）组织整合

组织是战略得以实施的基础，组织整合可以从两个方面着手。

一是在战略牵引下重塑组织愿景和使命。组织整合是一项牵一发而动全身的工作，涉及组织内外各种利益相关者的诸多利益，明确发展愿景和使命，可以使企业内外股东、管理者和员工增强大局意识、使命感和责任感。

二是重构组织结构。组织结构重组的主要任务除改组董事会和调整管理层外，还包括职位分析、职能调整、部门设置、流程再造和人员调配，其目标是在企业并购后形成一个融规范性和效率性于一体、传承与变革有机统一的组织体系，形成一个开放性与自律性有机结合的权力系统，使整合后的管理层次、管理幅度更加科学合理，各事业部、战略业务单元和职能部门的责、权、利更加清晰。

此外，组织整合大致可以按照 3 个步骤进行：①确定新战略实施的关键活动；②将企业拆分为不同单元；③重新组合出新的业务流程。

案例 9-2

联想并购 IBM 后的组织整合

2004 年 12 月 8 日，联想集团宣布收购 IBM 全球的 PC 业务（包括台式机业务和笔记本业务），具体而言，收购的资产包括 IBM 所有笔记本、台式电脑业务及相关业务，包括客户、分销、经销和直销渠道、"ThinkPad" 品牌及相关专利、IBM 深圳合资公司（不包括其 X 系列生产线）、大和（日本）和罗利（美国北卡罗来纳州）研发中心。为了实现此次收购，联想不仅向 IBM 支付 6.5 亿美元的现金和价值 6 亿美元的联想普通股，还承担了 IBM 5 亿美元的负债，总收购价格为 17.5 亿美元。

2005 年 5 月 1 日，联想集团正式完成了对 IBM 全球 PC 业务的收购。新联想集团的股权结构中，联想控股的持股比例为 45.9%，IBM 的持股比例为 18.9%，公众持股比例为 35.2%。这次收购实际上使联想与 IBM 结成长期战略联盟，新联想将成为 IBM 首选的个人电脑供应商，IBM 为联想提供品牌、分销、服务及融资等方面的长期支持。

此次并购不仅使联想拥有了 IBM 的品牌、先进的电脑生产技术，推动联想产品从中低端向高端市场的发展，提升了联想的行业竞争力；更重要的是，可以使联想借助 IBM 全球资源（包括全球销售渠道和运营团队）开发境外业务，提升其品牌的全球认知度和市场覆盖能力。此次并购后，新联想一跃成为全球第三大个人电脑企业，全球的市场份额提升至 7%。

联想并购后的组织整合可以分为 3 个阶段。

1. 第一阶段：过渡期双组织并行

在并购初期，新联想设立联想中国和以 IBM PC 部门为核心的联想国际两大独立运营中心，分别沿用各自的管理制度。权力划分上，联想中国由原管理团队控制经营决策权，而 IBM 公司原高管团队则对联想全球业务的经营有较大的话语权。人事任免上，原联想集团总裁兼首席执行官杨元庆担任新联想的董事局主席，原 IBM PC 事业部总经理史蒂夫·沃德（Steve Ward）担任新联想的全球 CEO。联想没有急于进行较大规模的组织结构整合，而是选择了对企业震荡较小的分部整合。这样做是为了保证企业稳定经营，维护现有的人力资源和客户资源。业界数据表明，企业并购会导致被并购方高管大量离职。此外，在组织的整合和变革过程中，文化冲突、权力争夺也都会出现。为了最大限度降低这些"并购综合征"的危害，维护团队和业务稳定，在这一阶段，联想将保留客户、员工、渠道作为工作重点，向原 IBM 员工承诺不裁员、不调岗、不降薪，最大限度地保留原 IBM 的销售和售后服务的人员，稳住原 IBM 的大客户。

2. 第二阶段：全球组织整合

联想在维持稳定后，于 2005 年 9 月 30 日宣布调整组织架构，以满足全球业务整合后的战略需要。调整主要表现在全球产品集团、供应链系统、区域总部、研发中心 4 个方面。

首先，为了延续 ThinkPad 和联想在业界领先的创新能力，新联想将全球的产品业务和产品营销部门整合为一个新的全球产品集团，履行资源投入决策、产品开发和损益管理等职责。产品集团下设了台式电脑和笔记本电脑两个国际业务群组，同时该产品集团还设有专门的数码等其他业务、客户服务和质量控制部门。

其次，为了获得最高的运营效率，新联想把供应链的各环节合并成一个新的全球供应链系统，该系统包括采购、物流、销售支持、供应链战略规划及生产制造等各个方面。

最后，为了提高对当地顾客需求的快速反应能力、保证高水平的客户满意度，新联想将区域总部由 3 个扩展到 5 个，区域总部将主要负责该地区的产品销售和客户服务。联想过去在美国和 EMEA（欧洲、中东和非洲）这两个区域总部的组织架构将保持不变。联想在亚太的区域总部将主要负责日本、韩国、澳大利亚、新西兰和东盟等主要地区的市场。而在中国，Think 品牌和联想品牌的业务将合并为一体，成立联想中国区——全球第 4 个区域总部，并从 2006 年 1 月 1 日开始设立印度区域总部。

此外，联想同时宣布把设在中国北京、日本横滨大和及美国北卡罗来纳州罗利的研发中心整合到一起，并在产品研发上实现统一协同。

可以看出，此次组织重组从地区分部和业务整合两个方面进行，致力于提高集团的全球效率、改善成本结构、驱动创新、加强效率、提升客户满意度。

在第二阶段的整合完成后，联想获得了较好的经营表现。从盈利情况来看，2015 年第四季度联想集团综合营业额为 244 亿港元，较去年同期增长 417%，主要来自中国业务表现持续强劲及在上一年 5 月份新收购 IBM PC 业务的贡献。在大中华地区，联想个人电脑销量在第四季度取得强劲增长，个人电脑销量上升 31%，高于市场增长。根据联想披露的港股季报，联想第四季度在中国的综合营业额达 84 亿港元。这证明联想并购后所采取的整合措施是有效的。从创新成果来看，2006年2月23日联想集团向美国及全球市场发布面对中小企业和个人用户的"联想3000"系列电脑产品，这是其兼并IBM公司个人电脑业务后首次向境外市场推出自有品牌，是联想进军美国及全球市场的重要举措。

3. 第三阶段：二元结构

2008年联想的业绩出现巨亏，为了扭转这一局面，2009年初，联想进行了并购以后第二次的大重组，对全球组织架构进行重大调整。这一次的调整可以用"二元化"来概括。

首先，最高管理层出现二元化，杨元庆出任CEO，罗里·罗德（Rory Read）出任总裁兼首席运营官。

其次，从区域和客户的维度，成立两个新的业务单元，一个为成熟市场（总部设在巴黎），另一个为新兴市场（总部设在北京）。

最后，从产品结构出发，成立新的Think产品集团和Idea产品集团。新的Think产品集团主打关系型业务模式和高端的交易型中小企业市场。新的Idea产品集团专注于新兴市场和成熟市场的交易型中小企业市场的主流部分和入门级产品。

在这一阶段，联想集团放弃了地区导向的组织架构，转向根据市场成熟度和品牌划分产品部门。这种以客户需求为导向的组织架构，有利于联想集团在不同市场中的效率提升和快速反应，同时也有利于打造更快、更流畅的组织，以快速适应市场，抓住强劲增长机会，将资源更有效地集中到核心业务上。

（三）人力资源整合

人力资源整合的目的，是要通过各种手段做到让双方员工接受这次并购，并能互相了解、互相理解，接受各自的差异，达成对未来共同的期望，以实现并购最终的共同目标。通常，并购发生后被并购企业员工忐忑不安，会产生压力感、紧迫感和焦虑感，进而出现人员流失。如果关键人员大量流失，并购成效就会大打折扣。

1. 4种并购类型下的员工抵抗心理与风险

在处理人力资源整合问题时，并购方可根据并购立场将并购交易进行划分，4种类型[①]如图9-2所示。

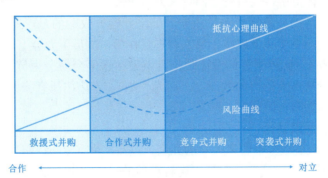

图9-2　4种并购类型

---

① 普赖斯·普里切特. 并购之后：成功整合的权威指南［M］. 李文远，译. 杭州：浙江大学出版社，2017：40.

救援式并购指的是在遭受敌意并购时，标的公司会寻找"白衣骑士"进行救助。总体上来说，员工对于参与救援式并购的"白衣骑士"较为欢迎，抵触情绪较低。但是由于遭受敌意收购的被并购企业，自身可能存在着较大的治理问题或某种致命的缺陷，且"白衣骑士"一般需要行动迅速地开展救援，有可能并没有很全面系统地了解被并购的公司，所以，救援式并购的人员整合存在较高的风险。

合作式并购在实务操作中较为常见，双方基于良好的沟通协商后共同致力于并购后的整合运作，员工的抵触心理相对可控，除非出现双方沟通无效或给予员工福利待遇不及预期的情况，员工可能会产生一定的抵抗行为，总体上来看，合作式并购的人力资源整合风险是比较小的。

竞争式并购一般意味着标的企业一开始并不想被收购，但是由于种种因素最后不得不妥协，双方基于良好的沟通谈判，标的企业最终获得了一个满意的价格。竞争式并购下的企业员工，抵触情绪会比救援式与合作式更大，但基于双方谈妥的情况，被并购企业内的一些核心成员可能会获得满意的薪酬待遇而得以保留，同时双方也有意向建立一个合理有效的绩效激励机制，故而总体上的整合风险不大。

突袭式并购包括敌意收购的熊市拥抱及二级市场的举牌。突袭式并购往往会引起企业内部员工的强烈反对和消极情绪，管理层与核心人才有较大概率会流失，人力资源整合的风险非常高。

2. 赢得人心

兼并收购令交易双方的员工人心惶惶，他们并不知道交易到底意味着什么。这时，他们最想知道自己是否能够及应该如何适应新的组织。所以，并购方需要积极地与员工建立良好有效的沟通，包括了解他们想要知道的东西，并及时传递关键的信息，而不仅仅只针对股东和客户进行沟通。

在全球饮料巨头比利时英博啤酒集团有限公司（Belgium Inbev Beer Group Co. Limited，以下简称英博）收购美国的标志性品牌安海斯—布希公司（Anheuser-Busch）的整合流程初期，领导团队就集中精力以最有效的方式向安海斯—布希公司的经理和员工介绍英博的长期全球战略。英博专门为美国公司量身设计的"梦想—人才—文化"的使命陈述，强调了客户与产品的价值，也是英博强大的管理工具之一。英博把这一理念介绍给安海斯—布希公司的全体员工，以激发他们对未来的憧憬。

此外，保证信息的一致性也非常重要。如果并购方收购的是一家较小的公司，而且这笔交易的主要目的在于降低成本，那么就不要在第一次员工大会上过分强调"并购是两家公司的最佳选择"。比较明智的做法是把重点放在这笔交易会为员工创造怎样的前景，而不是将给公司带来多大的协同效应上。因为"协同效应"往往意味着薪金缩水及其他诸多影响，而员工们都能意识到这一点。

3. 员工评估及后续管理

由于并购活动或多或少会带来人员的冗余（包括人员重复、战略变更、业务调整等），人力资源整合的关键一步是需要对员工进行审慎的评估，以决定是挽留还是裁减相关的人员。

人员的评估可以从前任老板、现任老板及外部专家顾问等处获取信息。此外，普赖斯·普里切特（Price Pritchett）在其经典著作《并购之后：成功整合的权威指南》中也提出了用于评估人才的相关标准，包括主要优缺点、如何弥补缺点、以往优秀的工作经历、以往犯下的重大错误、管理风格、适应的工作环境、是否能调任其他工作岗位、需要哪方面的支持、如何最大限度地激励、可以培养的长期潜能、本人的职业发展需求，等等。[1] 从以上的维度进行考量，可以进一步将人才划分为 4 个层次，重要性从高到低分别为：必须挽留、应该努力留下、是走是留不重要、应该辞退。

对于需要辞退的员工，需要依据合同给予合理的补偿，并适当提供一定的缓冲时期供离职员工寻找下一份工作，以在业内建立良好的口碑。如果是需要辞退的高管层，并购方需要考虑实施"金色降落伞计划"[2]（包含竞业禁止协议及保密协议），最大程度保障自身的利益。

对于需要挽留的关键人才，并购方需要与其进行坦诚的沟通，安抚与稳定相关人员的不安情绪，并拿出切实可行的激励计划，打造利益共同体，适当情况下提供培训以打造人才对于并购方的认同感。

（四）财务整合

财务整合是指并购方对被并购方的财务制度体系、会计核算体系统一管理和监控，使被并购企业按并购方的财务制度运营，最终达到对并购企业经营、投资、融资等财务活动实施有效管理和收益最大化。财务整合是企业扩张的需要，是发挥企业并购后财务协同效应的基础，是并购方对被购方实施有效控制的根本途径，更是实现并购战略目的的重要保障。通过财务整合，企业得以建立健全高效的财务制度体系，实现一体化管理，从而使各种信息与数据得到最大限度的共享和高效利用。企业并购重组后的财务整合措施一般分为内部整合与外部整合两大方面，主要整合内容如图 9-3 所示。

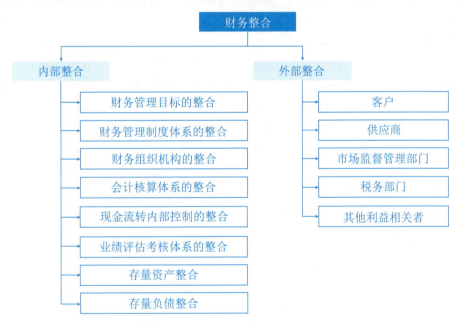

图 9-3　企业内外部财务整合主要措施

[1]　普赖斯·普里切特．并购之后：成功整合的权威指南 [M]．李文远，译．杭州：浙江大学出版社，2017：40.
[2]　马永斌．公司治理之道 [M]．北京：清华大学出版社，2013：289-290.

1. 内部整合

在财务管理制度体系及会计核算体系整合方面，并购后的企业需要确保财务信息管理系统是明确的、统一的，以便于进行统一的账务处理和财务分析。

现金流转内部控制涉及营运资本的管理，这需要并购企业合理有效地配置用于周转的流动资金，并加强对于企业流动性的动态管理。另外，由于跨境并购中涉及的其他国家或地区在税收方面可能与境内有所不同，这也需要并购企业合理使用不同的税收政策以提升经济效益。

在存量资产整合方面，并购方需要基于不同的整合需求与资产状况，分情况讨论。例如：①在整合固定资产时，并购方应当先鉴别该资产是否高效（即资产是否可以为企业带来较高的经济效益）、是否匹配（即资产与企业的整体战略目标是否吻合），以及是否具有潜力（即资产是否在未来具有较大的成长潜能），对于高效、匹配且具有潜力的资产可以吸收进来，而对于那些低效、不匹配或缺少潜力的固定资产，则可以选择剥离。②对于流动资产，并购方可以视市场价格选择继续持有或变现，同时，应当保证流动资产的周转速度处于合理的水平。③对于无形资产中的专利权、特许权、土地使用权等，可以根据战略目标选择保留或转让，而对于商标权，企业可以依据并购的目的，选择采用统一品牌、个别品牌或副品牌的策略。

在存量债务整合方面，并购方针对标的企业债务的形成原因及分类，应当采取相对应的整合方式。例如，当标的企业处于弱势地位，并购方在谈判时可以通过低价收购债权的方式，降低并购成本，并减轻接管后的偿债压力；当标的企业基本面较差并濒临破产时，并购方可以采取债务延期或折扣等缓和措施；近年来，债转股也成了较为流行的处理债务的方式，在并购活动中的应用，既可以改善企业的资产负债结构，也可以分散部分并购风险。

2. 外部整合

财务信息的整合，包括了给外部的利益相关者提供格式统一、横纵向具有可比性的财务信息。例如，上市公司需要定期向外发布年报，发债或发行股票募资时也需要提供相关的募集说明书。

对于股东这一类最为关键的利益相关者，并购后的企业需要完善利润分配制度，保障中小股东的权益。由于标的公司在被并购前大概率存在投融资行为，并购后的企业应注重规范投资行为、降低投资风险并建立更加完善与低成本的融资框架。此外，并购方还需要明确产权关系、加强产权管理，并结合情况对产权界定制度、产权流转制度、产权保护制度等进行调整。

▶ 案例 9-3

神火集团并购沁阳沁澳铝业后的财务整合 [①]

河南神火集团有限公司（以下简称神火集团）是以煤炭、电力、电解铝生产及产品深加工为主的大型国有企业集团，中国制造业 500 强，中国煤炭企业 50 强，获得"全国煤

---

① 王静颐. 企业并购后的财务整合研究 [D]. 成都：西南财经大学，2012.

炭工业优秀企业""全国最具影响力铝业集团"等荣誉称号,河南省百户重点企业,河南省重点扶持的煤炭骨干企业及铝加工企业,河南省第一批循环经济试点企业、国家税务总局千户集团成员企业。神火集团前身为永城市矿务局,成立于1994年9月,其股票"神火股份"于1999年8月在深交所成功挂牌上市。神火集团现有总资产6720000万元,员工3万人,拥有子公司及分公司13个。集团所属企业主要分布在河南、新疆、云南、上海、深圳等地,主要产品的年生产能力为:煤炭1200万吨,电解铝170万吨,铝合金及铝板带箔30万吨,发电装机容量2000兆瓦,阳极炭块55万吨,氧化铝80万吨。

沁阳沁澳铝业有限公司(以下简称沁阳沁澳铝业)是甘肃工贸公司与沁阳市铝业公司(沁阳铝电集团的子公司)合资组建的企业,于2002年8月21日注册成立。公司位于河南省沁阳市沁北工业区,占地420亩,截至2006年4月,公司注册资金12250万元,总资产43879万元,总负债38677万元,资产负债率88%。2003—2006年累计实现利润−7022万元。企业职工580余人,设三部一室。有两条电解铝生产线,一条为2002年底全部投产的80千安培预焙电解系列,产能2万吨;一条为总规划14万吨的290千安培预焙槽,2004年12月建成投产3.5万吨。2005年9月起,由于公司财务状况不佳,生产和扩建基本停止运营。

2006年上半年,神火集团洞察到了电解铝行业的发展前景,便积极寻求自身经营业务范围、核心能力与电解铝行业所交汇重合的领域。准备向此方向拓展业务版图的神火集团挑选到了沁阳沁澳这家即将被市场淘汰的、有电解铝行业所需资源基础的公司,神火集团发现,可以通过资金注入和研发创新,对沁阳沁澳公司进行升级改造,提升生产效率和资源节约能力,便有机会让沁阳沁澳公司重整旗鼓、扭亏为盈。于是,神火集团出资16333万元,收购了甘肃冶金兰澳出口有限公司的全资子公司沁阳沁澳铝业有限公司。

在神火集团收购沁阳沁澳铝业后,主要从内部整合方面,对沁阳沁澳铝业进行了规范化、系统化的一系列整改措施,从而用财务的手段将沁阳沁澳铝业的经营拉回了正轨。神火集团采取的财务整合措施介绍如下。

1. 财务管理目标的整合

明确统一的目标是财务管理必备要素,沁阳沁澳铝业原先的经营缺乏完整的财务管理战略规划,对自身的经营发展不能完全掌控,导致企业整体财务收支失衡。神火集团接手了支离破碎的沁阳沁澳铝业,首要任务就是明确对其进行重整的长短期战略目标,不光要与其财务业务能力相匹配,还要适合行业的发展步调。神火集团根据行业整体发展的路线预测,为沁阳沁澳铝业制定了巩固煤炭、发展铝电的煤电铝一体化战略,明确新时期的业务模式和发展蓝图。新的财务目标帮助沁阳沁澳铝业形成了坚定的价值目标,引导全体员工和职能部门向着共同的利益目标而努力。

2. 财务管理制度体系的整合

财务管理制度体系决定着一个企业财务会计基础的稳定性、准确性。在会计规则方面,企业有《企业会计准则》作指引,但是财务管理制度方面却始终不够完善,不能起到规范和引导财务管理目标实施和落地的作用。相较于神火集团而言,沁阳沁澳铝业缺乏成熟的财务管理制度体系,在财务活动上缺乏科学的规范流程。针对这一点,神火集团将自己的一整套财务管理制度引入了沁阳沁澳铝业,并因地制宜进行了一定程度的调整。为了提升企业财务管理标准的严格程度，神火集团为沁阳沁澳铝业新增了诸多信息披露制度、财务会计流程和财务收支审核制度。比如，对沁阳沁澳铝业使用上市公司核算的要求，除定期披露财务报表外，还需要同时为财务决策者提供重要会计科目，如主营业务收入、主营业务成本、应收款项、应付款项等的明细表。

3. 财务组织机构的整合

财务组织机构的结构影响着财务流程的效率、资源利用率、职责分配的合理性及相互制约的有效性。为了优化财务流程，提升工作效率，神火集团对沁阳沁澳铝业的财务组织机构进行了简化改造，去除了不必要的职位，整合了部分职能，精简了财务人员的团队，让各个环节的财务职能落实到位，并且让各个岗位层级之间互相监督、互相联系。除此以外，神火集团还向沁阳沁澳铝业内部派遣了具有实操经验和专业胜任能力的高级财务管理人员，将企业的重要决策权交到他们手中，保证了财务决策的一致性、正确性，以及和整体战略的贴合性。被委派的财务管理人员被要求定期向神火集团汇报沁阳沁澳铝业日常经营的成果和财务状况，保证集团实时跟进沁阳沁澳铝业的情况。

4. 会计核算体系的整合

沁阳沁澳铝业原先的会计核算不成体系、不规范，有很多不明确的细节操作问题。神火集团针对此，将会计核算基础工作的要求进行了标准化的统一，包括会计核算的程序、会计审核的步骤、成本及收益的确认、减值准备计提及核销办法、财务报表的编制等，让整体会计核算体系与神火集团趋同，这样便于更加集中统一地加以要求和管理。除此以外，神火集团还在沁阳沁澳铝业推广全面预算管理手段，一方面极大提升了企业资金使用的有效性，另一方面也为绩效管理建设工作提供了良好的参考基础。

5. 现金流转内部控制整合

沁阳沁澳铝业濒临破产很大一部分原因就是资金周转不灵，巨额的负债和不景气的经营现金流将其逼入了难以维持正常运营的境地。神火集团重点加强了对沁阳沁澳铝业现金流周转的内部控制及日常运营管理，一方面从源头上疏通了沁阳沁澳铝业的融资来源，另一方面也对现金在企业内流通的各个环节加强了把控，防止现金在运转过程中被浪费或者流向恶意用途。现金流转速度的提升给企业的运营注入了新鲜血液，资金周转质量的提高保障了沁阳沁澳铝业的良性运营和盈余使用效率，使得其逐渐能够自给自足，摆脱财务困境。同时将预算管理和现金流管理相结合，力求每一笔现金流动都与计划相统一，监控和评价现金使用效率和现金流运转成效。

6. 业绩评估考核体系的整合

财务管理战略应搭配良好的业绩评价考核体系才能最大限度地发挥功效，业绩反馈可以激励抑或敦促各个任务部门的工作执行，并且通过比较预计结果和实际执行结果来掌握企业的运营效率，以便根据阶段性的发展情况对目标和行动进行对应的调整。沁阳沁澳铝业原有的绩效考核体系常常失效，在公司亏损的同时却有单个部门受到绩效奖励不是少有的事。神火集团使用目标成本作为核心的业绩考核指标，并渗透式地将该目标细化到各个部门、各个岗位、各个员工，将公司整体目标的完成作为奖励的前提，每期没有达成目标的单位将受到惩罚。这一绩效考核形式的推出，让各个员工不光站在自身利益角度争取奖励，而是要全面地考虑公司整体的任务完成度，避免了部门之间的恶性竞争。

7. 存量资产和存量负债整合

沁阳沁澳铝业作为经营陷入困境的制造型企业，必然拥有大量的闲置资源和滞留在内部的资产，同时也背负着难以承受的巨额负债。一方面，神火集团对沁阳沁澳铝业实施了评鉴、吸收、分解、剥离、重组等一系列资产优化措施，盘活了沁阳沁澳铝业的滞留资产，充分发挥出闲置资产的使用效率，并且实现了新资产组合的协同效应，缩减了经营成本，提高了利润水平。另一方面，神火集团还针对沁阳沁澳铝业的资产结构进行了一次重整优化，利用资本注入和提高主营获利能力的方法，减轻了债务负担比例，将资本结构调整到了安全的构成模式，缓解了财务风险。

在制订了以上几个方面的财务整合计划后，神火集团还派驻了专门的管理人员帮助实施财务整合计划并协调实施期间所遇到的障碍，以保证财务整合的顺利推行。最终，神火集团的财务整合措施全面改善了沁阳沁澳铝业的经营情况，神火集团凭借科学完整的财务管理体系和公司治理手段，实现了一次成功的并购。

（五）文化整合

企业文化的整合是最基本、最核心，也是最为困难的。

要想把文化冲突的负面影响降至最低限度，乃至从冲突走向融合，最终形成你中有我、我中有你的企业文化主体，需要企业在文化整合中遵循实事求是、取长补短、求大同、存小异的原则，在使命、愿景及企业各个层次上建立起彼此的信任关系，塑造企业共同的价值观，特别是合并公司的领导要通过实际行动取得公司核心团队的信任。

一般而言，并购方都希望保留自己的文化。只有在少数情况下，并购方会希望以标的公司的文化作为主导。不过，无论是哪种情况，并购后的企业都需要在大方向上明确致力于一种文化，而非两种文化杂糅的混沌状态。不管企业最终选择哪种企业文化，自CEO以下的所有管理层都要积极参与管理这种文化，当然，企业也可以设计津贴和福利制度来奖励需要倡导的行为，组织架构和决策原则的建立也须与期望中的文化相一致。公司领导者还应当抓住每个机会身体力行，树立榜样。同时，他们还要在决定留下哪些员工时仔细考虑他们是否与新文化相符、是否会支持并遵从这一新的企业文化。

一个典型的案例就是嘉吉作物营养公司（以下简称嘉吉公司）对于IMC环球公司的并购整合。嘉吉在并购完成后成立了全球领先的化肥企业Mosaic。来自嘉吉的新任CEO很早就意识到，对于这个羽翼未丰的新公司而言，保留IMC的员工并建立统一的企业文化至关重要。与两家公司20位高管的一对一会谈和对高管团队的调研都凸显出两家企业文化间的差异：嘉吉遵循的是以最终达成共识为导向的决策流程，而IMC奉行的决策方式则更为精简且强调速度。最终，前者被选定为新公司的企业文化。由于具备了对两家公司文化差异的初步认识，这位CEO顺利选出了可以强化嘉吉文化的管理者。嘉吉的管理层还耐心地向新员工解释其决策系统的优越性，而不是一味简单地强制推行。其效果是，经双方共同组建的整合团队预测，最终产生的协同效益将是尽职调查预计的两倍。

▶ 案例 9-4

海尔三洋文化整合[①]

海尔集团公司于 1984 年创立于山东青岛，为世界白色家电第一品牌，主要从事家电产品的研发、生产和销售，是国人耳熟能详的民族品牌。自成立以来，海尔就一直坚持以顾客需求为中心的价值导向，拥有完善的售后服务体系。经过多年的努力，海尔从最初的单一冰箱制造商逐步发展为全球白色家电龙头企业。

相比之下，被并购方三洋集团起始于 1947 年，历史更为悠久。三洋集团的业务布局十分广泛，涉及家电、能源、机械等多个领域，多年的品质积累和发展创新使得其在日本和东南亚地区占领了较为可观的市场份额。

近年来，随着美的集团、格力集团等境内家电企业的崛起和全球家电制造行业的不断发展，海尔的市场地位也不可避免地受到了挑战。在境内销售市场竞争激烈、市场饱和度不断提高的环境下，家电企业纷纷选择去其他国家或地区寻找发展机遇。早在 2002 年，海尔就基于市场资源共享开展了与日本三洋集团（以下简称三洋）的战略合作关系，在本国市场上相互推销对方的商品，以共同提高双方产品的对外品牌知名度和国际竞争力，实现合作共赢。2011 年 7 月 28 日，三洋与海尔发布公告，宣布将三洋的家用、商用洗衣机、家用冰箱业务，以及在东南亚四国的白色家电业务转让给海尔销售业务。海尔之所以选择并购三洋，一方面是为了进一步部署海尔的全球化战略，开拓日本及东南亚市场；另一方面也是为了获取三洋的技术、人力资源与品牌效应，实现优势互补，创造全球化品牌。然而，虽然海尔和三洋同属家电企业，但是企业间仍存在一定的文化差异。具体差异如表 9-1 所示。

表 9-1　海尔与三洋的文化差异

比较层面	海尔	三洋
文化本源	以儒家传统文化为本，讲究"以仁为本"	"武士道精神"，重视集体作用
文化核心	创业创新	高质量，人才发展
人才观	人人是人才，赛马不相马	以教育培训为主，强调公平竞争
公司纪律	没有任何借口	绝对服从，令行禁止
工作氛围	开放交流平台机制	独立设置，划界明显
薪酬机制	人单合一双赢	年功序列制
企业目标	一流的家电技术，世界名牌	独创技术，一流产品与服务

三洋毕竟是一家拥有长期发展历史的老牌企业，要想在此次并购中成功地将三洋加入海尔这一庞大的境外体系中，一系列的整合措施是必不可少的。不论是并购后高层领导的调整配置、股权结构的重新分配，还是有关公司规章制度的调整更新、老员工和新员工的工作安排和岗位晋升，这些变动都可能会引发不同的并购文化整合冲突。鉴于此，海尔早在采取并购行动之前就对三洋进行了调研考察，派出了一支优秀的项目团队实地评估此次并购的可行性，做好了全方位的初步了解和试探。

---

① 靳小宇．海尔集团并购日本三洋集团文化整合研究 [D]．兰州：兰州财经大学，2019.

在实施并购之后，海尔更是采取了充分的措施来应对并购后的文化整合，既保留了三洋优秀的企业文化，也使得三洋能够与海尔的发展充分融合。

1. 双品牌战略

在收购日本三洋电机部分业务后，次年1月海尔就在日本大阪成立了海尔亚洲国际株式会社，作为其在亚洲地区的总部，负责日本和亚洲地区的白色家电开发、制造和销售。完成之后，除了能够获取三洋强大的研发能力之外，海尔将继续利用日本电器品牌在全球市场上的美誉度，实行"双品牌"运作策略。具体来讲可划分为两个板块。在日本，海尔将同时运营"Haier"和"Aqua"两个品牌，而在越南、印度尼西亚、菲律宾、马来西亚等地区将会以"Haier"为主打品牌，以进一步打响海尔在东南亚地区的知名度。

2. 员工管理融心术

要想赢得员工的信赖，最简单也是最直接的方法就是将心比心，时任海尔亚洲国际公司总裁的杜镜国便以此出发，开启了用心融化三洋日本员工之路。为了能够使三洋的员工降低对海尔突然到来的不安，杜镜国选择了主动和员工进行沟通和交流。此外，杜镜国还从细节出发关心员工的切身利益，比如日本员工午餐后有洗脸、刷牙的习惯，杜镜国就在卫生间装了一台加热器替代原来的冷水。"先员工之忧而忧"，让员工们体会到了这位新来总裁的细心。在管理上，杜镜国则通过日本独有的酒文化和员工进行掏心窝的交流，在短短一年时间内就跟所有日本员工"喝"了两圈，也借此赢得了三洋集团员工对于海尔的信任。

3. 雇佣制度和薪酬体系改革

三洋原先的雇佣模式是终身雇佣制度。终身雇佣制度始于日本明治维新时期，是日本企业独特的雇佣文化，这一制度源于经济资源稀缺时代，当时的经济形势下采取终身雇佣可以大大减少劳动成本，然而随着经济的不断发展，劳动力不再是稀缺资源，对于高技术人才来说终身雇佣也不再是香饽饽，能够留住员工的只能是企业内部的优质文化底蕴和薪酬奖励。此外，终身雇佣制度也容易导致公司内部存在论资排辈的思想。海尔入驻后，就对这一现象进行了大刀阔斧的改造，大胆地启用有能力的年轻员工担任公司内部重要的岗位负责人，希望能够利用新鲜血液为公司注入新的活力。海尔在此基础上还改变了三洋内部关于公司和奖金分配制度的平均主义思想，进行了薪酬体系的改革，以市场业绩出发按照责任和贡献的不同作为薪金的衡量标准。就这样，一种新的关于责任贡献、团队精神、个人创新的海尔文化也移植到了日本国土。

4. "人单合一"共赢管理模式

所谓人单合一，是指员工的价值实现与所创造的用户价值相合一，它的基本含义就是每个员工都应直接面对用户，创造用户价值，并在为用户创造价值中实现自己的价值分享。通过"人单合一"模式，海尔打破了三洋原有的以企业为中心、以老板为中心和单纯执行决策者指令的观念，把原有的企业文化调整到真正关心用户、聚焦顾客需求上去，这种模式使得员工不再仅仅从商业订单衡量自己的价值，而是让他们拥有了自主经营能力，可以与用户进行更深层次的无障碍沟通交流。此外，海尔还在三洋内部树立了更宏观的服务体系思想，即员工的服务对象不应面向企业，而应面向购买企业产品的消费者。通过这一模式，不仅仅会拉近企业与消费者之间的距离，员工对自身工作的认同感和幸福感也会大幅上升。此外，基于"人单合一"，海尔还将自身优秀的 OEC（overall every control and clear，全方位优化）管理方法注入了三洋，这就加快了海尔并购三洋后文化整合的步伐。

5. 沙拉式多元文化体系

海尔的沙拉式多元文化体系指的就是求同存异，就像一碗沙拉一样，里面有各式各样的蔬菜和水果，保持着各自的形态，既不能让它们全部都变成生青菜，也不能全部都变成胡萝卜，唯有沙拉酱是统一存在的。这就是海尔全球化战略的核心状态（见图9-4）。

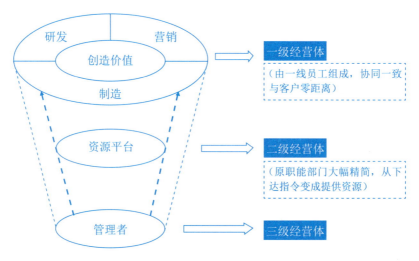

图9-4　沙拉式多元文化体系

企业在进行跨境并购之后就会面临来自不同地域、不同民族文化背景的员工，针对这个情况，海尔举办了跨文化培训，培训的主要内容包括并购双方企业概况、中日员工双方语言、人际交往、双方传统民族文化认识、双方文化冲突及沟通办法等（见图9-5），让日本员工能够更快地融入海尔的文化，最终促进中日双方不同文化背景下双方员工的理解和沟通，增强公司内部的凝聚力与协作精神。

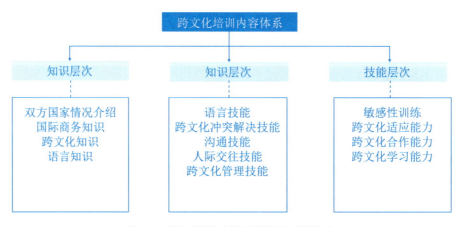

图9-5　海尔集团举办跨文化培训的主要内容

完成文化整合后，海尔成功地实施了双品牌战略，实现了"AQUA"和"HAIER"在日本市场上的并驾齐驱。原先的"AQUA"是三洋旗下的一个中高端洗衣机品牌，经过海尔的新包装后，"AQUA"升级更迭成了一个具有综合性的、全方位的、涵盖几十种型号产品的白色家电品牌。"AQUA"上市时间还不到一个月就收获了一个极佳的开头。到2012年底，海尔亚洲实现了500亿日元的销售额，同比增长30%，同时"AQUA"白色家电在日本的市场占有率也超过了三洋时期。至此，海尔并购三洋后仅仅花费了8个月的时间就扭转了三洋亏损的局面。2013年，中国企业文化年会授予了海尔全国企业文化优秀案例的称号，这是市场对海尔并购文化整合的共同认可。

综上，在资本市场上想要并购一家公司是非常容易的，但是在并购之后如何实现双方在各方面的整合却是一个长远的解决难题，尤其是文化整合，其措施和效果直接关系到公司的并购战略能否成功。海尔在此次并购的文化整合过程中，首先进行了充分的文化评估工作，与三洋在互相尊重对方的文化差异的基础上融入海尔自身的企业文化，并且根据双方企业的特殊情况进行文化整合方案的选择，以实现并购双方对于并购后发展方向的统一、企业文化理念的趋同和企业凝聚力的提升。

三、整合的模式

我们可以根据3个关键维度（①标的公司享有的自治权；②收购双方的相互依存程度；③并购方对标的公司的控制程度），将并购后的整合划分为4个不同的模式[①]：保留式整合、联邦式整合、结合式整合与吸收式整合。这4种模式分别适用于不同的并购交易，且具有各自的特点，具体如表9-2所示。

表9-2　整合的4种模式

整合模式	适用情况	特征		
		标的公司的自治权	收购双方的相互依存程度	并购方对标的公司的控制程度
保留式整合	整合需求很低	很高	低	低
联邦式整合	经常出现在行业内滚雪球式的并购中	相对较高	较低	相对较高
结合式整合	维持标的公司的文化，需要建立买方的控制系统和将标的公司结合到买方的业务流程与价值链中	一般	高（通过业务流程联合）	高
吸收式整合	又称兼并，需要将标的公司完全融入收购方企业之中	很低	高	高

（一）保留式整合模式

保留式整合模式下，双方融合的程度很低，各自都保留了较大的自主权，采用这种模式的并购方大多出于两种目的：一是追求多元化扩张，尤其是想要通过收购某些创造性或高度专业化的技术密集型科创公司，以期拓展其他业务板块；二是私募股权投资领域中的财务投资，追求项目退出后的投资收益。

① 罗伯特·F. 布鲁纳. 应用兼并与收购 [M]. 北京：中国人民大学出版社，2011：915-920.

◎ 知识拓展

财务投资者与战略投资者

当下活跃在私募股权投资市场的投资者，主要分为：财务投资者和战略投资者。无论是财务投资者还是战略投资者，都能为所投资的项目提供资金支持，但两者之间有很大的区别。

财务投资者关注投资的中期回报，以上市为主要退出途径。在选择投资对象时，他们就会考察企业 3～5 年后的业绩能否达到上市要求，即使财务投资者在投资后获得了控股权，他们也不准备长期保持对一家企业的控制，在企业公开上市后，公司的控制权会再次回到企业内部。财务投资者最典型的例子就是巴菲特创办的伯克希尔·哈撒韦公司，它在并购后大多采用保留式整合模式，给予标的公司充分的自主权与独立性。

战略投资者持股年限一般都在 5～7 年以上，追求长期投资利益。战略投资者一般是具有技术、管理、市场、人才优势且不断谋求可持续发展的境内外大企业，例如互联网界的腾讯、阿里，旅游界的途牛、携程，等等。其战略投资的主要目标在于促进产业结构升级，增强企业核心竞争力和创新能力，拓展市场占有率等。通常，战略投资人和被投资企业是属于相近的产业或者属于一个产业链的不同环节。

（二）联邦式整合模式

联邦式整合模式，顾名思义，即并购活动保留了标的公司的某些特质与决策权，但标的公司需要在管理流程、信息系统、风险控制等方面融入并购方企业，以保证并购方对标的公司具有一定的控制权，并方便其进行风险管理。这种整合模式适合以下两种情况：一是由于专业技术人员的独立性而必须保留标的公司特质，二是为了维持客户特许权而保留业务传统特征。

▶ 案例 9-5

吉利收购沃尔沃后采取的联邦式整合模式

吉利在收购沃尔沃集团后采取的整合便是联邦式整合模式的典型代表。

在认识到沃尔沃集团具有优秀的品质，也存在运营方面的短板，并与管理层深入沟通后，吉利董事长李书福决定对沃尔沃实施"放虎归山"式的管理，即保持沃尔沃品牌独立，不向沃尔沃输送任何高级管理人员，帮助其设定好制度和考核指标，向其提供资金但不进行具体管理，赋予沃尔沃实质决策权。对于并购双方的关系，李书福曾强调："沃尔沃是沃尔沃，吉利是吉利，两者是兄弟关系，而非父子关系。"

在独立运行的基础上，为促进沃尔沃对吉利的带动，吉利与沃尔沃共同成立了"沃尔沃—吉利对话与合作委员会"，在此交流合作机制下，双方逐步开展在汽车制造、零部件采购、新技术研发、人才培养等多个方面的交流，实现信息共享。同时，二者共同设立欧洲研发中心，并合资成立汽车生产平台，开展整合运营。

对于沃尔沃来说，吉利的收购是让这个具有技术底蕴的公司彻底发挥出潜能来；对于吉利而言，跟沃尔沃的合作就等于让吉利的研发直接上了几个档次，少走 20 余年的弯路。

（三）结合式整合模式

结合式整合模式在并购活动中较为常见，它的特点在于标的公司可以一定程度上保留自身的文化与管理层，但并购方会通过业务流程及控制系统的联合，以实现将标的公司整合进自己的价值链中。它与前两种整合模式的区别在于并购方对标的公司的控制更进了一步。

> **▶ 案例 9-6**
>
> ### 美团与大众点评的合并整合方案
>
> 　　2015 年 10 月 8 日，美团科技有限公司（以下简称美团）和大众点评网联合发布声明，正式宣布达成战略合作，双方已共同成立一家新公司，新公司将成为中国 O2O（online to offline，线上到线下）领域的领先平台。
>
> 　　此后的 11 月 10 日，美团和大众点评网正式公布了新公司的组织架构。在新的公司构架里，美团的原有的 T 型战略在新公司继续保持，下设的事业群与事业部人员无变动。而新公司的平台业务由原大众点评网的总裁郑志昊负责，原美团 COO（chief operating officer，首席运营官）干嘉伟负责到店餐饮事业群，原大众点评网 COO 吕广渝负责到店综合事业群。这标志着，美团和大众点评网的合并已进入新的阶段，在经历了高效整合之后，"新美大"将正式扬帆起航，开启征程。
>
> 　　从"新美大"公布的最新架构图可以看出，两家公司前期整合的内容已涉及团队、区域、品类及大数据等多个领域，充分的优势互补不仅极大地提升了行业影响力，更成为强强联手的业界范本。此外，"新美大"一改此前的联席制，采用了两人分别出任董事长与 CEO 的方式，充分体现了双方的智慧和对管理模式的创新。
>
> 　　参照以往的互联网大型并购案可知：优酷和土豆网合并从公布消息到对外公布构架，用了近 6 个月时间；58 同城和赶集网合并，则用了 4 个月，而在宣布合并之前，因大量构架和股权争议，两家花费一年多的时间进行谈判磨合。在这样的对比之下，美团和大众点评网的合并显得更加高效，这也表明美团和大众点评网在股权分配、构架调整、管理团队、公司前景、发展战略等多方面并无太多分歧，这将成为"新美大"今后发展最有利的基石。
>
> 　　美团与大众点评网合并后，美团与大众点评网的品牌名称均得以保留，且内部的管理层也得以继续留任，双方在业务层面进行了深度的融合，丰富了产业链上的应用场景。二者将占据国内 O2O 市场超过 80% 的份额，稳坐行业头把交椅。大众点评网深入灌溉的一、二线城市和美团深耕的三、四线城市的结合，将形成一个庞大的渠道网络，这是任何其他公司单打独斗都难以完成的。

（四）吸收式整合模式

吸收式整合模式又称完全整合模式，它要求并购双方在各个方面都实现完全的融合，整合难度自然也是这 4 种模式中最高的。

中国能源建设吸收合并葛洲坝后的整合

2020 年，中国能源建设股份有限公司（以下简称中国能源建设）通过发行 A 股股票的方式换股吸收合并中国葛洲坝集团有限公司（以下简称葛洲坝）。

本次换股吸收合并后，中国能源建设主营业务不改变，同时，中国能源建设和葛洲坝将实现资源全面整合，消除潜在同业竞争，业务协同效应将得到充分释放。

在本次重组完成后，中国能源建设将回 A 股完成整体上市，成为 A+H 上市公司。同时，中国能源建设作为存续公司，将吸收与承接葛洲坝的全部资产、负债、业务、合同、资质、人员及其他一切权利与义务，葛洲坝最终将注销法人资格。

四、整合的流程 [①]

并购后的整合并非易事，有时也需要经历一个漫长的过程。综合来看，整合可拆解为以下 7 个步骤（见表 9-3）。

表 9-3　整合的 7 个步骤

步骤		具体要求
1	制订整合计划	·制订一套完善的整合计划是整个整合流程的关键，应在并购开始前就制订 ·制订计划时要"不忘初心"，时刻提醒自己整合计划应该体现并购的目的 ·需要对标的公司进行充分完善的调查与风险评估后，大致制定框架 ·随着尽职调查的深入及并购交易的推进，整合计划也应做出相应调整 ·较完备的整合计划包括：①整合主要目的、具体任务和完成期限；②成立专门的整合项目小组；③整合所涉及的范围；④整合是否成功的衡量标准
2	成立整合小组	·应当包括收购方成员及非收购方成员 ·负责整合的核心人员应参与尽调，切莫出现尽调与整合两套班子，以避免前期对标的公司的承诺在后期整合无法兑现的情况 ·负责人需定期向公司高管层汇报整合进展
3	进行有效沟通	·作为连接并购方与标的公司的桥梁，整合小组要起到充分沟通的作用 ·做好与员工之间的沟通：了解员工的想法及想知道的内容，并疏导不安情绪 ·做好投资者关系管理：及时公布并购整合的细节，稳定市场的信心
4	建立一个新的组织	·汲取过去的经验教训，并根据公司的战略需要建立新的组织架构 ·3 种类型：职能型（集权化程度高）、产品或服务型、部门型（集权化程度低）
5	制订员工安置计划	·面临大量的人员流动及普遍的人员重叠现象，需要制订详细的人员安置计划，尽可能保留拥有关键技能或领导管理能力较高的人才 ·在明确人员的去留后，制订合理的薪酬激励计划 ·对于即将离职的员工，需签订好特殊契约协议，即通过给予一定的补偿，避免员工在离职后的短时间内参与同业竞争 ·避免不安及焦虑情绪在公司蔓延，例如，"我会离职吗？""我的薪水和福利会改变吗？""新的管理层对我如何？"等

① 普赖斯·普里切特. 并购之后：成功整合的权威指南 [M]. 李文远，译. 杭州：浙江大学出版社，2017：40；李曜. 公司并购与重组导论 [M]. 上海：上海财经大学出版社，2010：263-265.

续表

	步骤	具体要求
6	职能与部门的整合	·由于并购的目标不同，职能与部门的整合也会面临不同的要求 ·重点关注信息技术、生产、运营、销售、市场、财务、采购、研发等部门的整合，包括妥善安置部门的员工，设定并购后的管理流程与绩效考核标准
7	建立新的公司文化	·企业文化是整合中最顶层也是最困难的部分 ·在不同的整合模式下，对于文化整合的要求是不一样的 ·在整合开始前，就应该对并购双方的企业文化进行分析，找到各自的优缺点，并对双方的相容性进行评估 ·取其精华，弃其糟粕，求同存异，在初步整合的基础上不断调整与创新

五、整合过程可能存在的问题 [①]

（一）"整合迷信症"

由于境内外关于并购的课程不断地强调整合的重要性，并购方的高管层可能会陷入另一个误区——"并购必整合"。

但是，所有的事情都不是绝对的，也并不是所有的并购都需要整合。比如，前面提到的财务投资者，在对 3～5 年内有较大概率上市的企业进行投资时，往往看重的是项目退出后的投资回报，故而在并购交易后并不需要对其进行整合，只需要提供融资就好。再比如，如果是一家劳动密集型的电子元器件公司，选择收购一家高科技硬件的公司，收购的初心在于开展多元化的业务板块，那么在一些职能单位（例如研发、生产、运营、营销等）方面的整合就没有必要。

需要注意的是，当并购的标的公司与自身处于同一个行业或产业链的上下游时，或是两者在地域或业务上存在较强的相关性时，并购后的整合就显得尤为重要。而如果不具备整合条件或没有必要进行整合时，并购方"一厢情愿"地向另一方灌输自身的管理体系与企业文化，很可能会走向另一个极端。

（二）"整合放松症"

与"整合迷信症"相对应的是"整合放松症"，它往往表现为并购方的管理人员，在并购交易完成后对整合活动在思想上产生了疏忽，或是在整合活动的执行层面产生了懈怠。具体表现主要有以下两点。

美国通用电气的"并购整合经理"

1. 心理上：低估整合工作的复杂程度

有些并购方的高管低估了整合工作的复杂与困难程度，他们认为，只需要派遣己方的管理人员去担任被并购方的高级管理职务，那么并购整合就大部分完成了。然而，对于业务复杂、人员规模较大的被并购企业，这种简单粗暴的换人方式，往往会带来并购整合的失败。

并购整合往往包含了两个层面：一是掌握标的公司的实际控制权，对标的公司的基本运营层面实现管控，包括对董事会的调整，对财务、公章使用、印鉴使用、合同签订、专利保护、无形资产证书、企业重大对外投资、担保、采购等相关事宜及其他资金调动

---

① 俞铁成. 并购陷阱 [M]. 上海：上海三联书店，2020：287-323.

的审批流程等。二是对标的公司业务、组织、文化等深层面的整合，多层面的深度业务融合协作对于产业链并购交易尤为重要。

为了促进大型复杂并购交易后的整合活动，波士顿咨询公司（The Boston Consulting Group，BCG）为此制定了一个并购整合团队架构，如图 9-6 所示。其中，并购融合指导委员会适合由收购方董事长、CEO 及核心顾问组成，专门制定并购整合的短、中、长期目标，并协调下属整合团队的工作，处理重大整合事项等。收购方还可以选派一位值得信任且管理经验丰富的高管担任整合总指挥，并通过兼任标的公司的董事长或总裁一职，以便于开展并购整合工作。下属的整合管理办公室由并购双方各自选派精兵强将组成，这是进一步开展平台、业务、特殊事务整合的总指挥。

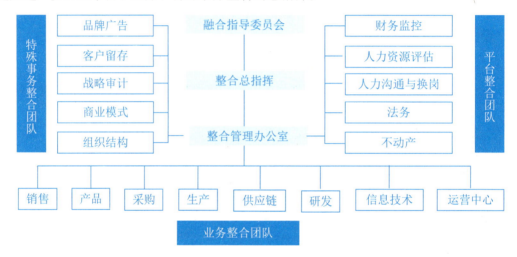

图 9-6　波士顿咨询公司提出的并购整合团队架构

2. 执行上：将整合工作放在交易结束后才进行

并购方如果在并购之前缺少系统性的风险评估与整合规划，而仅凭一腔热血地"买买买"，拖到并购交易结束后才匆忙组建整合团队或规划整合活动，那么结果大概率会让人失望。整合工作应当在尽职调查阶段就起步了，一边进行尽职调查，一边制订初步的整合方案，并随着尽职调查的深入及并购交易的推进，对整合计划做出一定的调整和补充。

（三）信息沟通低效

国际著名的咨询公司 AT 科尔尼（AT Kearney）曾在 1998 年做过一项全球调查，针对并购整合中存在的问题，得到的结果如表 9-4 所示。可以看出，"缺乏沟通机制"成为并购整合中的首要问题，值得关注。

表 9-4　全球并购整合中的主要问题占比

合并整合中的问题	相应的比例 / %
缺乏沟通机制	58
财务或协同效应预期不明显	47
新组织结构存在过多妥协	47
"主导计划"缺失	37
迷失动力	37

续表

合并整合中的问题	相应的比例 / %
缺少高管层承诺	32
战略思路不清	26
项目进程中断	26
信息技术介入过晚	21

在境外，大型的并购交易活动发生时，并购双方一般会聘请专业的媒体公关公司进行统一运作，由于境内企业对于公关公司的信任程度相对较低，信息沟通低效的问题则更为明显。例如，境内大多数企业可能会事先拟定好关于并购的新闻通稿，并与相关的媒体记者提前联系好，第二天，各家媒体记者发布出极其相似的通稿，这种分享并购信息的方式对于资本市场上的投资者来说，并没有很好地降低信息的不对称性，因此也是低效的。再比如，某些企业的新闻发布会只邀请标的公司的中高层去参加，而双方公司的基层员工可能是在第二天的新闻报道中才了解到并购的事情，不安、焦虑、愤怒等不良情绪可能会迅速地在企业内部发酵，同时，包括股东、客户、供应商、政府在内的其他利益相关方也有可能存在疑惑与担忧，而如果此时，并购方并没有采取行动将最合适的信息以高效及时的方式传递给利益相关者，则会为后续的并购整合活动带来极大的困难。

关于沟通机制低效的问题，企业可以委托专业的公关公司进行宣传与沟通运作，专业的公关公司往往会在并购消息发布之前就制定出一套完善的"并购沟通矩阵"，针对每一类利益相关方，都会有相应的差别化和针对性的沟通方式及沟通内容。

（四）文化整合问题

1. 不重视文化整合

由于文化整合相较于业务整合，不会带来直接的立竿见影的效果，有部分并购方会忽略了文化整合的重要性，并将大量的时间精力投入可以直接带来经济收益的业务整合上。然而，这样的做法可能会为企业后续的经营发展埋下隐患，当深层次的文化冲突逐步积累到一定阶段，就会成为"压死骆驼的最后一根稻草"。

2. 低估了中国企业之间的文化整合难度

即使没有进行跨境并购，中国的企业与企业之间也存在较大的文化差异，这些差异可能来自所有制、地域、民族文化、行业、发展阶段、规模及老板个人风格等。

▶ **案例 9-8**

美的并购小天鹅的文化整合难度[①]

由于美的和无锡小天鹅股份有限公司（以下简称小天鹅）在地域及所有制方面存在差异，二者在经营风格和企业文化方面有着显著的差别，所以美的在并购小天鹅之后面临着较大的文化整合困难。

[①] 王思苑. 企业并购中的文化整合问题研究：以美的公司并购小天鹅公司为例 [D]. 苏州：苏州大学，2018.

1. 思想观念上的冲突

美的是私营企业，重视员工的效率，员工具有较强的竞争意识和压力感；小天鹅属于国有控股的上市公司，两家的工作方式和工作习惯有很大差别。企业并购不容易，尤其是作为私营企业的美的集团，并购国企小天鹅并试图去改变其原有思维观念，是相当有难度的一件事。小天鹅在每天下午 4 点半就已经下班了，企业文化中缺少压力感和紧迫感，这与美的注重效率、竞争意识的观念有很大的差别。

2. 制度文化上的冲突

被并购企业与并购企业在机制和管理模式上往往存在不同，一般情况下，并购企业在并购目标企业之后，必然会对被并购企业进行组织机构、领导人员、规则制度等方面的调整，被并购企业的员工难以适应这种变化，习惯于原有管理体制，冲突在所难免。

美的认为小天鹅在营销方面（主要是销售结构）存在问题，小天鹅的销售方式与美的存在很大的不同。美的要求销售渠道的数量保持平衡，因为美的认为销售若过于集中在大卖场，就会导致企业对渠道的控制能力不足。在实施并购前，美的除了依托大型家电连锁卖场进行销售，还拓展了旗舰店、专卖店、传统渠道和新兴渠道来进行有效的补充。然而，小天鹅的销售却主要集中在几家大型家电卖场，几大卖场的销售份额几乎占到了小天鹅销售份额的 50%。小天鹅存在的另一个问题是销售渠道的链条太长，以家电下乡为例，消费者在拿到产品之前，已经开了四到五次发票。工厂首先开给大的代理商，然后大代理商开票给区域代理商，接着区域代理商开票给乡镇或是县上的经销商，最终这些经销商才真正将产品卖给农民。营销是美的的强项，美的认为只有换掉营销总监才能让美的营销机制更好地进入小天鹅。原小天鹅营销总监工作很努力，经常加班批文件、开会等，但是工作思路与风格与美的不同，判断问题、解决问题的思路不够清晰，美的认为有些事情可以放权给下层人员做，营销总监要做的是判断主要问题、解决问题。在美的看来，小天鹅以前的压力机制不完整、责任不清晰，换人实属必然。但小天鹅方认为这是清除异己，大量营销人员随之离职。

3. 企业员工利益的冲突

当企业被并购后，新的环境和角色使得被并购企业的员工产生不安甚至不满的情绪，甚至会做出某些对立的行为，导致一系列的文化冲突。小天鹅里的一些人不上班，已经在外创业或有新工作，可工资照发。小天鹅有些员工基本无贡献，但每月却还有六七千元的工资，美的认为这些人工资太高，因此将一些员工的工资减半，这项措施使得很多人跑到人力资源总监处大闹。美的并购小天鹅后的一些整合措施对小天鹅原有员工的利益造成了影响，例如，2008 年 9 月初，美的改革售后服务机构，业务外包给专业服务部门，驻外人员全部召回待岗。美的属于私营企业，改变对其来说非常正常，然而小天鹅曾属于国企性质，习惯了相对固定的模式，因此难以接受新的变革。小天鹅员工认为小天鹅企业性质由国有企业转为民营企业，应该要进行身份置换。这一要求没有得到美的的认可，后来小天鹅员工向市政府提交员工的签名信，美的虽然认为小天鹅并不属于国有企业身份置换的性质，但最后还是做出让步，提供了 8000 万元作为安抚金。

3. 低估了跨境并购交易后的文化整合难度

跨境并购的文化整合难度非常高，如果并购方没有谨慎地评估整合风险及整合难度，很可能会由于文化冲突，造成整个并购交易的失败。

具体来说，如果被并购方位于日本、韩国等东亚国家，虽然在地缘上并购双方较为相近，但不可忽略的是，日韩系企业内部的"论资排辈"与"等级观念"十分盛行。如果因为地缘接近而低估文化整合的难度或忽略了潜在的文化冲突，并购后的企业可能会面临着人员流失、高管层"造反"的窘境。

另一方面，如果中国企业跨境并购欧美公司，则可能会面临着更加激烈的中西方文化冲突。例如，中国企业的员工通常来说较为勤劳，加班不在少数，但欧美员工更加提倡生活工作的平衡及对于弱势群体的保护，欧美国家的工会对员工的保障程度更高等。以下介绍的 TCL 集团跨境并购失败的案例，其导火线正是 TCL 集团低估了法国公司的文化传统。

▶ **案例 9-9**

TCL 集团跨境并购法国阿尔卡特

2004 年 4 月 26 日，TCL 集团宣布与法国阿尔卡特公司正式签订了《股份认购协议》，双方将组建一家合资企业 T&A 从事手机及相关产品和服务的研发、生产及销售。这是中国企业在全球范围内首次整合国际大公司的手机业务。双方对合资企业的运营最开始有很多的期待，目标宏大。

然而，这只是美好的愿景，当合资公司开始运营后，双方在文化整合方面出现了问题。阿尔卡特公司作为一家法国公司，强调人性化管理，员工在一种宽松而相对自由的环境中工作，而 TCL 集团的管理方式近乎军事化，提倡效率和立即执行，让原阿尔卡特公司员工无法适应。TCL 集团高层曾抱怨阿尔卡特业务部的法国同事周末拒接电话，而法国方面的管理人员则埋怨中国人天天工作，毫不放松。文化整合之初，TCL 集团没有采取接纳、学习对方文化的方式，也没有让员工相互了解学习对方的文化，在并购后的整合中多"整"少"合"，这让阿尔卡特原有员工深感不适，导致销售人员大量辞职。并购后亏损日益严重。

随着文化冲突的加剧，业务整合的失败，合资公司的经营状况迅速恶化，出现严重危机，人才大量流失，公司出现巨额亏损。2005 年 5 月 17 日，TCL 集团宣布合资企业解体，至此，TCL 集团想通过合并后利用阿尔卡特公司的技术和品牌使自己占领国际手机市场的目标彻底落空，并购整合失败。

（五）业务整合问题

业务整合涉及许多方面，包括降低采购成本、裁减重复员工、技术融合、提升生产效率等。现实中，有大量的中国企业从降低运营成本入手进行整合，以期获得预期的协同效应，但却忽略了在销售端对客户资源的整合。这样的行为可能进一步带来更大的问题——核心客户的流失。

不可否认的是，企业能够实现盈利的原动力在于"开源"，而非"节流"，经营业绩与现金流最终仍然来自销售商品或提供劳务。另外，挽留一个老客户远比开发一个新客户要容易得多。在实务操作中，并购方应当以坦诚的心态与标的企业的客户进行沟通，或尽可能维护并购后的企业在消费者心目中良好的品牌形象，以保持销售端的稳定与可持续性。

（六）人员整合问题

1."拖延症"

对于并购后公司内的核心管理层，并购方如果在并购结束后的短时间内迟迟未能确定，有可能会造成优秀人才的流失或组织管理上的混乱。

2. 为追求成本降低的协同效应而过度裁员

人员整合
问题案例

并购活动会为企业带来积极的协同效应，尤其是体现在降低整体生产运营成本这一方面。在现实中，很多企业过分将重心放在压缩成本空间上，甚至不惜通过大规模裁员来达到节约人力成本的目的。

诚然，并购双方在整合过程中的确会存在职能重复的员工，理智地裁减冗余人员是有利于企业经营发展的做法，但是如果采取过度激进的人力资源成本压缩措施，则是相当短视的。

案例思考 三花智控连续收购后的战略整合

1. 公司简介

浙江三花智能控制股份有限公司（以下简称三花智控）前身为新昌制冷配件厂，于2005年上市，上市时市值约为10亿元。三花智控的主营业务为制冷配件及集成，是全球制冷部件的龙头企业。三花智控成立30年来，一直专注于生产和研发热冷转换、智能控制的环境热管理核心零部件。

目前，三花智控是以阀类产品为核心的热管理系统零部件龙头供应商，产品主要用于家用空调、商用制冷、新能源汽车等。其中，家用空调为传统大体量业务；商用制冷及新能源车为新兴业务，新能源车业务已经爆发为主要增长点，商用制冷正逐步起量。三花智控已在空调电子膨胀阀、四通换向阀、电磁阀、微通道换热器、车用电子膨胀阀、新能源车热管理集成组件、Omega泵等多个领域市场占有率做到全球第一，市值曾在2021年超过800亿元。

2. 多次并购之旅

尽管三花智控众多细分产品全球市场占有率第一，但由于所处赛道的天然限制，必定会遭遇行业天花板的问题。然而，三花智控通过一次次的战略决策和实施，突破了天花板，开辟了新赛道。

（1）第一次并购：收购四通换向阀业务

四通换向阀是空调中控制冷暖调节转换的核心部件，20世纪中后期美国兰柯（Ranco）公司（以下简称兰柯）长期垄断这一产品。20世纪90年代，三花智控将目光锁定四通换向阀，前后投入了3000万元研发、试制和生产。1995年，三花智控的第一条四通换向阀流水生产线竣工，年生产能力 30 万套，成了兰柯的竞争对手。随后几年，三花智控以成本优势取得竞争力，以技术占领国际市场制高点，分得了全球四通换向阀市场约 50% 的份额，相比之下，兰柯却在全球市场节节败退。

2007 年 12 月，三花智控收购了兰柯四通换向阀全球业务，改写了全球制冷空调控制元器件行业的竞争格局。2008 年，三花智控收购了大股东旗下的四通换向阀业务，努力从"成本领先"向"技术领先"转变。

（2）第二次并购：跨境收购亚威科

亚威科（Aweco）集团是德国一家白色家电核心系统部件研发、生产经营企业，主要从事洗碗机、洗衣机、咖啡机等家电系统零部件的研发、制造和销售。公司客户包括 BSH（博西家用电器）、惠而浦、飞利浦等国际知名品牌，其中前十大客户约占亚威科集团销售额的 90%。亚威科集团长期被家电客户视为洗碗机系统部件开发的第一供应商，同时在洗碗机、洗衣机和咖啡机领域的加热器方面不断推出新技术。2011 年，亚威科集团销售额约为 1.22 亿欧元，其中洗碗机、洗衣机、咖啡机零配件业务销售额约为 1.1 亿欧元。

为了深化境外布局，并正式开辟多元化业务，2012 年三花智控并购亚威科。如果说收购兰柯是三花集团依托"专业化"战略向"国际化"战略的过渡，那么并购亚威科的动机则是三花集团通过"国际化"战略来全面铺开其"多元化"战略的。

但是，2013 年收购亚威科以来，亚威科业务净利润一直在盈亏点徘徊，盈利能力较差。近几年，亚威科业务实现了扭亏为盈，逐步实现供应链国产化。

（3）第三次并购：收购微通道业务

2015 年，向控股母公司三花集团发行股份购买杭州三花微通道换热器有限公司（以下简称三花微通道）100% 股权，不同于部分公司喜欢向大股东输送利益，三花智控的风格是在体系外培育优质相关资产后注入上市公司，三花微通道便是初例。

（4）第四次并购：收购汽车零部件业务

2017 年，大股东正式将旗下培育多年的汽车零部件业务注入公司。这次举动不仅仅是业务深化，更是显著突破了成长天花板，浙江三花汽车零部件有限公司（以下简称三花汽零）主要经营汽车的热管理业务，而近期广受追捧的新能源汽车使得这个赛道急速扩张。

三花汽零作为行业领先的汽车空调及热管理系统控制部件供应商，其 2016 年全球市场占有率达到 16%，国内市场占有率超过 37%。同时，三花汽零已是奔驰、通用、特斯拉等高端整车厂商的一级供应商，行业影响力较大，发展前景可谓一片大好。正是基于上述原因，三花集团将发展良好的三花汽零通过并购的方式整体纳入上市公司三花智控之中，为公司进一步的发展注入了新动力，增强了公司整体核心竞争力。

三花智控多次并购的战略动机及成效如表 9-5 所示。

表 9-5　三花智控多次并购的战略动机及成效

时间及事件	交易方案	战略动机及战略安排	业务影响
2005 年 IPO	发行价格：7.39 元 / 股 实际募资：22170 万元 募投项目：空调用截止阀技改项目、空调用电磁阀技改项目、空调用球阀技改项目等	· 截止阀是三花智控主导产品，当时市场竞争加剧，导致截止阀产品销售价格逐年下降，公司面临单一产品依赖风险 · 变频空调需求增大，存在巨大的市场空间而电子膨胀阀则是变频空调的关键部件，募集资金投向用于电子膨胀阀产能建设及技改项目	电子膨胀阀市场占有率第一
2008 年收购三花四通换向阀业务	标的业务：四通换向阀生产、部件配套及境外销售 发行股份：20.12 亿元 支付现金：4171.95 万元	· 当时，三花智控旗下公司生产的四通换向阀已经达到全球领先水平，被评为世界三大品牌之一 · 合并完成后，三花智控的营业收入由 8 亿元增加到 24 亿元左右	四通换向阀市场占有率第一
2010 年定向增发	向包括控股股东三花集团在内的特定投资者非公开发行： 发行价格：30 元 / 股 实际募资：10 亿元 募投项目：商用制冷空调自动控制元器件建设项目、商用制冷净化装置建设项目、技术研发中心建设项目等	· 为满足市场日益增长的需求，三花智控及时增建电子膨胀阀、不锈钢四通换向阀、双稳态电磁阀及电动切换环产能，进一步巩固公司在家用空调、家用冰箱制冷控制元器件领域的领先地位 · 公司抓住商用空调市场良好的发展趋势，积极拓展在商业制冷和商用空调控制元器件的经营空间，丰富产品线，培育新的利润增长点	商用制冷包括中央空调、商用灵动冷藏、冷链物流等，市场较为分散，三花智控逐渐布局商用制冷领域
2010 年定向增发	向包括控股股东三花集团在内的特定投资者非公开发行： 发行价格：30 元 / 股 实际募资：10 亿元 募投项目：商用制冷空调自动控制元器件建设项目、商用制冷净化装置建设项目、技术研发中心建设项目等	· 为满足市场日益增长的需求，三花智控及时增建电子膨胀阀、不锈钢四通换向阀、双稳态电磁阀以及电动切换环产能，进一步巩固公司在家用空调、家用冰箱冷控制元器件领域的领先地位 · 公司抓住商用空调市场良好的发展趋势，积极拓展在商业制冷和商用空调控制元器件的经营空间，丰富产品线，培育新的利润增长点	商用制冷包括中央空调、商用灵动冷藏、冷链物流等，市场较为分散，三花智控逐渐布局商用制冷领域
2013 年收购亚威科	三花智控设立德国三花，拟现金收购亚威科旗下洗碗机、洗衣机、咖啡机等零部件业务	· 亚威科与主要白色家电制造商业务往来广泛，客户包括飞利浦、惠而浦等，拥有遍及全球的销售网络 · 三花智控现有产品集中在空调、冰箱零部件领域，此次交易帮助三花智控进入洗碗机、咖啡机等零部件领域，有利于丰富产品线，拓宽在家电和零部件领域的市场空间	洗碗机、洗衣机、咖啡机等零部件业务现已扭亏为盈，逐步实现了供应链国产化，适宜本地化配套

续表

时间及事件	交易方案	战略动机及战略安排	业务影响
2015年收购三花微通道业务	向三花钱江发行股份购买资产： 交易标的：三花微通道100%股权 标的业务：制冷空调系统微通道换热器 标的作价：12.8亿元 募集配套资金：4亿元，用于在墨西哥建设微通道换热器生产线项目、换热器技改项目等	·微通道换热器是传统铜管翅片换热器的替代产品，具有节能环保的优势，可广泛用于制冷、空调、热水器、冷冻冷藏等领域，市场份额多位于境外发达地区 ·交易完成后，公司将控股股东旗下优质的微通道换热器资产注入三花智控上市公司，公司产品线进一步得到完善	微通道换热器市场占有率全球第一
2017年收购三花汽车零部件业务	向浙江三花绿能实业集团有限公司发行股份购买资产： 交易标的：三花汽零100%股权 标的业务：汽车热管理系统 标的作价：21.5亿元 募集配套资金：13.22亿元，用于新能源汽车零部件建设项目、汽车空调控制部件技改项目等	·随着新能源汽车行业的爆发，新能源汽车空调机热管理系统变得更加复杂，成本也变得更高三花汽零客户包括奔驰、通用、特斯拉、比亚迪、吉利、蔚来等整车厂商及高端客户 ·通过收购三花汽零，三花智控再一次提升了业务天花板	业务快速增长，市场份额领先
2021年发行可转债	募投项目：商用制冷空调智能控制元器件建设项目、高效节能制冷空调控制元器件技改项目及补流	三花智控持续看好商业制冷领域业务前景，再次进行技术及产能布局	发行事项已审核通过

三花智控前身系三花集团与日本株式会社不二工机合资的企业，主要生产空调用截止阀、方体阀、电磁阀等；2013年收购德国亚威科，布局洗碗机、咖啡机等家电零部件业务。2006年三花集团开始培养微通道换热器业务，2016年注入上述公司；2004年三花集团开始培养汽车热管理零部件业务，2017年注入上市公司。三花智控从一开始就深度参与国际（地区间）竞争，境外收入占一半左右。

通过多元化并购和业务深化，三花智控的业务版图不断扩大，主营业务为生产销售制冷空调冰箱之元器件及部件，汽车空调及新能源车热管理之元器件、部件，咖啡机、洗碗机、洗衣机之元器件及部件。其中，制冷空调电器零部件业务主要产品包括四通换向阀、电子膨胀阀、电磁阀、微通道换热器、Omega泵等，广泛应用于空调、冰箱、冷链物流、洗碗机等领域；汽车零部件业务主要产品包括热力膨胀阀、储液器、电子膨胀阀、电子水泵等，广泛应用在传统燃油车、新能源汽车的热管理领域。

整体来看，三花智控业务沿革与四次并购历程保持一致，现分为四大业务单元，共几十种主要产品。自2019年起，三花智控将原制冷业务、亚威科业务、微通道业务合为制冷业务单元，至此原来4个业务单元调整为制冷和汽车零部件两个业务单元，以凸显汽车零部件业务的战略地位。

多次并购之后，三花智控空调电子膨胀阀、四通换向阀、电磁阀、微通道换热器、车用电子膨胀阀、新能源车热管理集成组件、Omega泵等产品市场占有率全球第一；截止阀、车用热力膨胀阀、储液器等市占率处于全球领先。其中截止阀、四通换向阀、电子膨胀阀和三花微通道分别达到35%、66%、58%和45%。

2020 年，三花智控实现营业收入 121 亿元，净利润 14.73 亿元，自上市至今营业收入 CAGR（compound annual growth rate，复合年均增长率）为 23.78%，净利润 CAGR 为 26.23%。几次并购对三花智控营业收入提升的作用较为显著，尤其是 2017 年起并购的汽车零部件业务，是近些年三花智控业绩增长的主要来源。得益于规模效应及全球性的生产协同带来的成本节约，以及技术优势带来的附加价值，上市至今，三花智控的毛利率及净利率稳步提升，2020 年三花智控整体毛利率高出同行业公司盾安环境（即浙江盾安人工环境股份有限公司）10 个点以上，其材料成本优势尤为显著。

📝 **讨论题：**

1. 三花智控多起并购的动因分别是什么？
2. 三花智控每一起并购后是如何进行战略整合的？试拓展探究三花智控在并购后如何从组织、人员、财务、文化等角度进行整合并获得成功。

第十章

公司重组

一、重组的含义

国内外学者对于"重组"（restructuring）并没有做出明确的定义，现行法律法规对"重组"的概念界定也纷繁复杂，可以说，"重组"并不是一个准确的法律概念，而是资本市场上多数公司借以提升股东价值的方式，它既包括了以兼并收购为代表的扩张型方式，也包括了资产剥离、分立、分拆、股票回购等收缩型方式。

西方学者更倾向于将重组界定为与并购相并列的一个概念，公司重组主要指通过联合、合并、分离、出售、置换等方式，以达到重新组合资产主体、优化资产结构与资本结构（负债和股权结构）等目的。参考西方权威的并购重组教材[①]，重组具体包含资产剥离、分立、股票回购、股票互换、财务重组等。

在国内，《重组管理办法》（2023年修订）将重组界定为"公司在日常经营活动之外购买、出售资产或者通过其他方式进行资产交易达到规定的标准，导致上市公司的主营业务、资产、收入发生重大变化的资产交易行为"。可见，国内将重组界定为一个更为宽泛的概念，囊括了非日常经营活动的诸多形式，根据对企业规模的影响，重组可划分为"扩张型重组""收缩型重组"和"其他重组行为"三类（见图10-1）。

（1）扩张型重组：即企业的扩张，通常是指扩大企业经营规模和资产规模的重组行为，包括兼并、合并、收购等。

（2）收缩型重组：这是指企业通过剥离（或直接出售）、分立、分拆上市、股票回购、自愿清算等方式，使企业在一定时间内所掌握的经营资本规模绝对或相对减小，以实现资源优化配置、资本增值最大化或资本损失最小化的一种重组行为。企业收缩重组程度可由企业根据需要自行决定，在绝对意义上也可以收缩至零（如自愿清算）。

（3）其他重组行为：往往指那些不影响企业所有权总量，或不在资产报表上反映，但将导致企业控制权或债权发生变化的行为，具体形式包括资产置换、股权托管和公司托管、表决权信托与委托书收购、企业法律形式改变、债务重组等。

---

① 帕特里克•A. 高根. 兼并、收购和公司重组 [M]. 6 版. 顾苏秦，李朝晖，译. 北京：中国人民大学出版社，2017：342-366；J. 弗雷德•威斯通，马克•L. 米切尔，J. 哈罗德•马尔赫林. 接管、重组与公司治理 [M]. 北京：北京大学出版社，2006：293-359.

图 10-1　公司重组的类型[①]

在本书的前面章节中，我们已经对兼并、收购等扩张型重组进行了详细的讨论。在实践中，收缩型重组对企业也同样具有一定的意义和价值，本章将重点对收缩型重组进行介绍与分析。

二、收缩型重组的动因

关于企业选择退出某些业务并进行收缩型重组的动因，唐纳德·德帕姆菲利斯（Donald DePamphilis）在《收购、兼并和重组：过程、工具、案例与解决方案》[②]一书中总结了如下几点。

第一，提高企业专注度。

企业经常通过聚焦于成长潜力最好的业务单元、退出非战略核心的业务，以达到简化业务组合的目的。提高集中度通常可以提升企业的资源配置效率，进而提高企业的价值。

案例 10-1

振华科技进行业务瘦身，聚焦电子元器件业务

中国振华（集团）科技股份有限公司（以下简称振华科技）成立于 1997 年，并于同年在深交所主板挂牌上市。2005—2021 年，振华科技实现的归母净利润持续稳步增长，且近年来，其盈利能力有增强之势，这主要与公司聚焦高新电子主业、剥离低质无效资产有关。

---

① 参见雷霆. 图解并购重组：法律实务操作要点与难点 [M]. 北京：法律出版社，2019. 进行了相应的修改与补充。
② 唐纳德·德帕姆菲利斯. 收购、兼并和重组：过程、工具、案例与解决方案（原书第 7 版）[M]. 北京：机械工业出版社，2015：358-359.

通信整机业务曾是振华科技的主要业务，2017 年，专业整机与核心零部件（产品）收入占当期主营业务收入的 60.29%。自 2018 年以来，振华科技相继剥离了贵州振华天通设备有限公司（以下简称振华天通）、深圳通信有限公司等子公司，大幅压缩通信整机业务规模，与之相对的是，振华科技选择聚焦于新型电子元器件业务，主要表现为加快产品技术升级，完善 IGBT（insulated gate bipolar transistor，绝缘栅双极型晶体管）芯片谱系，完成系列芯片研制，推进通用元件产品技术升级，加快智能机电组件/模块研发，继续推进 LTCC、MLCC 系列材料定型设计，以及电子功能陶瓷、贵金属浆料研发，进一步扩大基础元器件产业生态链优势。

通过退出原有的通信整机业务而聚焦于更具发展潜力的电子元器件业务，振华科技的产品毛利率大幅上升。2019 年上半年，振华科技在新型电子元器件板块实现利润总额 2.69 亿元，同比增长 43.78%，净利润 2.19 亿元，同比增长 33.75%。

第二，退出表现不佳的业务。

母公司会选择退出那些无法满足绩效目标的业务。例如，2007 年 5 月，通用电气宣布以 116 亿美元将其塑料业务出售给沙特基础工业公司（Saudi Basic Industries），即通过出售低回报的业务板块，向快速增长及具有更高潜在回报的业务领域迈进。

第三，监管机构的顾虑。

一家占有巨大市场份额的企业收购了直接竞争对手，会引发与反垄断相关的担忧。如果收购方合并类似标的的企业后并进行恰当的业务剥离，监管机构更有可能批准这类并购。

第四，业务配合度较差。

业务之间的协同效应不达预期，母公司会选择剥离部分业务。

第五，税收考量。

税收优惠可以通过对业务进行重组实现。例如，家庭护理运营商阳光保健系统公司（Sun Healthcare Systems）于 2010 年通过拆分方式，将其护理房地产业务注入一家房地产投资信托（real estate investment trust，REIT）公司，主要原因在于房地产投资信托的收入不用纳税，而是直接分配给股东，所以阳光保健系统公司可以通过消除双重税负来提高股东的价值。

第六，募集资金，且减轻财务负担。

母公司出售不再具有战略价值的业务单元可募集一定的资金，募集到的资金可用于投资新的项目，同时也可帮助企业降低杠杆或减轻财务负担。

第七，提高自身价值。

其他企业可能非常看好某家公司的某块业务，而且愿意支付溢价收购这类业务。例如，2010 年初，通用电气以 182 亿美元将其火警安全系统业务单元出售给了联合技术公司（United Technologies），获得了丰厚的利润。通用电气认为这是一项非核心业务，而联合技术公司一直期望提高安全业务的集中度。

第八，降低风险。

一家企业可以通过出售或拆分业务，降低其业务部门的风险水平。例如，大型烟草公司 Altria，其子公司多年来存在着诉讼风险，为了化解这样的困扰，Altria 于 2007 年剥离了卡夫食品公司（Kraft Food）。

第九，并购活动中剥离不想要的业务。

收购方可能会发现在收购的标的企业中，有些资产不符合其主要战略要求。收购方可以选择剥离这些冗余资产，一方面筹集资金用于支付，另一方面，管理层可将精力更加集中于将剩余业务整合进入母公司。

第十，提高透明度。

企业可能因为多元化的业务和产品而显得对投资者不够透明。通用电气就是一个例子，它在多个国家经营着很多各自独立的业务。即便可以获得每个业务的财务和竞争信息，但对分析师或投资者而言，要想给这样一个多元化企业做出适当估值是非常困难的。故而，企业可以通过降低其复杂性，进行收缩型的重组活动，让投资者更容易了解其真实价值。

三、收缩型重组的主要方式

（一）资产剥离

1. 资产剥离的概念

资产剥离（divestiture 或 divestment）是指将公司的一部分（可能是子公司、部门、产品线或固定资产等）出售或转让给外界，并获得现金、可交易证券或两者的组合。具体的转让出售方式包括协议转让、拍卖、出售等。

最常见的剥离方式是将母公司的某个部门出售给其他公司，对于出售方来说，剥离是一种与兼并收购的扩张战略相反的收缩性资本运作手段，但剥离行为并非与兼并收购完全对立，而是相辅相成的，在实务中具有积极的意义。例如，公司可以通过剥离部分业务以迎合监管部门反垄断的要求；公司也可以通过剥离某些缺乏战略意义的资产，为并购活动筹措资金或偿还并购融资款项；在盲目或错误的并购活动发生后，公司也可以通过及时剥离相关资产以实现经营效益的最大化。此外，当面临敌意收购的冲击时，公司可以通过剥离优质资产达到反收购的目的。

2. 资产剥离的动因

资产剥离
案例

剥离活动可能是企业自愿发起的，也有可能是非自愿的。实务操作中，由于受到政府相关法规的约束而被迫进行的剥离为非自愿剥离。例如，在美国，当企业受到司法部或联邦贸易委员会的调查且裁决结果不利时，公司将被要求剥离某个特定的部门。再如，监管部门出于反垄断的目的，会对并购交易进行严格的审查，并在某些具体的情况下，要求并购企业剥离部分业务。

关于企业的自愿剥离行为，其背后的动因主要有以下几个方面[1]。

（1）业务或部门不符合整体战略规划

现代企业通常会进行多元化经营，但如果某些多元化业务已经明显偏离了企业的整

① 帕特里克•A. 高根 . 兼并、收购和公司重组 [M].6 版 . 顾苏秦，李朝晖，译 . 北京：中国人民大学出版社，2017: 342-347; Linn, S. C., Rozeff, M. S. The Corporate Sell-off [J]. *Midland Corporate Finance Journal*, 1984, 2(2): 17-26; Porter, M. From Competitive Advantage to Corporate Strategy [J]. *Harvard Business Review*, 1987, 65(3): 43-59; Kaplan, S. N., Weisbach, M. N. The Success of Acquisitions: Evidence from Divestitures [J]. *Journal of Finance*, 1992, 47(1): 107-138.

体战略规划，或与其主营业务之间的协同效果较差，那么剥离该部门或业务是有意义的。在剥离之后，企业可将资源分配给更符合整体战略规划的核心业务，以进一步巩固主营业务的竞争优势。

▶ **案例 10-2**

维维股份剥离房地产业务

维维食品饮料股份有限公司（以下简称维维股份）持续推进大食品战略，且为了进一步提高市场竞争力，于 2016 年剥离以房地产业务为代表的非主营业务。

2016 年 12 月 6 日，维维股份于公告中透露，为聚焦主营业务，维维股份拟剥离其房地产业务，以 1.98 亿元将其所持有的 3 家公司的股权出售给维维集团股份有限公司（以下简称维维集团）。鉴于此，经公司董事会审议，维维股份将公司持有的维维印象城综合开发有限公司、徐州市维维万恒置业有限公司两家公司 100% 股权和徐州南湖花园度假村有限公司 85% 股权按照约定的条件全部转让给维维集团或其指定的主体。可以说，此次剥离行为是维维股份依据总体大食品战略的一次重要调整。

当然，在企业的发展过程中，随着外部市场环境的不断变化，企业原有的主营业务可能逐渐失去了竞争优势，企业需要适当进行战略的调整，此时企业也应当依据变化后的整体发展战略做出相应的改变。例如，通过剥离原有的主营业务及相关部门，将经营重心转移至新的具有较好发展潜力的业务上。

▶ **案例 10-3**

传统零售业增长乏力，新华都剥离零售业务

2021 年 11 月 24 日，新华都科技股份有限公司（以下简称新华都）发布公告称，正在筹划出售零售业务板块的全部资产（商标除外）和负债，包括旗下泉州新华都购物广场有限公司等 11 家全资子公司及持股 5% 的参股公司新华都（福建）物流有限公司。

在零售行业，新华都此前是具备一定影响力的企业。其深耕福建省，早前主要从事大卖场、综合超市及百货的连锁经营。然而，尽管新华都和永辉超市股份有限公司（以下简称永辉）一样发家于福建，但在异地扩张上，新华都显然不能同永辉匹敌。2011 年，新华都以 1.25 亿元收购了易买得（韩国规模最大的大型超市）在华东地区开设的 6 家大卖场，正式进入华东市场，但在 2012—2013 年，因经营不善，新华都不得不关闭了常州、苏州等地的多家易买得门店。

近几年，新华都的业绩表现均算不上靓丽。2013—2019 年，新华都扣非后净利润连续 7 年亏损，其中 2019 年亏损幅度高达 6 亿元。2020 年，新华都扣非后净利润为 1.57 亿元，走出了扣非后净利连续 7 年亏损的困境。需要关注的是，2020 年新华都的互联网营销业务营收达 14.47 亿元，占总营收的 27.88%，同比增长 28.86%，是公司扭亏的关键。

2021 年以来，新华都互联网营销业务持续壮大，上半年实现营收 11 亿元，占营收比重接近 4 成，同比增长 125.23%。不过，受零售板块业务拖累，新华都前三季度的业绩同

比出现下滑。

新华都表示，本次交易顺利完成后，将剥离经营业绩承压的零售业务，聚焦于以互联网营销为主业的业务布局，增强公司核心竞争力，实现业务的战略转型。

（2）减轻债务负担，改善财务状况

对于经营严重亏损或者负债比例较高的企业，剥离质量差、效益低或者闲置的资产与业务，可以有效提升企业的盈利水平，减轻债务负担，改善财务状况，促进企业的良性发展。

▶ **案例 10-4**

全兴股份剥离亏损业务，改善财务状况[①]

四川全兴股份有限公司（以下简称全兴股份）于 2004 年通过转让亏损的四川制药股份有限公司、减少都江堰九兴印刷有限公司的股权等，进行了一系列的资产剥离活动。当年全兴股份的资产负债率由 50% 降低至 30%，短期借款由 7.5 亿元降低至 3.18 亿元，各项费用明显下降，营业费用降幅达到近 50%，管理费用降低 30%，财务费用降低 25%，公司应收账款由 2.5 亿元减少至 0.66 亿元。

可见，剥离活动发生后的全兴股份，财务状况得到了大幅度的改善。

（3）从收购的目标公司中剔除不合适的业务

在公司收购的过程中，被收购的目标企业的资产不一定全部符合收购方的战略要求。在完成收购以后，收购方会对标的企业中不适合自己的资产进行剥离，从而充分发挥收购交易带来的协同效应。

▶ **案例 10-5**

青岛金王出售杭州悠可

杭州悠可化妆品有限公司（以下简称杭州悠可）成立于 2012 年并一直保持着高速发展的态势，现已成为中国领先的美妆品牌全价值链电商服务商，并拥有娇韵诗、薇姿、理肤泉、雅诗兰黛等 30 多个进口品牌线上代理运营权。

原主营业务为油品贸易、新材料蜡烛及工艺制品的青岛金王应用化学股份有限公司（以下简称青岛金王），在 2013 年正式进军化妆品电商行业，标志性事件为青岛金王以 1.52 亿元收购了杭州悠可 37% 的股权；2016 年，青岛金王再出资 6.80 亿元收购杭州悠可剩余 63% 的股权，此交易完成后，杭州悠可成为青岛金王全资子公司，估值达 10.8 亿元。然而，在 2019 年 2 月 26 日，青岛金王发布公告表示，拟将全资子公司杭州悠可 100% 的股权，以 14 亿元作价出售给中信资本控股的杭州悠美妆科技开发有限公司。

---

① 李曜. 公司并购与重组导论 [M]. 上海：上海财经大学出版社，2010：303-304.

对于此次出售的原因，青岛金王在公告中表示：第一，青岛金王当前的化妆品业务核心战略为提升化妆品智慧零售业务，致力于打造"数字化新零售服务平台"，而杭州悠可与该战略目标的关联度较低；第二，出售杭州悠可的股权，可有效补充公司资金，使青岛金王进一步聚焦数字化新零售业务的战略部署；第三，青岛金王收购杭州悠可，属于多次交易分步实现、非同一控制下的企业合并，本次资产出售将直接减少公司商誉的账面价值7.86亿元，提升了公司的抗风险能力。

（4）对现金流的迫切需求

当企业内部存在较大的资金需求，例如需要大量现金流用以兑付到期负债，且企业内部留存的货币资金不足时，企业可以通过出售资产缓解资金压力。

案例 10-6

雅居乐通过抛售资产加速"回血"

2005年，雅居乐集团控股有限公司（以下简称雅居乐）在香港上市，业务拓展至全国60余个城市。2006年，雅居乐宣布进军旅游地产，圈下了海南清水湾的万亩土地，这也一举奠定了雅居乐的江湖地位。伴随清水湾项目大卖，雅居乐强势崛起，其与碧桂园集团、恒大、合生创展集团有限公司、富力集团一并被称为"华南五虎"。

回顾雅居乐近年来的发展历程，2017年成为雅居乐的重要分界点。在2017年之前，雅居乐主要以房地产业务为主，虽然也有物业等业务，但都不是重点；而到了2017年之后，伴随着雅居乐在拿地、开发方面逐渐收缩战线，雅居乐也开始慢慢向多元化方向转型。

为了实现多元化转型，雅居乐推行了名为"N+1"的多元化策略，涉足物业、环保、建设等多个领域，还大手笔收购了14家环保公司。此外，随着新能源汽车大火，雅居乐的多元化触角也逐渐伸到了新能源汽车上。

不过，虽然2017年后的雅居乐铆足了劲向多元化方向转型，但其多元化发展却并不顺利。根据2020年的年报数据显示，2020年雅居乐多元化业务的营业收入为107亿元，仅占雅居乐当期整体营收的13.3%，不及管理层当年预期的"一半以上"。此外，营收的主要来源——房地产业务也同样发展不顺。2018年4月，伴随着海南宣布全岛限购，海南楼市遇冷，此前重仓海南的雅居乐受到了重创，2019年全年，雅居乐在海南的销售额不到40亿元。

2021年，随着房地产行业进入寒冬，雅居乐也受到了巨大影响，人员调整、项目降价等新闻陆续被曝出。此外，在多元化转型的同时，雅居乐的负债也不断攀升。根据2021年中报数据，截至2021年6月末，雅居乐的负债合计达2404.24亿元，相比2020年同期，负债增量超过100亿元；在2404.24亿元的总负债中，流动负债总额为1728.29亿元，其中短期借款为394.87亿元，应付账款及票据为293.81亿元，而其账上的现金及现金等价物为465.12亿元，雅居乐的资金压力巨大。而雪上加霜的是，还债压力巨大的雅居乐，被机构下调了评级：2022年1月，穆迪公司将其公司家族评级下调至"B1"，标准普尔公司则将雅居乐的长期发行人信用评级下调至"B+"，二者的评级展望皆为"负面"。

多重困境之下，除了不断抛售资产之外，雅居乐能够想到的解决方法也并不多。雅居乐在 2021 年 7 月 1 日至 12 月 31 日，已累计出售了 14 项非核心物业，共套现 28 亿元。2022 年 1 月 24 日，雅居乐发布公告称，拟将其持有的广州亚运城项目 26.66% 股权出售予中国海外集团有限公司；而该桩交易为承债式收购，交易对价 18.448 亿元，中国海外集团有限公司需支付 13.8 亿元现金及替雅居乐承担 4.64 亿元贷款的偿还义务。很显然，雅居乐期望通过抛售资产的方式加速"回血"。

（5）避免被接管

当面临敌意收购时，企业可以通过剥离优质资产（即"皇冠上的明珠"），以达到反收购的效果。但这样的做法也会带来较为严重的后果，当企业损失优质资产后，虽然会让收购方丧失了并购兴趣，但同时也会严重影响企业的后续经营，破坏了企业的可持续发展，因此企业应当尽力避免这种反收购方式。

3. 资产剥离的方式

就目前情况来看，企业实现资产剥离的方式主要有以下 3 种。

（1）向控股股东（或者母公司）出售资产

这是上市公司控股集团内部进行资产调整最常用的手段，在境内上市公司中，这种资产剥离最为普遍。这种剥离方式的优点在于交易容易达成、价格和支付方式灵活、售出的资产对自身不具有竞争威胁。

（2）向非关联公司出售资产

企业按照资产剥离协议，将一部分资产出售给本企业的非关联方。通过这种形式的资产剥离，售出方可以获得一定的现金流入，用于改善公司的财务状况，或是摆脱"负协同效应"的困扰，收购方则有机会低价获得相关资产，以增强自身的行业内竞争力。

此交易方式适合企业经营不善、决定退出该行业或该领域的情况。

（3）管理层收购

管理层收购是指将企业的一部分出售给管理者或管理层团队。通常，管理者收购多采用杠杆，其大部分资金来源于各种贷款和债券。为了获取所需的贷款，管理者通常要与收购专家、投资银行家或商业银行家合作。管理者首先出资成立一家新公司，然后向银行或财务公司借入收购贷款（以收购的资产担保），用于购买公司剥离的资产，最后管理者使用出售部分资产取得的收入及经营获得的收入偿还贷款，并取得全部股权。该方式在境外运用较多。

4. 资产剥离的程序

资产剥离流程
相关案例

资产剥离既可以由企业自身发起，也可以由买方发起。前者属于主动出售，企业需要明确要出售的目标资产，然后寻找买方。后者属于被动出售，买方向自己感兴趣的资产拥有方发出要约，促使目标公司的目标资产剥离。企业进行资产剥离（尤其是主动剥离）的程序一般分为如下几个步骤。

（1）准备阶段

首先，选择剥离的操作人员，既可以选择本公司内部的工作人员或者负责该业务的部门员工，也可以从外部聘请专业人员；其次，为资产剥离制作备忘录，具体包括：资产剥离的原因、本企业的现状、未来发展潜力、产品生产线状况、服务能力、财务状况等；最后，对拟剥离的资产进行包装，使其可以获得最大的利润。

（2）制订剥离计划

根据公司拟剥离的资产情况，在准备阶段完成以后，企业应当制定资产剥离计划，选择合适的剥离方式与时机。这时应当充分考虑拟剥离资产的特点、市场效率、管理人员的期望和偏好等。出售的方式又可以分为广泛拍卖、定向拍卖、协议出售3种，这3种方式若被恰当地应用在不同资产的剥离中都会有较好的效果。对国有资产进行出售时应当遵守国家相关的法律法规。

（3）评估剥离资产

企业的剥离计划完成后，需要对出售资产进行估价，尤其是出售国有资产时，评估是必经的程序。

（4）与买方进行磋商

买卖双方对要剥离的资产、部门或子公司进行调查、评估、谈判后，必须请律师为买卖双方各拟一份合同草案。在达成正式合同的过程中，通常会出现许多需要进一步协商的细节性问题。

（5）完成剥离

完成以上步骤后，资产剥离完成。

5. 我国的法律规定

随着我国证券市场的蓬勃发展，资产剥离是上市公司调整战略部署的一种资本运营方式。

上市公司进行一般性资产剥离时，需要考虑是否构成重大资产重组的问题。根据《重组管理办法》（2023年修订）第十二条："上市公司及其控股或者控制的公司购买、出售资产，达到下列标准之一的，构成重大资产重组：（一）购买、出售的资产总额占上市公司最近一个会计年度 经审计的合并财务会计报告期末资产总额的比例达到百分之五十以上；（二）购买、出售的资产在最近一个会计年度所产生的营业收入占上市公司同期经审计的合并财务会计报告营业收入的比例达到百分之五十以上，且超过五千万元人民币；（三）购买、出售的资产净额占上市公司最近一个会计年度经审计的合并财务会计报告期末净资产额的比例达到百分之五十以上，且超过五千万元人民币。购买、出售资产未达到前款规定标准，但中国证监会发现涉嫌违反国家产业政策、违反法律和行政法规、违反中国证监会的规定、可能损害上市公司或者投资者合法权益等重大问题的，可以根据审慎监管原则，责令上市公司暂停交易、按照本办法的规定补充披露相关信息、聘请符合《证券法》规定的独立财务顾问或者其他证券服务机构补充核查并披露专业意见。"

（二）公司分立

1. 公司分立的概念

在西方，公司分立通常对应的英文术语为"spin-off"，具体指母公司将其在某子公司中所拥有的股份，依据持股比例分配给母公司自己的股东，从而在法律上和组织上将子公司从母公司的经营中分离出来，形成一个与母公司有着相同股东和持股结构的新公司。

在我国，《公司法》并未对公司分立做出明确的定义，公司分立的概念也相对更加宽泛，涵盖了英文术语"spin-off""split-off""split-up"所对应的重组行为，具体分类将会在后一小节进行讨论。通常来说，我国的公司分立主要是指一家公司分成两个或两个以上独立公司的行为，在此过程中，原公司将其部分或全部资产分离转让给现存的或新设的公司（即分立公司），分立公司可以采用股权或非股权支付的方式支付对价。

对于原公司来说，分立其实是一种广义上的剥离方式，即原公司以相应的对价出售某块业务或某个部门。

2. 公司分立的分类①

公司分立可以采取两种形式：存续（派生）分立和解散（新设）分立（见图10-2）。

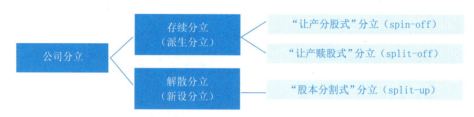

图 10-2　公司分立的分类

存续分立是指一个公司分立出多个公司，原公司继续存在。根据是否按比例取得分立公司的股份与是否放弃被分立公司的股份，存续分立可进一步分为"让产分股式"分立（spin-off）和"让产赎股式"分立（split-off）。

解散分立是指一个公司分解为多个公司，原公司解散，分立出的资产被分别用于设立新的公司或分立到现存公司，它又被称为"股本分割式"分立（split-up）。

（1）"让产分股式"分立

"让产分股式"分立是指原公司将其持有的现存子公司的股份，或将其拥有的某一业务或部分财产（含负债）移转至新设立的子公司而获得的该受控公司发行的股份，按照其股东持有的股权比例分配给股东。分配完毕后，原公司的股东成为分立公司的股东。其重组交易结构如图10-3所示。

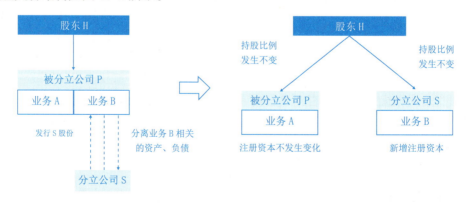

图 10-3　"让产分股式"分立交易结构

在"让产分股式"分立中，不存在股权或控制权向原公司股东之外的第三方转移的情

---

① 雷霆. 图解并购重组：法律实务操作要点与难点 [M]. 北京：法律出版社，2019：124-127.

况，原公司股东对存续公司和分立公司同样保持着他们的权利。因此，原公司可以根据业务重组的需要进行分立，并可以对分立后的业务及资产保持有效的管理与控制。

（2）"让产赎股式"分立

"让产赎股式"分立与"让产分股式"分立基本相同，主要存在两点区别：①原公司按照某个比例（并不一定按照原公司股东的持股比例）将分立公司的股份分配给股东，且股东须以自身所持有的部分或全部股份作为对价返还于原公司；②原公司将收回的自身股份注销并办理减资。其重组交易结构如图10-4所示。

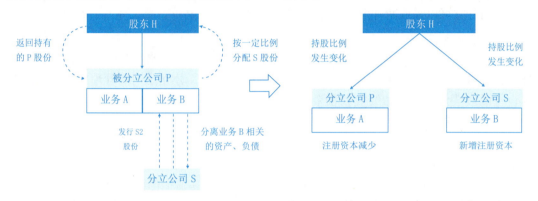

图 10-4　"让产赎股式"分立交易结构

"让产赎股式"分立以换股形式转移分立公司股权给原公司股东，在原公司股东不希望以原公司持有股权比例持有分立公司股权时，"让产赎股式"分立可被选择采用。

（3）"股本分割式"分立

"股本分割式"分立，即解散分立（新设分立），是指原公司解散，分立出的资产被分别用于设立新的公司或分立到现存公司。一般情况下，各分立公司的资本（股本）之和等于原公司分立前的资本（股本）。其分立重组交易结构如图10-5所示。

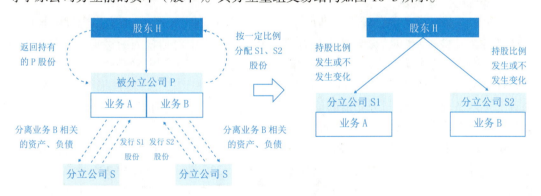

图 10-5　"股本分割式"分立交易结构

"股本分割式"分立通常用于：原公司股东认为将业务分开来经营与管理可以创造更高的价值或带来更高的经营效率，且股东们同意按照原持股比例或其愿意的持股比例来持股。另外，国家监管机构为避免公司控制力过于集中等问题，依其行政命令或法院判决，依法对公司进行强制分割，在此情况下的"股本分割式"分立又可称为"消极性分割"。

3. 公司分立的动因 ①

由于公司分立本质上是一种广义的剥离，故而公司实施分立的动因，与前文分析的资产剥离动因存在相似的地方，例如，公司通过将不符合战略规划，或现阶段表现不佳的业务分立出去，使自身经营更加聚焦，资源利用的效率得以提升。再如，当公司的下属子公司被收购方看中，且收购方表示要收购整个企业时，母公司可以通过把该子公司分立出去，以达到反收购的效果。

除了上述所分析的，公司分立还有一些与资产剥离较为不同的动因，具体包括如下几个方面。

（1）改善激励机制

在实施分立之前，子公司或业务分部的管理者的绩效往往与母公司股价强相关，这样的激励机制缺乏一定的合理性。而当公司实施分立后，分立公司的管理层报酬可以与其自身的股票价格或业绩绩效相联系，因此，公司分立可以更好地对子公司或业务分部的管理层实施激励。

（2）股票市场存在积极反应

对上市公司来说，在其对外公告实施分立计划后，二级市场往往会对此做出积极的反应。帕特里克·A.高根在《兼并、收购和公司重组》② 一书中曾统计了1962—2007年的大量实证研究，发现分立交易的平均超常收益率为3.3%。股价普遍上扬，一定程度上反映出投资者更喜欢主业发展清晰的公司，而公司分立可以帮助上市公司聚焦主业，理顺业务管理架构，解决历史遗留问题，适应新形势发展。

（3）获得税收优惠

公司分立所带来的税收优惠主要存在于西方国家。在美国，如果分立交易满足于《国内税收法则》（*Internal Revenue Code*）的相关要求，交易就可以获得免税待遇，而企业在资产剥离过程中获得的任何收益都需要纳税。

4. 我国的法律规定

在我国，分立后的各公司不仅继承原公司的各种权利（资产），还应当合理承担原公司的义务（负债）。我国《公司法》强调了公司分立过程中对债权人的保护。例如《公司法》（2018年修订）第一百七十五条规定："公司分立应当编制资产负债表及财产清单。公司应当自作出分立决议之日起十日内通知债权人，并于三十日内在报纸上公告。"第一百七十六条规定："公司分立前的债务由分立后的公司承担连带责任。但是，公司在分立前与债权人就债务清偿达成的书面协议另有约定的除外。"

除了《公司法》之外，规制公司分立最为重要的两个文件是《关于做好公司合并分立登记支持企业兼并重组的意见》（工商企字〔2011〕226号，以下简称226号文）和《外商投资企业合并与分立规定》（外经贸部、工商总局令2011年〔第8号〕，以下简称8号令）。依据《公司法》（2018年修订）、226号文和8号令的相关规定，有关公司分立的主

---

① Schipper, K., Smith, A. Effects of Recontracting on Shareholder Wealth: The Case Of Voluntary Spin-offs [J]. *Journal of Financial Economics*, 1983, 12(4): 437-467; Hite, G. L., Owers, J. E. Security Price Reactions Around Corporate Spin-off Announcements [J]. *Journal of Financial Economics*, 1983, 12(4): 409-436; Cusatis, P. J., Miles, J. A., Woolridge, J. R. Restructuring Through Spin-offs: The Stock Market Evidence [J]. *Journal of Financial Economics*, 1993, 33(3): 293-311.
② 帕特里克•A. 高根 . 兼并、收购和公司重组 [M]. 6 版 . 顾苏秦，李朝晖，译 . 北京：中国人民大学出版社，2017：355-356.

要要求如表 10-1 所示。

表 10-1 我国对公司分立的主要要求 [1]

项目	内资分立	外资分立
审批 / 备案	–	1. 外资管理部门审批 / 备案 2. 不得导致外国投资者在不允许外商独资控股或占主导地位的产业公司中独资、控股或占主导地位 3. 公司因分立导致其所从事的行业或经营范围发生变更的应符合有关法律法规及国家产业政策的规定并办理必要的审批手续
公司类型	存续或新设公司可以是有限公司或股份公司	–
投资总额 / 注册资本	分立后公司注册资本之和、实收资本之和≤分立前公司的注册资本、实收资本	分立后公司的注册资本额，由分立前公司的最高权力机构确定，但分立后各公司的注册资本额之和应为分立前公司的注册资本额
股东出资份额及缴付	–	外国投资者股权比例≥分立后公司注册资本的 25%
	自由约定出资份额；未缴足的，按分立前规定的出资期限缴足	
被分立公司持有股份	因分立而解散或者分立的公司持有其他有限责任公司股权的，应当在分立决议或者决定中载明其持有股权的处置方案：转让或减资 / 承继	
申请人	拟分立公司	
登记	支持公司同时办理重组登记因公司分立申请办理公司登记，自公告刊登之日起 45 日后，申请人可以同时申请办理公司注销、设立或者变更登记（实践中异地情况下基本很难实现，基本是先注销手续后才变更或设立）	

从我国分立的过往案例来看，我国公司分立的动因主要是从整个集团层面扩大经营规模、筹集更多的资金，集中表现为 A 股市场上曾长期占据主导地位的国有企业分立上市模式，即公司分立导致分立公司由原公司股东进行持股及控制，若股东人数超过 200 人，则分立过程触发了向特定对象的公开发行。

需要注意的是，分立上市与下文介绍的"分拆上市"具有差异，最为明显的是股权结构方面的区别，分拆上市后的子公司一般仍然受母公司的控制，而分立上市后，母子公司相互独立，分立后的子公司受母公司的原有股东控制。

▶ 案例 10-7

城投控股吸收合并阳晨 B 并进行分立上市 [2]

2015 年 6 月 19 日，停牌近 8 个月的上海城投控股股份有限公司（以下简称城投控股）、上海阳晨投资股份有限公司（以下简称阳晨投资）同时公告重大资产重组预案，引起市场广泛关注。

本次重组是通过换股吸收合并解决 B 股问题的一次新尝试。整体的分立交易方案大致可以分为"两步走"。第一步是城投控股先向上海城投（集团）有限公司（以下简称上海城投）

① 雷霆. 图解并购重组：法律实务操作要点与难点 [M]. 北京：法律出版社，2019：124-127.
② 城投控股换股吸收合并阳晨 B 股并分立上市 [J]. 证券法苑，2017，19(1)：232-247.

旗下的 B 股子公司阳晨投资的全体股东发行 A 股股票，通过换股吸收合并的方式，由城投控股全资子公司上海城投环境（集团）有限公司（以下简称环境集团）承继阳晨投资的全部资产、负债、业务、人员等一切权利与义务，阳晨投资终止在 B 股上市并注销法人资格。第二步是城投控股以存续方式实施分立，安排全资子公司环境集团承接阳晨投资的全部资产负债，二者合并之后，环境集团将变更为股份有限公司，届时的股东持股比例保持不变，并以上海环境集团股份有限公司（即上海环境）的身份申请上市，以实现"B 转 A"。

通过本次分立，阳晨投资的融资功能获得释放，其污水处理业务也将得以发展。同时，以一家 B 股上市公司退市的代价换取一家新公司 A 股上市的机会，将房地产和环保两大核心主业资产分别置入不同的上市公司平台，将减少上海城投内部的同业竞争，提升整体运营效率、增强盈利能力、完善上市公司治理水平。此外，通过本次重组，环境集团整合阳晨投资（B 股）污水处理业务并在 A 股上市，为上海城投未来的环保资产注入提供了资本运作空间，在解决上市公司与控股股东潜在同业竞争问题的同时，提高上海城投整体证券化水平，利于集团层面的长远发展。

案例详解

关于本案例的详细资料，可扫描二维码了解。

（三）分拆上市

1. 分拆上市的概念

分拆上市（equity carve-outs）在很多境外教材中被译作"股权切离"，在国际上常被用作多元化公司及提升主业集中度、运营效率及估值的重要手段。

根据 2019 年 12 月 12 日我国证监会发布的《上市公司分拆所属子公司境内上市试点若干规定》，上市公司分拆上市是指上市公司将部分业务或资产，以其直接或间接控制的子公司（所属子公司）的形式，在境内证券市场首次公开发行股票上市或实现重组上市的行为。

2. 分拆上市与公司分立的差异

分拆上市与上文所提的分立存在着较大的差异，具体包含以下 3 个方面[①]。

（1）股权结构差异

分拆上市和分立的第一步，都是上市公司拆解一部分业务、形成新的股份公司。不同之处在于，分拆上市意味着被分拆出去的子公司公开发行股票并上市，但母公司通常会保留对子公司的控制权，成为新上市公司的控股股东；而分立情况下，子公司将发行的股份全部按比例转移给母公司股东，不向公众发行新股融资，之后母子公司相互独立，不再具有控制和被控制关系。此外，分拆上市会引入新的公众股东，而分立并不会引入新股东，分立后企业的股东仍然是母公司原来的股东（见图 10-6）。

---

① 陈洁，徐聪．上市公司分拆上市的利弊分析及监管要点 [J]．证券法苑，2017, 19(01)：28-47；谢超，李瑾．分拆上市能否创造价值？：分拆上市的动机、路径及影响 [R]．上海：光大证券，2020：8-9；帕特里克·A．高根．兼并、收购和公司重组 [M]．6 版．顾苏秦，李朝晖，译．北京：中国人民大学出版社，2017：366．

情况 1：母公司将子公司 B 分拆上市

情况 2：母公司分立于公司 B

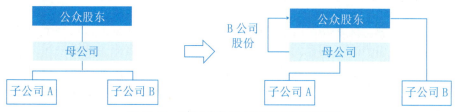

图 10-6　分拆上市与公司分立的股权结构差异

（2）融资效应差异

分拆上市过程中，子公司的公开募集引进了更多的公众投资者，子公司由此会获得正的现金流入。此外，公司分拆上市后，子公司的股票可在二级市场公开交易，母公司也可以通过出售股份融入一定的资金。然而，一般情况下，公司分立并不会为母子公司带来新的现金流入。

（3）适用情形差异

通常来说，实施分拆上市的成本更高，且受到证券法披露规则的约束更加严格。境外学者曾针对分拆上市和分立的公司进行了比较和研究，例如罗尼·迈克利（Roni Michaely）与韦恩·H. 肖（Wayne H. Shaw）（1995）[1] 基于 1981—1989 年成立的 91 家挂牌有限合伙企业的研究发现：更容易进入资本市场（表现为规模更大、负债较少和盈利能力更强等）的企业倾向于选择分拆上市，因为它们往往更受资本市场欢迎，更容易通过出售股权获取现金流入；相反那些不太受资本市场欢迎（表现为风险较大、负债较多等）的企业更倾向于选择分立而非分拆上市。此研究结论也获得了尚恩·A. 约翰逊（Shane A. Johnson），丹尼尔·P. 克莱茵（Daniel P. Klein）与凡尔纳·L. 蒂博多克斯（Verne L. Thibodeaux）（1996）[2] 的研究的支持。

3. 分拆上市的动因 [3]

分拆上市并没有严格规定分拆后母子公司间的股权结构，但通常情况下，母公司在分拆后对子公司仍然保持控股或实际控制权。如果母公司不再持有子公司股权，那么这

① Michaely, R., Shaw, W. H. The Choice of Going Public: Spin-offs vs. Carve-outs [J].*Financial Management*, 1995, 24(3): 5-21.

② Johnson, S. A., Klein, D. P., Thibodeaux，V. L. The Effects of Spin-offs on Corporate Investment and Performances [J]. *Journal of Financial Research*, 1996, 19(2): 293-307.

③ Powers, E. Deciphering The Motives for Equity Carve-outs [J]. *Journal of Financial Research*, 2003, 26(1): 31-50; Hulbert, H., Miles, J. A., Woolridge, J. R. Value Creation from Equity Carve-outs [J]. *Financial Management*, 2002, 31: 83-100.

一重组过程基本等同于出售一部分资产。本节关于分拆上市动因的讨论主要围绕母公司分拆后仍对子公司形成控制的情况。

梳理我国 A 股市场的上市公司实施分拆上市的案例，可以总结出公司选择分拆上市的动因主要有 6 个[①]。

（1）满足融资需求

分拆上市可以从两个角度帮助子公司进行融资，减轻其对母公司的资金依赖。其中，最为直接的是，分拆上市使子公司自己作为独立实体在资本市场内进行融资，且在上市之后，子公司可接触的投资者数量与种类更为丰富，由此获取直接融资的难度相应降低，融资效率也得到了较大的提升。

另外，在母公司披露分拆上市计划后、子公司还未正式获批上市前，子公司对于一级市场投资者的吸引力有了明显的提升。因为对于一级投资者来说，子公司未来较大概率实现上市，意味着投资具有较好的退出机制及较高的成功率。而在资产重组及上市的过程当中，子公司往往会引入战略投资者，战略投资者不仅可以为公司带来较为长期的资金并改善公司杠杆率，还可以提供相关行业或垂直领域的产业资源。

▶ 案例 10-8

用友软件分拆子公司畅捷通赴港上市

2014 年 6 月 26 日，用友网络科技股份有限公司（以下简称用友公司）分拆子公司畅捷通信息技术股份有限公司（以下简称畅捷通）在香港挂牌上市。

用友公司成立于 1988 年，是亚太本土领先的企业管理软件和企业移动应用、企业云服务提供商，主要向大中型企业和政府及组织提供服务。

畅捷通成立于 2010 年，是国内领先的小微型企业管理云服务与软件提供商，面向不同成长阶段的小微企业，提供系列的财务、进销存、客户关系等管理软件。同时基于云计算和移动互联网，为小微型企业提供管理云应用服务，包括会计家园、工作圈、易代账等。截至 2014 年 6 月末，畅捷通已拥有超过 2000 家渠道合作伙伴，服务网络覆盖 31 个省（区、市）。在小微企业受到国家大力扶持的背景下，畅捷通的财务情况颇为不错。2011—2013 年分别实现营收 3.06 亿元、3.3 亿元、3.12 亿元，实现净利润分别为 1.27 亿元、1.19 亿元、1.2 亿元。

畅捷通赴港 IPO，共获 209 倍超额认购，最终确定的发行价为每股 16.38 港元（发行价区间为 11.95～17.15 港元），融资额超过 9 亿港元。根据此前畅捷通发布的全球发售公告，本次募资金额主要用于云方面的投入，具体包括：约 34% 用于 T+ 系统软件产品的研发及市场投入，22.7% 用于云平台及创新应用产品的研发，23.3% 用于支持云服务的推广运营，10% 用于收购相关业务资产，最后 10% 则用于补充流动资金。综合来看，用友公司通过分拆畅捷通赴港上市，可以获得大量的资金，为软件或技术的研发提供支持。

[①] 何璐，李求索，等.中金：解析 A 股"分拆上市"[EB/OL].(2021-11-15)[2022-10-22].https://mp.weixin.qq.com/s/YeU4BbdKREaHMGIIfakVQg.

（2）提高业务集中度

当企业的多元化业务布局较为分散时，业务之间的正协同效应会有所减弱。对于综合性大型企业来说，对业务进行拆分可以有效地聚焦主业，提升业务集中度，提升内部资源的使用效率。

（3）改善公司治理

分拆上市后的子公司，其经营的独立性获得保障，在人员任免、信息披露、财务独立等方面拥有了更高的自主权。此外，分拆上市后的子公司，可以通过员工持股计划或股权／期权的分配等方式，将管理层的业绩考核直接与其股价挂钩，对管理层进行有效的激励，减少代理问题。

（4）有利于市值管理

一直以来，资本市场对多元化企业的估值是个较大的难题。多元化企业通常因为业务复杂而难以被投资者深度、透彻地理解，估值有可能会存在一定的折价。而分拆上市使子公司能够获得资本市场的独立估值，有利于子公司的价值发现。

> 案例 10-9 ------

房地产企业分拆物业服务子公司

通常情况下，如果房地产企业包含地产及物业服务两大业务时，便会出现估值难题。因为房地产开发业务会受到经济环境、城镇化进程、货币政策及调控政策等因素的影响，具有很强的周期性，而物业服务的商业模式与房地产业务有着较大的区别，物业服务主要通过收取管理费、服务费等方式获利，其受经济周期的影响较小，可以获得较为稳定、持续的现金流量。

以中指研究院发布的 2021 年中国物业服务 Top10 上市公司为样本，它们均为大型房地产开发企业对物业服务业务进行分拆并成功上市的产物。从 Wind 数据库中拉取 2021 年 12 月 31 日各物业管理企业及其对应上市房企的市盈率与总市值（全部统一以人民币计价），统计结果如表 10-4 所示。可以看出，在 2021 年房地产开发业务受到严格监管且下行压力巨大的背景下，房地产公司的市盈率普遍维持在 10 倍以下，而从其中分拆出的物业管理公司，均表现出比母公司更高的市盈率。其中，恒大物业、雅生活服务、建业新生活这 3 家物业管理企业的市值均超过了母公司的市值，碧桂园服务、金科服务、绿城服务、彩生活的市值均在母公司市值的 50% 以上。

由此可见，在房地产行业中，对于拆分后的主营物业服务管理的子公司来说，上市后面临的单独估值，更有利于其自身业务的价值被市场发现与认可（见表 10-2）。

表 10-2 房地产企业及其分拆上市的物业服务企业的估值比较（2021 年 12 月 31 日）

分拆上市日期	分拆的物业管理企业			对应的房地产企业		
	公司名称	市盈率[①]	总市值／亿元[②]	公司名称	市盈率	总市值／亿元
2018-06-19	碧桂园服务	37.54	1285.23	碧桂园	3.71	1309.69
2020-12-02	恒大物业	6.91	233.35	中国恒大	1.10	171.65
2018-02-09	雅生活服务	7.35	154.41	雅居乐集团	1.43	135.47
2020-11-19	融创服务	21.07	200.51	融创中国	1.34	481.27

续表

分拆上市日期	分拆的物业管理企业			对应的房地产企业		
	公司名称	市盈率①	总市值/亿元②	公司名称	市盈率	总市值/亿元
2015-10-23	中海物业	33.43	222.24	中国海外发展	3.81	1651.89
2020-11-17	金科服务	21.60	181.21	金科股份	3.36	239.22
2016-07-12	绿城服务	22.00	191.04	绿城中国	9.34	256.77
2019-12-19	保利物业	36.90	277.32	保利发展	6.38	1870.93
2014-06-30	彩生活	2.26	11.43	花样年控股	1.51	15.34
2020-05-15	建业新生活	10.54	52.08	建业地产	1.29	22.78

数据来源：根据 Wind 数据库（http://wind.com.cn）相关数据整理。

注：① 市盈率 =（最近交易日收盘价 × 最新普通股总股数）/［归属母公司股东的净利润（TTM）× 最近交易日转换汇率］

② 总市值 =A 股收盘价 ×A 股合计 +B 股收盘价 ×B 股合计 × 人民币外汇牌价 +H 股收盘价 ×H 股合计 × 人民币外汇牌价 + 海外上市股收盘价 × 海外上市股合计 × 人民币外汇牌价

除此之外，不同的上市地/上市板也可能对公司的估值造成影响。例如，2019 年新规后"A 拆 A"的案例中，子公司大多选择登陆科创板，这与科创板的上市规则及对创新型公司更加友好的估值有关。

（5）扩大境外影响力

对于境内企业来说，选择分拆子公司并在境外上市可以增加集团整体的境外知名度。因此，选择"A 拆 H"甚至更有针对性的"A 拆境外"方式的本土企业，往往希望在分拆上市过程中吸引来自境外的投资人，或是增强其子公司的国际化运营能力，拓展其子公司的境外业务版图。

此外，还有一个情况是，子公司的业务经营重心本身就在境外，那么本土企业会选择将其子公司在当地进行上市。例如，在深交所上市的杭州泰格医药科技股份有限公司，其收购的韩国 Dream CIS 公司，在 2020 年赴韩上市。

案例 10-10

交通银行分拆交银国际赴港上市

交通银行是中国第一家全国性的国有股份制商业银行。在经营管理过程中，交通银行打破了金融行业业务范围垄断，将竞争机制引入金融领域，同时引进资产负债比例管理，建立了双向选择的新型银企关系，发展成为可以从事银行、保险、证券等业务的综合性商业银行。

交银国际控股有限公司（以下简称交银国际）是交通银行在香港设立的国际（地区间）证券与资产管理的全资子公司，也是交通银行于香港发展证券相关业务的金融服务综合平台。交银国际主要为客户提供一站式证券及金融服务，并着力扩展全球业务。

2016 年 8 月 25 日，交通银行发布公告称，公司已审议并通过建议全资附属公司交银国际于香港联交所上市的相关议案。2017 年 5 月 19 日，交银国际（3329.HK）正式在香港联交所挂牌上市，交银国际以 2.72 港元 / 股开盘，并最终以同样价格收盘，较发行价上涨 1.49%。分拆上市后，交通银行仍将保持对交银国际的控股权。

交银国际董事长谭岳衡于上市仪式后表示："集团未来会逐步拓展境外业务，并先从香港周边地区开始。此外，境外扩张时可利用银行现成分行网络，较有效益。"

（6）满足国企的资产重组需求，助力国企改革

2019 年我国 A 股分拆上市规定的出台，进一步丰富了国企改革的方式。一方面，国有企业可以通过分拆上市将部分资产的控制权转让给社会资本，加大混改力度，另一方面，分拆上市也有利于优化国企的治理结构与资产结构，实现国有资产保值增值的目标。

案例 10-11

上海电气分拆风电业务

作为一家大型综合性装备制造集团，上海电气集团股份有限公司（以下简称上海电气）的主营业务分为能源装备、工业装备、集成服务三大板块。其中，风电设备属于能源装备业务板块。

上海电气风电集团股份有限公司（以下简称电气风电）成立于 2006 年 6 月，是上海电气的控股子公司。电气风电是中国领先的风电整机制造商与服务商，也是中国最大的海上风电整机制造商与服务商。

2021 年 5 月 19 日，电气风电作为 A 股市场 "A 拆 A" 成功落地的又一案例，成功登陆科创板，它也成为自 2019 年底 A 股分拆上市的政策通道打开后的 "国资分拆上市第一股"。

对于本次分拆上市，上海电气表示，系落实上海国资改革重要举措。本次分拆将践行混合所有制改革，激发电气风电的内生动力，优化国资布局结构，并进一步完善电气风电的公司治理。本次分拆完成后，上海电气股权结构不会发生变化，且仍将维持对电气风电的控股权。

4. 分拆上市的类型 [①]

分拆上市可划分为 4 种类型：参股型分拆、剥离退出型分拆、重组型分拆及控股型分拆。随着 2019 年 12 月分拆上市正式稿的颁布，符合条件的 A 股上市公司主要采用控股型分拆的模式。在此之前，参股型分拆、剥离退出型分拆、重组型分拆是早期 A 股市场探索分拆交易的可行路径。

（1）参股型分拆

在分拆上市前，公司通过财务投资或逐步分离等方式，逐渐减持拟分拆子公司的股份，以达到主动丧失控制权的目的，将控股子公司变成参股子公司，此后将该参股子公司以 IPO 或借壳等方式上市。

---

① 张馨元. A 股分拆上市全景投资手册：市场交易主力资金系列 [R]. 南京：华泰证券，2020：8-16.

（2）剥离退出型分拆

母公司通过股权转让等方式将子公司出让给实际控制人或第三方，且母公司不再持有原子公司的股权。

（3）重组型分拆

公司通过资产重组的方式将拟分拆资产注入另一上市公司，与子公司单独上市的效果类似。其本质是对上市母公司业务的重新整合，通过业务的分类和剥离，有效减少同业竞争。

（4）控股型分拆

这是上市母公司的控股子公司直接分拆上市的方式。由于监管限制，早期控股分拆的形式并不多见，但随着 2019 年分拆上市正式稿颁布，控股型分拆有望成为 A 股分拆上市的主流方式。

5. 我国的法律规定

A 股的分拆上市最早可以追溯至 2000 年，同仁堂（集团）有限责任公司分拆其子公司同仁堂科技发展股份有限公司至香港联交所上市。随后，在很长的一段时间内，A 股上市公司进行分拆上市的数量相对较少，这也与同时期的监管政策存在较大的关联。2019 年之前，我国对分拆上市这一资本运作方式并没有正式的文件出台，在很大程度上限制了我国 A 股上市公司进行分拆上市的活跃性。

2019 年 12 月，证监会正式出台了《上市公司分拆所属子公司境内上市试点若干规定》（以下简称 2019 年新规），具有里程碑的意义，由此，A 股分拆上市开启了新的篇章。

2019 年新规对拟实施分拆上市公司的要求，基本延续了《关于规范境内上市公司所属企业到境外上市有关问题的通知》（证监发〔2004〕67 号）及 2010 年证监会对于 A 股上市公司分拆子公司至创业板上市的窗口指导，并基于此额外增加了对母公司上市年限、盈利规模、并购资产年限的限制。目前，根据 2019 年新规，上市公司进行分拆需要符合以下条件（见表 10-3）。

表 10-3　我国上市公司分拆应满足的条件

序号	分类	具体要求
1	年限要求	·境内上市已满 3 年
2	盈利要求	·最近 3 年连续盈利 ·扣除按权益享有的拟分拆所属子公司的净利润，3 年归母净利润累计 ≥ 6 亿元
3	与拟分拆子公司的关系	·最近 1 个会计年度合并报表中按权益享有的拟分拆子公司净利润 ≤ 上市公司归母净利润的 50%，按权益享有拟分拆子公司净资产 ≤ 上市公司总资产的 30%
4	关联方交易问题	·不存在资金、资产被控股股东、实际控制人及其关联方占用，或其他损害公司利益的重大关联交易
	违规情况	·公司及控股股东、实控人最近 36 个月内未受到过证监会的行政处罚 ·公司及其控股股东、实控人最近 12 个月内未受到过证券交易所的公开谴责
	信息披露	·最近 1 年及 1 期财务会计报告被注册会计师出具无保留意见审计报告

序号	分类	具体要求
5	公开募集资金投向	·最近3年发行股份及募集资金投向的业务和资产，不得作为拟分拆子公司的主要业务和资产（拟分拆子公司近3年使用募集资金合计≤其净资产10%的除外） ·最近3年内通过重大资产重组购买的业务和资产，不得作为拟分拆子公司的主要业务和资产 ·所属子公司主要从事金融业务的，上市公司不得分拆该公司上市
6	董事、高管持股	·董事、高级管理人员及其关联方持有拟分拆子公司股份合计≤子公司分拆上市前总股本的10%拟分拆子公司董事、高级管理人员及其关联方持有拟分拆所属子公司的股份合计≤子公司分拆上市前总股本的30%
7	信息披露	·公司应当充分披露并说明：本次分拆有利于上市公司突出主业、增强独立性本次分拆后，上市公司与拟分拆子公司均符合中国证监会、证券交易所关于同业竞争、关联交易的监管要求，且资产、财务、机构方面相互独立，高级管理人员、财务人员不存在交叉任职，独立性方面不存在其他严重缺陷

▶ 案例 10-12

物产中大分拆物产环能至主板上市

1. 公司简介

（1）物产中大集团

物产中大股份有限公司（以下简称物产中大集团）是中国具有影响力的大宗商品供应链集成服务商之一，其核心业务为供应链集成服务，包括基于系统性解决方案的金属供应链集成服务、基于贸工一体化的能源供应链集成服务、基于垂直产业链整合的化工供应链集成服务和基于全生命周期覆盖的汽车供应链集成服务。

（2）物产环能

浙江物产环保能源股份有限公司（以下简称物产环能），是集"能源贸易"和"能源实业"于一体的大型国有企业。公司前身是始创于1950年的浙江省燃料公司，2000年改制为浙江物产燃料有限公司，2012年整体股份制改造变更为浙江物产环保能源股份有限公司，2017年及2020年先后完成深化混合所有制改革，主要股东分别为物产中大集团、河北港口集团（天津）投资管理有限公司，以及由公司骨干员工组成的合伙企业。物产环能主营煤炭、煤炭综合利用、环保技术研发、焦炭、新能源产品、仓储、进出口业务及物业管理服务等。

2. 事件回顾

2020年6月30日，物产中大集团发布公告称，为进一步实现业务聚焦，拟将其控股子公司物产环能分拆至上交所主板上市。本次分拆完成后，物产中大集团股权结构不会发生变化，且仍将维持对物产环能的控制权。截至公告发布日，物产环能的股权结构如图10-7所示，物产中大集团直接持有物产环能70%的股权，系物产环能的控股股东。

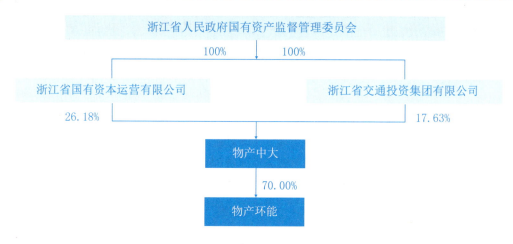

图 10-7　物产环能股权结构

2021 年 9 月 29 日，证监会发布股票发行审核委员会审核结果公告表示，物产环能沪市主板首发上市申请获审核通过。物产环能由此成为全国首单"主板拆主板"分拆上市成功项目。

3. 分拆上市的动因

（1）增强物产环能竞争实力

物产环能的母公司物产中大集团具有强大的市场地位优势，多年的发展也使物产中大集团拥有完善的上下游供应链，向上议价向下分销皆具有行业竞争力。此外，物产中大集团分销网络体系通过多年的布局优化了供应链集成服务能力，得益于此，物产环能作为能源环保综合利用服务商，也成了国内煤炭流通企业及热电联产业务的重要市场参与者。

公司主要所处行业为煤炭流通及热电联产行业。煤炭流通是处于煤炭开采与煤炭消费（主要是发电、建材、造纸、冶金、化工等工业领域）之间的服务业务，而我国煤炭资源分布地区和使用地区存在逆向分布、运输成本高的特点，因此煤炭流通在供给端发挥着重要作用。热电联产是使用煤、天然气和生物质等一次能源产生热量和电力的高效能源利用方式，同时，热电联产设施还可提供污泥处置、工业固废处置等服务，具有良好的经济和社会效益，是实现循环经济的重要技术手段（见表 10-4）。

表 10-4 是物产环能 2017—2019 年的主要财务数据。其间，物产环能虽然通过不断新建或并购重组等方式来扩大热电联产规模，但营业收入的增长态势并没有得到很大的提高，在 2019 年度甚至出现了回落，这主要也是因为除经济效益和环保效益外，热电联产具有较强的区域性。热电企业一般遵循当地政府划分的集中供热区域规划，确定热源点的供热范围。供热范围内原则上不再另行规划建设其他热源点，呈现一定的区域垄断现象。并且物产环能所处区域为我国南部，不同于北方地区用户主要为园区内工业用热企业，通过本次分拆上市，物产环能可以进一步提升社会影响力，提升煤炭流通需求，通过加大对能源环保综合利用服务业务的资本投入来扩大热用户的布局。同时，上市成功之后，资本市场的约束也能够使物产环能提升公司资产质量，加强风险防范能力，保障公司煤炭流通和热电联产业务的持续、稳定、高效运行。

表 10-4　物产环能 2017—2019 年的营业收入与净利润

项目	2017	2018	2019
营业收入／万元	3265139.26	3555964.66	3211386.53
净利润／万元	42721.18	59261.05	72596.74

（2）借助上市优势提升融资效率

通过分拆上市，物产环能将直接对接资本市场以提升融资效率。在上市之前，物产环能的融资手段主要为债务融资，融资方式为银行贷款，融资渠道较为单一。公司所筹措资金主要用于两条业务线，即满足公司煤炭流通业务对流动资金的需求及热电项目投资。近几年来随着公司业务规模的不断扩展，仅凭借单纯的债务融资已无法满足公司煤炭流通业务扩张及热电联产业务对外投资发展的需要，因此物产环能迫切需要进一步拓宽公司的融资渠道。

表 10-5 为物产环能 2017—2019 年的资产负债率，可以看出单一的债务融资使物产环能一直保持着较高的资产负债率。上市之后，资本市场直接融资的功能和优势能为物产环能拓宽融资渠道，使其获取更多的融资机会，而且资本市场的融资灵活性更强，融资效率也就会更高，能够有效降低公司的融资成本。如此一来就可以在降低物产环能资产负债率的同时为物产环能提供充足的资金保障，更好地发挥公司煤炭销售的规模优势，从而使煤炭的供应更加稳定，因为市场在采购时往往会倾向于选择行业领先的煤炭流通企业提供煤炭，进而保障大型电力、化工等类型客户生产经营的有序开展，增强公司盈利的稳定性。

表 10-5　物产环能 2017—2019 年的资产负债率

项目	2017	2018	2019
资产总计／万元	669042.16	770963.81	822859.70
负债总计／万元	507086.32	580182.36	607908.09
资产负债率／%	75.79	75.25	73.88

（3）强化资本实力，优化治理结构

物产环能所处的煤炭流通业务及热电联产行业均属于资本密集型行业，一方面，煤炭流通业务需要较多的流动资金支持；另一方面，热电联产业务在项目建设期间也需要大额的资金投入，且项目投产后资金回收期间较长，导致公司资金需求较大。彼时，公司的资本规模已经限制了公司的规模扩张和长期发展，因此公司急需优化资本结构，增强资本实力。物产环能上市前正在开发的项目及所需投资金额如表 10-6 所示。

表 10-6　物产环能上市前正在开发的项目及所需投资金额

序号	投资项目	投资总额／万元
1	金华金义新区农林生物质焚烧热电联产项目	94513
2	海盐经济开发区浙江物产山鹰热电有限公司公用热电项目	109302
3	桐乡泰爱斯环保能源有限公司气热联供项目	36120
4	补充流动资金	10000
合计		249935

表 10-8 为物产环能发行上市前正在开发的项目及所需项目投资金额，此外物产环能还计划继续投资具备良好市场前景的工业园区热电企业，通过改扩建、新建及并购的方式提升资源综合利用能力，进一步开拓污泥处置、生物质综合利用等固废处置相关环保业务，毫无疑问，这一发展战略需要强劲的资本支撑。本次分拆上市，物产环能拟发行股票数量不超过 114380660 股，这将大大增加物产环能的资本实力，为募投项目如期建设完成提供资金支持，帮助公司在行业竞争中保持快速发展，使公司价值能够更加充分体现在资本市场上。本次发行上市完成后，物产环能的股本和净资产规模都将所有增加，这也有利于增强公司财务结构的稳定性和抗风险能力，进而深入优化公司资本实力提升综合效益。进入资本市场后，物产环能也能够优化其公司架构，加快体制改革。完成包括治理结构、组织架构、人力资源体系、薪酬和激励约束制度等顶层设计，通过改革创新推动公司战略性成长，稳步推进公司内部机制改革，激发企业活力。上市之后，物产环能也需要向股东及其他投资者提供更为清晰的业务资料及财务状况，这也能够进一步提高公司的管理水平，完善公司的法人治理结构，加速技术创新和市场开拓。

（四）股票回购

1. 股票回购的概念

股票回购（share repurchase）是指上市公司从资本市场上购回本公司发行在外的一定数额的股票。上市公司在股票回购完成后，可选择将所回购的股票注销。但在大多数情况下，上市公司会将回购的股票以"库存股"的形式保留。"库存股"不属于发行在外的股票，不参与每股收益的计算和分配，后续可以被移作他用，如发行可转换债券、雇员福利计划、在需要资金时将其出售等。

股票回购已经成为成熟资本市场中上市公司为了实现反收购、优化资本结构、利润分配、员工持股计划等目的而常用的一种资本运作方式，它可以减少公司流通在外的股票数量、股份总价值，且改变了公司的股份结构。

2. 股票回购的动因

根据境内外股票回购案例，我们可以总结出上市公司进行股票回购的动机主要分为以下 6 点[①]。

（1）现金股利的替代方案

上市公司通过股票回购可以将现金间接分配给股东，一方面，可以帮助股东合理避税，即股东能够以较低的资本利得税取代现金分红所交纳的较高的个人所得税，例如，美国在 1966 年时两者的税率之差高达 66%。另一方面，相关研究表明，大部分公司的派发股利行为是相对稳定的，那么以股票回购的方式代替现金分红，就可以防止股利在短

① 曾岩.一文尽览股票回购：股票回购行为及其指示意义 [R].南京：华泰证券，2018：1-2；刘钊，赵耀.上市公司股份回购的动因分析及政策建议 [J].证券市场导报，2005（12）：40-47；谭劲松，陈颖，股票回购：公共治理目标下的利益输送：我国证券市场股票回购案例的分析 [J].管理世界，2007（4）：17-105，172；李曜.公司并购与重组导论 [M].上海：上海财经大学出版社，2010：307-310；Vermaelen，T. Common Stock Repurchases and Market Signaling: An Empirical Study [J]. *Journal of Financial Economics*，1981（9）：139-183；Vermaelen，T. Repurchase Tender Offers，Signaling，and Managerial Incentives [J]. *Journal of Financial and Quantitative Analysis*，1984，19（2）：163-181.

期内的过快增长，起到稳定股利的作用。

（2）传递信号

上市公司选择股票回购的行为，很大程度上表明公司愿意用高于市场价格的溢价回购股份，故而回购行为向市场传递了公司股价被低估的信号，利于提振投资者信心。此外，股票回购行为可能也传递了另一种信号，即管理者暂时找不到更加有效率的投资。

（3）反收购策略

股票回购在境外经常被用作重要的反收购措施，因为公司通过回购股票可以减少二级市场流通股规模，进而提高公司股票价格，在一定程度上可以增加收购成本、降低公司被收购的风险。

（4）用于股权激励计划

在发达资本市场上，股份回购是员工股权激励计划的重要组成部分。公司将回购来的股票以"库存股"的方式保存，在适当的时候以"股票期权"等形式奖励公司的管理人员和技术人员，这有利于增强公司的吸引力，形成有效的激励和约束机制，同时也不会影响原有股东的利益。

（5）改善资本结构

公司不论是使用过剩的现金或借债来回购股票，都可以增加长期债务／权益的比例，尤其是对于借债回购的企业，其提高财务杠杆并享受利息抵税的效果会更加明显。一些竞争实力较强、经营风险较低、长期负债率较低、现金流有可靠保障的公司，可以考虑通过增加债务融资的方式实施对流通股的回购，以有效提高公司价值。

（6）减少代理成本

股票回购可使上市公司避免多余的自有资金浪费在投资回报率较差的项目上，减少可能的代理成本。

3. 股票回购的方式

在成熟的资本市场中，股票回购的方式主要包括以下4种：①公开市场股票回购；②固定价格要约回购；③荷兰式拍卖回购；④认沽期权回购。

（1）公开市场股票回购

公开市场股票回购（open markets repurchases, OMRs）是最主要的回购方式，在成熟的二级市场上较为流行，其实际使用数量远远超过其他3类。公开市场股票回购具体指上市公司在证券市场上以公司股票当前的市场价格回购股票。

该回购方式的主要特点是比较简单，直接在证券交易所内依照集中竞价交易的方式进行。但是，这种回购方式容易推高股价，进而增加回购成本，且交易税和交易佣金方面的成本也很高。公开股票回购通常适用于公司在股票市场表现欠佳时，通过小规模回购推高股票价格，或者适用于满足其他特殊用途（例如实施股票期权、员工福利计划等）而进行的少量回购。

（2）固定价格要约回购

固定价格要约回购（fixed price tender offers，FPTOs）是指公司在回购要约中确定回购价格以购买既定数量的股份。一般情况下，要约确定的回购价格会存在一定的溢价，即高于当前的市场价格（平均约高出20%），所以实践中大多数的固定价格要约回购都能成功，且通常被市场认定为积极的信号。

公司在选择固定价格要约回购时，最关键的决策在于如何确定溢价水平及溢价范围，合理恰当的溢价一方面可以使公司在短时间内（要约回购的有效期较短，一般为 2～3 周）按照计划回购到既定数量股票，另一方面也使公司尽可能减少回购成本。

（3）荷兰式拍卖回购

1981 年 Todd（托德）造船公司的股票回购首次采用了荷兰式拍卖回购（Dutch auctions，DAs）方式，即公司事先确定回购价格范围、计划回购数量与回购有效期限，而后股东选择价格范围内某一特定价格进行投标，公司汇集有效投标的数量和价格，并根据计划回购量确立最低回购价格。与固定价格要约回购所不同的是，荷兰式拍卖回购划定了一个交易价格的范围，而不是某一个确定的价格。

◎ **知识拓展**

荷兰式拍卖回购的主要流程

荷兰式拍卖回购通常溢价偏低，且赋予了公司更多的灵活性。整个回购过程类似于拍卖：首先，公司详细说明回购价格的范围（一般来说，最低价格略高于当前市场价格）和计划回购的股票数量。其次，股东进行投标，表明其愿意出售的股票数量及在回购价格区间内可以接受的最低价格。再次，公司将所有股东提交的价格与数量进行汇总，并按照价格从高到低进行排序，当某个价格水平的股票数量刚好等于公司计划回购数量，那么这个价格则可以被确定为最终的回购价格。需要注意的是，对于所有股东来说，回购价格都是此步骤明确的价格，而不是之前股东各自的报价。最后，公司确定回购方案，如果报价低于或等于回购价格的股票数量多于计划回购的股票数量，则公司按照比例进行回购；如果股东愿意售出的股票数量低于计划回购数量，公司可以选择取消回购或提高回购价格区间。

（4）认沽期权回购

认沽期权，也可被称作可转让出售权，是赋予股东在未来一定期限内以特定价格向公司出售其持有股票的权利。此权利一旦形成，就可以同依附的股票分离，且分离后可在市场上自由买卖。

进行股票回购的公司向其股东发行认沽期权时，愿意出售股票的股东可以在限定时间内以认沽期权规定的价格向公司出售股票，而那些不愿意出售股票的股东可以将认沽期权单独出售，将出售股票的权利转让给其他股东。由此，认沽期权回购（transferable put rights，TPRs）方式可以满足各类股东的需求。

4. 股票回购的影响

以上市公司自有资金回购股份为例，股票回购对上市公司影响主要包括以下方面。

第一，自由现金流减少，如果回购成本过高、回购金额过大，容易导致公司现金流紧张。

第二，改变公司资本结构，资产和归属母公司股东权益均减少，导致财务杠杆（资产负债率）提高，加权平均资本成本、流动资产比率下降。

第三，股本减少引致每股收益提高、每股价格提高。

5. 我国的法律规定

2005 年 6 月，我国证监会发布了《上市公司回购社会公众股份管理办法（试行）》（证监发〔2005〕51 号，以下简称 51 号文），首次针对上市公司回购社会公众股份的行为进行规范。此后，2008 年 10 月，证监会通过发布《关于上市公司以集中竞价交易方式回购股份的补充规定》（证监会公告〔2008〕39 号），专门对上市公司以集中竞价交易方式回购股份的行为进行规范。2018 年 10 月，《公司法》对股份回购进行了专项修改，适当完善了允许股份回购的情形，适当简化了股份回购的决策程序，补充了上市公司股份回购的规范要求。

近年来，结合监管实践需要，证监会组织开展上市公司监管法规体系整合工作。2022 年 1 月 5 日，基于规定框架体系较为完整的 51 号文，证监会又吸纳了其他相关规则内容，并进行修改完善，最终公布了整合后的《上市公司股份回购规则》。

根据《上市公司股份回购规则》，现阶段我国上市公司回购股份需要满足的 5 个条件：①股票上市已满一年；②最近一年无重大违法行为；③回购股份后，上市公司具备持续经营能力和债务履行能力；④回购股份后，上市公司的股权分布原则上应当符合上市条件；公司拟通过回购股份终止其股票上市交易的，应当符合证券交易所的相关规定；⑤中国证监会、证券交易所规定的其他条件。此外，现阶段我国上市公司回购股份可采取集中竞价交易方式或要约方式。

自 2005 年允许上市公司进行股票回购的管理办法出台以来，我国出现了一些上市公司回购股票的案例。从这些案例来看，我国的股票收购呈现出了以下几个特点：第一，在我国的股票回购大多发生于股市低迷、市场流动性紧张的时期，反映出我国上市公司选择回购股份时存在着稳定公司股价、进行市值管理的动机，或期望通过股票回购在一定程度上提升股票的流动性水平。第二，在我国，公开市场股票回购曾经作为国有股减持的重要手段，例如，申能股份有限公司（以下简称申能股份）出资向其母公司申能（集团）有限公司回购其持有的申能股份的部分国有法人股，并对购回后的股票进行注销。

▶ **案例 10-13**

嘉化能源的股票回购

浙江嘉化能源化工股份有限公司（以下简称嘉化能源）位于中国化工新材料（嘉兴）园区，以化工园区为依托，以热电联产为核心，为园区及周边企业提供蒸汽供热服务，同时配套有氯碱、磺化医药系列产品、脂肪醇（酸）和硫酸等产品，并拥有码头仓储业务，已构建了完整的循环经济产业链。

回购作为有效提振市场信心、维护股东权益的方法，在市场持续走低的 2018 年迎来一股热潮，众多上市公司都将其作为回报投资者、维持股价与公司价值相匹配的重要手段。作为业绩基础深厚、发展迅速且前景良好的上市公司，嘉化能源在 2018 年的 3 月、8 月分别完成了两次股份回购计划。特别是在 8 月份的这次股票回购，从披露股份回购报告书到完成股份回购再到注销回购股份，嘉化能源在两个月内就完成了近 5 亿元的回购方案，有效维护了公司的投资价值不被过分低估，保障了公司股东特别是广大中小股东的权益。

　　与此同时，监管层在深化改革、促进资本市场健康有序发展的思路指导下，推出了多项配套制度，股份回购制度是其中重要的一部分。2018 年 10 月，全国人民代表大会常务委员会审议通过《公司法》的修改决定；11 月 9 日，中国证监会、财政部、国资委联合发布了《关于支持上市公司回购股份的意见》；11 月 23 日，沪深证券交易所同时发布《上市公司回购股份实施细则（征求意见稿）》。回购制度的不断完善，提高了回购的灵活性，体现了其在优化资本结构、提升公司投资价值、回报投资者等方面的重要作用，更加激发了上市公司回购股份的积极性。

　　2018 年 12 月 22 日，嘉化能源积极响应了股份回购新规，继续发布新一轮的股票回购预案。其发布的《关于以集中竞价交易方式回购股份的预案》显示，为使股价与公司价值匹配，维护股东利益，提高股东回报，构建长期稳定的投资者群体，树立公司良好的资本市场形象，嘉化能源拟回购股份用于员工持股计划、股权激励、转换上市公司发行的可转换为股票的公司债券等法律法规许可的用途。本次回购金额不低于 4 亿元，不超过 8 亿元；在回购股份价格不超过 11 元 / 股的条件下，预计回购股份数量不低于 3636.36 万股（占公司总股本的 2.54%），不超过 14327.31 万股（占公司总股本的 10%）；回购期限为自股东大会审议通过回购股份方案之日起 6 个月内。此次股份回购，体现了嘉化能源对公司未来的正面期望。

案例思考 天坛生物的"去芜存菁"

　　1. 天坛生物的重组背景

　　（1）天坛生物公司简介

　　北京天坛生物制品股份有限公司（以下简称天坛生物，股票代码：600161.SH）于1997 年由北京生物制品研究所（以下简称北京所）发起成立，并于1998 年上市，是我国第一家研发生产疫苗与血液制品的企业。2007 年，天坛生物由北京所划转至中国生物技术股份有限公司（以下简称中国生物），由此，中国生物成为天坛生物的控股股东。

　　21 世纪以来，天坛生物完成了多笔收购交易，其中较为关键的两笔为：① 2006 年，天坛生物收购长春祈健生物制品有限公司（以下简称长春祈健）51% 的股权，长春祈健是中国生物的全资子公司，主营病毒性疫苗和基因重组类制品；② 2009 年天坛生物收购成都蓉生药业有限责任公司（以下简称成都蓉生）90% 的股权及北京所的工业出让用地，其中，成都蓉生是一家专业从事血液制品研发、生产和经营的生物制药企业，在血液制品市场中具有较强的竞争力。

　　自 2008 年收购成都蓉生以来，天坛生物的营业收入主要来源于两大业务：血液制品与疫苗产品。值得关注的是，血液制品对天坛生物营收的贡献，呈现出明显的上升趋势，2013 年后，天坛生物的血液制品业务占比超过了疫苗业务（见图 10-8）。

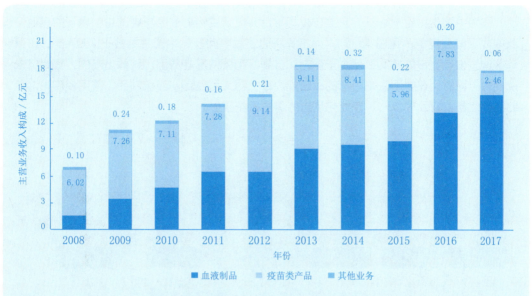

图 10-8 天坛生物 2008—2017 年的主营业务收入构成

血液制品业务方面，天坛生物以子公司成都蓉生作为业务主体，主要产品包括人血白蛋白、静注人免疫球蛋白、破伤风人免疫球蛋白及乙型肝炎人免疫球蛋白等，旗下"蓉生"牌系列产品以其质量、安全性和品牌等综合优势在国内血液制品市场占有较大的市场份额并获得了较高的市场美誉度。2013 年来，成都蓉生抓住血液制品行业的良好发展机遇，强化经营机制创新，加强人才队伍建设，加大科研投入，提升经营质量。2013 年、2014 年、2015 年，成都蓉生血液制品的营业收入分别为 9.11 亿元、9.63 亿元、10.12 亿元，毛利分别为 3.95 亿元、4.20 亿元、4.75 亿元，呈逐年上升趋势。

疫苗业务方面，天坛生物是国内一类疫苗 ① 的主要供应商之一，其疫苗业务以天坛生物母公司及子公司长春祈健、北京北生研生物制品有限公司（以下简称北生研）作为业务主体，其中，天坛生物母公司及北生研的产品以一类疫苗为主，长春祈健产品为二类疫苗。天坛生物 2013 年、2014 年、2015 年疫苗类产品的营业收入分别为 9.11 亿元、8.40 亿元、5.96 亿元，毛利分别为 6.47 亿元、6.13 亿元、3.02 亿元，呈逐年下降趋势，主要是由于：①疫苗业务整体搬迁至亦庄基地，亦庄基地陆续投入使用后，固定资产摊销折旧大幅增加，为建设亦庄基地所增加的借款亦导致财务费用大幅增加，对疫苗业务业绩造成拖累；② 2015 年麻腮风系列产品经自检重试评估后，完工入库数量大幅减少；③从事二类疫苗业务的长春祈健受 2016 年山东疫苗事件影响，营业收入和利润均同比大幅下降。此外，从长期来看，一类疫苗属于国家计划免疫的产品，具有公益属性，盈利能力较为有限；而二类疫苗竞争较为激烈，且易受行业部分负面事件影响，经营存在较高的不确定性。

---

① 目前我国的疫苗分为两类：（1）一类疫苗：指政府免费向公民提供，公民应当依照政府的规定受种的疫苗。主要有：乙肝疫苗、卡介苗、脊髓灰质炎疫苗、百白破疫苗、麻腮风疫苗、白破疫苗、甲肝疫苗、流脑疫苗、乙脑疫苗等。（2）二类疫苗：指由公民自费并且自愿受种的其他疫苗，目前常用的有流感疫苗、水痘疫苗、B 型流感嗜血杆菌疫苗、口服轮状病毒疫苗、肺炎疫苗、狂犬病疫苗等。

作为中国生物旗下唯一一家上市公司平台，天坛生物的业务与中国生物旗下的其他企业构成了同业竞争（见图10-9）。为了解决同业竞争问题，中国生物曾于2007年、2013年探讨过整体上市的方案，但由于体制、机制、经营情况等原因，整体上市的方案始终未能成功。同时，在中国生物内部的战略规划中，对人用疫苗、血液制品、兽用疫苗、治疗制品等业务，以及板块化、专业化运营的需求日益凸显。

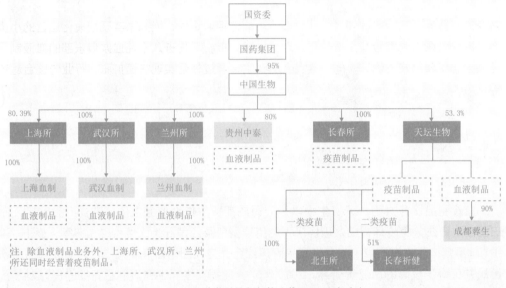

图10-9 天坛生物的股权架构（截至2016年末）

2017年，天坛生物为进一步解决同业竞争问题并提升产能利用率，实施了重大资产重组，剥离了公司原有的疫苗业务，中国生物旗下经营血制品业务的其他资产以作价入股成都蓉生等方式注入天坛生物中。重组之后，天坛生物专注于血液制品的研发、制造、销售及咨询服务，成为控股股东中国生物旗下唯一的血液制品业务平台。

（2）血液制品行业背景

血液制品属于国家战略资源，原料血浆采集、生产、销售、进口等众多环节均受到国家法律法规的严格监管。此前的很长一段时间，我国血液制品行业上游受到采浆限制、下游受到最高价格管制，整个行业长期供需失衡，且伴随着增长乏力、市场不规范等的情况。发改委于2015年6月发布文件，取消了血制品最高零售价格，引入市场化手段来调节供需，也进一步推动2016年年初以来的血液制品量价齐升的大行情。

自2016年"十三五"规划开展以来，我国针对医药行业存在的问题出台了多项医改政策，其中包括了关于药品流通销售环节的"两票制"、单采血浆站的指导意见、医保目录改革等，这些政策对血液制品行业的发展均产生了重要影响，具体展开讨论如下。

国务院于2016年4月印发的《深化医药卫生体制改革的通知》提出，对药品流通环节的发票开具施行"两票制"，即生产企业到流通企业开一次发票，流通企业到医疗机构开一次发票。以"两票"代替过往的"多票"，可以有效地压缩中间环节，降低虚高价格。在"两票制"推行之下，黑市逐渐萎缩，血液制品向正规销售渠道集中，血液制品企业在医院渠道的竞争加剧。由此，血液制品企业在销售上的投入将持续增加，拥有自建销售队伍及学术推广能力的企业将获得先发优势，而血液制品企业通过资产重组来实现对营销渠道的整合，也成为一种新的趋势。

自 2001 年始，我国不再审批新的血液制品企业，对于现存的企业，原材料直接来源于自身拥有的血浆站，因此，血浆站数量往往代表了血液制品企业的核心竞争力。2016 年 11 月，卫计委（2018 年以后改组为卫健委）发布《关于促进单采血浆站健康发展的意见》，在此背景下，新建单采血浆站的审批将更加严格，研发实力强、血浆利用效率高、对血浆站管理规范的血液制品企业获批的可能性相对更大，而尚未实现规模化运营的小型血液制品公司大概率会被同行并购。综合上述分析，率先进入千吨血浆俱乐部的血液制品龙头企业将获得先发优势，成为市场上的买主，通过外延实现快速扩张，行业内整合趋势明显。

2017 年，国家对医保报销的药品目录进行了调整。相较于 2009 版的医保目录，2017 版显著扩大了主要血液制品的医保报销范围，这也意味着在未来，市场对血液制品的需求将会大幅提升，利好血液制品龙头企业。

（3）疫苗行业背景

全球疫苗领域的集中度较高，重要企业有葛兰素史克公司、默沙东公司、辉瑞公司和赛诺菲—安万特公司，它们依靠其产品质量稳定、技术含量高、销售网络广等优势，在全球疫苗市场占据了近 80% 的份额，处于绝对优势地位。

在我国，疫苗产量领先于其他国家，但行业集中度较低，我国有超过 30 家疫苗生产企业，包括中国生物、中国医学科学院医学生物学研究所等国有企业，康泰生物、智飞生物、沃森生物、长生生物、科兴生物、华兰生物等民营企业，同时，外资企业如葛兰素史克、赛诺菲—安万特等也占有一定的市场份额。我国疫苗市场的主要竞争实力方为大型国企、跨国（地区）巨头和上市民企，市场保持着"三足鼎立"的竞争格局，按一类疫苗和二类疫苗品类来划分，一类疫苗市场主要由国有企业供给，而二类疫苗市场则由民企主导。

与欧美发达国家相比，我国的疫苗生产企业大多选择传统疫苗的仿制开发，新疫苗的研发能力相对较弱。近年来，国内疫苗企业创新型产品投放不足，二类疫苗产品同质化竞争严重，行业整体处于重复投入、低水平激烈竞争的状态。此外，我国疫苗行业还面临着外资企业的竞争压力，外资疫苗巨头凭借其创新产品、综合品牌效应、学术推广体系等形成对中高端市场的占有优势，使本土疫苗生产企业面临严峻的挑战。

2. 天坛生物的重组动因

（1）解决同业竞争问题

中国生物内部长期存在着同业竞争的问题，严重阻碍了企业的良性发展。

从疫苗业务来看，中国生物旗下的长春所、上海所、武汉所、兰州所及成都所，其主营业务均涉及疫苗业务领域，与天坛生物的疫苗业务存在较大的交叉和重叠，如表 10-7 所示。

表 10-7　天坛生物资产重组前与中国生物下属企业的同业竞争情况

同业竞争方	主要同业竞争产品
上海所	麻疹疫苗、风疹疫苗、流感疫苗、麻腮风三联疫苗、水痘疫苗、人血白蛋白、人免疫球蛋白
兰州所	麻疹疫苗、人血白蛋白、人免疫球蛋白
武汉所	无细胞百白破疫苗、A 群流脑疫苗、人血白蛋白、人免疫球蛋白
成都所	无细胞百白破疫苗
长春所	流感疫苗

从血液制品业务来看，中国生物旗下的上海所、武汉所、兰州所，在血液制品领域 [分别对应的子公司为国药集团上海血液制品有限公司（以下简称上海血制）、国药集团武汉血液制品有限公司（以下简称武汉血制）、国药集团兰州生物制药有限公司（以下简称兰州血制）] 与天坛生物存在同业竞争，如表 10-8 所示。

表 10-8　天坛生物资产重组前与中国生物下属企业的同业竞争情况

类别	产品名称	成都蓉生	上海血制	武汉血制	兰州血制
白蛋白	人血白蛋白	√	√	√	√
	冻干人血白蛋白				√
免疫球蛋白类	人免疫球蛋白	√	√	√	√
	静注人免疫球蛋白（pH4）	√	√	√	√
	冻干静注人免疫球蛋白（pH4）	√	√	√	
	组织胺人免疫球蛋白		√		
	乙型肝炎人免疫球蛋白	√	√	√	√
	破伤风人免疫球蛋白	√	√		
	冻干静注乙型肝炎人免疫球蛋白（pH4）	√			√
	狂犬病人免疫球蛋白		√	√	
凝血因子类	人凝血酶原复合物		√		
	人凝血因子Ⅷ	√	√		
	人纤维蛋白原		√		

同业竞争之下，企业为了拓展市场，往往会开展价格战，从而导致利润逐渐被压缩，损害消费者利益和中小股东利益。

为解决由同业竞争带来的负面影响，2011 年 3 月，中国生物根据证监会的相关规定，做出承诺："5 年内消除系统内其他业务与天坛生物之间的同业竞争。" 2016 年 2 月，中国生物初步确立了将天坛生物打造为下属唯一的血液制品业务平台的基本方案，即将下属经营血液制品业务的主要资产以作价入股天坛生物控股子公司成都蓉生等方式转入天坛生物，而天坛生物把下属经营疫苗资产业务的相关资产的控制权转移给中国生物。同期，中国生物将解除同业竞争的承诺延期至 2018 年 3 月 15 日。2016 年 7 月，天坛生物设立了子公司"北生研"，以承接天坛生物本部原有的疫苗业务，为疫苗资产的剥离奠定基础，这也标志着天坛生物的重组正式拉开帷幕。

综合上述分析，2017年天坛生物选择置出疫苗业务的相关资产，本质上是为了兑现中国生物做出的关于解决天坛生物同业竞争的承诺，有助于天坛生物的长远发展。

（2）整合内部资源，打造"中国第一、国际一流"的血液制品企业

由上文可知，中国生物已于2016年2月确定了将天坛生物打造为中国生物下属唯一的血液制品业务平台的基本方案，其目的除了解决内部竞争问题外，还希望通过整合内部资源的方式，帮助天坛生物做强、做优、做大，逐渐发展成"中国第一、国际一流"的血液制品企业。

长期以来，中国生物内部存在多家经营血液制品业务的平台，业务分散使集团难以进行统一、有效的管理，技术共享偏弱，产能利用率有待提高。

一方面，从经营层面的数据可以看出，2016年，除成都蓉生外，集团内其余经营血液制品的子公司单浆站采浆量均低于行业平均水平，那么，如果天坛生物通过购入相关子公司并进行集中管理，随着管理体制理顺，天坛生物单浆站采浆量仍有一定的提升空间（见表10-9）。

表10-9 2016年中国生物旗下单个血浆站采浆量及同业对比

企业	采浆量/吨	在运营血浆站数目/个	单浆站采浆量/（吨/个）
成都蓉生	682.98	18	37.94
上海血制	161.67	6	26.95
武汉血制	202.01	8	25.25
兰州血制	99.09	7	14.16
贵州中泰	25.03	2	12.52
中国生物合计	1170.78	41	28.56
华兰生物	1028	21	48.95
上海莱士	900	30	37.13
ST生化	301.58	8	37.70
博雅生物	250	8	31.25
其他公司平均	2479.58	67	37.01

另一方面，从财务层面的数据可以看出，在实施重组的前5年内，天坛生物在血液制品业务方面的毛利率明显低于华兰生物、上海莱士与博雅生物，从一定程度上也反映出其血浆利用率落后于同业。对于血液制品企业来说，从原材料血浆中分离提取的成分种类越多，盈利能力越强。各种血制品中，从白蛋白、免疫球蛋白到凝血因子，产品毛利率逐渐增加，而天坛生物旗下的成都蓉生，其凝血因子类产品的批签发量偏小，致使毛利率低于多数血液制品企业。重组后，天坛生物可以通过内部整合（组分调拨、血浆调拨），提升血浆利用率，以进一步提高血液制品吨浆收入及毛利率（见图10-10）。

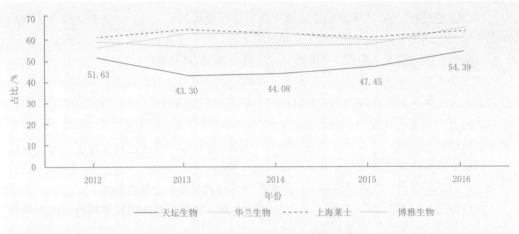

图 10-10　天坛生物血液制品业务的毛利率及同业对比

综合来看，2017 年天坛生物通过置入中国生物旗下血制品业务的相关资产，可以更好地助力资源整合：一是重组有利于天坛生物实现在全国范围内的战略布局，重组后的科研生产基地分布在 5 个省（区、市），单采血浆站覆盖区域达 12 个省（区、市），天坛生物的采浆资源得以扩充；二是天坛生物可利用标的资产已开设的单采血浆站及生产线进一步提高其采浆量和血液制品产能，并通过与标的资产的人才、管理经验、技术等共享产生内部协同效应；三是天坛生物亦可通过内部资源整合、组织架构重整、运营流程再造等举措提升运营效率，实现规模效应。上述 3 个方面均体现了重组活动对天坛生物核心竞争力的提升作用。

（3）缓解成都蓉生的产能瓶颈问题

天坛生物经营血液制品的子公司成都蓉生，其生产能力仅约 650 吨血浆／年，而其在 2016 年实现采浆 683 吨，说明成都蓉生的当前产能已基本满产。同时，成都蓉生的新产能（永安血制建设项目）预计将在 2020—2021 年投产，在此之前，成都蓉生将持续面临产能不足的问题。当天坛生物通过重组，将中国生物旗下的其余血液制品子公司置入成都蓉生，可通过血浆调拨的形式将成都蓉生的血浆转移至三大血制公司或贵州中泰生物科技有限公司（以下简称贵州中泰）进行生产，在一定程度上将缓解成都蓉生的产能瓶颈问题。

（4）缓解债务压力，改善财务结构

天坛生物 2012—2016 年的资产负债率在 55% ～ 65% 之间波动，远高于行业平均水平（约 20%），这主要是由于亦庄项目基地的开发带来了较大的资金缺口。

高资产负债率意味着更高的财务风险。天坛生物通过剥离疫苗业务并收取现金，可以对企业的现金流进行补充，而在购买与血液制品相关业务的资产时，采用股份支付的方式，既可以满足整合资源的需要，又可以避免大量现金的流出。总体上来看，以上资产重组的方式将会在一定程度上缓解天坛生物的债务压力，改善财务指标（见表 10-10）。

表 10-10　天坛生物的资产负债率及同业对比

指标	2012	2013	2014	2015	2016
天坛生物 /%	63.02	61.38	63.13	60.29	57.79
行业均值 /%	24.11	31.32	20.60	20.50	21.66

3. 天坛生物的重组方案

天坛生物的资产重组可分为两块：一是剥离疫苗业务，二是购买与整合血液制品业务。

（1）剥离疫苗业务——长春祁建与北生研

2017年3月3日，天坛生物公告资产重组方案，其中，资产出售交易包括天坛生物分别以14.03亿元、4.029亿元的作价向中国生物出售北生研100%的股权及长春祈健51%的股权。本次出售交易完成后，天坛生物不再持有北生研和长春祈健的股权，中国生物将直接持有北生研100%的股权及长春祈健61%的股权，并通过其全资子公司长春所间接持有长春祈健39%的股权。

（2）购买与整合血液制品业务——贵州中泰、成都蓉生、上海血制等

2017年3月3日，天坛生物公告资产重组方案，其中，资产购买交易为天坛生物的控股子公司成都蓉生以3.608亿元的作价向中国生物购买贵州中泰80%的股权。本次购买交易完成后，天坛生物间接持有贵州中泰80%的股权。

2017年12月2日，天坛生物进一步公告资产收购计划，包括：①天坛生物以6.228亿元的作价向中国生物现金收购成都蓉生10%的股权；②天坛生物的控股子公司成都蓉生分别以10.10亿元、11.33亿元和5.94亿元的作价向上海所、武汉所及兰州所收购上海血制、武汉血制及兰州血制100%的股权，成都蓉生以其自身股权作为对价支付方式。本次收购交易完成后，天坛生物、上海所、武汉所及兰州所分别持有成都蓉生69.470%、11.266%、12.638%及6.626%的股权。

（3）重组方案总结

天坛生物于2017年实施的重大资产重组，可总结概括如图10-11所示。

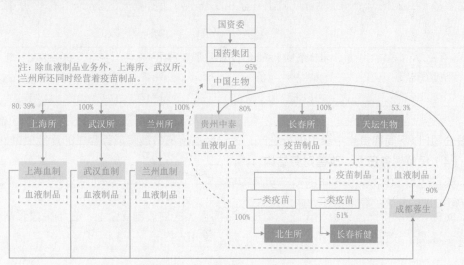

图10-11 天坛生物重大资产重组方案

当上述资产重组完成后，天坛生物将彻底剥离疫苗业务，且将作为中国生物旗下唯一的血液制品业务平台。相关企业的股权架构如图10-12所示。

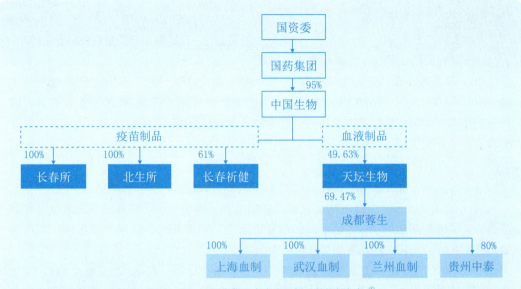

图 10-12　天坛生物重大资产重组后的股权架构 [1]

4. 天坛生物的重组效果

（1）经营层面：血液制品业务竞争力大幅度提高 [2]

重组后的天坛生物，在血液制品业务方面的竞争力大幅度提高，主要体现在原材料、产品种类、产能、销售渠道等方面。

①原材料方面：资产重组完成后，天坛生物当年的权益采浆量便获得了大幅度的提升，权益浆量（按 2016 年计算）从 637 吨上升至 809.86 吨，上升幅度达 27.6%（见表 10-11）。

表 10-11　资产重组完成后天坛生物的血浆产能

公司	公司总浆量 / 吨	股权占比 /%	权益浆量 / 吨
成都蓉生	682.98	69.47	474.47
上海血制	161.67	69.47	112.31
武汉血制	202.01	69.47	140.34
兰州血制	99.09	69.47	68.84
贵州中泰	25.03	80%×69.47	13.91
合计	1170.78	－	809.87

此外，本次资产重组也使天坛生物成为我国最大的血液制品企业，在单采血浆站数目及采浆量两个方面跃居全国首位（见表 10-12、表 10-13）。

---

① 2017 年 4 月，中国生物将其持有的天坛生物一部分股份无偿划转给中国国新控股有限责任公司，上述股权转让完成后，中国生物持有天坛生物的股权比例由 53.3% 降至 49.63%。2018 年 10 月，天坛生物发布公告称，旗下子公司成都蓉生以 9060 万元收购广东环球制药有限公司持有的贵州血制 20% 股权。此次交易完成后，成都蓉生将持有贵州中泰 100% 股权。

② 李惜浣，吴临平，龚琴容. 专注血制品业务，在血制品领域竞争力大幅度提高：天坛生物（600161.SH）深度报告 [R]. 北京：信达证券，2018：7-11.

表 10-12 资产重组完成后天坛生物与行业同比公司血浆站数量对比

血浆站／家	2017	2018	2019
天坛生物	55	57	58
华兰生物	24	25	25
上海莱士	39	41	41
博雅生物	12	12	12

表 10-13 资产重组完成后天坛生物与行业同比公司血浆采集量对比

采血浆／吨	2017	2018	2019
天坛生物	1400	1568	1706
华兰生物	1100	1100	1100
上海莱士	900	1180	1230
博雅生物	320	350	372

②产品种类方面：一般来说，血液制品产品线越齐全，血浆利用率越高，成本也相对摊薄。重组前，天坛生物共拥有 10 个种类的产品，产品种类不及华兰生物和上海莱士。当相关血液制品业务资产注入后，天坛生物血液制品种类扩充至 12 个（见表 10-14），超出华兰生物与上海莱士，位居行业第一，这也同时意味着天坛生物的血浆利用率获得了较大程度的提升。

③产能方面：人血白蛋白与静丙是天坛生物的两大核心产品，合计占其营收的 90%以上，重组后天坛生物的人血白蛋白与静丙[1] 的批签发量位于行业领先。重组前，天坛生物 2016 年人血白蛋白批签发量约 156.5 万瓶（全部折算为 10 克／瓶），市场占比约 4.3%。重组后，天坛生物 2017 年人血白蛋白批签发量达 326.5 万瓶（全部折算为 10 克／瓶），增长 108.6%，市场占比提高到 8.0%，排除进口人血白蛋白后，天坛生物占本土总批签发量的 18.77%，位居行业第一。同样的还有静丙，重组前，天坛生物 2016 年静丙的批签发量约 108.8 万瓶（2.5 克／瓶），市场占比约 10.6%。重组后，天坛生物 2017 年静丙批签发量达到 270.8 万瓶，增长 148.9%，市场占比也提高到 25.4%。[2]

④销售渠道方面：2017 年，在"两票制"出台的背景之下，大部分血液制品企业的产品销售都受到了一定的冲击，产品发货量不及预期。各个血液制品企业为积极应对"两票制"，转变销售模式，增加直销比例，拓展销售渠道。经过资产重组，天坛生物可以更好地利用其控股股东的渠道优势，使销售能力获得增强。天坛生物的控股股东——中国生物是我国产品最全、规模最大的综合性生物制药企业集团之一，基本覆盖了除港澳台地区外的各省（区、市）主要的重点终端，在重组前已覆盖近 500 家三级医院，近 1000 家三级以下医院及其他终端，终端数量处于领先地位。重组后营销资源一体化使得天坛生物的产品拥有更为广阔的销售渠道，2017 年 12 月天坛生物在其发布的《重大资产购买暨关联交易报告书》中提到："预计未来将覆盖近 600 家三级医院，近 2000 家三级以下医院及其他终端"，终端数量处于国内行业的领先地位。

---

① 静丙，即静脉注射用人免疫球蛋白（pH4）。
② 数据来源：根据中国食品药品检定研究院、各省药品检验所、渤海证券研究所相关数据整理。

表 10-14　2017 年资产重组完成后国内主要血液制品公司的产品种类

血液制品品种		国内主要血制公司											
大类	细分	天坛生物	成都蓉生	上海血制	武汉血制	兰州血制	贵州中泰	华兰生物	上海莱士	泰邦生物	卫光生物	博雅生物	振兴生物
白蛋白类	人血白蛋白	√√①	√	√	√	√	√	√	√	√	√	√	√
免疫球蛋白类	静丙（pH4）	√	√	√	√	√	√	√	√	√	√	√	√
	冻干静丙（pH4）	√	√	√	√	√			√	√	√	√	
	人免疫球蛋白	√	√	√	√	√		√	√	√	√	√	√
	乙型肝炎人免疫球蛋白	√	√	√	√	√		√		√	√	√	
	冻干静注乙型肝炎人免疫球蛋白（pH4）	√	√					√	申请批文				
	破伤风人免疫球蛋白	√	√		√			√	√	√	√	√	√
	狂犬病人免疫球蛋白	√	√	√	√				√	√	√		√
	组织胺人免疫球蛋白	√√		√	√						√		
凝血因子类	人凝血因子Ⅷ	√	√	√				√√	√	√			申请批文
	人纤维蛋白原	√	√	√				√	√	√	√	√√	
	人凝血酶原复合物	√		√				√√	√	√			
	冻干人凝血酶							√	√				
	人纤维蛋白黏合剂							√	√				
	合计品种	12	10	10	8	5	2	11	11	10	9	7	6

注：①√√表明为该公司的优势品种。

（2）财务层面：助力业绩增长，偿债能力提升

2017 年的重大资产重组，对天坛生物财务层面的有利影响主要包括以下 3 点。

①血液制品业务营利于 2018 年快速上涨：自 2017 年底公告购入成都蓉生 10% 股权及另外 3 家血液制品企业 100% 股权，天坛生物最终于 2018 年 1 月 18 日公告上述重大资产重组实施完成。从天坛生物 2018 年血液制品收入及毛利增长的数据来看，天坛生物购入的血液制品企业经过新一轮资源整合后，释放出较多产能（见表 10-15）。

表 10-15 天坛生物在重组前后的血制品业务营利情况

	2014	2015	2016	2017	2018	2019	2020
血制品业务收入 / 亿元	9.53	10.01	12.94	15.13	29.29	32.74	34.34
血制品业务收入增长 /%	4.61	5.04	29.27	16.92	93.59	11.78	4.89
血制品业务毛利 / 亿元	4.20	4.75	7.04	8.32	13.81	16.29	17.03
血制品业务毛利增长 /%	6.33	13.10	48.21	18.18	65.99	17.96	4.54

②期间费用率整体呈下降趋势：天坛生物的销售费用率于 2017 年呈现一定的下降，自 2018 年后，天坛生物可能为积极应对"两票制"而致使销售费用率出现一定的上升。天坛生物的管理费用率自 2017 年重组以来，均保持在较低水平，相较于重组之前有了明显的下降，可见天坛生物通过重组获取了标的资产的关键人才、管理经验、技术等，并在内部产生了良好的协同效应，通过资源整合实现运营效率的提升。此外，天坛生物在重组后的财务费用率也逐年下滑，甚至在 2018—2020 年为负，间接体现出企业内部的资金流较为充沛，流动性压力较小（见表 10-16）。

表 10-16 天坛生物在重组前后的期间费用率

指标	2014	2015	2016	2017	2018	2019	2020
销售费用率 /%	8.05	5.60	6.12	5.99	6.80	7.05	7.23
管理费用率 /%	23.72	19.87	21.24	14.31	10.24	10.60	10.92
财务费用率 /%	6.31	6.89	4.58	1.28	−0.37	−0.68	−0.88

③偿债能力大幅提升：由于 2017 年剥离疫苗业务资产时获取了约 18 亿元的现金，而在购买相关血液制品企业时，除了分别花费 3.608 亿元及 6.228 亿元的现金用于收购贵州中泰 80% 及成都蓉生 10% 的股权，其余购买血液制品关联企业时均以股份支付的方式进行。综合来看，本次重组为天坛生物带来了共计 8.223 亿元的净现金流入，大幅提升了天坛生物的偿债能力（见表 10-17）。

表 10-17 天坛生物在重组前后的偿债能力指标变化

指标	2014	2015	2016	2017	2018	2019	2020
资产负债率 /%	63.13	60.29	57.79	13.13	14.21	18.01	20.02
流动比率	0.82	1.24	1.68	10.57	7.12	6.21	4.96
速动比率	0.50	0.57	0.84	7.29	3.57	3.22	2.64

讨论题：

1. 分析 2017 年天坛生物实施资产剥离的动因。

2. 分析 2017 年天坛生物实施收购活动的动因。

3. 分析 2017 年天坛生物的资产重组活动对其未来产生的影响，请分别从经营与财务两个角度进行分析。

第十一章

破产重整、和解与清算

  并购与破产是密切相关的。一方面，如果企业在短时间内疯狂扩张并连续发起多起并购，其面临的破产风险相对而言是较高的。发起并购时，企业需要向被并购企业支付足够的对价，通常表现为现金资产或非现金资产。支付现金资产会导致企业面临流动性短缺的风险，影响企业的短期偿债能力，从而提高破产风险。而另一方面，当经济衰退或萧条时，企业间的并购会减少。在这样的经济衰退中，更多的企业会面临经营困难进而破产。

  经营失败，也即破产，它指的是公司在出现问题而无法妥善解决，并没有其他更好选择时的一种解决方案。它反映了公司在一段时间内的经营成果，也是公司解决问题的一个极端手段。于市场经济而言，破产是不可避免的一种现象，它反映了经济社会的发展规律，即优胜劣汰、适者生存。同样地，这也是自然界的发展规律。

  破产并非总是一件坏事，相反，正确认识并理性对待破产是促进资本市场健康发展的重要举措。破产的存在有其必要性及积极意义：第一，企业破产通常发生于无法适应竞争环境、面临淘汰的企业。对这类企业而言，宣布破产从一定程度上可以减少利益相关方的损失，例如股东或债权人。第二，从资源分配的角度来讲，破产有助于社会资源的重新分配，促进稀缺资源的合理利用。因而，破产对经济社会的发展具有一定的经济和现实意义。引导股东、管理者及资本市场参与者正确认识破产，有助于最大化各利益相关方的利益，具有极强的现实意义。

  破产（bankruptcy）一词起源于拉丁语"falletux"，它的本义为"失败"，翻译为中文为"倾家荡产"。此外，也有人将该词追溯到 1800 年代的意大利，当时，意大利的商人在长板凳上进行交易。如果参与交易的其中一方经营失败，另外一方会将用于交易的长板凳打碎，以表示不再欢迎失败的一方参与未来的交易。在法律层面上，破产指的是债务人无法准时清偿到期债务，经破产申请人申请，由法院强制执行全部财产，公平清算全部对债权人债务的经济现象。构成破产，必须同时满足以下 3 个条件：①债务人无法清偿到期债务；②多数债权人向债务人主张债权；③由法定机关（通常为法院）负责清算债务人的全部财产，并按照法定顺序依次清偿债权人的债务。

一、经营失败的种类

  普遍意义上来讲，经营失败可以区分为以下两种：经济失败和财务失败。

（一）经济失败

  与财务失败的定义相比，经济失败的定义是较为宽泛和模糊的。它没有十分明确的界定范围，但从一般意义上来讲，它描述的是公司"不够赚钱"，这种"不够赚钱"主要表现为以下 3 种情形：第一，公司的收入不足以弥补公司的成本，即公司在运营过程中发生了亏损，这种经营状况我们可以称之为"入不敷出"。长此以往，公司的净资产（资产减负债）势必会减少以致"资不抵债"。第二，公司的投资回报率低于其资本成本。公司的资本来源主要有两种，即权益融资和债权融资。当公司的投资回报率低于其资本成本时，公司将面临无法清偿到期债务的风险，从而发生破产。第三，公司获得的实际回报率低于其预期水平。当公司的盈利水平低于预期时，其在资本市场中将会处于竞争劣势，其发生破产的风险也会随之提高。

（二）财务失败

财务失败的定义相对而言是更加明确的，它指的是公司没有足够的流动性资产来偿还到期的债务。财务失败的表现是多方面的，包括股价急剧下跌、延期支付货款、总资产和收益急剧下降等。在正常的市场经济条件下，导致企业出现财务失败的内部原因主要有以下 4 点：第一，负债过度。如果一个企业权益资本不足，或盲目追求规模经济效益和财务杠杆效益而过度负债，一方面会增加企业偿还债务的负担；另一方面，企业所有者和债权人会因投资风险加大而要求增加投资收益，从而使企业财务负担进一步加重，偿债能力进一步降低，不能偿还到期债务的可能性进一步加大。第二，亏损严重。从根本上讲，企业偿还债务的现金来源于投资以后所获得的现金流入，如果投资以后不能获得现金净流入，就表明企业发生了亏损，资本不能保值，企业也将无力清偿到期债务。尤其对那些亏损严重的企业，现金十分缺乏，财务失败将不可避免。第三，资产或负债结构不合理。一般而言，企业的短期债务资金应当用于流动资产。如果企业把通过举债筹集的短期债务资金投资于变现能力差的固定资产或其他长期资产，导致长期资产在全部资产中所占比重过高，就会降低资产的流动性，增加企业偿还债务的负担，造成偿债困难。第四，信用等级低下。如果一个企业信用等级低下，借新债还旧债必将困难重重，财务危机将难以避免。

二、经营失败的原因

在资本市场中，每一家企业都梦想能够永续经营。但毋庸置疑的是，经营失败是一部分企业不得不面对的现实。例如，部分企业创立不久便会突然宣布破产，部分企业会在辉煌之后慢慢衰亡，还有一些企业即便没有衰亡，也只是简单地维系着生存。诸如此类失败经营的案例有很多，要想尽可能地避免企业经营失败，对其失败的原因进行认真分析是十分必要且重要的。

根据邓白氏公司（Dun & Bradstreet Holding Inc.）的相关研究，造成企业经营失败的原因主要有以下 3 个：经济原因、财务原因和管理经验不足。

（一）经济原因

经济原因是造成企业经营失败最主要的原因。在所有经营失败的案例中，由经济原因所导致的失败占比高达 41%。经济原因主要包括行业不景气或盈利状况不佳。一个最为突出的例子是电商的崛起带给实体行业的巨大冲击。随着科学技术的进步和互联网的发展，我们的生活发生了巨大的变化。近两年来，"互联网 +"模式的兴起给很多实体也带来了巨大的冲击。例如，"互联网 + 购物"模式发展出了淘宝、京东、天猫等多个广为熟知的电商平台。再比如，"互联网＋支付"衍生出了支付宝或微信支付等支付方式，这些模式的兴起让我们看到了现实之中，实体店铺越来越少，人们的出行都很少携带现金。

（二）财务原因

财务原因被认为是导致经营失败的第二大原因，占比达 32.5%。财务原因，顾名思义指的是财务上的一些问题导致企业出现经营失败，例如营运费用过高、资本不足等。由财务原因引发经营失败的一个典型案例为杭州长租公寓"鼎家"的破产。成立于 2016 年的鼎家到 2017 年底已经发展长租公寓超过 5000 间。如鼎家副总经理付小杰所言："公司倒闭，还是资金链断裂、扩张太快的原因。"鼎家进入二手房与租赁市场以后，线下运营成本过高导致其发生亏损。鼎家通过提高人房比（登记购房人数／准售房源数量）来提高收益，布置大量线下人员去开发房源，导致运营成本非常高，从 2017 年全线进入公寓行业的时候便开始亏损，量小的时候每个月亏五六十万元，2018 年每月亏损 100 多万元，最终导致其走向破产。

（三）管理经验不足

管理经验不足也被视为是导致企业经营失败的一大重要原因，占比 20.6%。管理经验不足主要包括缺乏商业知识和缺乏生产经验等方面。管理经验不足强调了管理技能对公司破产的防范作用，因此破产专家在挽救陷入危机中的公司时，非常重视这个方面。管理经验不足会影响公司正常的生产运作，导致公司的效益衰退。产业结构随之会变更，内部结构会损坏，严重的时候，公司将面临破产和倒闭的双重危险。所以，管理是公司的命脉，应当高度重视。

案例 11-1

雷曼兄弟破产案

作为一家享誉全球的投资银行，雷曼兄弟旨在为世界各国的公司、机构、政府和投资者的金融需求提供全方位、多元化的服务。自成立以来，雷曼兄弟依次经历了 19 世纪铁路公司的破产风暴、19 世纪 30 年代美国经济的"大萧条"、1994 年信贷危机、1998 年货币危机和 2000 年互联网泡沫等一系列危机的反复考验，由此赢得了"一条有着 19 条命的猫"的美誉。然而在 2008 年 9 月 15 日，屹立了 158 年的雷曼兄弟最终没能逃过破产的结局，它的破产一方面体现了整个市场基本层面的变化和不稳定而导致的系统性风险，同时也暴露了雷曼兄弟自身的一些问题，如控制环境失效、风险管控能力不足、缺乏适当的控制活动及内部监督未能发挥作用等。雷曼兄弟的破产对股票市场和国际经济均产生了巨大的影响，各国尤其各新兴国家的央行将面临非常严峻的挑战：一方面，本国经济的长期过热，让他们不敢对通胀掉以轻心；另一方面，雷曼兄弟事件将导致全球性通缩危机，又让他们在抉择本国利率政策方面遭逢进退两难的窘境。

案例详解

关于本案例的详细资料，可扫描二维码了解。

三、破产法的发展

（一）美国破产法的发展

美国的破产法律制度经过两百多年的司法实践，在此过程中得以不断发展与完善，形成了目前世界上体系最为完善、实践最为丰富的破产立法之一。在英国殖民时期，美国适用的是《英国破产法》。在1776年独立之后，美国于1800年4月正式颁布第一部《破产法》，该法律基于《英国破产法》，旨在保护债权人利益，只适用于债务人为商人的情况，且债务人无法主动申请破产。由于缺乏预防债务人欺诈行为的有效措施，该法于1803年被废止。1841年，美国第二部《破产法》颁布，不同于第一部《破产法》，第二部《破产法》面向所有债务人，且除商人外的债务人可主动申请破产，还增加了破产免责原则。由于这部《破产法》对债务人过于宽厚，众多1837年经济萧条的受害者为了免责纷纷提出破产申请，导致《破产法》的滥用，于是仅实施18个月后就被废止。受南北战争对经济的破坏的影响，1867年美国国会通过了第三部《破产法》。该法律不仅承认了商人的自愿破产，对债务人的破产免责做出了限制，还设立了和解制度和破产财产管理制度，然而1878年该法律再一次被废除。

1898年，在从事跨州交易并拥有大量债权的债权人的提议下，美国第四部《破产法》颁布。这部破产法共分为十四章，对破产程序做出了详细、全面的规定，将适用范围扩大到所有自然人和法人，并将破产程序分为自愿申请和强制申请两类，其中所有债务人可进行自愿申请，而强制申请仅适用于农民和有固定收入的个人以外的债务人。1938年，国会通过《钱德勒法》（Chandle Act）对1898年的第四部《破产法》进行重要修正，将破产重整法律制度以独立章节的形式呈现于美国的《破产法》中，确立了重整这一预防企业破产的重要方式。之后40年内，国会也对《破产法》进行了一些修订，但都仅为细节方面的修改。

1978年，考虑到1898年的《破产法》过于陈旧，美国国会在其基础上全面修改，制定了新的《破产法》，也就是现行的《美国破产法》。该法自1979年10月1日起施行，同时废除了1898年的《破产法》和1938年的《钱德勒法》。在这部《破产法》中，此前《破产法》的基本内容框架得以保留，进一步强调了破产重整程序，突出了法官和破产受托人在破产程序中的作用，并完善了破产免责和财产豁免等保护债务人的制度。在此之后，国会完善破产立法的脚步未曾停止，在不改变基本架构的基础上又对《破产法》进行了多次修改。例如，1984年明确了破产法院对联邦地区法院的隶属关系，以及破产法院专门审理破产案件的管辖权属性，规定了公司不得在破产后立即解除与员工的合同。1994年将陪审团审理引入破产法院，授予破产法院发布必要法规以执行破产法的权限等。2005年通过《禁止破产滥用法案》和《消费者保护法案》，降低了债务减免和收入免责部分，提高了债务人的破产成本。

（二）中国破产法的发展

在新中国成立初期，我国实施计划经济体制，不会有企业破产的情况出现，所以未能及时对破产法等法律进行重订。改革开放之后，随着我国经济体制的转变，市场主体变得多元化，破产法的必要性开始展现。1986年第六届全国人民代表大会常务委员会第十八次会议通过了《中华人民共和国企业破产法（试行）》，填补了我国破产法法律制度方面的空白。《中华人民共和国企业破产法（试行）》不仅建立了破产清算制度，还尝试引入了和解整顿制度，但该破产法仅适用于全民所有制企业，于是在 1991 年 4 月 9 日的第七届全国人大第四次会议上通过的《中华人民共和国民事诉讼法》中专设了"企业法人破产还债程序"，用于补充全民所有制企业以外其他法人企业适用的破产法律制度。此外，最高人民法院分别于 1991 年 11 月 7 日和 1992 年 7 月 13 日下发《关于贯彻执行〈中华人民共和国企业破产法（试行）〉若干问题的意见》和《关于适用〈中华人民共和国民事诉讼法〉若干问题的意见》，对破产案件审理过程中的可能问题进行了详细的解释。

然而，随着中国经济体制改革的不断推进，《中华人民共和国企业破产法（试行）》逐渐无法适应市场经济体制下经济发展的需要，这表现为适用对象范围的局限性、立法理念和目标的偏差、立法内容缺乏可操作性等。1994 年 3 月，全国人民代表大会财政经济委员会根据第八届全国人民代表大会常务委员会立法规划的要求，开始进行新破产法的起草工作。经历了全国人民代表大会常务委员会于 2001 年提出的《中华人民共和国企业破产与重整法（草案）》及最高人民法院 2002 年出台的《关于审理企业破产案件若干问题的规定》接连被否定等波折，2007 年 6 月 1 日我国正式颁布实施《中华人民共和国企业破产法》，将适用对象扩大为所有企业法人，对企业破产重整进行了专门性规定，为处于困境中的企业开辟了一条经营发展的新路径。

（三）美国破产法对中国的借鉴意义

首先，我国需要减少政府对公司破产的行政干预。目前我国主要存在两种政府干预公司破产的情况，一种是怕破产，另一种是假破产。怕破产指的是有些地方的行政部门担心企业破产会造成负面的社会影响，产生职工失业问题，减少地方企业产值和税收，从而损害自己的政绩，于是利用行政手段，要求银行为这些已经步履维艰的企业继续提供资金支持，以维持这些企业的生产经营。假破产指的是由于破产法律中存在合理避债的规定，有些地方政府利用自身职权，通过与法院联合，由法院宣告企业破产，起到抵消银行债务的作用，实际上这些企业根本没有破产。这样的做法严重损害了债权人的利益。不管是怕破产，还是假破产，政府都不应该参与，而应该顺应企业经营发展的规律，发挥市场经济体制和破产法律制度的真正作用。

其次，破产法的实施效果不仅取决于法律规定，还取决于经济环境提供的实施能力[1]。破产程序中涉及破产债权、破产财产的确认、计算和解除等诸多专业知识，对审理破产案件的法官要求极高，而破产管理人也在破产程序中发挥着重要的作用。因此，需要加强对法官和破产管理人的专业化教育与培训，推进专门性的破产法庭的建设，对破产管理人设置统一的职业道德规范，将破产管理人的资格审查、注册和职业执照授予集中于专门机构。而且为了保障破产程序的执行，我国也应该完善社会保障制度，制定破产企业相关职工的安置政策，强化失业保险基金的作用，使破产程序的执行没有后顾之忧。此外，破产清算程序的效果取决于资本市场的效率，我国应该进一步加强对土地、房产等资产交易市场的建设，通过制定适当的规则与程序，使资产拍卖过程更加透明和公正。

最后，破产法需要根据经济环境变化不断进行修订。受金融大恐慌、南北战争对经济的破坏等因素影响，美国的《破产法》在 19 世纪经历了"四立三废"，即使 1898—1978

---

① 徐光东．破产法：美国的经验与启示［J］．西南政法大学学报，2008（5）：51-56.

年间未曾出台新的《破产法》，但美国也在逐步对 1898 年的《破产法》进行修订。同样在 1978 年现行破产法出台后，该部破产法也经历了多次修订，才成为目前我们所知晓的《美国破产法》。随着经济的发展和技术的进步，现行法律无法预知到未来可能会出现的新情况。因此，法律的制定也应该是一个渐进演化的过程，需要根据经济发展阶段进行不断的调整与变革。

四、重整、和解与清算

（一）重整

1. 重整的界定

重整一般是指正式破产重整，当陷入财务困境、已经具备破产原因的企业仍然存在维持经营的价值时，可经债务人、债权人或符合条件的出资人申请后在法院的主持下，进行债权人、公司和股东等各方利害关系人之间的协调，从而实现企业的资产剥离、置换及债务调整，起到挽救企业命运、恢复企业经营的作用。正式破产重整不同于重组，重组是一种通过股权转让、资产剥离和所拥有股权出售等方式最大化公司和股东利益的行为，而正式破产重整作为破产前的一种保护手段，是以最大化债权人利益为目标的法律制度。在正式破产重整的过程中法院发挥着重要的作用。

除了正式破产重整，重整也包括非正式财务重整。非正式财务重整是指在破产法律程序之外，通过企业直接与债权人协商，作出债务重组或准改组的安排，从而重建企业、帮助企业继续发展。非正式财务重整避免了实施正式法律程序可能伴随的大量费用及冗余时间，在各方利害关系人谈判时具备较大的灵活性，但也存在债权人可能无法达成一致、协议执行缺乏法律保障等问题。非正式财务重整中的债务重组往往建立于债务人有能力扭转当前困境，债务人具有一定信誉及一般经济状况有助于企业恢复活力这 3 个基本条件之上，包括以非现金资产清偿债务、债务转增资本、债务展期与和解等方式。准改组常用于长期发生大量亏损的公司，通过公司对一般长期资产进行重新估价、减少股本等方式，自行对内部资产与资本的会计基础进行调整，从而消除账面的巨额亏损。

我国的正式破产重整对应于美国的破产重组，非正式财务重整则类似于美国的预先打包破产和非破产自愿协议。预先打包破产是美国 20 世纪 80 年代后期出现的新破产方式，在预先打包破产中公司会在破产申报前与债权人协商重整计划，若公司与债权人达成谅解协议，各方利益关系人会尽量在破产申报前通过重组计划条款，并使重组计划能在破产申报后获得批准，从而节省时间和财务资源。不同于非正式财务重整的是，预先打包破产还是需要履行破产法律程序。在 1986 年第一起大规模预先打包破产案件——克里斯特尔石油公司破产案出现之后，20 世纪 90 年代美国采用预先打包破产的案件已经占所有破产案件的 9.2%[①]。非破产自愿协议是指当债务人出现财务困难时，债务人与债权人在破产程序之外私下商讨得出解决方案，并签订债务延期、债务和解等相关协议。非破产自愿协议成本低廉、灵活性强，但也可能面临无法获得全体债权人批准的问题，而且非破产自愿协议可能会导致公司在报税时失去净营运损失递延的权利。下文中如未特别说明，重整指"正式破产重整"。

[①]　帕特里克•A. 高根 . 兼并、收购和公司重组 [M].6 版 . 顾苏秦，李朝晖，译 . 北京: 中国人民大学出版社, 2017.

> **案例 11-2**

CIT 集团的破产重整——预先打包破产

美国银行控股公司（CIT Group，以下简称 CIT 集团）是美国最大的中小企业商业贷款机构，拥有 600 多亿美元的金融与租赁资产，其主要通过发行债券和商业本票取得放款资金。自 2007 年年中以来，信用市场迅速恶化，致使 CIT 集团的筹资来源逐渐枯竭。由于受 2007 年信贷市场动荡、全球经济衰退大潮的影响，CIT 集团长期依赖担保和无担保资本，其信用评级在 2008 年和 2009 年多次被各主要评级机构调低，严重影响和损害了其进入无担保债务资本市场、提高融资效率和获得有担保融资的能力，CIT 集团的资产流动性大大恶化。

CIT 集团也并非坐以待毙，从 2008 年 1 月至破产申请之日，CIT 集团做出了一系列努力来应对危机。借助预先破产手段，CIT 集团最终摆脱了困境，通过债务转股权和长期债务的方式大大地降低了集团的债券和银行债务。重整之后，CIT 集团不仅免除了大约 100 亿美元的无担保债务，还解决了资金流动性的限制。这一破产成为美国历史上第五大破产案，影响人数之多、金额之大令人震惊，其中股东和债权人成为直接受害人。CIT 集团的破产事件应该让我们有所警醒：在全球金融局势不稳之际，信贷政策往往会放松，这就会产生巨大的隐患，或是资本金不到位就发放，或是企业财务指标根本不符合审贷标准也发放了，或是对担保公司的审核不严格等，相关部门应对上述隐患高度重视。

案例详解

关于本案例的详细资料，可扫描二维码了解。

2. 我国的重整程序

根据我国自 2007 年 6 月 1 日开始施行的《中华人民共和国企业破产法》，我国的重整程序可分为以下步骤（各企业由于具体情况不同，重整程序可能会有差异）。

（1）提出重整申请

债务人、债权人和符合条件的出资人（出资额占债务人注册资本 1/10 以上）均可以向人民法院申请对债务人进行重整。根据申请时间的不同，重整可分为初始重整申请和后续重整申请。其中初始重整申请是指债务人或债权人直接向人民法院申请破产重整，后续重整申请是当人民法院受理债权人提出的破产清算申请后、宣告债务人破产前，债务人或者符合条件的出资人向人民法院提出重整申请。

（2）作出重整裁定

一般情况下，人民法院自收到重整申请之日起 15 日内应该裁定是否受理。人民法院经形式审查和实质审查，若认定重整申请符合法律规定，应当裁定债务人重整，并予以公告。人民法院裁定债务人重整之日起至重整程序终止之间为重整期间。

（3）选取破产管理人

破产管理人由法院指定，破产管理人不仅需要接管债务人的财产、印章和账簿、文书等资料，调查债务人财产状况，制作财产状况报告，还要履行管理和处分债务人的财产等其他职责。重整期间，债务人也可以申请自行管理财产和业务经营，这需要在法院的批准和管理人的监督下进行。

（4）制订重整计划草案

债务人或破产管理人应当在法院作出重整裁定后 6 个月内将重整计划草案同时提交给人民法院及债权人会议。重整计划是为维持债务人继续经营、厘清债务人债权债务关系而制定的多方协议。重整计划应当包括但不限于债务人的经营方案、债权分类、债权调整方案、债权受偿方案、重整计划的执行期限、重整计划执行的监督期限和有利于债务人重整的其他方案。

（5）通过重整计划草案

重整计划草案的通过需要经过债权人会议的表决及人民法院的批准。其中债权人会议上的表决依据债权分类进行分组表决，同意重整的债权人数超过同一表决组出席人数一半，同时所代表金额超过改组债权总额的 2/3，即为该表决组正常通过。当所有表决组都通过该重整计划草案时，表示债权人会议表决通过，此时应在 10 日内申请人民法院批准该重整计划草案。若重整计划草案未获法院批准，法院应当裁定终止重整程序，并宣告债务人破产。

（6）重整计划的执行

重整计划由破产管理人监督，债务人具体负责执行，之前接管财产和营业事务的管理人应将其转交给债务人。重整计划对债务人和全体债权人同样有效。若债务人不能执行或不执行重整计划，则由法院裁定终止该重整计划的执行，并宣告债务人破产。若重整计划执行完毕，应召开管理人会议，对债务人提交的《重整计划执行情况报告》等报告及申请终结破产程序的议案进行审议。审议通过后即可向人民法院申请终结破产程序，破产管理人应完成与债务人的交接工作。

3. 中美重整程序比较

虽然我国的破产法在重整相关规定中借鉴了美国的破产法，也都是为了维护债权人利益而制定，但由于两国在政治、经济和法律等方面的巨大差异，中国和美国重整程序之间仍然存在差别。通过对中美的重整程序进行比较，我们发现中国的破产重整程序仍存在一些制度设计需要完善。

（1）申请主体不同

《中华人民共和国企业破产法》中破产重整程序的申请人可以为债务人、债权人或符合条件的出资人，由于我国债权人申请对债务人进行破产重整是不受限制的，目前我国的破产重整程序大多由债权人申请。《美国破产法》将申请主体划分为自愿申请模式下的债务人和强制申请模式下的其他利害关系人，以债务人自愿为原则，其他利害关系人强制申请为例外。因为其他利害关系人进行强制破产重整申请往往会受到债权人金额和类型等诸多限制，所以美国的破产重整案中很少是由债权人提出申请的。《美国破产法》的规定改变了债务人的被动地位，使其能在了解自身经营情况的前提下，采用比破产重整更适合挽救企业命运的方案。

（2）申请条件不同

《中华人民共和国企业破产法》中规定，当公司不能清偿到期债务，并且资产不足以清偿全部债务或者明显缺乏清偿能力时，可以申请破产重整程序。同时最高人民法院在 2012 年印发的《上市公司重整座谈会纪要》中规定重整申请的审查需要考虑债务人的"再建希望和重整价值"，要求债务人提交重整可行性报告。也就是说，申请破产重整的债务人既需要具备破产原因，还需要具备重整价值。《美国破产法》在审查债务人自愿申请模式下的重整申请时，往往只会进行主观的"善意"判断，而不严格要求资不抵债或不能清偿到期债务，对重整价值也不会做出判断，这样的申请条件可以让企业有更多时间应对危机，更有利于保护债权人的利益[①]。

（3）监督主体不同

我国的破产法律中破产管理人是监督主体，法院负责对破产管理人进行监督，但其他各方利害关系人，尤其是债权人，却无法参与具体的监督。美国的破产法中明确规定了破产信托人或审查官、债权人委员会、出资人委员会等各方监督主体，最大程度地保障了各方利益[②]。此外，我国的破产法律只对破产管理人需要提交《重整计划执行情况监督报告》等结果进行了规定，对监督的具体实施过程未做出明确的约束。美国的破产法对破产信托人、审查官、债权人委员会和出资人委员会等监督主体的权利、义务均分别做了详细的规定。

案例 11-3

无锡尚德太阳能电力有限公司的破产重整案

1. 公司背景

2001 年 1 月，无锡尚德太阳能电力有限公司（以下简称无锡尚德）在无锡市政府的协调支持下成立，是一家专注于太阳能电池片及组件研发、生产和销售的高新技术光伏企业。当时西方发达国家已经开始重视可再生能源的应用，涌现了很多光伏领域的相关研究，而我国光伏产业尚处于新兴阶段，大多人对这一事物并不了解因此心存疑虑。2002 年 9 月，其创始人施正荣排除启动资金、生产设备等种种困难，建立了无锡尚德第一条 10 兆瓦光伏电池生产线，其年生产能力相当于我国前 4 年太阳能电池的总产能，迅速缩短了我国光伏产业与其他光伏产业发达的国家或地区间的差距。之后几年，无锡尚德继续扩大生产线，不仅投产了中国第一条单晶硅太阳能电池生产线，还在 2005 年 12 月以 150 兆瓦的产能成为全球四大太阳能电池生产基地之一。同年，施正荣在开曼群岛注册成立尚德电力控股有限公司（以下简称尚德电力），以回购国有股份及吸引境外机构投资的方式，实现了 100% 控股无锡尚德，无锡尚德也因此成为尚德电力旗下规模最大的生产基地。12 月 14 日，尚德电力在美国纽约证券交易所上市，成为第一家成功在纽交所上市的中国民营企业。

在纽约证券交易所获得 4 亿美元融资之后，尚德电力继续进行光伏产业链的投资扩张。通过在境内外投资建设电池组件工厂及对工厂进行扩产改造，2006 年 12 月，尚德电力以300 兆瓦的产能荣升为全球第三大太阳能生产商，2009 年 1 月，尚德电力的产能达到 1 吉瓦，再次创造中国光伏企业的历史。凭借着德国、美国和日本等国对可再生能源应用的积极推动及国内对光伏产业的支持，2010 年上市仅 5 年的尚德电力超越美国第一大太阳能公司，实现了太阳能电池片及组件出货量全球第一，这一成绩在 2011 年也得以保持。与此同时，尚德电力也不满足于只进行太阳能电池及其组件的生产经营，开始尝试垂直一体化发展。2008 年，尚德电力投资 2 亿美元参股江苏顺大控股有限公司，分别向多晶硅企业 Nitol Solar 和亚洲硅

① 辛星. 中美破产重整制度的比较研究 [J]. 现代商业，2015(3)：269-270.
② 吴狄. 中美破产重整法律制度比较研究及启示 [J]. 浙江金融，2016(4)：23-26.

业（青海）股份有限公司投资 1 亿美元和 8100 万美元，试图向盈利能力更强的上游硅材料领域延伸。2010 年，尚德电力收购镇江荣德新能源科技有限公司、投资成立镇江仁德新能源科技有限公司和扬州荣德新能源科技有限公司，共形成 1.8 吉瓦硅片产能。此外，尚德电力开始探索下游光伏电站领域及光伏专用设备领域，2008 年收购德国库特勒自动化系统有限公司，开始进行光伏设备的制造，并出资设立了全球太阳能合伙基金，从事光伏电站的开发、建设和运营。自成立以来经过近 10 年的发展，尚德电力已经成长为一家具备硅片、太阳能电池及组件、光伏电站、光伏专用设备全产业链生产制造能力的光伏企业巨头。

2. 破产原因

自 2011 年起，无锡尚德在多方面原因的共同作用下开始跌落"神坛"。首先是外部原因，光伏产业对国家政策补贴的依赖性非常高，随着 2008 年金融危机爆发，欧美等国对可再生能源的补贴急剧缩减，加上由于尚德电力的成功和地方政府的支持，各路资本迅速涌入光伏产业导致产能过剩和恶性竞争，欧美各国 2012 年对中国光伏产品也出台了反倾销、反补贴的"双反"政策，这些因素导致以境外订单为主的尚德电力出货量骤减。其次是内部原因，尚德电力激进扩张，对上游硅材料、薄膜电池的投资失败导致尚德电力背负大量债务，资产负债率居高不下，而且公司管理非常混乱，导致公司抗风险能力下降。在外部原因和内部原因双重刺激下，尚德电力 2011 年出现高达 6.45 亿美元的经营亏损，2012 年市值蒸发 60%，股价一路下跌至一度被纽约证券交易所强制进入退市程序。2013 年，尚德电力以其自身现金流无法偿付 2008 年 3 月在境外发行的 5.41 亿美元可转换债券，这作为直接导火索导致了尚德电力及其子公司无锡尚德的破产（见表 11-1）。

表 11-1　尚德电力 2008—2011 年偿债能力指标

年份	2008 年	2009 年	2010 年	2011 年
资产负债率 / %	62	60	64	79
流动比率	1.35	1.42	1.02	0.80
速动比率	0.74	0.92	0.59	0.37

数据来源：根据尚德电力公开财报数据整理。

3. 破产重整程序

2013 年 3 月 18 日中国工商银行、中国农业银行和中国银行等 8 家债权银行向江苏省无锡市中级人民法院申请对无锡尚德进行破产重整。2013 年 3 月 20 日无锡市中级人民法院（以下简称无锡中院）调查发现无锡尚德确存在无法归还到期债务的情况，裁定依据《中华人民共和国企业破产法》相关规定对无锡尚德实施破产重整。无锡尚德的破产重整主要包括以下程序。

（1）选择破产管理人

无锡中院在无锡尚德的破产重整案中选择的破产管理人为以无锡新区管委会驻星洲工业园办公室主任杨二观为代表，由无锡市新区管委会经发局、财政局、劳动局等有关部门负责人组成的 10 人破产管理小组。无锡中院裁定无锡尚德实施破产重整当日，无锡中院携破产管理人全面接管无锡尚德的财产、印章和账簿、文书，同时负责重整期间无锡尚德的运营管理。出于保障破产重整工作专业性的目的，破产管理小组聘请北京市金杜律师事务所、无锡东华会计师事务所有限责任公司、无锡宝光资产评估有限公司和安永（中国）企业咨询有限公司等第三方中介机构在破产重整过程中提供法律、审计、评估和财务顾问等专业服务。为了保障重整的顺利进行，无锡中院要求无锡尚德的高管留在企业中配合重整，还对部分外籍高管采取了边控措施。由于无锡尚德是我国光伏产业的标杆企业，具有极大的行业影响力，因此，破产管理小组经无锡中院许可，在第一次债权人会议前作出维持无锡尚德经营的决定。同时破产管理小组聘请无锡市国联发展（集团）有限公司（以下简称无锡国联）负责无锡尚德重整期内的经营管理，发挥其在资产重组领域及企业管理等方面的专业优势，由此无锡尚德顺利实现复工复产。

（2）第一次债权人会议

在第一次债权人会议召开前，破产管理小组先向无锡尚德的 600 多位债权人发函，要求申报 2013 年 3 月 20 日之前的债权信息。2013 年 5 月 22 日，无锡中院主持召开第一次债权人会议，460 位债权人出席了此次会议。会议上破产管理小组初步向各债权人公布了经第三方中介机构审核的债权情况、资产负债评估结果及企业复工后的基本情况。根据审计及评估报告，无锡尚德资产总额为 103.84 亿元，其中包括 62.66 亿元的应收账款净值。在破产清算的前提下，无锡尚德的资产被评估为 22.43 亿元。破产管理小组共收到 553 位债权人的债权申报，金额达到 214.64 亿元，高于无锡尚德的账面债务，最终经审核确认的债权金额为 94.64 亿元，若通过破产清算进行偿还则债权人得到的偿还比例为 14.82%。在权衡无锡尚德破产重整的利弊之后，所有债权人一致同意对无锡尚德实施破产重整。此外，在第一次债权人会议上，还选举产生了 7 名债权人委员会成员，其中中国银行股份有限公司无锡高新技术产业开发区支行被指定为债权人会议主席。

（3）制定与批准破产重整方案

2013 年 6 月 28 日，无锡尚德破产重整案进入战略投资者遴选阶段，破产管理小组开始向满足要求并有意向接手无锡尚德的企业发送邀请函。提交了申请书的意向投资者不仅有权利获得无锡尚德相关资料，还可以进行实地调查。同年 10 月 8 日，破产管理小组和债权人委员会举行招标会议，对正式提交了重整方案的竞聘者进行评议，结合会后无锡市政府的意见，最终计划提供偿债资金 30 亿元的江苏顺风光电科技有限公司（以下简称顺风光电）被选为无锡尚德破产重整的战略投资者，同样顺风光电也需要向债权人会议提交正式破产重整计划草案。2013 年 11 月 12 日第二次债权人会议召开，职工债权组、税务债权组、担保债权组和普通债权人 4 组债权人对顺风光电提出的《重整计划草案》表决通过，出资人组则选择弃权。《重整计划草案》中明确按照 100% 比例以现金方式一次性清偿职工债权、税收债权和担保债权，普通债权中低于等于 10 万元的部分可获得 100% 现金清偿，10 万以上部分可在"现金"或"现金＋应收款"两种方式中进行选择，其中前者现金清偿比例为 31.55%，后者现金清偿比例为 30.85%，同时还可以获得无锡尚德应收账款部分清偿，比例约为 0.94%。《重整计划草案》中还规定按实际结果随时清偿破产费用和共益债务，将出资人权益调整为 0，并提供了后续的经营方案。2013 年 11 月 15 日该《重整计划草案》获无锡中院裁定批准，2013 年 12 月底顺风光电的 30 亿元偿债资金全额到位。2014 年 4 月 18 日，无锡尚德的重组计划执行完毕，无锡中院裁定无锡尚德的破产重整程序终结。

（二）和解

1. 和解的界定

和重整一样，和解也分为正式破产和解与私下债务和解。正式破产和解是指当债务人出现破产理由时，债务人可直接申请或在人民法院受理破产案件之后，与债权人就债务清偿达成协议，从而达到中止破产程序、避免破产清算的目的。正式破产和解与正式破产重整同样都是预防债务人破产清算的法律制度。与一般的法律行为不同，一般的法律行为只需要双方当事人意思表示一致即可，而正式破产和解是一种特殊的法律行为，以债权人会议和债务人意思表示一致作为和解协议生效的实质要件，同时以人民法院的裁定认可作为协议生效的形式要件，两者缺一不可。

私下债务和解是指债务人与债权人在正式破产法律程序之外私下就偿债时间和方式达成和解协议，私下债务和解避免了正式破产时需要经历的烦琐程序。私下债务和解协议包括担保重建债务协议、损失分担协议和债转股协议等多种方式。私下债务和解虽然不像正式破产和解那样正规，但也具有自己的特定程序，一般包括和解的提出、召开债权人会议、签署和解协议及实施和解协议 4 个步骤。

正式破产和解与私下债务和解的主要形式都是债务展期与债务和解。其中债务展期是指债权人自愿延长债务的到期时间，使债务人可以有更多时间摆脱困境，从而偿还债务。债务展期是一种债权人的让步，往往以债权人认为债务人公司仍有一定发展前景为前提。为了争取债权人同意债务展期，债务人企业也经常会以允许债权人在债务延期时间内干预企业为条件。债务和解是指债务人按所有未偿债务的一定百分比，以现金形式偿还债权人债务，并视同全部清偿，同时解除债务契约，具体包括减少本金金额、降低借款利率及部分债权转股等方式，这几种方式既可单独使用也可混合使用。

正式破产和解与私下债务和解存在以下两点不同。一是正式破产和解程序较为烦琐，诉讼费和律师费成本较高，耗费时间较长；私下债务和解则相反，私下债务和解程序简单，方式灵活，不会对公司股票和债权的市场价格造成过大影响。二是正式破产和解是具有法律效力的强制性和解，如果债权人会议以法定多数通过和解协议，反对的少数债权人也需要遵守该和解协议。私下债务和解需要全体债权人同意才能签署和解协议，若债权人众多则难以达成一致，而且缺乏法律保障。实务中正式破产和解的使用远多于私下债务和解，下文中若无特别提及均指"正式破产和解"。

2. 我国的和解程序

根据我国自 2007 年 6 月 1 日开始施行的《中华人民共和国企业破产法》，我国的和解程序可分为以下步骤（各企业由于具体情况不同，和解程序可能会有差异）。

（1）提出和解申请

和解必须由已具备破产原因的债务人提出，当债权人希望和解时，也可以通过与债务人协商，之后由债务人提出和解申请。债务人可以直接向法院提出和解申请，也可在人民法院受理破产申请后、宣告债务人破产前进行申请。具备条件的债务人在申请和解时还需要按规定提交相关的证据和文件。

（2）提交和解协议草案

债务人在申请和解时必须同时向人民法院提交和解协议草案，和解协议草案是供债权人会议讨论和采纳的具体和解办法。和解协议草案主要内容中应当包括债务人财产状况说明、债务承认、债务清偿的方式和期限、确保执行和解协议的措施。

（3）法院审查和解申请

人民法院应对债务人的和解申请进行审查，若审查通过则应裁定和解，予以公告，并召集债权人会议讨论和解协议草案。人民法院审查债务人和解申请的重点在于债务人是否具备破产条件，即债务人是否不能清偿到期债务，并且资产不足以清偿全部债务或者明显缺乏清偿能力。

（4）债权人会议讨论

债权人会议上如果出席会议的债权人中有超过半数同意通过和解协议，并且他们所代表的债权额占无财产担保债权总额的2/3以上，则表示债权人会议通过和解协议决议。之后经人民法院裁定认可，可终止和解程序，并予以公告，此时起和解协议对债务人和全体和解债权人均具备法律效力，管理人应向债务人移交财产和营业事务。若债权人会议未通过和解协议决议，或人民法院未裁定认可该和解协议，则应由人民法院裁定终止和解程序，并宣告债务人破产。

（5）执行和解协议

债务人应严格按照和解协议上的内容清偿债务，若债务人未能按照和解协议规定清偿债务，债权人可向法院申请强制执行。如果债务人无法执行或不执行和解协议，经债权人请求，人民法院应当裁定终止和解协议的执行，并宣告债务人破产。如果债务人已将和解协议规定的清偿义务履行完毕，则债务人不再承担清偿责任。

（三）清算

1. 清算的界定

清算可分为普通清算和破产清算。普通清算是指当公司出现公司章程规定的营业期满或公司章程规定的解散事由，公司股东大会决定解散，因国家授权投资的机构或者国家授权的部门决定解散等情形时，由负有清算义务的主体，依法定程序对公司的资产、负债和股东权益等进行清理处置。普通清算一般由公司自行组织清算，但当公司到期债务较多，存在资不抵债之嫌，或公司无法就清算事务达成一致意见，自行组织清算工作存在困难，或债权人、股东、董事会中某一方进行申请时，公司应当按照法院要求开启清算程序，在法院的严格监督下进行清算。破产清算是指公司被依法宣告破产后，由管理人接管公司，对公司破产财产进行清查、确认、变现、处置和分配，从而使公司与其他社会主体之间的权益义务归于终止。其中破产宣告是指法院依照相关当事人的申请或法定职权，对将不可避免地陷入破产倒闭境地的债务人裁定破产。

普通清算与破产清算主要存在以下不同：首先是法律依据不同，普通清算适用《中华人民共和国公司法》、《中华人民共和国全民所有制工业企业法》、《中华人民共和国乡镇企业法》、《中华人民共和国合伙企业法》、《中华人民共和国中外合资企业法》、《中华人民共和国反不正当竞争法》及《中华人民共和国产品质量法》等法律，破产清算适用《中华人民共和国企业破产法》和《中华人民共和国民事诉讼法》；其次是清算目的不同，普通清算一般在清偿完债务后还会有剩余财产，所以普通清算是基于清产还债和清产分配的双重目的，破产清算中的破产企业一般不能清偿到期债务，并且资产不足以清偿全部债务或者明显缺乏清偿能力，所以破产清算是基于破产还债的基本目的；最后是性质和程序不同，普通清算一般是在上级主管部门监督下，由公司自行组织开展，多数情况下还会有剩余财产的分配程序，而破产清算具有法律上的强制性，破产清算程序需要全程按法定程序进行，受到人民法院的指导和监督，一般不会出现剩余财产的分配。下文中若无特别说明，清算指"破产清算"。

2. 我国的清算程序

根据我国自 2007 年 6 月 1 日开始施行的《中华人民共和国企业破产法》，我国的清算程序可分为以下步骤（各企业由于具体情况不同，清算程序可能会有差异）。

（1）破产宣告

破产宣告是破产清算程序开始的标志，破产宣告之后债务人称为破产人，债务人财产称为破产财产，在破产申请时已经存在的债权称为破产债权。在破产裁定作出起 5 日内人民法院应将裁定送达债务人和管理人，10 日内应通知已知债权人，并予以公告。

（2）破产财产变价方案的拟定与通过

管理人应该及时拟定破产财产变价方案，并提交债权人会议讨论。如果破产财产变价方案在债权人会议中通过，或者未在债权人会议中表决通过，但由人民法院裁定通过，管理人应该适时通过拍卖方式变价出售破产财产。

（3）破产财产的清偿

破产财产应该首先用于清偿破产费用和共益债务；然后按照顺序首先清偿破产人所欠职工的工资和医疗、伤残补助、抚恤费用，所欠的应当划入职工个人账户的基本养老保险、基本医疗保险费用，以及法律、行政法规规定应当支付给职工的补偿金；接着清偿破产人欠缴的除前项规定以外的社会保险费用和破产人所欠税款；最后清偿普通破产债权。如果债权人对某特定财产享有担保权，则该债权人享有对该特定财产优先受偿的权利。

（4）破产财产的分配

当破产财产不足以清偿处于同一顺序的债权人时，应该按照同比例分配。管理人应该拟定破产财产分配方案，在方案中写明参加破产财产分配的债权人名称或者姓名、住所和债权额等事项，交由债权人会议讨论。破产财产分配方案经债权人会议通过后，还需要交由人民法院裁定认可，之后由管理人执行。

（5）破产程序的终结

破产人若无财产可供分配，应由管理人提请人民法院裁定终结破产程序。此外，如果破产财产分配完毕，管理人应该提交破产财产分配报告，并提请人民法院进行是否终结破产程序的裁定。人民法院自收到申请后 15 日内须作出裁定，若裁定终结，应予以公告。破产程序终结起 10 日内，管理人须向破产人的原登记机关办理注销登记。尽管破产程序终结，破产人的保证人和其他连带债务人仍需承担未清偿债务的清偿责任。

案例思考　海航集团有限公司——从"中国最佳"到破产重整

海航集团有限公司（以下简称海航集团）是一家以航空主业为核心，实业、物流、资本、旅游、航空五大板块多元化发展的跨国（地区）企业集团。海航集团在航空领域资源丰富、实力雄厚，其旗下航空公司是中国四大航空公司之一，曾被美国《环旅世界》 *Global Traveler* 杂志评为 GT Awards "中国最佳航空公司"，更是十次蝉联"SKYTRAX 五星航空公司"称号。然而 2021 年 1 月 29 日，海南省高级人民法院向海航集团发出《通知书》，主要内容为：相关债权人因海航集团不能清偿到期债务，申请法院对海航集团破产重整。同年 2 月 10 日，海航集团依法进入破产重整程序。10 月 23 日，海南省高级人民法院结束了对海航集团各重整计划草案的表决核查，海航集团及相关企业破产重整案的各重整计划（草案）均获得表决通过。从"中国最佳航空公司"到破产重整，海航集团究竟经历了什么呢？

1. 公司创立

20 世纪 80 年代初期，我国的民航运输还处于高度计划经济体制阶段，直到 1985 年中国民航总局（2018 年以后改组为中国民用航空局）向国务院递交《关于民航系统管理体制改革的报告》之后，这种状态才有所转变，自此地方开始兴办各类航空企业，中国的民航产业迎来快速发展。在这样的时代背景下，海南省政府于 1989 年 9 月批准成立海南省航空公司，刚从联邦德国汉莎航空运输管理学院公派留学归来的陈峰临危受命，以省长航空事务助理的身份开始着手筹办海南省航空公司。只有 1000 万元的政府拨款，陈峰主动申请股份改造，以"内联股份制"的融资模式募得 2.5 亿元。1992 年 10 月，海南省航空公司成为中国民航第一家经过规范化改造的股份制企业，陈峰兼任海南省航空公司董事长。1993 年陈峰又以 2.5 亿元作为信用担保，将获得的银行贷款用于订购波音 737 飞机，并正式开航运营海口至北京的航线。航线开通第一年，海南省航空公司又陆续开通了海口通往上海、广州等地的 15 条航线，还以 6876 万元的利润创造了当年的航空公司业绩纪录。随后数年海航开始不断扩大融资规模，于 1995 年引入索罗斯旗下基金，成为境内第一家中外合资航空公司。1997 年 2 月，海南省航空公司正式更名为海南航空股份有限公司（以下简称海南航空，2017 年更名为海航控股），并在同年实现了 B 股正式在上交所挂牌上市。1999 年 11 月，海南航空 A 股也在上交所正式挂牌交易。

2. 扩张成长

2000 年 1 月，海航集团正式成立。2000—2016 年也是海航集团快速扩张成长的期间，在这个阶段海航集团经历了 3 次危机，都被其以资本化运作的方式应对化解了。第一次危机出现在 2000 年，为了解决航空公司竞争激烈、盈利能力低的问题，这一年中国民航总局推动了三大国有航空公司对地方航空的兼并重组，其中国国际航空股份有限公司兼并了中国西南航空公司、中国航空集团有限公司，中国南方航空集团有限公司兼并了北京航空有限责任公司、新疆航空有限公司、中原航空公司、贵州航空有限公司、华夏航空股份有限公司、福建航空公司、中国邮政航空有限责任公司、四川航空股份有限公司，中国东方航空公司兼并了中国西北航空公司、云南航空公司、中国通用航空公司、长城航空有限公司、武汉航空公司。为了维持其独立地位、不被"三大航"吞并，海航集团开始通过举债、股权抵押和信托等方式筹集资金，并出资约 20 亿元用于收购陕西长安航空有限责任公司，控股经营中国新华航空集团有限公司和山西航空有限责任公司。除了对地方航空公司的兼并重组，海航集团还开始进军机场这一与航空主业相关的业务，出资 7.8 亿形成对海口美兰机场股份有限公司、海南机场股份有限公司及三亚凤凰国际机场有限责任公司的控股，成为中国第一家控股机场的航空公司。至 2002 年底，海南美兰机场股份有限公司在香港联交所上市，海南航空已成为中国第四大航空公司。

　　海航集团的第二次危机是在 2003 年。这一年"非典"疫情暴发，对航空运输业的市场需求造成了严重的影响，这导致海南航空 2003 年年报中披露亏损 14.74 亿元，远远超出其他三大航空公司。接近 15 亿元的巨额亏损也受到了证监会的关注，两年后证监会指出海南航空因财务处理不当，增加亏损 4143 万元，而且还存在隐藏关联关系及关联往来的问题，暴露了本就因前期迅速扩张而负债累累的海航集团的财务风险。面对这次危机，海航集团想到的还是在资本市场融资扩张。考虑到航空运输业产业较为单一，抗周期性较为薄弱，加上只依靠海南航空这一上市公司平台进行融资，已经无法满足海航集团的融资需求，由此海航集团走上了多元化、金融控股的道路。2003 年 5 月，海航集团成功与西安民生集团股份有限公司实施股权重组，获得了对上市公司融资平台的控制。然而到了 2004 年，由于"德隆系"事件爆发，国内开始对"金控"模式进行严查，海航集团继而将融资重点由境内转向境外。当年海航集团与扬子江投资发展集团有限公司共同出资 5 万元创立中国新华航空集团有限公司，并引入海南省发展控股有限公司和索罗斯基金有限公司，计划以"大新华航空"名义实现赴港上市。在上市筹备阶段，海航集团通过新增资本投入将对大新华航空的持股比例，由 15% 增至 50%。此外，2006 年，海航集团分别收购香港中富航空（后更名为香港航空）和香港港联航空（后更名为香港快运）45% 的股权。2007 年，海航集团收购了比利时 Soda、Edipras 和 Data Wavre 酒店，扩展了其酒店业务，同时还创立了海航资本，将房地产业务作为海航集团版图扩张的重点。

　　海航集团的第三次危机来自 2008 年的金融危机。由于全球爆发严重的金融危机，大新华航空赴港上市的计划落空，海航集团再一次陷入债务危机。由于正值房地产价格飞涨，海南航空收购海口美兰机场股份有限公司所获得的 9000 亩机场土地升值数倍，海航集团由资金链濒临断裂的巨亏转为盈利 9699 万。海航集团依托这一土地资源，实现了自身增资 40 亿元及对海南航空定向增资 28 亿元。度过这次财务危机后，海航集团又开始了一系列高杠杆下的多元化资本运作。2008 年，海航集团以 700 万美元收购土耳其 ACT 货运航空公司，同时开始进入零售行业，收购了上海家得利、湖南家润多、广东梅州乐万家和江苏南通超越 4 家连锁超市。2010 年，海航集团又并购了澳大利亚 Allco 集团航空租赁业务（后更名为香港航空租赁）、土耳其飞机维修公司 MYTECHNIC 及挪威集装箱船租赁公司 GTB。2011 年，海航集团以 11.5 亿美元收购世界第四大集装箱租赁公司新加坡 GE Seaco，实现 100% 股权控制，同时还收购了香港康泰旅行社。2012 年，海航集团又作为第一家投资欧洲航空公司的国内航空公司，收购了法国蓝鹰航空公司 48% 的股权，并与中非发展基金等共同投资非洲加纳 AWA 航空公司。2013 年，海航集团出资 2.34 亿欧元获得西班牙 NH 酒店集团 20% 股权，进一步扩大旗下酒店板块的业务范围和经营规模。2014 年，海航集团出资在肯尼亚组建联合航空公司。2015 年，海航集团陆续收购南非商务航空集团 6.2% 股权、收购瑞士国际空港服务有限公司 Swissport 100% 的股权、收购爱尔兰飞机租赁公司 Avolon 100% 的股权、收购巴西蔚蓝航空公司（Azul Brazilian Airlines）23.7% 的股权。体会到并购带来的体量快速膨胀，2016 年海航集团的版图扩张进程进一步加快，酒店业务方面不仅收购了黑石集团持有的希尔顿酒店 25% 的股权，还收购了卡尔森酒店集团及其持有的瑞德酒店集团约 51.3% 的股权。航空主业方面，海航集团以 131 亿元收购通用电气商业航空服务公司（GECAS）及其相关方下属 45 架附带租约飞机的租赁资产，以 667 亿元收购 CIT 集团下属飞机租赁业务，出资 4.5 亿美元投资巴西蔚蓝航空公司，同时还收购瑞士航空配餐公司 Gategroup，参股 TAP 葡萄牙航空公司，获得瑞士飞机维护服务提供商 SR Technics 部分股权，购买维珍澳大利亚航空公司的股权。此外，海航集团还以 390 亿元收购美国 IT 大型分销商英迈国际有限公司（IMI）100% 的股权，收购英国外币兑换运营商 ICE，购买纽约曼哈顿写字楼和伦敦金丝雀码头商厦等资产。

海航集团 2007—2019 年 6 月偿债能力指标如图 11-1 所示。

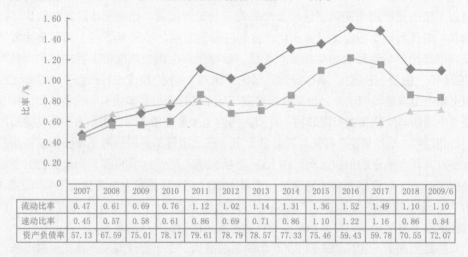

	2007	2008	2009	2010	2011	2012	2013	2014	2015	2016	2017	2018	2009/6
流动比率	0.47	0.61	0.69	0.76	1.12	1.02	1.14	1.31	1.36	1.52	1.49	1.10	1.10
速动比率	0.45	0.57	0.58	0.61	0.86	0.69	0.71	0.86	1.10	1.22	1.16	0.86	0.84
资产负债率	57.13	67.59	75.01	78.17	79.61	78.79	78.57	77.33	75.46	59.43	59.78	70.55	72.07

—◆— 流动比率　　—■— 速动比率　　—▲— 资产负债率

数据来源：海航集团有限公司债券年度报告。

图 11-1　海航集团 2007—2019 年 6 月偿债能力指标

3. 债务危机

通过持续不断的资本运作，海航集团迅速成长为涵盖航空、酒店、房地产、零售、旅游、物流、金融等业务领域的跨国（地区）大型企业集团。2016 年海航集团总资产超万亿元，整体年收入突破 6000 亿元。然而海航集团并购的动力主要为其融资租赁业务及通过控股多家上市公司构造的金控体系。海航集团不仅抵押融资租赁来的飞机，还同时将相关航线的未来收益权用于抵押贷款，而且海航集团还积极以融资租赁的方式为地方政府提供资金，从而获得与地方政府共同投资基础设施建设的机会。此外，由于海航集团在并购中大量控股上市公司，海航集团还通过旗下各上市公司互相担保的方式获取资金。2016 年底，海航集团持股的 21 家金融机构几乎涵盖了包括信托期货等所有金融领域，累计实行过数十种融资模式。由于海航集团并购的资金主要来源于借款与举债，迅速扩张的表面下其实隐藏着巨大的风险。海航集团原董事长陈峰曾经说过，海航的并购就是"先把菜买进来，然后再拣烂菜叶，把坏叶去掉"。那么当这些"菜"无法创造出足够的现金用于偿还为了买"菜"借的钱时该怎么办呢？2017 年开年，海航集团继续进行版图扩张，作价约 2 亿美元入股天桥资本，同年收购德意志银行 9.92% 股权，成为其最大股东，并完成了对瑞士最大免税店零售商 Dufry AG 的收购。当年海航集团发行的 5 亿美元商业抵押贷款债券，却成为其最后一笔境外并购融资。在此之后，国内开始加强金融监管、防范金融风险，"融资为王"的时代就此落幕，高杠杆的企业开始迫于形势去杠杆。

海航集团 2007—2019 年 6 月总资产如图 11-2 所示。

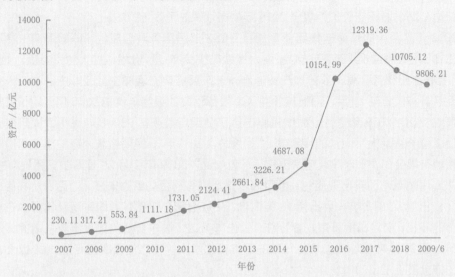

数据来源：根据海航集团债券年度报告整理。

图 11-2　海航集团 2007—2019 年 6 月总资产

　　2017 年 6 月 22 日，银监会要求各大银行排查海航集团、万达集团和复星集团等多家负债水平高、境外并购行为突出企业的境外投资借款风险，由此海航集团的收购进程中止，开始了其大肆变卖资产的道路。2017 年 7 月海航集团终止其对北京喜乐航科技股份有限公司的收购，11 月出售西班牙 NH 酒店的股份，并在香港发售 3 亿美元债券，12 月出售瑞士免税店 Dufry 股份。2018 年海航集团又陆续出售了悉尼写字楼，香港两个机场地块，海南高和、海南海岛建设全部股份，以及希尔顿酒店 3448 万股普通股等。据统计，2017 年 7 月开始的 9 个月的时间内，海航集团甩卖约 600 亿元资产，其中主要为境外资产，且集中于地产和酒店物业资产。2018 年 1 月的海航集团债权人会议上，海航集团表示会加快资产处置力度，以弥补海航的资金缺口。在进行资产处置的过程中，不难发现海航集团最有竞争力的还是其旗下海航控股的航空业务，大规模的并购活动虽然给海航集团带来了资产和营收的迅速增长，但也带来了盈利能力的下滑，多元化的扩张并没有给海航集团带来协同效应，甚至于损害了其毛利率和净利率。而且由于大幅借款和举债，海航集团资产负债率高企，每年还要为此支付巨额利息费用，进一步对海航集团的利润造成负面影响，以 2017 年为例，海航集团的净利润仅有 81.3 亿元，而财务费用却高达 288.7 亿元。

　　为了将海航集团从资金链断裂的风险中拯救出来，海航集团在变卖资产的同时还加大了融资力度。然而 2017 年 9 月，海航集团前期在香港购买的土地被银行拒绝续贷，只好转向企业间拆借及设立高回报投资基金方式融资，同时海航集团的股权质押被券商否决，高盛也暂停了海航集团旗下公司的上市承销运作。2017 年 11 月，海航集团发行了利率高达 8.875% 的一笔 363 天期限的美元债，被外界视为资金短缺、流动性风险提高的迹象。而且国际评级公司标准普尔考虑到 11 月底海航集团的债务总额已达人民币 6375 亿元，可能面临借贷成本的上升，于是将海航集团的信用评级由 B+ 降为 B 级。在评级降低、股权质押被冻结、债券价格降低和融资成本提高的多重刺激下，海航集团旗下多家 A 股上市公司陆续停牌，2018 年 2 月两只未停牌的上市公司（海航创新股份有限公司与海越控股集团有限公司）股票的股价相较于 2015 年牛市顶峰时下跌 60% 以上。

2018 年 7 月，时任海航集团董事长的王健在法国意外跌落离世，陈峰重新主持海航集团工作，他明确要回归航空核心主业，继续加快资产处置进程，加大融资力度。他说："原则上非主业业务剥离、非健康产业退出，未来聚焦航空运输主业，非主业的，再盈利也不要了。"2018 年 11 月，海航控股向 7 家银行组成的银团申请贷款 75 亿元用于航空主业经营性支出。2019 年 3 月，海航控股出售了 2 架自有波音 737-800 飞机，海航集团折价转让了位于香港太平山顶的卢吉道 27 号屋地。2019 年 6 月海航集团还将旗下海南财富海湾置业有限公司 100% 股权挂牌出售。尽管如此，2019 年 7 月 29 日海航集团到期的 15 亿元"16 海航 02"债券出现违约，而且海航集团仍有几百亿债券未还。之后海航控股继续进行飞机出售，2019 年 6 月出售 18 架飞机，9 月出售 9 架飞机。同时海航集团也在出售其持有的股权，9 月减持凯撒旅游股份，公告向第二大股东新合作集团出售供销大集 3 亿股股份。到 2019 年底，海航资金短缺的困境仍未解决，资产负债率仍高达 70% 以上，并出现了拖欠员工工资的情况。

4. 破产重整

海航集团董事长陈峰在 2020 年新年献词称 2020 年是海航化解流动性风险的"决胜之年"，计划在 2020 年继续出售 3000 亿元资产，将资产负债率降至 70% 以下。然而市场环境总是充满变数，2020 年 1 月新冠疫情暴发，这次的海航集团没有 2003 年"非典"疫情时那么幸运了。由于停工停产、全国居家隔离，作为海航集团主要现金流来源的海航控股航班取消、业绩大幅下滑，同时资产处置的进程也被无限推迟。2020 年 1 月，海航旅游集团有限公司被海南省第一中级人民法院列为被执行人。2020 年 2 月，海南省政府牵头成立"海南省海航集团联合工作组"，正式接管海航集团，负责推进海航集团的风险处置。海航集团前高管确认，"此前，有关部门认为过去一年，海航的自救已经失败。"在厘清海航集团复杂的财务状况、公司架构、债权关系和股权关系后，联合工作组开始着手制订破产重整方案。2021 年 1 月 29 日，海南省高级人民法院向海航集团发出《通知书》，主要内容为：相关债权人因海航集团不能清偿到期债务，申请法院对海航集团破产重整。2021 年 2 月，海航集团依法进入破产重整程序，具体为航空主业、机场板块、供销大集三大板块主体单独招募战略投资者重整（对应 *ST 海航、*ST 基础和 *ST 大集 3 家上市公司），海航集团等 321 家企业合并重整。截至 2021 年 10 月 23 日，海航集团及相关企业破产重整案的各重整计划（草案）均已获得表决通过。

📝 **讨论题：**

1. 海航集团破产重整的原因是什么？

2. 为何海航集团会进行破产重整而不是破产和解或破产清算？

3. 查阅资料，试对海航集团的破产重整程序进行分析。

第十二章

并购的会计与税务处理

一、企业合并的会计处理

（一）会计意义上的企业合并概念和分类

1. 企业合并的概念

根据《企业会计准则第 20 号——企业合并》，"企业合并，是指将两个或者两个以上单独的企业合并形成一个报告主体的交易或事项"。

根据上述定义，企业合并在会计意义与法律意义上是有所区别的。《公司法》所指的企业合并是指两个或两个以上的企业合并为一个企业的交易，参与合并的其他企业注销解散。而会计意义上的企业合并是指多个企业合并为一个报告主体。一家法人企业当然是一个报告主体，但是，一个报告主体可以不是法人企业。

2. 企业合并的分类

根据《企业会计准则第 20 号——企业合并》中的定义，企业合并可以分为以下 4 类。

（1）吸收合并

吸收合并是指一家企业（合并方）通过企业合并取得其他企业（被合并方）的全部净资产，合并后被合并方的法人资格被注销，被合并方原有的资产与负债在合并后成为合并方的资产与负债。

（2）新设合并

新设合并是指两家或两家以上的企业以其净资产换取新设立企业的股权，参与合并的各方在合并后法人资格均被注销，新设立的企业成为唯一的经济主体和法律主体。

（3）控股合并

在控股合并中，合并方（或购买方）在企业合并中取得被合并方（或被购买方）的控制权，被合并方在合并后仍然保持其独立的法人资格并继续经营。通常，获得控制权的企业称为母公司，而被控制的企业称为子公司，他们都是独立的经济主体和法律主体，但是他们又形成了一个新的经济主体，即企业集团。

在股权收购的重组交易中，收购方支付对价收购被收购企业的股权，从而获得对被收购企业的控制权。所以，经济上的股权收购在会计上就属于企业合并的范畴。

在控股合并中，会计主体不再局限于单个的企业，而是突破法律主体的界限，扩大为包括多个独立核算单位在内的整个经济实体，即合并会计主体。合并会计主体是指由母公司和纳入合并范围的子公司组成的企业集团。

（4）业务合并

《企业会计准则第 20 号——企业合并》第三条规定："涉及业务的合并比照本准则规定处理。"根据企业合并会计准则应用指南中的规定，"业务，是指企业内部某些生产经营活动或资产的组合，该组合一般具有投入、加工处理过程和产出能力，能够独立计算其成本费用或所产生的收入，但不构成独立法人资格的部分。比如，企业的分公司、不具有独立法人资格的分部等"。

在资产收购的重组交易中，收购企业不是收购被收购企业的股权，而是直接收购被收购企业的全部或部分资产，收购交易完成后，被收购企业仍然存在，只是其资产结构发生了变化，其资产包括未被收购的资产和收购企业支付的对价。在资产收购交易中，如果收购的资产构成了业务，按照企业合并准则的规定，"比照本准则规定处理"。因此，我们认为业务收购也是会计意义上的一种企业合并，即业务合并。

应注意的是，在业务合并交易中，收购企业除了收购构成业务的资产组合外，可能还会承担与业务和资产相关的负债。

（二）企业合并的会计处理方法

从世界范围看，企业合并的会计处理方法主要有两种，即购买法和权益联合法。这两种方法不仅会计处理过程不同，对合并后企业的财务状况和经营成果产生的影响也不同。

1. 购买法

购买法是指按照一家企业购买另一家企业的方式来处理企业合并的会计处理方法。购买法将企业合并视为一项资产的购买交易，这一交易在会计处理上与购买普通资产的处理方法基本相同，即相当于以一定的价格购买被合并企业的全部资产，包括机器设备、厂房、存货等项目，同时承担被合并企业的负债。既然购买企业与购买一般资产具有相同的性质，那么就应该用购买成本来计量被购买企业的价值，即被购买企业的资产和负债以其在被购买时的公允价值记录在购买企业的账簿或会计报表中。当购买价格超过了所购买企业可辨认净资产的公允价值时就产生了商誉，商誉就是购买成本与被购买企业可辨认净资产公允价值的差额。

在购买法下，被购买企业的留存收益是购买成本的组成部分。因此，在购买日，被购买方没有留存收益项目余额，其合并利润表仅包括购买方的利润，在合并期末的合并利润表反映了购买方全年的利润和被购买方在购买日后所实现的利润。

在购买法下，企业合并通常会确认商誉。尽管商誉不是因为企业合并而产生的，但却是因为合并才确认于会计报表。由于并购交易越来越活跃，商誉的金额越来越大，如何处理商誉，成为会计实务中的热门话题。

商誉反映了企业发展过程中产生的良好信誉，体现了一个企业未来的超额盈利能力，构成了企业整体价值的重要组成部分，是一项重要的无形资产（商誉是经济意义上的无形资产，不属于会计意义上的无形资产）。它与一般的无形资产（如专利权、商标权等）相比，有一定的区别。

影响商誉价值的因素众多，且不同因素对商誉价值的影响无法单独区分。因此，商誉是各种因素综合影响的结果，无法分开出售转让。此外，商誉的价值存在很大的不确定性，难以计量。所以，会计不确认企业自创商誉，而只确认外购商誉，即因合并而产生的商誉。

对商誉的会计处理主要有以下几种观点。

（1）分期摊销法

这种方法是把商誉单独确认为一项资产，在一定的年限内加以分期摊销。购买企业时发生的商誉所代表的是购买企业为了在以后若干年度取得未来经济利益而发生的支出，随着时间的推移，未来价值逐渐转化为现实的收益，所以需要将商誉在以后一定时期内按期摊销。

（2）减值测试法

这种方法认为既然商誉反映是未来的超额盈利能力，只要未来的超额盈利能力没有发生变化，其价值就不变。因此，如果未来的超额盈利能力下降，商誉就发生了减值，减值部分应该计入当年的损益。所以，要求企业在每个会计年度终了进行减值测试，而不是每年进行摊销。

（3）立即注销法

即在合并时将商誉直接冲减所有者权益而注销。这种方法认为，商誉价值具有很大的不确定性且不能单独存在，应谨慎对待合并后商誉的价值及其效用的存在和发挥；同时该方法认为，商誉是与股权交易结合在一起的，代表购买企业的资本损失。因此，应将商誉直接冲减股东权益，而不是计入损益。

（4）永久保留法

这种方法是把商誉作为一项资产，永久保留而不予摊销或进行减值。

上述方法中，前两种应用较多。商誉是摊销还是减值，在理论界和实务界存在不同的看法。实际上，两种方法各有优缺点。理论上讲，减值测试法能更好地反映资产的质量和价值，更为合理。但是，减值测试过程存在较大的主观性，因此容易产生较大的操纵空间。

2. 权益联合法

权益联合法把企业合并看成是参与合并各企业经济资源的联合，是权益联合的行为，而不是一家企业对另一家企业净资产的购买交易行为。所以，其资产和负债的计价不需要调整为公允价值，依然按其账面价值予以合并，不存在商誉的确定和计量的问题。在权益联合法中，股权交换的结果使得被合并企业的股东不再直接持有被合并企业的股权，而是将持有的被合并企业股权转为持有合并企业的股权，继续间接享有被合并企业的经营和净资产的权益。可见权益联合并没有改变原各方股东的权益，只是对企业的权益结构进行了调整。从这个意义上讲，权益联合并没有改变会计的持续经营假设，那么建立在该假设基础上的历史成本等一系列会计处理原则也不应当变更。

3. 购买法和权益联合法的比较

（1）购买法和权益联合法对财务报表信息的影响

购买法和权益联合法的会计处理不同，对财务报表信息和财务指标的影响也不同。

在购买法下，购买方按照公允价值对资产和负债进行计量；而权益联合法则继续沿用资产和负债的账面价值，也不确认商誉。因此，在物价上涨或被购买方的资产质量较好的情况下，采用购买法报告的净资产价值通常高于采用权益联合法所报告的净资产价值。

在权益联合法下，被合并企业全年的损益都并入合并企业当年的利润表，而在购买法下仅仅将被合并企业在合并日后产生的损益并入合并企业的利润表。此外，由于被合并企业净资产的公允价值往往大于其原账面价值，在购买法下合并企业未来的折旧和摊销会相应地提高。因此，采用购买法合并企业的净利润往往较低，而采用权益联合法合并企业的净利润较高。相应地，在购买法下，合并企业的净资产收益率相对较低；在权益联合法下，合并企业的净资产收益率则较高。

（2）企业合并会计处理方法的选择

长期以来，权益联合法不断受到质疑，最大的质疑是权益联合法可能操纵会计利润。因此，美国财务会计准则委员会在2001年6月公布了《财务会计准则141号——公司合并》，规定从2001年7月起，要求所有的企业合并均应按照购买法进行会计处理。2004年3月，国际会计准则理事会发布国际财务报告准则第三号《企业合并》，明确要求所有的企业合并均需采用购买法核算，禁止采用权益联合法。

各国会计准则逐渐放弃权益联合法的理由是，购买法能更好地反映合并交易的经济实质。主要表现在，一是购买法能更好地反映对于被收购主体的投资，二是购买法能提高所报告财务信息的可比性，三是购买法能提供更为全面的财务信息。

我国《企业会计准则第20号——企业合并》根据我国的实际情况，将企业合并分为同一控制下的企业合并和非同一控制下的企业合并，规定同一控制下的企业合并采用权益联合法核算，而非同一控制下的企业合并采用购买法进行会计处理。

（三）合并日或购买日的确定

企业应当在合并日或购买日确认因企业合并取得的资产、负债。按照《企业合并会计准则》第五条和第十条规定，合并日或购买日是指合并方或购买方实际取得被合并方或被购买方控制权的日期，即被合并方或被购买方的净资产或生产经营决策的控制权转移给合并方或购买方的日期。

同时满足下列条件的，通常可认为实现了控制权的转移。

（1）企业合并合同或协议已获股东大会等通过。

（2）企业合并事项需要经过国家有关主管部门审批的，已获得批准。

（3）参与合并各方已办理了必要的财产权转移手续。

（4）合并方或购买方已支付了合并价款的大部分（一般应超过50%），并且有能力、有计划支付剩余款项。

（5）合并方或购买方实际上已经控制了被合并方或被购买方的财务和经营决策，并享有相应的利益、承担相应的风险。

（四）同一控制下企业合并的会计处理

1. 同一控制下企业合并的定义

《企业会计准则第20号——企业合并》第五条规定："参与合并的企业在合并前后均受同一方或相同的多方最终控制且该控制并非暂时性的，为同一控制下的企业合并。同一控制下的企业合并，在合并日取得对其他参与合并企业控制权的一方为合并方，参与合并的其他企业为被合并方。合并日是指合并方实际取得对被合并方控制权的日期。"

同一方，是指对参与合并的企业在合并前后均实施最终控制的投资者。相同的多方，通常是指根据投资者之间的协议约定，在对被投资单位的生产经营决策行使表决权时发表一致意见的两个或两个以上的投资者。控制并非暂时性，是指参与合并的各方在合并前后较长的时间内受同一方或相同多方最终控制。较长的时间通常指一年以上（含一年）。同时还要求，同一控制下企业合并的判断，应当遵循实质重于形式的原则。

2. 同一控制下企业合并的会计处理原则

根据企业合并会计准则的规定，同一控制下企业合并的会计处理，应遵循以下原则。

（1）合并方在企业合并中取得的资产和负债，应当按照合并日被合并方的账面价值计量。合并方取得的净资产账面价值与支付的合并对价账面价值（或发行股份面值总额）的差额，应当调整资本公积；资本公积不足冲减的，调整留存收益（依次冲减盈余公积和未分配利润）。

（2）在同一控制下的企业合并中，被合并方采用的会计政策与合并方不一致的，合并方在合并日应当按照本企业会计政策对被合并方的财务报表相关项目进行调整，在此基础上按照本准则规定确认。

（3）合并方为进行企业合并发生的各项直接相关费用，包括为进行企业合并而支付的审计费用、评估费用、法律服务费用等，应当于发生时计入当期损益。为企业合并发行的债券或承担其他债务支付的手续费、佣金等，应当计入所发行债券及其他债务的初始计量金额。企业合并中发行权益性证券发生的手续费、佣金等费用，应当抵减权益性证券溢价收入；溢价收入中不足冲减的，冲减留存收益。

3. 同一控制下吸收合并的会计处理

在同一控制下的吸收合并中，合并方主要涉及在合并日取得被合并方资产和负债的入账价值的确定，以及合并中支付的合并对价账面价值与取得的净资产入账价值差额的处理。

合并方在吸收合并中取得的资产和负债按其原账面价值入账。如果合并双方在合并前的会计政策不一致的，先按合并方的会计政策对被合并方的资产和负债进行调整，按调整后的账面价值入账。

以发行权益性证券作为支付对价的，应按所确认的净资产账面价值与发行的股份面值的差额，调整资本公积，资本公积不足冲减的，调整盈余公积和未分配利润。

▶ **案例 12-1**

　　2020 年 6 月 30 日，A 公司宣布吸收合并 B 公司，A 公司以发行 65 万股普通股票（每股面值 1 元，市场价值 2 元）获得 B 公司的全部资产，并承担其全部负债。合并后，B 公司失去法人资格。当天，B 公司的资产负债表（包括账面价值和公允价值）如表 12-1 所示。

表 12-1　B 公司资产负债表（2020 年 6 月 30 日）

资产	账面价值 / 元	公允价值 / 元	负债及股东权益	账面价值 / 元	公允价值 / 元
货币资金	50000	50000	短期借款	40000	40000
应收账款	150000	140000	应付账款	60000	60000
存货	200000	250000	长期借款	200000	200000
固定资产净值	550000	810000	股本	500000	1100000
无形资产	50000	150000	资本公积	150000	
			留存收益	50000	
合计	1000000	1400000	合计	1000000	1400000

假设 A 公司和 B 公司都是 M 公司的全资子公司，并假设合并前 A、B 公司采用相同的会计政策。

该合并的会计处理分析如下。

合并双方在合并前都是 M 公司的全资子公司，该合并为同一控制下的企业合并。合并后，被合并方 B 公司失去法人资格，该合并为吸收合并。因此，合并方 A 公司应以账面价值确认在合并中取得的 B 公司的各项资产和负债。

A 公司对该项合并应进行如下会计处理。

借：货币资金		50000
应收账款		150000
存货		200000
固定资产		550000
无形资产		50000
贷：短期借款		40000
应付账款		60000
长期借款		200000
股本		650000
资本公积		50000

4. 同一控制下控股合并的会计处理

在控股合并中，合并方通过"长期股权投资"科目进行核算。

合并方以支付现金、转让非现金资产作为合并对价的，应当以所取得的被合并方账面净资产的份额作为长期股权投资的初始投资成本，差额调整资本公积；资本公积不足冲减的，调整盈余公积和未分配利润。

合并方以发行权益性证券作为对价的，应按所取得的被合并方账面净资产的份额作为长期股权投资成本，该成本与所发行股份面值总额之间的差额，应当调整资本公积；资本公积不足冲减的，调整盈余公积和未分配利润。

在控股合并中，企业合并形成了母子公司关系，母公司应当编制合并日的合并资产负债表、合并利润表和合并现金流量表。

合并资产负债表中，被合并方的各项资产、负债，应当按照其账面价值计量。因被合并方采用的会计政策与合并方不一致，按照合并会计准则规定进行调整的，应当以调整后的账面价值计量。

合并利润表应当包括参与合并各方自合并当期期初至合并日所发生的收入、费用和利润。被合并方在合并前实现的净利润，应当在合并利润表中单列项目反映。

合并现金流量表应当包括参与合并各方自合并当期期初至合并日的现金流量。

在合并资产负债表中，对于被合并方在合并日以前实现的留存收益中归属于合并方的部分，应根据不同情况进行适当调整，自资本公积转入留存收益。

▶ 案例 12-2 ┄┄┄┄┄┄┄┄┄┄┄┄┄┄┄┄┄┄┄┄┄┄┄┄┄┄┄┄┄┄┄┄┄┄┄

除 A 公司发行 65 万股普通股向其母公司收购 B 公司 100% 股权外，基本事实同案例 12-1。

该合并的会计处理分析如下。

该企业合并中，A 收购了 B 公司全部股权。合并后，B 公司成为 A 公司的全资子公司。因此，该合并为同一控制下的控股合并。

B 公司净资产的账面价值为 70 万元，A 公司发行股份的面值为 65 万元。因此，A 公司在合并日应进行会计处理如下。

借：长期股权投资　　　　　　　　　700000
贷：股本　　　　　　　　　　　　　650000
　　资本公积　　　　　　　　　　　 50000

在上述处理后，A 公司在合并日编制合并资产负债表时，对于合并前 B 公司实现的留存收益归属于合并方的部分（5 万元），应自资本公积转入留存收益。在合并工作底稿中，应编制调整分录如下。

借：资本公积　　　　　　　　　　　 50000
贷：留存收益　　　　　　　　　　　 50000

（五）非同一控制下企业合并的会计处理

《企业会计准则第 20 号——企业合并》第十条规定："参与合并的各方在合并前后不受同一方或相同的多方最终控制的，为非同一控制下的企业合并。非同一控制下的企业合并，在购买日取得对其他参与合并企业控制权的一方为购买方，参与合并的其他企业为被购买方。购买日，是指购买方实际取得对被购买方控制权的日期。"

1. 购买方的认定

非同一控制下的企业合并会计处理是从购买方的角度来看待企业合并的，因此，认定购买方是其会计处理的第一步。在企业合并中，通常会有一个参与合并的企业能够对其他参与合并企业形成控制，所以购买方就是控制了其他合并主体或业务的合并主体。

通常情况下，在判断购买方时要考虑以下因素。

（1）以支付现金、转让非现金资产或承担负债的方式进行的企业合并，一般支付现金、转让非现金资产或承担负债的一方为购买方。

（2）考虑参与合并各方的股东在合并后主体的相对投票权，其中股东在合并后主体持有相对较高投票比例的一方一般为购买方。

（3）参与合并各方的管理层对合并后主体生产经营决策的主导能力，如果合并导致参与合并一方的管理层能够主导合并后主体生产经营决策的制定，其管理层能够实施主导作用的一方一般为购买方。

（4）参与合并一方的公允价值远远大于另一方的，公允价值较大的一方很可能为购买方。

（5）企业合并通过以有表决权的股份换取另一方的现金及其他资产的，则付出现金或其他资产的一方很可能为购买方。

（6）通过权益性互换实现的企业合并，发行权益性证券的一方通常是购买方。

应注意的是，在一个比较特别的企业合并中，发行权益性证券的一方是被购买方。例如，假设 A 公司为一家规模较小的上市公司，B 公司为一家规模较大的非上市公司。B 公司拟通过收购 A 公司的方式达到上市目的，但该交易是通过 A 公司向 B 公司股东定向增发普通股用以交换 B 公司股东持有的 B 公司股权方式实现的。该项交易完成后，B 公司原股东持有 A 公司超过 50% 的有表决权的股份，从而成为 A 公司控制人，拥有 A 公司的控制权。虽然从法律角度看，A 公司是母公司，B 公司为子公司，但从会计角度看，A 公司是被购买方，B 公司是购买方。这种收购通常被称为反向收购。通过反向收购实现上市的方式，称为借壳上市。

2. 合并成本的确定

根据《企业会计准则第 20 号——企业合并》的规定，合并成本为购买方在购买日为取得对被购买方的控制权而付出的资产、发生或承担的负债，以及发行的权益性证券的公允价值。具体包括如下几类。

（1）作为合并对价的现金及非现金资产的公允价值。以非货币性资产作为合并对价的，其合并成本为所支付对价的公允价值。该公允价值与作为合并对价的非货币性资产账面价值的差额，作为资产处置损益，计入合并当期的利润表。

（2）发行的权益性证券的公允价值。

（3）因企业合并发生或承担的债务的公允价值。因企业合并而承担的各项负债，应采用按照适用利率计算的未来现金流量的现值作为其公允价值。

（4）或有对价的公允价值。某些情况下，合并各方可能在合并协议中约定根据未来一项或多项或有事项的发生，购买方通过发行额外证券、支付额外现金或其他资产等方式追加合并对价，或者要求返还之前已经支付的对价。购买方应当将合并协议约定的或有对价作为企业合并转移对价的一部分，按照其在购买日的公允价值计入企业合并成本。

3. 被购买方可辨认资产和负债的公允价值确认方法

购买方应当按照以下规定确定合并中取得的被购买方各项可辨认资产、负债及或有负债的公允价值。

（1）货币资金，按照购买日被购买方的账面余额确定。

（2）有活跃市场的股票、债券、基金等金融工具，按照购买日活跃市场中的市场价格确定。

（3）应收款项，其中短期应收款项一般按照应收取的金额作为其公允价值；长期应收款项，应按适当的利率折现后的现值确定其公允价值。在确定应收款项的公允价值时，应考虑发生坏账的可能性及相关收款费用。

（4）存货，对其中的产成品和商品按其估计售价减去估计的销售费用、相关税费及购买方出售类似产成品或商品估计可能实现的利润确定；在产品按完工产品的估计销价减去至完工仍将发生的成本、估计的销售费用、相关税费及基于同类或类似产成品的基础上估计出售可能实现的利润确定；原材料按现行重置成本确定。

（5）不存在活跃市场的金融工具如权益性投资等，应当参照《企业会计准则第 22 号——金融工具确认和计量》的规定，采用估值技术确定其公允价值。

（6）房屋建筑物、机器设备、无形资产，存在活跃市场的，应以购买日的市场价格为基础确定其公允价值；不存在活跃市场，但同类或类似资产存在活跃市场的，应参照同类或类似资产的市场价格确定其公允价值；同类或类似资产也不存在活跃市场的，应采用估值技术确定其公允价值。

（7）应付账款、应付票据、应付职工薪酬、应付债券、长期应付款，其中的短期负债，一般按照应支付的金额确定其公允价值；长期负债，应按照适当的利率折现后的现值作为其公允价值。

（8）取得的被购买方的或有负债，其公允价值在购买日能够可靠地计量的，应确认为预计负债。此项负债应当按照假定第三方愿意代购买方承担，就其所承担义务需要购买方支付的金额作为其公允价值。

（9）递延所得税资产和递延所得税负债，取得的被购买方各项可辨认资产负债及或有负债的公允价值与其计税基础之间存在差额的，应当按照《企业会计准则第18号——所得税》的规定确认相应的递延所得税资产或递延所得税负债，所确认的递延所得税资产或递延所得税负债的金额不应折现。

4. 非同一控制下吸收合并的会计处理

购买方在购买日对合并中取得的各项可辨认资产、负债应按其公允价值计量，合并成本大于合并中取得的可辨认净资产公允价值的差额，应当确认为商誉，此处商誉为账面商誉。商誉不摊销，而于每年年末进行减值测试。合并成本小于合并中取得的可辨认净资产公允价值的，差额部分经核实后确认为营业外收入。

> **▶ 案例 12-3**
>
> 　基本事实同案例 12-1。假设 A 公司和 B 公司为非同一控制下的两家独立法人企业。A 公司对 B 公司进行吸收合并。
>
> 　该吸收合并的会计处理分析如下。
>
> 　该企业合并为非同一控制下的吸收合并。A 公司支付的对价为发行的公允价值为 130 万元（65×2）的股份，即合并成本为 130 万元，B 公司可辨认净资产的公允价值为 110 万元，因此，A 公司应确认商誉 20 万元。
>
> 　A 公司在购买日应进行会计处理如下。
>
> | | | |
> |---|---|---|
> | 借：货币资金 | 50000 | |
> | 　应收账款 | 140000 | |
> | 　存货 | 250000 | |
> | 　固定资产 | 810000 | |
> | 　无形资产 | 150000 | |
> | 　商誉 | 200000 | |
> | 贷：短期借款 | 40000 | |
> | 　应付账款 | 60000 | |
> | 　长期借款 | 200000 | |
> | 　股本 | 650000 | |
> | 　资本公积 | 650000 | |

5. 非同一控制下控股合并的会计处理

在非同一控制下控股合并中，购买方应当以付出的资产、发生或承担的负债及发行的权益性证券的公允价值，作为合并中形成的长期股权投资的初始成本。其中，支付合并对价的公允价值与账面价值的差额作为资产处置收益计入当期损益。

在控股合并中，合并形成了母子关系，母公司应当编制购买日的合并资产负债表，因企业合并取得的被购买方各项可辨认资产、负债及或有负债应当以公允价值列示。母公司的合并成本与取得的子公司可辨认净资产公允价值份额的差额部分，应当确认为合并资产负债表中的商誉。商誉不摊销，而于每年年末进行减值测试。

案例 12-4

基本事实同案例 12-1，但 A 公司不是吸收合并 B 公司，而是向 B 公司股东收购其持有的 B 公司 100% 的股权。

该合并的会计处理分析如下。

该合并为非同一控制下的控股合并。长期股权投资成本为 A 公司发行股份的公允价值，即 130 万元，股份的面值金额为 65 万元。

A 公司在购买日应进行如下会计处理。

借：长期股权投资　　　　　　　1300000
贷：股本　　　　　　　　　　　650000
　　资本公积　　　　　　　　　650000

在上述处理中，A 公司应编制合并日的合并资产负债表。合并资产负债表中，由于长期股权投资成本 130 万元大于被购买公司可辨认净资产公允价值份额 110 万元，因此会产生 20 万元的合并商誉。

二、并购重组的税务处理

并购重组是经济资源的重新配置，也是并购重组各方经济利益的重新组合。在并购重组过程中必然涉及物流和资金流，而物流和资金流是税务关注的对象。因此，并购重组的税务后果亦成为设计选择并购重组方案的重要考虑因素之一。

在并购重组中，重组各方通常会涉及所得税、增值税、土地增值税、印花税、契税等税种中的一种或多种。但其中最重要、最复杂的税收制度安排和税务处理无疑是有关企业所得税的制度安排和处理。本节主要讨论并购重组企业所得税的税务处理问题。

（一）并购重组税务处理概述

我国的企业并购重组是改革开放后出现的新经济活动和现象。由于初期时企业并购范围比较小，总金额也不大，所以国家一直没有出台相关政策进行规制；直到 1997 年，我国才开始对并购重组制定相关税收法规，陆续出台了一系列文件对并购重组税务处理进行规范。其中比较有针对性的有：1998 年 6 月国家税务总局颁布实施的国税〔1998〕97 号《企业改制中若干所得税问题的暂行规定》；2000 年 6 月国家税务总局颁布实施的国税〔2000〕119 号《关于企业合并分立业务有关所得税问题的通知》；2004 年 3 月国家税务总局颁布实施的国税〔2004〕390号《关于企业股权转让有关所得税问题补充规定的通知》。

2008年1月1日生效的《中华人民共和国企业所得税法》（以下简称《企业所得税法》）重塑了我国企业所得税法的体系。《企业所得税法》生效后，原有的关于企业并购重组税务处理的规定基本都已作废。因此，关于企业并购重组的税务处理，主要应关注《企业所得税法》颁布以后的法律、法规和相关规定。

《中华人民共和国企业所得税法实施条例》第七十五条规定："除国务院财政、税务主管部门另有规定外，企业在重组过程中，应当在交易发生时确认有关资产的转让所得或者损失，相关资产应当按照交易价格重新确定计税基础。"该条规定确定了企业并购重组所得税的基本原则，即企业并购重组在交易发生时确认所得或损失是一般原则，而在交易发生时不确认所得或者损失是该一般原则的例外。为了落实企业所得税法和实施条例有关并购重组所得税处理的原则，2009年5月财政部和国家税务总局颁布了财税〔2009〕59号《关于企业重组业务企业所得税处理若干问题的通知》（以下简称59号文）。59号文被认为是一个里程碑，对我国企业并购重组中的企业所得税问题做了比较全面的规定和解释，也使我国并购重组的税务处理与国际上通行的惯例接轨。除了59号文外，其他主要相关政策法规包括：《关于企业清算业务企业所得税处理若干问题的通知》（财税〔2009〕60号）;《国家税务总局关于发布〈企业重组业务企业所得税管理办法〉的公告》（国家税务总局公告2010年〔第4号〕，以下简称4号公告）。2014年，为贯彻落实《国务院关于进一步优化企业兼并重组市场环境的意见》（国发〔2014〕14号），财政部、国家税务总局出台了《关于促进企业重组有关企业所得税处理问题的通知》（财税〔2014〕109号，以下简称109号文）。2015年，国家税务总局颁布了《关于资产（股权）划转企业所得税征管问题的公告》（国家税务总局公告2015年〔第40号〕）和《关于企业重组业务企业所得税征收管理若干问题的公告》（国家税务总局公告2015年〔第48号〕，以下简称48号文），对企业并购重组所得税政策进行了调整和完善。这些政策法规初步构筑了我国企业并购重组的所得税规则。

1. 中国税法上的企业并购重组定义和类型

税法意义上的并购重组与前文所述经济意义、会计意义上的并购重组存在区别。59号文第一条规定："本通知所称企业重组，是指企业在日常经营活动以外发生的法律结构或经济结构重大改变的交易，包括企业法律形式改变、债务重组、股权收购、资产收购、合并、分立等。"根据59号文，企业重组包括如下6种类型。

（1）企业法律形式改变，指企业注册名称、住所以及企业组织形式等的简单改变，但为其他重组类型涵盖的除外。

（2）债务重组，指在债务人发生财务困难的情况下，债权人按照其与债务人达成的书面协议或者法院裁定书，就其债务人的债务做出让步的安排。

（3）股权收购，指一家企业（收购企业）购买另一家企业（被收购企业）的股权，以实现对被收购企业控制的交易。收购企业支付的对价包括股权支付、非股权支付或两者的组合。

（4）资产收购，指一家企业（受让企业）购买另一家企业（转让企业）实质经营性资产的交易。受让企业支付对价的形式包括股权支付、非股权支付或两者的组合。

（5）合并，指一家或多家企业（被合并企业）将其全部资产和负债转让给现存或新设企业（合并企业）。被合并企业股东换取合并企业的股权或非股权支付，实现两个或两个以上企业依法合并。

（6）分立，指一家企业（被分立企业）将部分或全部资产分离转让给现存或新设的企业（分立企业）。被分立企业股东换取分立企业的股权或非股权支付，实现企业的依法分立。

应注意的是，按上述企业重组的定义和分类，税法意义上的企业重组是广义重组的概念，既包括扩张性重组和收缩性重组，还包括其他重组行为。其中，扩张性重组包括股权收购、资产收购、企业合并，收缩性重组包括企业分立，其他重组行为包括企业法律形式改变和债务重组。

本节主要讨论企业合并、股权收购、资产收购和企业分立的企业所得税税务处理。另外，跨境并购重组往往涉及非居民企业作为并购重组当事方的情形，以及企业重组中自然人的所得税问题，囿于篇幅，本节不对此进行具体讨论。

2. 一般性税务处理和特殊性税务处理

并购重组交易在企业所得税方面的税收意义主要体现在3个方面。

一是重组中资产和股权转让是否确认转让所得或损失。如在吸收合并交易中，被合并公司和股东是否确认转让所得或损失。

二是相关资产和负债的税收成本（也称为计税基础或计税成本）如何确定。如在吸收合并中，合并企业取得被合并企业的资产和负债，这些资产和负债的计税基础如何确定；被合并企业的股东取得的支付对价又如何确定其计税基础。

三是被合并企业或被分立企业的税前亏损是否可以结转，由合并企业或分立企业继续进行税前弥补。

59号文将企业重组的税务处理分为一般性税务处理和特殊性税务处理。一般性税务处理是指在企业所得税一般原则下的税务处理，即企业并购重组要在交易发生时确认所得或损失；相关资产和负债的计税基础以其公允价值作为其计税基础。这种确定资产计税基础的原则称为"成本计税基础"规则。如果在一个重组交易中，重组某一当事方收到支付对价确认了所得，则应当调增税基，因为财产的所得已经实现，在以后出售时，因调增了计税基础就不会产生重复纳税。反之，如果确认了损失，则应当调减计税基础，资产的这部分损失将因后来资产的出售而得以回收并纳税。

特殊性税务处理下的税务后果是，不确认资产转让所得或损失；相关资产的计税基础按"计税基础转移"和"计税基础替代"规则确定。"计税基础转移"规则是指，资产受让方在重组中获得资产的计税基础应当等于该资产在资产转让方手中时的计税基础。"计税基础替代"规则是指，用自有换出资产的计税基础替代换入资产的计税基础。该规则的原理在于，保证不因资产的交换获得新资产而产生与直接出售原资产的税收后果不同的税收后果。

3. 特殊性税务处理的条件

根据59号文第五条规定，企业重组同时符合下列条件的，适用特殊性税务处理规定。

（1）具有合理的商业目的，且不以减少、免除或者推迟缴纳税款为主要目的。

（2）被收购、合并或分立部分的资产或股权比例符合本通知规定的比例。

（3）企业重组后的连续12个月内不改变重组资产原来的实质性经营活动。

（4）重组交易对价中涉及股权支付金额符合本通知规定比例。

（5）企业重组中取得股权支付的原主要股东，在重组后连续 12 个月内，不得转让所取得的股权。

59 号文第六条规定："企业重组符合本通知第五条规定条件的，交易各方对其交易中的股权支付部分，可以按以下规定进行特殊性税务处理。"

应注意的是，在一个企业重组交易满足特殊性税务处理条件的情况下，交易各方可以选择一般性税务处理也可以选择特殊性税务处理，即特殊性税务处理为交易各方提供了一个选择或者便利，而非强制适用。4 号公告第四条规定："同一重组业务的当事各方应采取一致税务处理原则，即统一按一般性税务处理或特殊性税务处理。"

为什么企业重组中的股权支付可以采用特殊性税务处理，即递延纳税处理呢？特殊性税务处理的条件规定的意义何在呢？下面我们讨论特殊性税务处理的理论基础。

特殊性税务处理的理论基础是利益持续原则，即企业重组仅仅使目标企业的股东对目标企业资产和经营的投资利益在变化后的企业形态下继续持续，目标公司的股东实质上并没有将其投资利益变现，没有实质上实现其投资的所得或损失。因此，税法给予暂时不确认所得或损失的税收待遇，待股东处置收购公司的股权时予以确认纳税。利益持续原则可以具体分为两个方面的规则，一是股东权益连续性规则，二是企业经营连续性规则。

股东权益连续性规则，是指如果一个重组交易要符合递延纳税的条件，该交易必须满足直接的或间接的股东利益持续要求。显然，实现股东利益持续的最好方式就是目标公司的原股东在新的公司形态下持有该公司的表决权股票，即在重组中收取的对价主要是有表决权的股权对价。符合特殊性税务处理的条件（4）和条件（5）就是体现了股东利益连续性规则的要求。

经营连续性规则要求，在重组交易后，被收购目标公司的资产和业务在新的公司形态下得以继续，而不得将该资产和业务在交易后予以出售或处置。因此，条件规定"企业重组后的连续 12 个月内不改变重组资产原来的实质性经营活动"；同时还要求收购的资产必须是目标公司资产的重大部分。59 号文规定"股权收购，收购企业购买的股权不低于被收购企业全部股权的 75%"，"资产收购，受让企业收购的资产不低于转让企业全部资产的 75%"。为了促进企业重组活动，财税〔2014〕109 号文将上述相应的比例调整为50%，即"股权收购，收购企业购买的股权不低于被收购企业全部股权的 50%"，"资产收购，受让企业收购的资产不低于转让企业全部资产的 50%"。

具有合理商业目的是适用特殊性税务处理的必要条件，其与利益持续原则没有直接关系。设置"合理商业目的"条件是为了确保特殊性税务处理给予纳税人的税收利益不被滥用。48 号文第 5 条进一步规定，企业重组业务适用特殊性税务处理的，申报时应从以下方面逐条说明企业重组具有合理商业目的。

（1）重组活动的交易方式。

（2）重组交易的实质结果。

（3）重组各方涉及的税务状况变化。

（4）重组各方涉及的财务状况变化。

（5）非居民企业参与重组活动的情况。

4. 支付对价

在企业并购重组交易中,一个重要问题是选择何种形式支付对价的问题,支付方式可以采用现金、非现金资产、增发股份或以收购方持有的其他企业股权,或者它们的组合。支付对价的选择将直接影响整个交易的税收待遇。

支付对价可分为股权支付和非股权支付。59号文第二条规定:"本通知所称股权支付,是指企业重组中购买、换取资产的一方支付的对价中,以本企业或其控股企业的股权、股份作为支付的形式;所称非股权支付,是指以本企业的现金、银行存款、应收款项、本企业或其控股企业股权和股份以外的有价证券、存货、固定资产、其他资产以及承担债务等作为支付的形式。"4号公告第六条规定:"《通知》第二条所称控股企业,是指本企业直接持有股份的企业。"

关于支付对价的形式有两点值得关注和讨论。一是关于控制企业的股份。59号文明确控制企业的股份属于股份支付,4号公告将控制企业解释为收购企业直接持有股份的企业,即控股企业为收购方的子公司或参股公司。但是,以控股企业的股权或股份作为支付对价,有可能使重组交易后缺乏利益的持续性,背离了作为特殊性税务处理理论基础的利益持续原则。

以股权收购为例,假设收购公司以其子公司的股权作为支付对价,重组交易后被收购公司的股东持有的是收购公司子公司的股权,不再享有被收购公司原资产和经营的任何利益。根据4号公告的规定,该支付符合股权支付的要求,而根据59号文的相关规定,该重组交易也可能符合特殊性税务处理的其他条件。如果重组各方选择了特殊性税务处理,将导致特殊性税务处理的滥用。

另一个值得关注的问题是非股权支付中"承担债务"的规定。这涉及重组交易对价总额的确定以及股权支付比例的计算。假设T公司的资产公允价值为2亿元,负债的公允价值为0.5亿元,A公司以增发价值为1.5亿元的股份为对价,收购了T公司的全部资产和负债。收购完成后,T公司只有一项资产,即A公司的股份。问题是该资产收购交易的股权支付比例是100%,还是75%?

一种观点认为,在该交易中,A公司收购T公司价值2亿元的资产,以价值1.5亿元的股份和承担0.5亿元的债务来支付,对价总额为2亿元,股权支付比例为75%。因此,该重组不符合特殊性税务处理的要求。

另一种观点认为,A公司收购的是T公司的全部净资产,而0.5亿元的债务属于被收购净资产的一部分,不属于非股权支付。因此,该交易的对价总额为1.5亿元,股权支付比例为100%,符合特殊性税务处理的规定。

从对价理论上分析,观点一更具有科学性;但从有利于促进企业重组交易活动的视角,观点二更为合适。

实际上在企业合并重组交易中也有类似的情形。在合并重组中,合并企业获得了被合并企业的全部资产、承担了其全部负债。如果以被合并企业资产的公允价值作为"交易支付总额",承担债务作为非股权支付,在被合并企业资产负债率较高时,企业合并重组往往不可能满足特殊性税务处理的要求。类似的问题也会出现在企业分立中,在实务中,被分立企业往往将资产和相关债务一并分立,此时分立企业承担的被分立企业的债务是否认定为非股权支付呢?

因此，我国企业重组交易的税务处理规定应进一步完善。在合并重组和分立重组中，承担债务不应认为是"非股权支付"。在资产收购重组中，如果承担的债务是与收购的资产相关联的，则该债务也不应视为是"非股权支付"。

5. 重组当事方和重组日的确定

在企业重组的税务处理中，当事各方的界定具有重要意义。其意义在于，"当事各方"是选择特殊性税务处理的权利主体，也是履行申报义务的责任主体。

（1）"重组当事各方"规定

根据 48 号文第 1 条，"重组当事各方"的规定如下。

按照重组类型，企业重组的当事各方是指如下相关内容。

① 债务重组中当事各方，指债务人、债权人。

② 股权收购中当事各方，指收购方、转让方及被收购企业。

③ 资产收购中当事各方，指收购方、转让方。

④ 合并中当事各方，指合并企业、被合并企业及被合并企业股东。

⑤ 分立中当事各方，指分立企业、被分立企业及被分立企业股东。

特殊性税务处理条件要求"企业重组后的连续 12 个月内不改变重组资产原来的实质经营性活动""企业重组中取得的股权支付的原主要股东，在重组后连续 12 个月内不得转让所取得的股权"。这些规定的目的是保证符合利益持续原则的时间性要求。59 号文规定"'企业重组后的连续 12 个月内'，是指自重组日起计算的连续 12 个月内"。这就涉及重组日的确定问题。

（2）"重组日"的规定

48 号文第三条对"重组日"的规定如下。

① 债务重组：以债务重组合同（协议）或法院裁定书生效日为重组日。

② 股权收购：以转让合同（协议）生效且完成股权变更手续日为重组日。关联企业之间发生股权收购，转让合同（协议）生效后 12 个月内尚未完成股权变更手续的，应以转让合同（协议）生效日为重组日。

③ 资产收购：以转让合同（协议）生效且当事各方已进行会计处理的日期为重组日。

④ 合并：以合并合同（协议）生效、当事各方已进行会计处理且完成工商新设登记或变更登记日为重组日。按规定不需要办理工商新设或变更登记的合并，以合并合同（协议）生效且当事各方已进行会计处理的日期为重组日。

⑤ 分立：以分立合同（协议）生效、当事各方已进行会计处理且完成工商新设登记或变更登记日为重组日。

（二）企业合并的所得税税务处理

1. 企业合并的交易结构

在企业合并交易中，被合并企业将其全部资产和负债转让给另一家现存企业（吸收合并）或新设企业（新设合并），被合并企业股东换取合并企业的股权或非股权支付，被合并企业依法解散注销。因此，一个合并重组交易可以分解为两个独立的交易行为。

一是合并企业接受被合并企业转让的全部资产和负债（即净资产），并支付对价给被合并企业。在吸收合并中，合并企业可以以股份（自身股份或控股企业的股份）、现金、非现金资产或其组合作为支付对价。而在新设合并中，合并企业（新设企业）以自身股份作为支付对价。二是被合并企业向其股东分配收到的对价并收回自身股份，随后被合并企业注销解散。根据上述合并交易的分解，一个完整的企业合并交易将涉及财产交换的税法规则和公司的清算分配规则。因此，下面我们先讨论企业注销清算的所得税处理。

2. 企业注销清算的所得税处理

企业注销清算在所得税处理上主要有两个方面。一是企业清算，视为企业将全部资产负债进行处置，计算处置所得并缴纳企业所得税。二是企业股东清算，企业清算后的剩余资产归股东所有，视为股东收回投资。其中收回股权投资成本部分不征税，归属于股东利润分配部分按规定免征税，其余部分为股权转让所得，按规定纳税。股东收回金额低于投资成本的，视为股权投资损失，企业股东可以按规定税前扣除。

企业清算所得税处理包括如下内容。

（1）全部资产均应按可变现价值或交易价格，确认资产转让所得或损失。

（2）确认债权清理、债务清偿的所得或损失。

（3）改变持续经营核算原则，对预提或待摊性质的费用进行处理。

（4）依法弥补亏损，确定清算所得。

（5）计算并缴纳清算所得税。

（6）确定可向股东分配的剩余财产、应付股息等。

上述（1）至（5）点是企业清算，第（6）点是股东清算。

案例 12-5

某企业清算时的资产和负债如下：资产的账面价值 1800 万元，计税基础 1800 万元，可变现价值 2500 万元；负债 1000 万元；所有者权益 800 万元，其中股东股权投资成本为 500 万元。企业清算时支付清算费用 10 万元，负债中有 100 万元未支付，无法弥补亏损。

依据税收政策规定，按如下计算企业清算所得和股东清算所得。

（1）企业清算所得：(2500-1800)+100-10=790 万元。

（2）企业清算所得税：790 × 25%=197.5 万元。

（3）企业留存收益：(800-500)+(790-197.5)=892.5 万元。

（4）企业税后剩余资产：2500-900-10-197.5=1392.5 万元。

（5）股东清算所得：1392.5-892.5-500=0。

企业股东获得的股息 892.5 万元为免税收入。

---

3. 企业合并一般性税务处理

根据 59 号文第四条第四项规定，企业合并，当事各方应按下列规定处理。

（1）合并企业应按公允价值确定接受被合并企业各项资产和负债的计税基础。

（2）被合并企业及其股东都应按清算进行所得税处理。

（3）被合并企业的亏损不得在合并企业结转弥补。

上述规定即为企业合并重组的一般性税务处理，即企业合并的各方按税法的一般性原则在重组交易当期即期纳税的税务处理。在企业合并中，如果不符合特殊性税务处理或虽符合但合并各方选择一般性税务处理的：第一，被合并企业及其股东都应按清算进行所得税处理，同时被合并企业的亏损也当然由自己的清算所得进行弥补，不得在合并企业结转弥补；第二，既然被合并企业已经按公允价值视同销售计算了清算所得并纳税，那么合并企业理所当然应按公允价值确定接受被合并企业各项资产和负债的计税基础。因此，企业合并的一般性税务处理包括两个方面。

第一，一般性税务处理的所得或损失确认。

被合并企业在以公允价值处置其资产和负债给合并企业的交易中，被合并企业应确认所得或损失，其金额由资产的公允价值与资产的计税基础的差额确定。

同时，被合并企业清算分配中，被合并企业及其股东应进行清算所得税处理。

合并企业如果支付的对价包括非货币性资产等非股权支付，也应视同销售，确认其转让或损失。其金额等于非股权支付的公允价值减去其计税基础。

第二，一般性税务处理的计税基础确定。

合并企业接受被合并企业的资产和负债，按公允价值作为计税基础。

▶ 案例 12-6

2021 年 6 月 30 日，P 公司以自身增发的价值 1000 万元的股份和 500 万元现金作为对价，对 T 公司进行吸收合并，并于当日取得了 T 公司的全部资产和负债。T 公司全部资产的账面价值为 2500 万元，计税基础为 2800 万元，公允价值为 3000 万元；负债账面价值 1500 万元，公允价值 1500 万元。所有者权益构成为：实收资本 500 万元、资本公积（资本溢价）100 万元、盈余公积 200 万元、未分配利润 200 万元。

该企业合并的税务处理分析如下。

（1）计算该交易的股权支付比例：1000÷1500=66.67%。股权支付比例小于 85%，不满足特殊性税务处理的条件，应按一般性税务处理。

（2）计算被合并企业 T 公司在交易中的所得：(3000-2800)+(1500-1500)=200 万元。

（3）被合并企业及其股东的清算处理如下。

在本例中假设不存在清算费用及相关税费，则 T 公司的清算所得为 200 万元，因此，T 公司的清算所得税为 50 万元（即 200×25%=50 万元）。

T 公司可向股东分配的剩余财产为 1450 万元（即 3000-1500-50=1450 万元）。其中，属于股东的投资成本 600 万元，即 500 万元的注册资本加上 100 万元的资本溢价；属于利润分配所得为 550 万元，即盈余公积、未分配利润和公司的税后清算所得。因此 T 公司股东的股权转让所得为 300 万元（即 1450-600-550=300 万元）。

（4）P 公司接受的资产和负债，其计税基础为公允价值；T 公司股东取得的 P 公司股份计税基础为 1000 万元。

4. 企业合并的特殊性税务处理

（1）适用特殊性税务处理的条件

59 号文第六条第四项规定，企业合并，企业股东在该企业合并发生时取得的股权支付金额不低于其交易支付总额的 85%，以及同一控制下且不需要支付对价的企业合并，可以选择按以下规定处理。

①合并企业接受被合并企业资产和负债的计税基础，以被合并企业的原有计税基础确定。

②被合并企业合并前的相关所得税事项由合并企业承继。

③可由合并企业弥补的被合并企业亏损的限额＝被合并企业净资产公允价值 × 截至合并业务发生当年年末国家发行的最长期限的国债利率。

④被合并企业股东取得合并企业股权的计税基础，以其原持有的被合并企业股权的计税基础确定。

企业合并要选择特殊性税务处理，除了要适用特殊性税务处理的一般要求，还有特殊要求，即股权支付金额不低于交易支付总额的 85%，或者同一控制下不需要支付对价的企业合并。

（2）特殊性税务处理的所得或损失的确认

在特殊性税务处理中，被合并企业以公允价值处置其资产给合并企业，对合并企业支付对价中的股权支付部分不确认任何所得或损失。但是，如果支付对价还包括非股权支付，则按照 59 号文第六条第六项的规定处理："其非股权支付仍应在交易当期确认相应的资产转让所得或损失，并调整相应资产的计税基础。非股权支付对应的资产转让所得或损失＝（被转让资产的公允价值—被转让资产的计税基础）×（非股权支付金额 ÷ 被转让资产的公允价值）。"

在被合并企业向其股东分配合并企业支付的对价并回购其自身股份的过程中，被合并企业的股东不确认任何收益或损失。

（3）特殊性税务处理的计税基础确定

在特殊性税务处理中，需要在两个方面对计税基础进行确定。一是合并企业接受被合并企业的资产和负债的计税基础。按规定以被合并企业的原计税基础确定，采用的是"计税基础结转"规则。二是被合并企业股东取得合并企业支付对价的计税基础。该计税基础以其原持有的被合并企业股权的计税基础确定，采用的是"计税基础替代"规则。

在涉及非股权支付的情况下，由于确认了非股权支付对应资产的所得或损失，应调整相应资产的计税基础。合并企业取得被合并企业资产的计税基础确定公式如下

取得的被合并企业资产的计税基础＝对应股权支付的被合并企业的原资产计税基础＋（对应非股权支付的被合并企业的原资产计税基础＋被合并企业确认的非股权支付对应的所得）＝被合并企业原资产计税基础＋被合并企业确认的非股权支付对应的所得

被合并企业股东以其持有的被合并企业股权的原计税基础加上非股权支付对应的资产转让所得减去非股权支付的公允价值，以此作为收到的合并企业股权的计税基础。

案例 12-7

X 公司 2021 年 12 月 31 日，资产账面价值为 5000 万元，公允价值为 5500 万元；负债账面价值 3500 万元，公允价值为 3500 万元；所有者权益为 1500 万元；计税基础同账面价值。X 公司股东持有股权的计税基础为 500 万元。2021 年 X 公司亏损 300 万元。2022 年 1 月 1 日，Y 公司以发行的价值 1800 万元股份和现金 200 万元作为对价，吸收合

并了 X 公司的全部资产和负债，合并后 X 公司解散。2021 年年末国家发行的最长期限的国债利率为 4.3%。

该企业合并的税务处理分析如下。

（1）Y 公司的股权支付比例为 90%（即 1800÷2000×100%=90%），大于 85%，假设特殊性税务处理的其他条件满足，该合并适用特殊性税务处理，当事各方选择特殊性税务处理。

（2）X 公司对非股权支付部分应确认所得。交易中确认的所得 =(2000–1500)×200/2000=50 万元，交纳所得税为 12.5 万元（即 50×25%=12.5 万元）。

（3）Y 公司接受的净资产的计税基础为 1550 万元（即 1500+50=1550 万元）；Y 公司在 2022 年可利用的亏损弥补限额为 86 万元（即 2000×4.3%=86 万元）。

（4）X 公司股东取得的 Y 公司股权的计税基础为 500+50–200=350 万元。

（三）股权收购的所得税税务处理

股权收购，是指一家企业（收购企业）购买另一家企业（被收购企业）的股权，以实现对被收购企业控制的交易。收购企业支付对价的形式包括股权支付、非股权支付或两者的组合。因此，股权收购重组的目的在于对被收购企业实施控制，如果股权收购后不能实现对被收购企业的控制，则不属于税法意义上的股权收购重组交易。

1. 股权收购的一般性税务处理

按 59 号文规定，股权收购重组交易，除符合规定适用特殊性税务处理外，应按以下规定处理。

（1）被收购方应确认股权转让所得或损失。

（2）收购方取得股权的计税基础应以公允价值为基础确定。

（3）被收购企业的相关所得税事项原则上保持不变。

依照上述规定，股权收购的税务处理应涉及收购企业和被收购企业股东。

第一，收购企业的税务处理。

收购企业的税务处理涉及两个方面。一是取得被收购企业股权的计税基础应按公允价值确定。二是如果支付对价包括非货币性资产，按照一般税法原理，收购企业应视为转让该等资产，确认转让所得或损失。确认公式为

$$非股权支付的转让所得或损失＝非股权支付的公允价值－计税基础$$

第二，被收购企业股东的税务处理。

被收购企业股东的税务处理同样涉及两个方面。被收购企业股东转让被收购企业股权应确认股权转让所得或损失。确认公式为

$$被收购企业股东股权转让所得或损失＝被转让股权的公允价值－计税基础$$

由于被收购企业股东确认了股权转让所得或损失，因此对其取得的股权支付或非股权支付均应按公允价值确定其计税基础。

值得注意的是，在计算股权转让所得或损失时，只允许扣除投资成本，不得扣除被收购企业留存收益中按该项股权所可能分配的金额。

案例 12-8

P 公司收购 Y 公司持有的 T 公司 80% 股权。收购时，T 公司净资产账面价值为 10000 万元，公允价值为 20000 万元。Y 公司持有的 T 公司 80% 股权计税基础为 4000 万元。P 公司以增发 5000 万股普通股（每股公允价值 2 元）和 6000 万元现金为支付对价。

该股权收购交易税务处理分析如下。

（1）在本交易中，收购方支付的对价总额为 16000 万元（即 5000 × 2+6000=16000 万元），股权支付比例为 62.5%（即 10000 ÷ 16000 × 100%=62.5%），小于 85%。因此，该交易不符合特殊性税务处理要求。

（2）被收购公司股东 Y 公司的税务处理如下。

Y 公司确认的股权转让所得 =16000-4000=12000 万元。

Y 公司取得 P 公司股权的计税基础为其公允价值，即 10000 万元。

（3）收购公司 P 公司的税务处理如下。

P 公司不确认任何转让所得或损失，P 公司取得的 T 公司股权的计税基础为其公允价值 16000 万元。

假设在该交易中，P 公司以 5000 万股普通股和一项价值为 6000 万元的房产作为支付对价。该项房产的账面原值为 8000 万元，已计提的累计折旧为 5000 万元。

该股权收购交易税务处理分析如下。

（1）该交易仍不满足特殊性税务处理要求。

（2）Y 公司股权转让所得和取得的 P 公司股权的计税基础同上，其取得的房产计税基础为 6000 万元。

（3）P 公司还应确认房产转让所得 3000 万元，即 6000 万元公允价值减去 3000 万元的账面净值（计税基础）。

2. 股权收购的特殊性税务处理

59 号文和 109 号文规定："股权收购，收购企业购买的股权不低于被收购企业全部股权的 50%，且收购企业在该股权收购发生时的股权支付金额不低于其交易支付总额的 85%，可以选择按以下规定处理：（1）被收购企业股东取得的收购企业股权的计税基础，以被收购股权的原有计税基础确定。（2）收购企业取得被收购企业股权的计税基础，以被收购股权的原有计税基础确定。（3）收购企业、被收购企业的原有各项资产和负债的计税基础和其他相关所得税事项保持不变。"

（1）收购企业的税务处理

收购企业进行非股权支付涉及的所得税问题，与前面一般性税务处理相同。无论是一般性税务处理还是特殊性税务处理，凡是收购企业支付对价涉及非股权支付等非货币性资产的，均应确认其转让所得或损失。

收购企业取得的被收购企业股权的计税基础，对于股权支付部分，以被收购股权的原有计税基础确定，这是"计税基础转移"规则的体现。对于非股权支付部分，由于被收购企业股东确认了转让所得或损失，因此收购企业取得的对应于非股权支付部分的被收购企业股权，其计税基础等于对应部分的被收购企业股权的原计税基础加上被收购企业股东确认的对应所得，即该部分股权的公允价值。

（2）被收购企业股东的税务处理

对应于股权支付部分，被收购企业股东暂不确认股权转让所得或损失。但是，如果支付对价包括非股权支付，被收购企业股东应确认非股权支付对应的股权转让所得或损失。

被收购企业股东取得的收购股权的计税基础应以被收购企业股权的原计税基础加上非股权支付对应的股权转让所得减去非股权支付的公允价值。

案例 12-9

除支付对价外，基本事实同案例 12-8。P 公司增发 7000 万股普通股，每股公允价值 2 元，并同时支付 2000 万元现金。

该股权收购交易的税务处理分析如下。

（1）本交易中，股权支付比例 =(7000 × 2+2000) ÷ 16000=87.5%，大于 85%，同时收购的被收购公司的股权比例为 80%，大于 50%。符合特殊性税务处理要求，假设其他要求也满足。

（2）Y 公司税务处理如下。

Y 公司应确认对应非股权支付部分的股权转让所得，计算方法为：

(16000-4000) × (2000 ÷ 16000)=1500 万元。

Y 公司取得的 P 公司股权的计税基础为：4000+1500-2000=3500 万元。

（3）P 公司取得的 T 公司股权计税基础为：4000+1500=5500 万元。

（四）资产收购的所得税税务处理

按照 59 号文的定义："资产收购，是指一家企业（称为受让企业）购买另一家企业（称为转让企业）实质经营性资产的交易。受让企业支付对价的形式包括股权支付、非股权支付或两者的组合。"

上述对资产收购重组交易的定义有两点值得注意。

一是资产收购交易中，收购的必须是实质经营性资产。按照 4 号公告第五条的规定，实质经营性资产是指"从事生产经营活动、与产生经营收入直接相关的资产，包括经营所用各类资产、企业拥有的商业信息和技术、经营活动产生的应收款项、投资资产等"。

二是资产收购交易是受让企业与转让企业之间的交易，不涉及双方企业的股东，转让企业在交易完成后仍然存在，没有规定必须进行清算解散。

1. 资产收购的一般性税务处理

按照 59 号文规定，资产收购重组交易，应按如下规定处理。

（1）转让企业应确认资产转让所得或损失。

（2）受让企业取得资产的计税基础应以其公允价值为基础确定。

（3）转让企业的相关所得税事项原则上保持不变。

按照上述规定，资产收购的所得税处理与一般意义上的企业资产买卖交易（资产转让）的税务处理完全相同。

第一，受让企业的税务处理。

如果受让企业的支付对价中包括非货币性资产，受让企业应按视同销售处理，确认所涉及非货币性资产的转让所得或损失。受让企业所购买资产的计税基础按公允价值确定。

第二，转让企业的税务处理。

在资产收购重组交易中，转让企业取得的支付对价无论是股权支付还是非股权支付，均应确认转让资产的转让所得或损失。转让企业取得的支付对价的计税基础以公允价值确定。

案例 12-10

P 公司是一家建筑机械设备制造公司，为了扩大经营规模，决定收购同行业的 S 建筑机械设备制造公司，但 P 公司不想承担 S 公司的债务，决定收购 S 公司从事建筑机械设备生产业务的全部资产。2021 年 3 月 1 日，双方达成资产收购协议，P 公司以现金 15000 万元作为支付对价。2021 年 3 月 1 日，S 公司的全部资产如表 12-2 所示。

表 12-2　S 公司全部资产

资产类别	账面价值 / 万元	公允价值 / 万元	计税基础 / 万元	备注
存货	1000	500	1100	收购
设备	4000	5500	4500	收购
厂房	3000	9000	3400	收购
小计	8000	15000	9000	
货币资金	150	150	150	不收购
合计	8150	15150	9150	

该资产收购交易的税务处理分析如下。

（1）该交易的支付对价全部是非股权支付对价，不符合特殊性税务处理。

（2）受让企业，P 公司的税务处理：

P 公司不确认任何所得或损失，收购资产的计税基础按公允价值确定。

（3）转让企业，S 公司的税务处理：

S 公司应当确认资产转让所得 6000 万元（即 15000-9000=6000 万元）。

2. 资产收购的特殊性税务处理

按照 59 号文和 109 号文的规定："资产收购，受让企业收购的资产不低于转让企业全部资产的 50%，且受让企业的股权支付金额不低于其交易支付总额的 85%，可以选择按以下规定处理：（1）转让企业取得受让企业股权的计税基础，以被转让资产的原有计税基础确定。（2）受让企业取得转让企业资产的计税基础，以被转让资产的原有计税基础确定。"

资产收购特殊性税务处理的适用条件，除一般要求，还包括两个特殊要求。其中"全部资产的 50%"的计算存在不明确之处，即并没有指明该比例的计算是按资产的账面价值或计税基础计算，还是按公允价值计算。从理论上讲，按公允价值计算更合理。但是，这就要求对转让企业的全部资产进行价值评估。如果转让企业不是转让全部资产，这会增加转让企业的成本。

第一，受让企业的税务处理。

同股权收购相同，如果受让企业支付的对价中包括部分非货币性资产，受让企业应确认该非货币性资产的转让所得或损失。

对于股权支付部分，受让企业取得转让企业的资产计税基础，以被收购企业的原有计税基础确定。对于非股权支付部分，由于转让企业确认了所得，受让企业取得的对应于非股权支付部分的转让企业资产，其计税基础等于对应部分的转让企业资产的原有计税基础加上转让企业确认的所得，即公允价值。

第二，转让企业的税务处理。

符合特殊性税务处理条件的资产收购交易，转让企业可暂不确认资产转让所得或损失。但是，如果支付对价包括部分非股权支付，则应确认非股权支付对应部分的资产转让所得或损失。

转让企业取得的受让企业股权，其计税基础以转让资产的原有计税基础确定，如果取得了非股权支付，则应调整相应股权的计税基础。即转让企业取得受让企业股权的计税基础等于转让企业转让资产的原有计税基础加上非股权支付对应的资产转让所得减去非股权支付的公允价值。

> **案例 12-11**
>
> 　　除支付对价外，基本事实同案例 12-10。P 公司以增发的价值 14000 万元的股份和 1000 万元的现金作为对付对价。
>
> 　　该资产收购交易的税务处理如下。
>
> 　　（1）该交易的股权支付比例为 93.33%（即 14000÷15000×100%=93.33%），大于 85%；同时，收购资产占转让企业全部资产的比例为 99%（即 15000÷15150×100%=99%），大于 50%。假设其他特殊性税务处理条件都满足，该交易可以选择特殊性税务处理。
>
> 　　（2）转让企业，S 公司的税务处理：
>
> 　　S 公司应确认非股权支付部分对应的资产转让所得 400 万元［即（15000-9000）×（1000÷15000）=400 万元］。
>
> 　　S 公司取得受让企业股权的计税基础为 8400 万元（即 9000+400-1000=8400 万元）。
>
> 　　（3）受让企业，P 公司的税务处理：
>
> 　　P 公司不确认任何转让所得或损失。P 公司取得的转让资产计税基础为 9400 万元（即 9000+400=9400 万元）。

三、企业分立的所得税税务处理

（一）企业分立的定义及分类

59 号文第 1 条第六项规定："分立，是指一家企业（称为被分立企业）将部分或全部资产分离转让给现存或新设企业（称为分立企业），被分立企业股东换取分立企业的股权或非股权支付，实现企业的依法分立。"

企业分立通常包括存续分立和新设分立两大类。

存续分立是指被分立企业将其部分资产分离设立一个或多个新企业，或者分立到一个或多个现存企业，被分立企业存续。存续分立又可分为让产分股式分立和让产赎股式分立。让产分股式分立是指被分立企业将部分资产分立出去成立新公司或转让给现存公司，将分立企业的股权分配给全部股东。而让产赎股式分立是指被分立企业将分立企业的股权按某个比例（不一定按被分立企业的原股权比例）分配给其股东，而其股东将自身所持有的被分立企业部分或全部股权返还于被分立企业。

新设分立，又称为让产分割式分立，是指被分立企业将全部资产分立到两个以上新公司或现存公司，被分立企业解散。

在我国企业分立实务中，较为普遍的是存续分立。

（二）企业分立的一般性税务处理

59号文第四条第五项规定："企业分立，当事各方应按下列规定处理：（1）被分立企业对分立出去资产应按公允价值确认资产转让所得或损失。（2）分立企业应按公允价值确认接受资产的计税基础。（3）被分立企业继续存在时，其股东取得的对价应视被分立企业分配进行处理。（4）被分立企业不再继续存在时，被分立企业及其股东都应按清算进行所得税处理。（5）企业分立相关企业的亏损不得相互结转弥补。"

第一，被分立企业的税务处理。

一般情况下，被分立企业分立给分立企业的资产，通常包括现金、固定资产、无形资产以及其他非货币性资产。现金不属于应税事项，在交易中不需要考虑所得税问题。对其他非货币性资产则需要被分立企业确认资产转让所得或损失。

被分立企业不再继续存在时，被分立企业需要进行清算处理，计算并确认清算所得，并缴纳清算所得税。

第二，被分立企业股东的税务处理。

在存续分立中，被分立企业股东取得分立企业的股权，应按企业分配进行所得税处理。按《国家税务总局关于企业所得税若干问题的公告》（国家税务总局2011年第34号公告）规定："投资企业从被投资企业撤回或减少投资，其取得的资产中，相当于初始出资的部分，应确认为投资收回；相当于被投资企业累计未分配利润和累计盈余公积按减少实收资本比例计算的部分，应确认为股息所得；其余部分确认为投资资产转让所得。"

在新设分立中，被分立企业股东按清算进行所得税处理。

被分立企业股东取得分立企业的股权，由于被分立企业确认了资产转让所得或损失，其计税基础应当按公允价值确定。

第三，分立企业的税务处理。

对于分立企业，不涉及确认所得或损失的问题，只涉及被分立资产计税基础确定的问题。按规定，分立企业取得的被分立资产，其计税基础应当按公允价值确定。

▶ 案例 12-12

　　A公司由5个投资者（均为法人企业）共同投资设立，注册资本1000万元，每个股东出资200万元，各拥有公司20%的股权。A公司由一个商场和软件分公司组成。A公司在 2021 年 12 月 31 日的资产和负债情况如表 12-3 所示（假设账面价值与计税基础相同）。

表 12-3   A 公司资产和负债情况（2021 年 12 月 31 日）

A 公司	分立前账面价值 / 万元	分立后账面价值 / 万元	分立前公允价值 / 万元
资产	2000	1400	2900
负债	800	800	800
股东权益	1200	600	2100
其中：留存收益	200	0	

为了便于分业管理，A 公司决定将软件分公司分立，设立软件公司 B。分立资产的账面价值为 600 万元，公允价值为 1100 万元。分立后，A 公司的注册资本减少为 600 万元，B 公司的注册资本为 400 万元。A 公司将分立公司的股权分配给原 5 个股东，各获取 B 公司 20% 的股权。

该分立重组交易，如选择按一般性税务处理，其税务处理分析如下。

（1）被分立企业对分立出去的资产按公允价值确认资产转让所得。A 公司对分立出去的资产，按公允价值 1100 万元确认转让收入，减去计税基础 600 万元，确认转让所得 500 万元，缴纳所得税 125 万元，导致留存收益增加 375 万元。

（2）分立企业 B 公司接受的资产，其计税基础按公允价值 1100 万元确定。

（3）被分立企业 A 公司继续存在，其股东取得的 B 公司股权，应视同 A 公司分配处理。

股东收到的分配金额为 1100 万元。因为 A 公司做了 400 万元的减资，这 400 万元相当于收回的投资成本，股息部分为 575 万元（即 200+375=575 万元），股东在分配中确认的所得为 125 万元（即 1100-400-575=125 万元）。

股东持有的分立企业 B 公司股权的计税基础为 1100 万元。股东在被分立企业 A 公司股权的计税基础为 600 万元。

（三）企业分立的特殊性税务处理

59 号文第六条第五项规定："企业分立，被分立企业所有股东按原持股比例取得分立企业的股权，分立企业和被分立企业均不改变原来的实质经营活动，且被分立企业股东在该企业分立发生时取得的股权支付金额不低于其交易支付总额的 85%，可以选择按以下规定处理：①分立企业接受被分立企业资产和负债的计税基础，以被分立企业的原有计税基础确定。②被分立企业已分立出去资产相应的所得税事项由分立企业承继。③被分立企业未超过法定弥补期限的亏损额可按分立资产占全部资产的比例进行分配，由分立企业继续弥补。④被分立企业的股东取得分立企业的股权（以下简称'新股'），如需部分或全部放弃原持有的被分立企业的股权（以下简称'旧股'），'新股'的计税基础应以放弃'旧股'的计税基础确定。如不需放弃'旧股'，则其取得'新股'的计税基础可从以下两种方法中选择确定：直接将'新股'的计税基础确定为零；或者以被分立企业分立出去的净资产占被分立企业全部净资产的比例先调减原持有的'旧股'的计税基础，再将调减的计税基础平均分配到'新股'上。"

如上所述，企业分立要适用特殊性税务处理，除了满足一般条件外，还要满足三项特殊要求：一是要求"被分立企业所有股东按原持股比例取得分立企业的股权"。这意味着分立企业的股权结构与被分立企业的原股权结构相同，实质上是为了保证被分立企业所有股东在分立企业的权益保持持续。二是要求"分立企业和被分立企业均改变原来的实质经营活动"。该要求实质上是经营连续性规则的体现。三是"被分立企业股东在该企业分立发生时取得的股权支付金额不低于其交易总额的85%"。一般来说，企业分立重组通常都满足该要求。在企业分立交易中，发生非股权支付的情形较少见。

第一，被分立企业的税务处理。

被分立企业的税务处理主要涉及如下几个方面。

被分立企业不确认任何的所得或损失，被分立企业已分立出去的资产相应的所得税事项由分立企业承继，被分立企业未超过法定弥补期限的亏损可按分立资产占全部资产的比例进行分配。

第二，分立企业的税务处理。

由于被分立企业对分立出去的资产没有确认所得或损失，因此分立企业接受的被分立资产计税基础，以被分立企业的原有计税基础确定。

第三，被分立企业股东的税务处理。

被分立企业股东在分立交易后，同时成为被分立企业和分立企业的股东，且两者的股权结构相同。在特殊性税务处理下，被分立企业股东主要涉及被分立企业股权和取得的分立企业股权的计税基础确定问题。

按59号文规定，股权计税基础的确定分为两种情况：一是被分立企业的股东部分或全部放弃"旧股"。在这种情况下，"新股"的计税基础由放弃的"旧股"计税基础确定。二是被分立企业的股东不放弃"旧股"。这时，"新股"的计税基础或者直接确定为零；或者按分立出去的净资产占被分立企业全部净资产的比例，将原有计税基础在"旧股"与"新股"之间分配。

> **▶ 案例 12-13**
>
> 基本事实同案例 12-12。
>
> 该企业分立交易的特殊性税务处理分析如下。
>
> （1）在该交易中，股票支付的比例为 100%，大于 85%；被分立企业股东在分立企业中的股权比例都为 20%，与 A 公司的股权结构相同；A 公司和 B 公司继续分别从事商场经营业务和软件业务。
>
> 如果其他条件也满足，该交易可以选择特殊性税务处理。
>
> （2）被分立企业 A 公司不确认分立出去资产的转让所得或损失。
>
> （3）分立企业 B 公司接受的资产计税基础为原计税基础。
>
> （4）由于 A 公司进行了减资，相当于其股东放弃了"旧股"，因此，股东持有的被分立企业股权计税基础为 600 万元，持有的分立企业股权计税基础为 400 万元。合计等于原股权的计税基础。

案例 12-14

税负倒置（tax inversion），指企业通过改变注册地的方式（由高税率国家迁往低税率国家）达到避税的目的。由于美国的公司税率高达 35%，且对其公司在全球范围内的收入统一按该税率征税，公司的税务负担较重，因此美国公司往往通过在境外设立或寻找一个公司，再将自身并入该境外公司成为其子公司的办法来实现避税，这样的并购称为"税负倒置"并购交易。

2015 年 11 月，世界制药业巨头辉瑞制药有限公司（以下简称辉瑞）与爱尔兰制药企业艾尔建签订并购协议，艾尔建将以蛇吞象的方式并购辉瑞，并购完成后，辉瑞将成为艾尔建的子公司。这一交易总规模将超过 1500 亿美元，交易目的正是为了实现"税负倒置"。

根据美国的税收法则，当原先的美国公司在完成并购之后的公司中所占股份比例在 50%～60% 之间时，能够切实地减轻税务负担；而当该比例超过 80% 时，则无法实现减轻税负的目的。按照当时的税法规则计算，合并之后辉瑞在新公司的股份比例约为 56%，正好能够享受税负倒置带来的利益。值得注意的是，在此次并购交易之前，艾尔建在 3 年内已连续进行了几次较大的税负倒置交易，包括以 250 亿美元价格增发 9900 万股收购森林实验室公司（Forest Labs, Inc.），以及以 660 亿美元的价格增发 1.28 亿股收购阿特维斯制药公司（Actavis）。

但是，这种并购交易对于美国政府而言无疑是巨大的税收损失。21 世纪以来，美国的立法者一直在谋求收紧税收的政策，遏制税负倒置并购交易，而辉瑞的此次交易更是以其空前的规模激起了美国政界的强烈反应。

2016 年 4 月，美国财政部宣布了其应对税负倒置的新措施。根据新规则，艾尔建在 3 年内连续实施的交易将被视为"系列性税负倒置"，计算原先的美国公司在并购之后的公司内股份比例以确定税务负担时，需要排除外国母公司因系列性税负倒置收购而新增的股份数量，也就是要以艾尔建 3 年前的规模作为标准。以此计算，艾尔建的股份市值约为 300 亿美元，而辉瑞则高达 2000 亿，二者合并后，辉瑞所占股份比例将超过 80%，也就无法实现减轻税负的目的。

最终，辉瑞宣布终止与艾尔建的这一并购交易。

案例思考 莆田港务的"珠联璧合妙筹并"①

2013 年，在福建省港口行业整体较为落后、省内发展压力亦剧增的"外患内忧"背景下，莆田港务集团有限公司（以下简称莆田港务集团）开始进行港口资源整合，提出并购福建八方港口发展有限公司（以下简称八方港口）、福建湄海港口发展有限公司（以下简称湄海港口）和福建莆头港口开发有限公司（以下简称莆头港口）的构想，2014 年 9 月 29 日与其控股股东——福建省交通运输集团有限责任公司（以下简称交通集团）、莆田市国有投资集团有限责任公司（以下简称莆田国投）、东吴临港及湄洲湾港口签订《增资合

① 根据中国管理案例共享中心陈祖英、熊玉斌等《珠联璧合妙筹并——税收筹划视角下的莆田港务集团并购案》案例改编。

作补充协议》，组建成新莆田港务集团，此次并购优化整合了湄洲湾北岸的港口资源，实现了湄洲湾北岸公共码头一体化投资经营。整合后的莆田港务集团总资产近 40 亿元，拥有 30 多个在建及规划建设的码头泊位，总投资超过 100 亿元，成为福建省中部具有自我投资和发展能力的大型港口公司。

1. 交易双方基本情况

（1）合并企业

莆田港务集团前身为湄洲湾港务管理局。2005 年 1 月 1 日，在原湄洲湾港务管理局实行政企分开后组建成立，公司注册资本为 1 亿元，其中莆田市国资委出资 8697 万元，占注册资本 86.97%，福人集团有限责任公司出资 1303 万元，占注册资本 13.03%。下辖莆田市秀屿港船舶货运代理有限公司、莆田外轮理货有限公司、莆田港务进口木材除害有限公司、福建省莆田市秀屿集装箱有限公司等 4 家子公司。其主营业务为：港口货物装卸、仓储、中转、驳运、船舶拖带服务及进口木材熏蒸等业务；办理境内外进出口货物（含集装箱）的理货业务，船舶代理、货运代理，港口工程开发建设及港口服务相关业务。

（2）被合并企业

八方港口成立于 2008 年 6 月 2 日，是应福建省人民政府关于加快海峡西岸港口群建设和"两集两散"港口布局的要求，针对福建省"十一五"规划提出的把莆田湄洲湾北岸建成以大型散货、重型石化兼顾内外贸集装箱运输为特色的主枢纽港的定位需要，由交通集团（占 70%）和莆田国投（占 30%）共同出资成立。公司主要经营港口开发、货物装卸、仓储、中转、物流服务等。

湄海港口成立于 2008 年 7 月 9 日，与八方港口的定位需要相同，由交通集团（占 70%）和东吴临港（占 30%）共同出资成立。

莆头港口是由交通集团（占 50%）和湄洲湾港口（占 50%）共同出资成立，注册资本为 20100 万元。公司主要经营港口开发、货物装卸、仓储、中转、物流服务等。当时公司在湄洲湾港秀屿港区莆头作业区连片建设经营 0.5 万～4 万吨级泊位 25 个，项目估算投资约 40 亿元。

以上 3 家被并港口企业资本规模相当，地理位置相近，皆坐落于湄洲湾北岸港口沿线，在经营范围也具有一定程度上的重叠，主要为港口开发、货物装卸仓储及港口租赁。相似的业务性质和共同的控股股东交通集团，为接下来的合并打下了良好的基础。

2. 并购过程中的税务筹划

（1）资产评估

合作各方经过协商于 2013 年 7 月 18 日签订《湄洲湾北岸港口整合框架协议》，组建并购整合领导小组，正式展开一系列并购工作。该协议约定以 2013 年 9 月 30 日作为评估基准日，由中诚通资产评估有限公司对并购标的进行评估，评估结果如表 12-4 所示。

表12-4 资产评估结果

公司	股东及持股比例 / %	净资产账面价值 / 万元	经核准评估值 / 万元	净资产增值率 / %
莆田港务集团(原)	莆田市国资委 86.97	17358.26	57827.05	233.14
	福人集团 13.03			
八方港口	交通集团 70	25431.26	92752.56	264.71
	莆田市国投 30			
湄海港口	交通集团 70	24488.18	61143.93	149.69
	东吴临港 30			
莆头港口	交通集团 50	20340.91	48660.55	139.23
	湄洲湾港口 50			

（2）"三步走"方案

针对莆田港务集团与八方港口、湄海港口、莆头港口的合并整合，福州致同会计师事务所就合并税务筹划首先提出了"三步走"议案。

第一步：交通集团、莆田国投分别转让 16.55%、8.45% 共计 25% 的八方港口的股权给江西省铁路投资集团有限责任公司（以下简称江西铁投）；交通集团、东吴临港分别转让 16.55%、8.45% 共计 25% 的湄海港口股权给江西铁投，此时江西铁投各持有八方港口和湄海港口 25% 的股权（见图 12-1）。

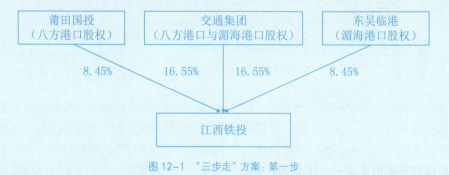

图 12-1 "三步走"方案：第一步

第二步：交通集团、莆田国投分别以股权投资的方式将 53.45%、21.55% 合计 75% 的八方港口股权投入原先的莆田港务集团；交通集团、东吴临港分别以股权投资的方式将 53.45%、21.55% 合计 75% 的湄海港口股权投入莆田港务集团；交通集团、湄洲湾港口分别以股权投资的方式将 50% 的莆头港口股权投入莆田港务集团。股权投资完成后，新的莆田港务集团各持有八方港口、湄海港口 75% 的股权，莆头港口 100% 的股权，因此满足 59 号文中收购企业购买的股权不低于被收购企业全部股权的 75% 这项规定，同时交通集团、莆田国投、东吴临港成为莆田港务集团的股东单位（见图 12-2）。

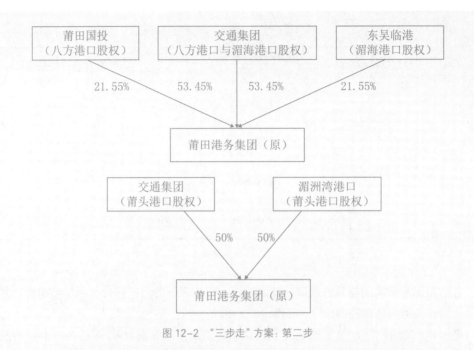

图 12-2 "三步走"方案：第二步

第三步：整合完成后，莆田港务集团再分别将持有的八方港口、湄海港口的 3.7% 股权转让给江西铁投。此时莆田港务集团各持有八方港口、湄海港口 71.3% 的股权，莆田港口 100% 的股权，江西铁投各持有八方港口和湄海港口 28.7% 的股权（见图 12-3）。

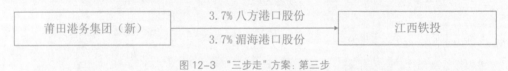

图 12-3 "三步走"方案：第三步

该"三步走"方案核心在于对并购重组的股权架构比例进行操作，从而使其满足企业重组的特殊税务处理，并且能引进战略投资者——江西铁投作为重组媒介平台。莆田港务集团作为收购企业，可以通过江西铁投这个中间媒介，以 100% 的股权作为合并对价，在合并过程中取得八方港口、湄海港口 75% 的股权，莆头港口 100% 的股权，满足重组特殊税务处理规定，免缴大量的所得税。但是对于八方港口、湄海港口分步转让给江西铁投 28.7% 的股权，由于不满足 75% 的股权收购临界点，对于交通集团、莆田国投、东吴临港、莆田港务集团转让股权超过原投资资本成本的收益应按规定缴纳企业所得税。同时整个重组方案较为烦琐，需要较长的时间执行（见图 12-4）。

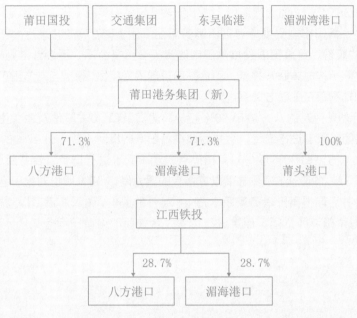

图 12-4　最终持股结构（莆田港务部分股东未列全）

（3）增资方案

为减少合并过程中不必要的环节和费用，并进一步节税，合作各方提出了将莆田港务集团作为收购平台并购其他各方股东的港口的增资方案——反向购买。具体方案如下。

交通集团以其所持八方港口 70% 的股权、湄海港口 70% 股权和莆头港口 50% 股权向莆田港务集团（原）增资 139057.82 万元，其中 40359.84 万元计入注册资本，98697.98 万元计入资本公积。

莆田市国投以其所持八方港口 30% 的股权向莆田港务集团（原）增资 30825.77 万元，其中 8946.80 万元计入注册资本，21878.97 万元计入资本公积；湄洲湾港口以其所持莆头港口 50% 股权向莆田港务集团（原）增资 24330.27 万元，其中 7061.56 万元计入注册资本，17268.71 万元计入资本公积；东吴临港以其所持湄海港口 30% 股权向莆田港务集团（原）增资 18343.18 万元，其中 5323.89 万元计入注册资本，13019.29 万元计入资本公积。

增资完成后，莆田港务集团（新）拥有八方港口、湄海港口、莆头港口 100% 的股权，成为其全资控股母公司。同时，交通集团、莆田市国资委、莆田国投、东吴临港、湄洲湾港口和福人集团成为莆田港务集团（新）的股东。该税务筹划方案完美满足了 59 号文的重组特殊税务处理规定，莆田港务集团（新）向交通集团等股东定向增发作为支付对价，其支付对价为 100% 的股权支付，达成了特殊重组中股权支付金额不低于交易总额 85% 的条件；莆田港务集团（新）对八方港口等子公司形成了 100% 的控股，成为其下属的全资子公司，达成了收购企业购买的股权不低于被收购企业全部股权 75% 的条件。以上两个条件满足，本次重组就成了免税重组，不需要缴纳任何的所得税费用。

为进一步优化股权结构，莆田市国资委又将其持有的莆田港务集团（新）股份转给其全资子公司——莆田国投，同时，莆田国投又从其全资子公司——东吴临港取得持有的莆田港务集团（新）股份。至此，新莆田港务集团的股东变更为：交通集团（占 51.27%）、莆田国投（占 36.94%）、湄洲湾港口（占 8.97%）与福人集团（占 2.82%）。

该方案中，莆田市国资委持有莆田港务集团（原）86.97% 的股份，莆田国投持有八方港口 30% 的股份，且莆田国投是莆田市国资委全资子公司，但会计准则规定同受国家控股的企业之间不构成关联方关系，即合并前莆田港务集团(原）与八方港口、湄海港口、莆头港口之间均不存在关联方关系。

交通集团以其持有的八方港口 70% 股份、湄海港口 70% 股份及莆头港口 50% 股份对莆田港务集团（原）进行增资，合并后取得莆田港务集团（新）51.27% 的股份；莆田国投以其持有的八方港口 30% 股份对莆田港务集团（原）进行增资，合并后取得莆田港务集团（新）11.37% 的股份；东吴临港以其持有的湄海港口 30% 股份对莆田港务集团（原）进行增资，合并后取得莆田港务集团（新）6.76% 的股份；湄洲湾港口以其持有的湄海港口 50% 股份对莆田港务集团（原）进行增资，合并后取得莆田港务集团（新）8.97% 的股份（见图 12-5、图 12-6）。

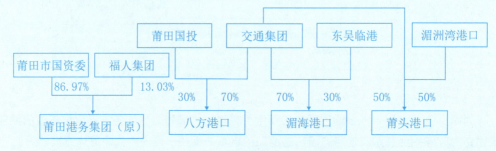

图 12-5　增资前股权结构

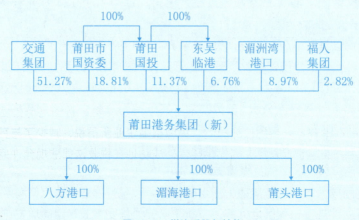

图 12-6　增资后股权结构

由于各方均按等价进行交易，莆田港务集团（新）取得长期股权投资的初始确认金额与应享有被投资方净资产公允价值的份额相等，不产生商誉和利得。同时，并购完成后交通集团取得了莆田港务集团（新）51.27% 的股份，并且董事会 7 名董事中，有 4 名董事由交通集团派出，因此交通集团实质上控制了莆田港务集团（新）。莆田港务集团（新）虽然是法律意义上的母公司，但在会计层面上属于被购买方，所以本次并购实质上属于"反向购买"（见图 12-7、表 12-5）。

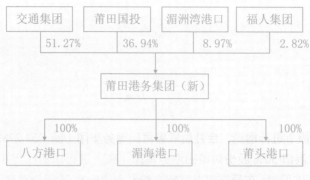

图 12-7 进一步优化股权结构

表 12-5 两种税务筹划方案对比

考虑因素	三步走方案	增资方案
特点	引入江西铁投作为重组媒介	反向购买
股权支付金额	100% 股权支付	100% 股权支付
控股比例 （八方港口和湄海港口）	莆田港务集团持股 71.3% 江西铁投持股 28.7%	莆田港务集团持股 100%
转让资产计税基础	第一步和第三步所转让资产为公允价值 第二步所转让资产为账面价值	账面价值
重组税务处理模式	第一步和第三步为一般性税务处理 第二步为特殊性税务处理	特殊性税务处理
企业所得税税负	第一步和第三步为应税股权转让，需缴纳 所得税 第二步为免税合并，无须缴纳所得税	免税合并，无须缴纳所得税
重组时间	较长	较短

3. 并购结果

经过长达一年多的讨论协商，2015 年 3 月份，此次并购重组最终完美落下帷幕，莆田港务集团（新）完成工商变更，同年 12 月份正式揭牌成立。莆田港务集团通过上述增资方案，实现港口合并、一步到位的同时，免缴重组企业所得税，减少了与其他公司转让交接的中介费用，实现了国有企业的优化整合，成功地在税收法律法规允许范围内为企业降低税负。

📝 **讨论题：**

1. 根据 59 号文，企业重组包括哪些形式？案例中采用的是哪种形式的企业重组？

2. 企业重组的税务处理分为一般性税务处理和特殊性税务处理，二者存在哪些区别？本案例采用的企业重组形式在满足什么条件时可选择特殊性税务处理？

3. 三步走方案中莆田港务集团和江西铁投是否满足企业重组的特殊性税务处理？请说明理由。

4. 增资方案中莆田港务集团是否满足企业重组的特殊性税务处理？请说明理由。

参考文献

英文文献：

Berger, P. G., Ofek, E. Diversification's Effect on Firm Value [J]. *Journal of Financial Economics*, 1995, 37(1): 39–65.

Billett, M. T., Xue. H. The Takeover Deterrent Effect Of Open Market Share Repurchases [J]. *Journal of Finance*, 2007, 62(4): 1827–1850.

BRIS, A. Debt, Information Acquisition, and The Takeover Threat [R]. Working Paper from Yale School of Management, 2000.

CHOI, D. Toehold Acquisitions, Shareholder Wealth, and The Market for Corporate Control [J]. *Journal of Financial and Quantitative Analysis*, 1991, 26(3): 391–407.

Comment, R., Jarrell, G. A. Corporate Focus and Stock Returns [J]. *Journal of Financial Economics*, 1995, 37(1): 67–87.

Cusatis, P. J., Miles, J. A., Woolridge, J. R. Restructuring Through Spin–offs: The Stock Market Evidence [J]. *Journal of Financial Economics*, 1993, 33(3): 293–311.

Grinstein, Y., Hribar, P. CEO Compensation and Incentives: Evidence from M&A Bonuses [J]. *Journal of Financial Economics*, 2004, 73(1): 119–143.

Higgins, R. C., Schall, L. D. Corporate Bankruptcy and Conglomerate Merger [J]. *Journal of Finance*, 1975, 30(1): 93–113.

Hite, G. L., Owers, J. E. Security Price Reactions Around Corporate Spin–off Announcements [J]. *Journal of Financial Economics*, 1983, 12(4): 409–436.

Hulbert, H., Miles, J. A., Woolridge, J. R. Value Creation from Equity Carve–outs [J]. *Financial Management*, 2002(3): 83–100.

Johnson, S. A., Klein, D. P., Thibodeaux, V. L. The Effects of Spin–offs on Corporate Investment and Performances [J]. *Journal of Financial Research*, 1996, 19(2): 293–307.

Kaplan, S. N., Weisbach, M. N. The Success of Acquisitions: Evidence from Divestitures [J]. *Journal of Finance*, 1992, 47(1): 107–138.

Khorana, A., Zenner, M. Executive Compensation of Large Acquirors in The 1980s [J]. *Journal of Corporate Finance*, 1998, 4(3): 209–240.

Linn, S. C., Rozeff, M. S. The Corporate Sell–off [J]. *Midland Corporate Finance Journal*, 1984, 2(2): 17–26.

Michaely, R., Shaw, W. H. The Choice of Going Public: Spin–offs vs. Carve–outs [J]. *Financial Management*, 1995, 24(3): 5–21.

Porter, M. From Competitive Advantage to Corporate Strategy [J]. *Harvard Business Review*, 1987, 65(3): 43–59.

Powers, E. Deciphering The Motives for Equity Carve-outs [J]. *Journal of Financial Research*, 2003, 26(1): 31-50.

Roll, R. The Hubris Hypothesis of Corporate Takeovers [J]. *Journal of Business*, 1986, 59(2): 197-216.

Schipper, K., Smith, A. Effects of Recontracting on Shareholder Wealth: The Case of Voluntary Spin-offs [J]. *Journal of Financial Economics*, 1983, 12(4): 437-467.

Vermaelen, T. Common Stock Repurchases and Market Signaling: An Empirical Study [J]. *Journal of Financial Economics*, 1981(9): 139-183.

Vermaelen, T. Repurchase Tender Offers, Signaling, and Managerial Incentives [J]. *Journal of Financial and Quantitative Analysis*, 1984, 19(2): 163-181.

中文文献:

蔡宗琦. 华泰联合总裁刘晓丹: 投行业迎来新格局 [N]. 中国证券报, 2015-06-11(A06).

陈洁, 徐聪. 上市公司分拆上市的利弊分析及监管要点 [J]. 证券法苑, 2017, 19(1): 28-47.

城投控股换股吸收合并阳晨 B 股并分立上市 [J]. 证券法苑, 2017, 19(1): 232-247.

程昭. 我国房地产行业并购潮探析: 基于与美国企业并购历史的比较 [J]. 中国房地产, 2012(7): 29-31.

董少明. 我国国有企业并购重组: 历史演进及发展模式 (1984—2018) [D]. 福州: 福建师范大学, 2020.

葛结根. 并购支付方式与并购绩效的实证研究: 以沪深上市公司为收购目标的经验证据 [J]. 会计研究, 2015(9): 74-80, 97.

华泰证券设立并购基金致力推动产业并购整合 [N]. 证券时报, 2014-04-21(A6).

郭旭东. 不同金融市场条件下杠杆收购模式的研究 [D]. 天津: 天津大学, 2009.

靳小宇. 海尔集团并购日本三洋集团文化整合研究 [D]. 兰州: 兰州财经大学, 2019.

刘益涛. 并购基金在中国并购交易中的作用 [D]. 上海: 上海交通大学, 2013:18-19.

刘钊, 赵耀. 上市公司股份回购的动因分析及政策建议 [J]. 证券市场导报, 2005(12): 40-47.

倪宇泰. 中国企业海外并购政策研究 [D]. 北京: 中国社会科学院研究生院, 2019.

秦菽. 杠杆收购融资结构研究与应用分析 [D]. 北京: 对外经济贸易大学, 2015.

苏虹. 西王食品并购 Kerr 的 Earn-out 支付方式案例研究 [D]. 石家庄: 河北地质大学, 2019.

谭劲松, 陈颖. 股票回购: 公共治理目标下的利益输送: 我国证券市场股票回购案例的分析 [J]. 管理世界, 2007(4): 105-117, 172.

王静颐. 企业并购后的财务整合研究 [D]. 成都: 西南财经大学, 2012.

王思苑. 企业并购中的文化整合问题研究 [D]. 苏州: 苏州大学, 2018.

王晓晔. 我国反垄断法中的经营者集中控制: 成就与挑战 [J]. 法学评论, 2017, 35(2): 11-25.

王宇. 支付工具对并购交易定价的影响: 定向可转债与现金和股份的比较 [D]. 北京: 北京交通大学, 2020.

吴狄. 中美破产重整法律制度比较研究及启示 [J]. 浙江金融, 2016(4): 23-26.

武勇. 企业并购中目标企业选择的风险与防范 [J]. 特区经济, 2005(7): 182-183.

辛星. 中美破产重整制度的比较研究 [J]. 现代商业, 2015(3): 269-270.

徐光东. 破产法: 美国的经验与启示 [J]. 西南政法大学学报, 2008(5): 51-56.

叶军. 经营者集中法律界定模式研究 [J]. 中国法学, 2015(5): 223–247.

张铁, 吕茂君. 律师在企业并购中的作用 [J]. 商业经济, 2006(7): 123–125.

朱道轩. 定向可转债在并购支付中的应用研究 [D]. 武汉: 中南财经政法大学, 2019.

中文图书:

J. 弗雷德·威斯通, 马克·L. 米切尔, J. 哈罗德·马尔赫林. 接管、重组与公司治理 [M]. 北京: 北京大学出版社, 2006.

陈共, 周升业, 吴晓术. 公司购并原理与案例 [M]. 北京: 中国人民大学出版社, 1996.

丹尼斯·J. 罗伯茨. 并购之王 [M]. 北京: 机械工业出版社, 2014.

丁建英. 兵临城下: 中国上市公司并购风云 (1993—2018) [M]. 北京: 中国财政经济出版社, 2018.

靳毅. 银行百年启示录 [M]. 北京: 机械工业出版社, 2020.

雷霆. 图解并购重组: 法律实务操作要点与难点 [M]. 北京: 法律出版社, 2019.

李曜. 公司并购与重组导论 [M]. 上海: 上海财经大学出版社, 2010.

罗伯特·F. 布鲁纳. 应用兼并与收购 [M]. 北京: 中国人民大学出版社, 2011.

劳志明. 劳阿毛说并购 [M]. 北京: 中国法制出版社, 2015.

马永斌. 公司治理之道 [M]. 北京: 清华大学出版社, 2013.

帕特里克·A. 高根. 兼并、收购和公司重组 [M]. 6 版. 顾苏秦, 李朝晖, 译. 中国人民大学出版社, 2017.

普赖斯·普里切特. 并购之后: 成功整合的权威指南 [M]. 李文远, 译. 杭州: 浙江大学出版社, 2017.

沈春晖. 一本书看透 IPO: A 股 IPO 全流程深度分析 [M]. 北京: 机械工业出版社, 2020.

唐纳德·德帕姆菲利斯. 收购、兼并和重组: 过程、工具、案例与解决方案 (原书第 7 版) [M]. 北京: 机械工业出版社, 2015.

王保树. 公司收购: 法律与实践 [M]. 北京: 社会科学文献出版社, 2005.

俞铁成. 并购陷阱 [M]. 上海: 上海三联书店, 2020.

张巍. 资本的规则 II [M]. 北京: 中国法制出版社, 2019.

中国证券业协会. 证券发行与承销 [M]. 北京: 中国金融出版社, 2012.

周春生. 融资、并购与公司控制 [M]. 3 版. 北京: 北京大学出版社, 2013.

网络资源:

并购目标筛选的标准与原则 [EB/OL]. (2021–09–09)[2022–12–1]. https://zhuanlan.zhihu.com/p/408690709.

"并购女皇"离职, 又吃 ABS 罚单, 华泰联合还好吗? [EB/OL]. (2019–08–16)[2022–10–26]. https://ishare.ifeng.com/c/s/7pBnG3VaRzy

何璐, 李求索, 等. 中金: 解析 A 股 "分拆上市" [EB/OL]. (2021–11–15) [2022–02–01]. https://mp.weixin.qq.com/s/YeU4BbdKREaHMGIIfakVQg.

李惜浣, 吴临平, 龚琴容. 专注血制品业务, 在血制品领域竞争力大幅度提高: 天坛生物 (600161.SH) 深度报告 [R]. 北京: 信达证券, 2018.

梁舒奕.“并购女皇”刘晓丹挥别二十年投行生涯：从未放弃创业梦想 [EB/OL]. (2019-08-25)
　　[2022-12-24]. https://page.om.qq.com/page/OZDjh4m5H1c5zue9vH0HMOlw0.

PE 私募机构发起设立上市公司产业并购基金模式深度集锦 [EB/OL]. (2016-07-12)[2022-11-
　　30]. https://mp.weixin.qq.com/s/ndTAOgCSX52Dj5algJ_tvA.

田小蕾 . 揭秘华泰联合并购：掌趣差异化定价 蓝标过桥贷 [EB/OL]. (2013-08-12)[2022-10-25].
　　https://www.163.com/money/article/962B6CA200253B0H.html.

谢超，李瑾. 分拆上市能否创造价值？ ：分拆上市的动机、路径及影响 [R]. 上海：光大证券，
　　2020.

张馨元. A 股分拆上市全景投资手册：市场交易主力资金系列 [R]. 南京：华泰证券，2020.

曾岩 . 一文尽览股票回购：股票回购行为及其指示意义 [R]. 南京：华泰证券，2018：1-2.